[45
L.9

A conserver

E. 1264.
G.49.d.29.

COLLECTION
DES MÉMOIRES

RELATIFS

A L'HISTOIRE DE FRANCE.

HISTOIRE DES NORMANDS, PAR GUILLAUME DE JUMIÈGE. — VIE DE GUILLAUME-LE-CONQUÉRANT, PAR GUILLAUME DE POITIERS.

PARIS, IMPRIMERIE DE A. BELIN,
rue des Mathurins Saint-Jacques, n. 14.

COLLECTION
DES MÉMOIRES

RELATIFS

A L'HISTOIRE DE FRANCE,

DEPUIS LA FONDATION DE LA MONARCHIE FRANÇAISE JUSQU'AU 13ᵉ SIÈCLE;

AVEC UNE INTRODUCTION, DES SUPPLÉMENS, DES NOTICES
ET DES NOTES;

Par M. GUIZOT,

PROFESSEUR D'HISTOIRE MODERNE A L'ACADÉMIE DE PARIS.

A PARIS,

CHEZ J.-L.-J. BRIÈRE, LIBRAIRE,

RUE SAINT-ANDRÉ-DES-ARTS, Nº. 68.

1826.

HISTOIRE

DES DUCS

DE NORMANDIE.

Tous les Exemplaires doivent être revêtus de ma signature.

Cet ouvrage ainsi que ceux indiqués ci-contre se trouvent:

A PARIS, CHEZ

Brière, rue Saint-André-des-Arts, n°. 68.
Arthus Bertrand, rue Hautefeuille.
Boulland-Tardieu, rue du Battoir.
Bossange frères, rue de Seine.
Bossange père, rue de Richelieu.
Blaise, rue Férou.
Firmin Didot, rue Jacob.
Ponthieu, Palais-Royal.
Renouard, rue de Tournon.
Raynal, rue Pavée-Saint-André-des-Arts.
Renard, à la Librairie du commerce.
Treuttel et Wurtz, rue de Bourbon.

A LONDRES,

Auguste Pugin, 105, Great Russel-street, Bloomsbury.
Bossange.
Jo. Brestley et Weale, architectural library Holborn.

Et chez les principaux libraires de Normandie.

PARIS, IMPRIMERIE DE A. BELIN,
rue des Mathurins Saint-Jacques, n. 14.

HISTOIRE
DES DUCS
DE NORMANDIE,

PAR GUILLAUME DE JUMIÈGE,

PUBLIÉE POUR LA PREMIÈRE FOIS EN FRANÇAIS
Par M. GUIZOT,
PROFESSEUR D'HISTOIRE MODERNE A L'ACADÉMIE DE PARIS;

ET SUIVIE
DE LA VIE DE GUILLAUME-LE-CONQUÉRANT,
PAR GUILLAUME DE POITIERS.

A CAEN,
CHEZ MANCEL, LIBRAIRE,
Éditeur des Antiquités anglo-normandes, des Archives de la Normandie, et des Mémoires de la Société des antiquaires de cette province, ornés de dessins lithographiés.

1826.

NOTICE

SUR

GUILLAUME DE JUMIÈGE.

Les érudits ont amèrement reproché à Guillaume, moine de l'abbaye de Jumiège, d'avoir reproduit dans les premiers livres de son *Histoire des Normands*, la plupart des fables dont son prédécesseur Dudon, doyen de Saint-Quentin, avait déjà rempli la sienne. Si Guillaume n'eût ainsi fait, cette portion de son ouvrage n'existerait pas, car il n'aurait rien eu à y mettre ; il a recueilli les traditions de son temps sur l'origine, les exploits, les aventures des anciens Normands et de leurs chefs ; aucun peuple n'en sait davantage, et n'a des historiens plus exacts sur le premier âge de sa vie. A voir la colère de dom Rivet et de ses doctes confrères, il semblerait que Dudon et Guillaume aient eu le choix de nous raconter des miracles ou des faits, une série de victoires romanesques ou une suite d'événemens réguliers, et que leur préférence pour la fable soit une insulte à notre raison, comme si elle était obligée d'y croire. Il y a à quereller de la sorte les vieux chroniqueurs une ridicule pédanterie; ils ont fait ce qu'ils pouvaient faire; ils nous ont transmis ce qu'on disait, ce qu'on croyait autour d'eux : vaudrait-il mieux qu'ils n'eussent point écrit, qu'aucun souvenir des temps fabuleux ou héroïques de la vie des nations ne fût parvenu jusqu'à nous, et que l'histoire n'eût commencé qu'au moment où la société aurait possédé des érudits capables de la soumettre à leur critique pour en assurer l'exactitude ? A mon avis, il y a souvent plus de vérités historiques à recueillir dans ces récits où se déploie l'imagination populaire que dans beaucoup de savantes dissertations.

Quelles que soient les fables qu'il a mêlées aux faits, Guillaume de Jumiège est l'un des plus curieux historiens du xie siècle; non seulement il nous a conservé sur l'histoire des ducs de Normandie des détails qu'on ne trouve point ailleurs, mais il a peint avec plus de vie et de vérité qu'aucun autre les mœurs nationales, les caractères individuels, et sa narration ne manque point d'intérêt. Ces mérites se font surtout remarquer dans les sept premiers livres, les seuls qui doivent être regardés comme son ouvrage; le viiie. a été évidemment ajouté dans la suite par un moine de l'abbaye du Bec: sans parler de la différence de ton et de style, il y est question de plusieurs événemens arrivés après la mort de Guillaume de Jumiège, par exemple, de la mort d'Adèle, comtesse de Blois, sœur du roi d'Angleterre, Henri 1er, survenue en 1137, et de celle de Boson, abbé du Bec, qui eut lieu la même année. Guillaume avait dédié son histoire au roi Guillaume-le-Conquérant; il l'écrivait donc avant l'année 1087, époque de la mort de ce prince; il faudrait donc croire qu'il vivait encore cinquante ans après, et qu'alors seulement il y aurait ajouté le viiie. livre, supposition qui n'est pas rigoureusement impossible, comme le prétend dom Rivet[1], mais qu'on peut regarder comme tout-à-fait invraisemblable. Il paraît même que, dans les sept premiers livres, plusieurs chapitres, notamment le chapitre ix du livre vi^e., les chapitres xii, xxii, xxv, xxxviii du livre viie., et peut-être quelques autres passages encore ont été également ajoutés après coup, ou du moins interpolés, soit par le moine auteur du viiie. livre, soit par quelque autre chroniqueur.

On ignore absolument l'époque de la mort de Guillaume, et il ne parait pas qu'il ait jamais été

---

[1] *Histoire littéraire de la France*, tom. VIII, pag. 168.

revêtu d'aucune dignité ecclésiastique; il n'en acquit pas moins assez vite une grande réputation, et Orderic Vital en parle à plusieurs reprises avec la plus haute estime. On lui donne dans les manuscrits le surnom de *Calculus*, soit qu'il fût tourmenté des douleurs de la pierre ou de la gravelle, explication peu probable à mon avis, soit que ce mot fût la traduction latine de quelqu'un de ses noms.

L'*Histoire des Normands* fut publiée pour la première fois par Camden, à Francfort, en 1603; et Duchesne l'inséra en 1619 dans son *Recueil des historiens de Normandie*; quoiqu'il en eût revu le texte sur plusieurs manuscrits, il est encore très-fautif.

F. G.

LETTRE A GUILLAUME,

ROI ORTHODOXE DES ANGLAIS,

SUR LES FAITS ET GESTES DES DUCS DES NORMANDS.

A Guillaume, pieux, victorieux et orthodoxe roi des Anglais, par la grâce du Roi suprême, Guillaume, moine de Jumiège, et le plus indigne de tous les moines, souhaite la force de Samson pour abattre ses ennemis, et la profondeur de Salomon pour reconnaître la justice.

O roi très-sage et très-auguste, cet ouvrage que j'ai écrit sur les faits et gestes des ducs des Normands, j'en ai recueilli les matériaux dans divers Mémoires, et je les ai rassemblés selon la portée de ma faible industrie. En le dédiant à votre grandeur, j'ai pensé qu'il serait bon de l'ajouter à la bibliothèque des chroniques, afin de réunir ensemble des modèles des actions les plus vertueuses, en faisant un choix parmi ceux de nos ancêtres qui ont occupé les plus grandes dignités dans l'ordre laïque. Je ne l'ai point orné du beau langage des graves rhéteurs, ni de l'élégance vénale ou des agrémens d'un style fleuri ; mais écrivant sans recherche, marchant toujours sur un terrain uni, j'ai tâché de mettre ma modeste composition à la portée de tout lecteur, quel qu'il soit. Votre majesté est entourée de tous côtés d'hommes illustres, infiniment savans dans la science des lettres, et d'autres hommes, qui parcourant la ville, le glaive nu, repoussant les artifices des méchans, et veillant sans relâche au nom de la loi divine, prennent soin de garder la demeure du moderne Salomon. Beaucoup d'entre eux ont fait voir de diverses manières comment cette grande habileté d'esprit, qui vous a été donnée en privilége par le céleste Dispensateur, se manifeste avec une merveilleuse efficacité, soit dans le maniement des armes, soit dans toutes les choses que vous voulez entreprendre ou accomplir. Accueillez donc avec bonté cette légère offrande, produit de notre petit travail, et vous retrouverez dans ces pages les actions les plus illustres, les plus dignes d'être à jamais célébrées, tant celles de vos ancêtres que les vôtres mêmes. J'ai puisé le commencement de mon récit, jusqu'à Richard II, dans l'histoire de Dudon, homme savant, lequel avait appris très-soigneusement du comte Raoul, frère de Richard Ier, tout ce qu'il a confié au papier pour être transmis à la postérité. Tout le reste, je l'ai appris en partie par les relations de beaucoup d'hommes, que leur âge et leur expérience rendent également dignes de toute confiance, en partie pour l'avoir vu de mes propres yeux et en avoir jugé avec certitude, en sorte que je le donne comme m'appartenant en propre. Que celui qui voudrait par hasard, et à raison d'un tel ouvrage, accuser de présomption ou de tout autre défaut un homme voué aux études sacrées, apprenne que j'ai composé ce petit écrit pour un motif qui ne me paraît nullement frivole, car j'ai désiré que les mérites très-excellens des meilleurs hommes, tant pour les choses du siècle que pour celles du ciel, subsistant heureusement devant les yeux de Dieu, subsistassent de même utilement dans la mémoire des hommes. Car se laisser emporter au souffle de la faveur populaire, se délecter dans ses applaudissemens flatteurs autant que pernicieux, s'engager dans les séductions du monde, ne conviendrait point à celui qui vit étroitement enfermé dans des murailles et qui doit les chérir de toute la dévotion de son cœur pour travailler à l'agrandissement de la Jérusalem céleste, à celui que le respect qu'il doit à son habit et la profession à laquelle il est voué tiennent également séparé du monde. Voici, très-sage conquérant de royaumes, vous trouverez ici et la paix que vous avez faite, et les guerres aussi qu'ont faites, et votre père très-pieux et très-glorieux le duc Robert, et vos précédens aïeux, princes très-renommés de la chevalerie terrestre, qui visant sans cesse aux choses du ciel avec la foi la plus sincère, l'espérance la plus active, et la charité la plus fervente, ont été avant tout les plus vaillans chevaliers et les plus zélés adorateurs du Christ. Veuille le souverain qui préside à l'empire éternel, en qui vous avez mis votre confiance, et par qui vous avez bravé les plus rudes périls, renversé les plus grands obstacles et triomphé par des succès miraculeux ; veuille le plus puissant de tous les protecteurs veiller sur vous dans toutes vos entreprises, se faire dans votre gouvernement le patron de cette sagesse qu'il vous a lui-même donnée, jusqu'à ce qu'ayant terminé votre bienheureuse course avec le diadème de ce monde, vous soyez enfin, ô roi pieux, victorieux et orthodoxe, admis dans cette cour qui est la patrie de la véritable et suprême béatitude, et décoré de l'anneau et de l'étole d'une gloire immortelle.

HISTOIRE DES NORMANDS.

LIVRE PREMIER.

COMMENT HASTINGS OPPRIMA LA NEUSTRIE AVANT L'ARRIVÉE DE ROLLON.

CHAPITRE PREMIER.

Comment la vigueur des Francs s'affaiblit après avoir long-temps brillé avec éclat, en sorte qu'ils se trouvèrent moins en état de résister aux barbares Païens.

Dès le moment où la nation des Francs, recueillant ses forces, eut secoué le joug de la servitude romaine, et courbé sa tête sous la domination des rois, l'église du Christ, prenant un rapide développement et portant des fruits d'un doux parfum, poussa ses conquêtes jusques aux limites de l'Occident. Car en ce temps les rois eux-mêmes, vaillans dans les exercices de la guerre, et s'appuyant de toute la vigueur de la foi chrétienne, remportaient fréquemment de très-grands triomphes sur les ennemis dont ils étaient de toutes parts enveloppés. Sous leur gouvernement la vigne du Christ, grandissant sans cesse, produisit d'innombrables rameaux de Fidèles. De cette vigne sortirent de très-nombreuses troupes de moines, lesquelles s'élançant comme des essaims d'abeilles s'élancent de leurs ruches, transportèrent dans les demeures célestes les rayons de leur miel, formé de toutes les fleurs du monde. Par eux a été élevée cette maison de la Jérusalem éternelle, semblable à ces étoiles brillantes qui resplendissent de toute éternité devant les yeux du roi éternel. Durant un long temps cette Eglise puissante déploya chez les Francs et sous divers rois une grande vigueur, jusqu'au temps où les quatre fils de l'empereur Louis ayant renoncé à la paix, la très-grande gloire qu'avait acquise le royaume des Francs commença à être ébranlée, de telle sorte que rassemblant de tous côtés leurs forces et se battant deux contre deux, sur le territoire d'Auxerre, auprès du bourg de Fontenay, ils en vinrent enfin, sous l'instigation du diable, à satisfaire leurs déplorables inimitiés par un massacre réciproque de Chrétiens. Ainsi, dépouillant presque entièrement leur patrie de la protection de ses chevaliers par la fréquence de leurs combats, ils la laissèrent, sans force, exposée aux invasions des Barbares, ou de tout autre ennemi. En ce temps les Païens, sortant en foule des pays du Norique ou du Danemarck, avec le fils de leur roi Lothroc, qui se nommait Bier, à la côte de fer, et avec Hastings, le plus méchant de tous les Païens, qui dirigeait cette expédition, affligèrent de toutes sortes de calamités les habitans des rivages de la mer, renversant les cités et incendiant les abbayes. Nous dirons tout à l'heure quel était ce Lothroc, et de quelle race il descendait. Mais, avant cela, disons quelques mots sur la position de la Dacie.

CHAPITRE II.

Des trois parties du monde, de celle dans laquelle est située la Dacie, et de la position de ce pays.

Ayant décrit le globe de l'univers entier, et mesuré avec habileté le contour et la superficie de la terre, laquelle est de tous côtés enveloppée à jamais par l'Océan, et ayant supposé quatre points cardinaux dans l'espace du ciel, les cosmographes ont divisé cette même terre en trois parties, et les ont appelées l'Europe, l'Asie et l'Afrique. Et puisque nous faisons mention en ce lieu des trois parties de la terre, il ne sera pas inutile que nous rappelions en peu de mots ce que dit à ce sujet le bienheureux Augustin, dans le seizième livre de la Cité de Dieu : « L'Asie, dit-il, s'étend, à l'Orient, du Midi jusqu'au « Septentrion ; l'Europe, à l'Occident, vers le Sep- « tentrion ; et l'Afrique, aussi à l'Occident, jusqu'au « Midi. Ainsi l'Europe et l'Afrique occupent à elles « deux une moitié du monde, et l'Asie seule l'autre « moitié. On a divisé les deux premières parties, « parce que c'est entre ces deux-là que vient de l'O- « céan toute l'eau qui coule au milieu des terres, et « qui nous fait une grande mer. Ainsi, si l'on divi- « sait le monde en deux parties seulement, celle de « l'Orient et celle de l'Occident, l'Asie ferait l'une « de ces parties, et l'Europe et l'Afrique feraient « l'autre. » Après cette courte citation, revenons à notre propos.

L'Europe, coupée d'un grand nombre de fleuves et divisée en plusieurs provinces, est bornée à ses extrémités par les eaux de la mer. L'une de ses provinces, la plus étendue, qui contient une innombrable population et qui est aussi plus riche que les autres, se nomme Germanie. Dans cette contrée se trouve le fleuve Ister, qui prend sa source au sommet du mont Athnoe, et qui étant augmenté à profusion par les eaux de soixante rivières, et coulant avec violence du midi vers l'orient, sépare la Germanie de la Scythie, jusqu'aux lieux où il va se jeter dans la mer de Scythie, et est appelé le Danube. Dans ce vaste espace qui s'étend depuis le Danube jusqu'aux rivages de la mer de Scythie, sont répandues et habitent des nations féroces et barbares, qui se sont, dit-on, élancées de diverses manières, mais toujours avec les coutumes des peuples barbares, de l'île de Scanza, que les eaux de l'Océan environnent de tous côtés, de même que les essaims d'abeilles sortent de leur ruche, ou que le glaive sort du fourreau. Là se trouve en effet le vaste pays de l'Alanie, l'immense contrée de la Dacie, et la région extrêmement étendue de la Gétie. La Dacie est située au milieu des deux autres contrées, et défendue, comme pourrait l'être une ville, par les hautes montagnes des Alpes, qui l'enveloppent comme d'une couronne. Les immenses replis de cette vaste contrée sont habités par des peuples farouches et belliqueux, savoir les Gètes, nommés aussi Goths, Sarmates, Amacsobes, Tragodites, Alains et beaucoup d'autres peuplades qui résident encore aux environs des Palus-Méotides.

CHAPITRE III.

De l'origine des Goths, et des lieux où ils habitèrent d'abord.

Les livres sacrés attestent que Noé eut trois fils. Le plus jeune, nommé Japhet, eut un fils qu'il appela Magog. La race gothique ayant pris son nom de la dernière syllabe du nom de son père, se multiplia tellement qu'elle se répandit sur divers points de la terre, et s'empara au milieu de la mer de l'île de Scanza, ci-dessus nommée. S'étant infiniment accrue dans cette île, à la suite d'une longue succession de temps, elle produisit deux peuples Goths, très-vaillans dans le maniement des armes. L'un de ces peuples, sorti de son berceau avec son roi Thanaus, envahit la Scythie ultérieure et s'y établit. Dans la suite il se battit souvent contre Vesove, roi des Egyptiens, qui voulut essayer de lui faire la guerre, et s'étendit au loin à force de combats. Plus tard les femmes de ces peuples, nommées Amazones, ne pouvant supporter leur trop long séjour aux mêmes lieux, abandonnèrent leurs maris, prirent les armes et mirent à leur tête deux reines, savoir Lampète et Marpesse, plus courageuses que les autres. Ces femmes, se brûlant la mamelle droite pour mieux lancer leurs traits, attaquèrent toute l'Asie, et, dans un espace de cent années environ, la réduisirent sous le joug de leur très-dure domination. Mais en voilà assez sur ces peuples. Que ceux qui en voudront savoir davantage lisent l'histoire des actions des Goths: nous allons revenir à notre sujet.

CHAPITRE IV.

Que les Danois sont descendans des Goths. — Pourquoi ils sont appelés Danois ou North-Manns, et comment cette race s'est autant multipliée.

L'AUTRE peuple des Goths, sortant avec son roi, nommé Berig, de l'île de Scanza, qui était comme l'atelier des peuples ou le berceau des nations, et descendant bientôt après de ses navires, donna aux terres sur lesquelles il aborda le nom de Scanza, en mémoire du pays qu'il venait de quitter. De là se portant plus avant et pénétrant dans l'intérieur de la Germanie, il occupa les Palus-Méotides et se répandit dans diverses autres contrées. Il fit une seconde station dans la Dacie, appelée aussi Danemarck, et eut dans ce pays beaucoup de rois merveilleusement savans et versés dans la science philosophique, tels que Zeutan, Dicinée, Zamolxis et beaucoup d'autres encore. Aussi les Goths furent-ils toujours plus instruits que tous les autres peuples barbares, et presque semblables aux Grecs. Ils disaient que le dieu Mars était né parmi eux, et l'apaisaient par des sacrifices de sang humain. Ils prétendaient en outre que les Troyens étaient issus de leur race, et racontaient qu'Anténor, à la suite d'une trahison qu'il avait commise, s'échappa avant la destruction de cette ville, avec deux mille chevaliers et cinq cents hommes de suite; qu'après avoir long-temps erré sur la mer, il aborda en Germanie; qu'il régna ensuite dans la Dacie et la nomma

Danemarck, du nom d'un certain Danaüs, roi de sa race. C'est pour ce motif que les Daces sont appelés par leurs compatriotes Daniens ou Danais. Ils se nomment aussi *North-Manns*, parce que dans leur langue le vent borée est appelé *North* et que *Mann* veut dire homme ; en sorte que cette dénomination de *North-Manns* signifie les hommes du Nord. Mais quoi qu'il en soit de ces noms, il est reconnu que les Danois tirent leur origine des Goths. Dans la suite, ces Danois se multiplièrent à tel point que toutes les îles se trouvant remplies d'hommes, un grand nombre d'entre eux furent forcés à émigrer des lieux qu'ils occupaient, par des lois que publièrent leurs rois. Or cette race allait ainsi toujours croissant, par la raison que les hommes, adonnés à une extrême luxure, s'unissaient à beaucoup de femmes. Les fils devenus grands, leur père les chassait tous loin de lui, à l'exception d'un seul, qu'il instituait héritier de ses biens.

CHAPITRE V.

Comment Bier, fils de Lothroc, roi de Dacie, fut chassé de sa patrie, selon la coutume, avec Hastings son gouverneur.

ENFIN cette loi demeura sans exécution sous une longue série de rois, jusqu'au temps où le roi Lothroc, dont nous avons déjà parlé, vint à succéder à son père. Ce roi, rappelant les lois de ses ancêtres, força son fils nommé Bier, à la côte de fer, à sortir de son royaume, avec une immense suite de jeunes gens et avec Hastings, son gouverneur, homme rempli de méchanceté en tout point, afin que, se rendant en des pays étrangers, Bier conquît par les armes une nouvelle résidence. Ce Bier était appelé côte de fer, non qu'il se couvrît le corps d'un bouclier, mais parce que, marchant au combat sans armes, il était invulnérable et bravait les efforts de toutes les armes, son corps ayant été violemment frotté par sa mère de toutes sortes de poisons. Hastings se voyant donc chassé et exilé de sa patrie avec son jeune élève, envoya une députation pour inviter les chevaliers des contrées voisines, hommes légers et avides de combats, à s'associer à son expédition; et il assembla ainsi une armée innombrable de jeunes guerriers. Que dirai-je de plus? Aussitôt on construit des vaisseaux, on répare les boucliers et les plastrons, on polit les cuirasses et les casques, on aiguise les épées et les lances, et l'armée s'approvisionne en outre avec grand soin de toutes sortes de traits; puis, au jour convenu, on met les vaisseaux en mer, les chevaliers accourent en toute hâte, on dresse les bannières, les voiles sont enflées par les vents, et les loups dévorans s'en vont déchirer en pièces les brebis du Seigneur, répandant en l'honneur de leur dieu Thur des sacrifices de sang humain.

CHAPITRE VI.

Comment ils arrivèrent dans le royaume des Francs, et dévastèrent d'abord le pays du Vermandois.

Tout couverts du sang de ces libations et poussés par un vent favorable, ces hommes donc abordent à un port du Vermandois, l'an 851 de l'Incarnation du Seigneur. S'élançant alors hors de leurs navires, ils livrent aussitôt tout le comté aux feux de Vulcain. Dans leur fureur brutale ils incendient en outre le monastère de Saint-Quentin et commettent sur le peuple chrétien d'horribles cruautés. L'évêque de Noyon, Emmon, et ses diacres périssent sous leur glaive, et le petit peuple, privé de son pasteur, est massacré. De là allant attaquer les rives de la Seine, les Danois s'arrêtent avec leur flotte devant Jumiège, et commencent à l'assiéger. Ce lieu est à bon droit appelé *Gemmeticus*; car ils y gémissent sur leurs péchés, ceux qui n'auront point à gémir dans les flammes vengeresses. Quelques-uns pensent qu'il a été appelé ainsi *Gemmeticus* à raison du mot *gemma*, pierre précieuse, et parce que la beauté de son site et l'abondance de ses productions le font resplendir comme resplendit une pierre précieuse sur un anneau. Au temps de Clovis, roi des Francs, ce lieu fut bâti par le bienheureux Philibert, avec l'assistance de la reine Bathilde, et il prit un tel développement qu'il en vint jusqu'à contenir neuf cents moines. Un très-grand nombre d'évêques, de clercs ou de nobles laïques, s'y retirèrent, dédaignant les pompes du siècle, afin de combattre pour le roi Christ, et inclinèrent leur tête sous le joug le plus salutaire. Les moines et autres habitans de ce lieu, ayant appris l'arrivée des Païens, prirent la fuite, cachant sous terre quelques-uns de leurs effets, en emportant quelques autres avec eux, et ils se sauvèrent par le secours de Dieu. Les Païens trouvant le pays abandonné, mirent le feu au monastère de Sainte-Marie et de Saint-Pierre et à tous les édifices, et réduisirent tous les environs en un désert. Cet acte d'extermination ainsi consommé, et toutes les maisons se trouvant renversées et détruites, ce lieu si long-temps comblé d'honneur et qui avait brillé de tant d'éclat, devint le repaire des bêtes féroces et des oiseaux de proie, et durant près de trente années on n'y vit plus que des murailles que leur solidité avait garanties et qui s'élevaient encore dans les airs, des arbustes extrêmement serrés et des rejetons d'arbres, qui, de tous côtés, sortaient du sein de la terre.

CHAPITRE VII.

De la dévastation de la Neustrie, qui s'étend en ligne transversale de la ville d'Orléans jusqu'à Lutèce, cité des Parisiens.

Après cela, fendant les eaux du fleuve de la Seine, ces hommes se rendent à Rouen, détruisent cette ville par le feu, et font un horrible carnage du peuple chrétien. Pénétrant ensuite plus avant dans l'intérieur de la France, ils envahissent avec une férocité de Normands presque tout le pays de Neustrie, qui s'étend en ligne transversale depuis la ville d'Orléans jusqu'à Lutèce, cité des Parisiens. Dans leurs très-fréquentes irruptions ils se portaient en tous lieux, dévastant tout ce qu'ils rencontraient, d'abord à pied, parce qu'ils ne savaient pas encore monter à cheval, ensuite à cheval, à la manière des hommes de notre pays, errant de tous côtés. Pendant ce temps, établissant leurs navires, comme pour se faire un asyle en cas de danger, en station dans une certaine île située en dessous du couvent de Saint-Florent, ils construisirent des cabanes qui formaient une sorte de village, afin de pouvoir garder, chargés de chaînes, leurs troupeaux de captifs, et se reposer eux-mêmes de leurs fatigues, avant de repartir pour de nouvelles expéditions. De là allant faire des incursions imprévues, tantôt à cheval, tantôt sur leurs navires, ils dévastèrent entièrement tout le pays d'alentour. Dans une première course, ils allèrent incendier la ville de Nantes. Ensuite parcourant tout le pays d'Anjou, ils allèrent aussi mettre le feu à la ville d'Angers; puis ils dévastèrent et saccagèrent les châteaux, les villages et toute la contrée du Poitou, depuis la mer jusqu'à la ville même de Poitiers, massacrant tout le monde sur leur passage. Dans la suite ils se rendirent sur leurs navires dans la ville de Tours, où, selon leur usage, ils firent encore un grand massacre, et la livrèrent enfin aux flammes, après avoir dévasté tout le pays environnant. Peu de temps après, remontant sur leurs navires le fleuve de la Loire, ils arrivèrent à Orléans, s'en emparèrent, et lui enlevèrent tout son or; puis s'étant retirés pour un temps, ils y retournèrent une seconde fois, et détruisirent enfin la ville par le feu. Mais pourquoi m'arrêté-je à raconter seulement les désastres de la Neustrie? Ou bien les cinq villes dont je viens de parler auraient-elles été les seules victimes de leurs fureurs?

CHAPITRE VIII.

Comment furent détruites les villes de Paris, Beauvais, Poitiers, et d'autres villes voisines, à partir du rivage de l'Océan, en se dirigeant vers l'Orient, et jusqu'à la ville de Clermont en Auvergne.

Que devint Lutèce, cité des Parisiens, noble capitale, jadis resplendissante de gloire, surchargée de richesses, dont le sol était extrêmement fertile, dont les habitans jouissaient d'une très-douce paix, et que je pourrais appeler à bon droit le marché des peuples? N'y voit-on pas des monceaux de cendres plutôt qu'une noble cité? Que devinrent Beauvais, Noyon et les villes des Gaules qui furent jadis les plus distinguées? Ces villes succombèrent-elles donc sous les coups et devant les glaives ennemis de ces mêmes barbares? Je m'afflige d'avoir à rapporter la destruction des plus nobles monastères, tant d'hommes que de femmes, servant Dieu en toute dévotion, le massacre de tant de personnes qui n'appartenaient point à une ignoble populace, la captivité des matrones, les insultes faites aux vierges, et les horribles tourmens de toute espèce que les vainqueurs firent supporter aux vaincus. Dirai-je les rudes afflictions de cette race de l'Aquitaine qui jadis faisait sans cesse la guerre et qui maintenant préférait aux combats le travail de ses mains? Ayant détruit elle-même les plus braves rejetons de son sol, elle fut alors livrée en proie aux races étrangères. Depuis le rivage même de l'Océan, pour ainsi dire, et en se dirigeant vers l'Océan jusques à Clermont, ville très-illustre aux temps anciens de l'Aquitaine, nul pays ne fut en état de conserver sa liberté, et il n'y eut aucun château, aucun village, aucune ville enfin qui ne succombât, à la suite d'un massacre, sous les coups de ces Païens. J'en prends à témoin Poitiers, ville très-riche de l'Aquitaine, Saintes, Angoulême, Périgueux, Limoges, Clermont même, et jusques à la ville de Bourges, capitale du royaume d'Aquitaine.

CHAPITRE IX.

Comment, après que la France eut gémi trente ans environ sous l'oppression des Païens, Hastings se rendant par mer à Rome pour la soumettre à la domination de Bier, fut jeté par une tempête auprès de Luna, ville d'Italie.

A la suite de toutes ces calamités qui furent pour les Gaules une sorte d'expiation qu'elles eurent à supporter durant près de trente années, Hastings, desirant élever son seigneur à une plus haute fortune, commença avec une troupe de complices à viser plus sérieusement au diadême impérial. A la fin, après avoir tenu conseil, ces hommes lancèrent leurs voiles à la mer, résolus d'aller attaquer à l'improviste la ville de Rome et de s'en rendre maîtres. Mais une grande tempête s'étant élevée, ils furent poussés par le vent vers la ville de Luna, qui était appelée de ce nom, à cause de sa beauté. Les citoyens, étonnés de l'arrivée d'une telle flotte, barricadèrent les portes de leur ville, fortifièrent leurs remparts et s'encouragèrent les uns les autres à la résistance. Hastings, dès qu'il fut informé de leurs hardis projets, crut qu'il avait devant lui la ville de Rome, et se mit aussitôt à chercher avec le plus grand soin comment il pourrait s'en rendre maître par artifice. Enfin, envoyant à l'évêque et au comte de cette ville les ministres de sa perfidie, il leur fit dire qu'il n'avait point abordé en ces lieux avec intention, et que son unique desir était de retourner dans sa patrie; qu'il ne voulait et ne demandait que la paix, et que lui-même, accablé d'une maladie mortelle, les faisait supplier humblement de vouloir bien le faire chrétien. Ayant entendu ces paroles, l'évêque et le comte se livrèrent aux transports de leur joie, conclurent la paix avec ce détestable ennemi de toute paix, et le peuple normand fut admis à entrer dans la ville, aussi bien que ses habitans.

CHAPITRE X.

Comment Hastings, croyant que la ville de Luna était Rome, et ne pouvant la prendre de vive force, la prit par artifice et la détruisit.

Enfin le scélérat Hastings fut transporté à l'église; l'homme plein de ruse fut arrosé des eaux sacrées du baptême et en sortit en loup dévorant. Pour leur malheur, l'évêque et le comte le présentèrent sur les fonts du baptême, et de là, après avoir été oint du saint chrême, il fut rapporté à bras d'hommes sur son navire. Ensuite, et au milieu du silence de la nuit, s'étant cuirassé, Hastings se fait déposer dans un cercueil, et donne ordre à ses compagnons de revêtir leurs cuirasses sous leurs tuniques. Aussitôt on entend de grands gémissemens dans toute l'armée, sur le bruit que Hastings le néophyte vient de mourir. Le rivage de la mer retentit des cris de douleur que provoque la mort d'un tel chef. On le transporte alors hors de son navire et on le conduit à l'église. L'évêque se couvre de ses vêtemens sacrés et se dispose à immoler la très-sainte hostie en l'honneur du défunt. On chante les prières pour son ame, afin que son corps chargé de crimes, voué à la perdition et déjà enfermé dans le cercueil, puisse recevoir la sépulture. Mais voilà, Hastings s'élance hors de son cercueil et tue de son glaive l'évêque et le comte. Ensuite lui et les siens assouvissent à l'improviste sur le petit peuple leurs fureurs de loups dévorans. La maison de Dieu devient le théâtre des crimes commis par son fatal ennemi, les jeunes gens sont massacrés, les vieillards égorgés, la ville dévastée, et les remparts renversés jusque dans leurs fondemens.

CHAPITRE XI.

Comment les Païens, ayant découvert que cette ville n'était pas Rome, se divisèrent. — Bier voulant retourner en Danemarck, mourut dans la Frise. — Hastings ayant fait la paix avec le roi Charles, reçut de lui la ville de Chartres, à titre de solde, et y habita.

La ruine de cette ville ainsi accomplie, les Païens ayant découvert qu'ils ne s'étaient point emparés de Rome, craignirent de ne pouvoir réussir dans de nouvelles entreprises (car la rapide renommée avait déjà instruit les Romains de leurs œuvres profanes), et ayant tenu conseil, ils résolurent de repartir. Bier, sous les drapeaux duquel se commettaient ces dévastations et qui était le roi de ces armées, ayant voulu retourner dans son pays, essuya un naufrage, eut beaucoup de peine à se faire recevoir dans un port chez les Anglais, et perdit par la tempête un grand nombre de ses vaisseaux. Il se rendit dans la Frise, et y mourut.

Quant à Hastings, il alla trouver Charles[1], roi des Francs, lui demanda la paix, l'obtint, et reçut en don la ville de Chartres, à titre de solde. Par là la France respira un peu de tant d'horribles désastres; la vengeance due à des crimes si énormes fut suspendue, et l'on vit se manifester la miséricorde du Christ, qui avec le Père et le Saint-Esprit gouverne le monde de toute éternité, dans sa puissance ineffable.

[1] Charles-le-Chauve.

LIVRE SECOND.

DES FAITS ET GESTES DE ROLLON, PREMIER DUC DE NORMANDIE.

CHAPITRE PREMIER.

De la noblesse et valeur du père de Rollon, et comment les jeunes gens de la Dacie, qui avaient été désignés par ordre du roi pour en être expulsés, se rendirent auprès de Rollon et de Gurim son frère pour implorer leur secours contre le roi.

Un grand nombre d'années s'étaient écoulées à la suite de ces événemens, et la France commençait à se reposer quelque peu de ces bruyans désordres, lorsque le Danemarck agitant de nouveau des tisons embrasés, en vertu de son droit d'expulsion, résolut, conformément à ses antiques lois, de chasser de nouveau du sol natal beaucoup de chevaliers, brillans de tout l'éclat de la jeunesse.

En ces jours vivait dans la Dacie un certain vieillard, le plus riche de tous en toutes sortes de richesses, environné de toutes parts d'une foule innombrable de chevaliers, qui jamais ne courba sa tête devant aucun roi, et jamais ne mit ses mains dans les mains d'un autre, quelqu'il fût, pour se recommander à lui et lui promettre ses services. Cet homme, possédant presque en totalité le royaume de Dacie, conquit en outre les territoires limitrophes de la Dacie

et de l'Alanie, et par sa force et sa puissance il subjugua les peuples de ce pays, à la suite d'un grand nombre de combats. Il était le plus distingué par sa valeur, parmi tous les Orientaux, et se montrait en outre supérieur à eux par la réunion de toutes les vertus. Il mourut et laissa après lui deux fils, vaillans dans les combats, habiles à la guerre, beaux de corps, remplis de vigueur et de courage. L'aîné se nommait Rollon et le plus jeune Gurim. Les jeunes gens désignés pour être expulsés de leur pays allèrent trouver ces deux hommes, et fléchissant le genou, baissant la tête, les suppliant avec humilité, ils leur dirent d'une voix unanime : « Prêtez-nous
« votre secours et accordez-nous votre appui ; nous
« demeurerons toujours sous votre protection, et nous
« travaillerons incessamment pour votre service.
« Notre roi veut nous expulser de la Dacie, et nous
« enlever entièrement nos terres et nos bénéfices. »
Alors les deux frères répondirent à ceux qui venaient les supplier humblement, disant : « Nous vous se-
« courrons certainement, nous vous ferons demeu-
« rer en Dacie à l'abri des menaces du roi, et nous
« vous ferons jouir en paix et en sécurité de tout
« ce qui vous appartient. » Ceux-là ayant entendu ces paroles, tombèrent aux pieds de Rollon et de Gurim, les embrassèrent et s'en retournèrent aussitôt, se félicitant des réponses de ces princes. Cependant la renommée répand un bruit véritable, et le porte même aux oreilles du roi de Dacie, savoir que le duc très-puissant, le père de Rollon et de Gurim, jouit enfin du suprême repos. Alors le roi se souvenant de tous les maux que ce duc lui a fait endurer, appelle

auprès de lui tous les grands de son Empire, et leur dit : « Vous n'ignorez point que le père de Rollon « et de Gurim est mort. J'attaquerai donc leur pays, « je prendrai les villes et les châteaux et les lieux « les mieux fortifiés, je me vengerai des actions du « père sur les fils, et les écrasant je me réjouirai à « satiété de leurs maux. Je vous prie, vous et les « vôtres, préparez-vous pour accomplir cette entre- « prise. » Puis l'époque du départ ayant été désignée, tous s'en retournèrent avec les leurs aux lieux d'où ils étaient venus. Bientôt la jeunesse bouillante de la Dacie, remplie de zèle et d'ardeur, prépare toutes les choses nécessaires pour cette expédition. Les uns, appelant à leur aide l'art du forgeron, fabriquent de légers boucliers et des javelots brillans. D'autres aiguisent avec soin leurs dards, leurs épées et leurs haches. La nouvelle de ces faits arrive inopinément aux oreilles de Rollon et de Gurim, et ils se troublent en recevant ces premiers rapports. Convoquant aussitôt une nombreuse armée, ils s'entourent d'une foule de jeunes gens, d'une multitude d'hommes de moyen âge, de vieillards et de ceux qui étaient désignés pour être expulsés, et étendant la main, ils commandent le silence.

CHAPITRE II.

Comment Rollon s'étant révolté contre le roi pendant cinq ans, le roi lui demande et obtient la paix frauduleusement.

A peine les murmures de ce peuple en tumulte sont-ils apaisés, Rollon s'élevant au dessus de tous et se plaçant sur un siége convenable, commence à parler d'une bouche qui distille le miel : « Vous en
« qui bouillonne l'ardeur de la jeunesse, qui brillez
« de tout l'éclat de la plus haute valeur, c'est à vous
« que je m'adresse. Imitez par votre activité nos vé-
« nérables pères, vos aïeux et ancêtres. Rassemblez
« toutes vos forces, déployez toute votre vigueur,
« et ne craignez point de ne pouvoir attaquer ces
« hommes avec des forces égales aux leurs. Voici, le
« roi de ce royaume a le projet de triompher de nous,
« d'envahir la monarchie soumise à notre domination,
« de nous perdre et de vous perdre tous. Avant donc
« qu'il s'empare de la terre que nous possédons par
« droit d'héritage, devançons-le en allant occuper
« nous-mêmes la terre qu'il gouverne, et opposons-
« nous à sa marche en ennemis déclarés. » Tous aussitôt, réjouis de ces paroles, se réunissent en plusieurs armées, vont envahir les terres du roi et les dévastent entièrement, portant de tous côtés les feux de Vulcain. Le roi ayant appris ces nouvelles, marche au combat contre Rollon et son frère Gurim, et après avoir combattu long-temps, il tourne le dos et court se réfugier dans ses villes. Alors Rollon ensevelit les

morts de son armée et laisse sans sépulture ceux de l'armée du roi. Durant tout le cours d'un lustre, la guerre ayant continué entre le roi et Rollon, enfin le roi adressa à Rollon des paroles de paix, mais qui cachaient une fraude : « Il n'y a rien entre toi et moi, « si ce n'est à raison du voisinage. Permets, je te prie, « que la chose publique demeure en repos, en sorte « qu'il me soit donné de posséder tranquillement ce « qui m'appartient de droit, ce qui a appartenu à mon « père; et à toi aussi ce qui t'appartient de droit, ce « qui a appartenu à ton père. Que la paix et la con- « corde soient donc établies entre moi et toi par un « traité inviolable. ». Alors Rollon et Gurim, leurs chevaliers et ceux qui avaient été désignés pour être expulsés, approuvèrent fort cette paix. On détermina le moment où la paix serait jurée des deux parts : chacun des deux contractans se rendit à l'assemblée, et ayant échangé mutuellement de riches présens, ils conclurent un traité d'amitié.

CHAPITRE III.

Comment le roi attaqua dans la nuit les villes de Rollon. — De la mort de Gurim son frère, et de l'arrivée de Rollon dans l'île de Scanza avec six navires.

Enfin le roi perfide, après avoir médité en son cœur méchant la fraude qu'il avait déjà conçue, assembla un jour son armée, et marchant de nuit et envahissant le territoire des deux frères, il plaça une embuscade non loin des murs de la ville, et commença à l'assiéger. Alors Rollon et son frère Gurim et ceux qui étaient avec eux, s'élançant hors de la ville, poursuivirent le roi, qui tourna le dos et feignit de prendre la fuite. Lorsque Rollon eut dépassé le lieu où était placée une embuscade, une partie des hommes qui s'y étaient cachés sortit aussitôt et se dirigea vers la ville. L'ayant trouvée dégarnie de ses hommes d'armes, les gens du roi y mirent le feu et enlevèrent de riches dépouilles; les autres cependant se mirent à la poursuite de Rollon, qui chassait le roi devant lui avec toute la fureur d'un ennemi. Or le roi voyant que la ville était embrasée, et que les gens de l'embuscade avaient repris l'avantage, revint sur ses pas et combattit contre Rollon. Un grand nombre d'hommes du parti de Rollon furent massacrés, et Gurim son frère succomba dans la bataille. Alors Rollon se voyant placé entre deux armées, dont l'une feignait de s'enfuir, tandis que l'autre sortait de son embuscade, voyant en outre son frère mort et se trouvant lui-même tout couvert de blessures, s'enfuit, non sans peine, suivi seulement d'un petit nombre d'hommes. Le roi assiégeant alors et prenant les villes, soumit à son joug le peuple qui s'était révolté et murmurait encore contre lui. Rollon ne pouvant demeurer en Dacie par crainte du roi, dont il se méfiait, aborda avec six navires à l'île de Scanza. Alors la Dacie, privée de son brave duc, de son patrice et de son vigoureux défenseur, poussa de profonds gémissemens et se mit à répandre des torrens de larmes.

CHAPITRE IV.

De l'invitation faite à Rollon en songe pour qu'il eût à se rendre en Angleterre, et de sa victoire sur les Anglais.

Tandis qu'il demeurait depuis long-temps déjà dans l'île de Scanza, triste, agité des pensées pénibles qui tourmentaient son ame ardente, et méditant de se venger de ses ennemis, un grand nombre de ceux que la dureté du roi avait expulsés de la Dacie vinrent auprès de Rollon. Ses membres étaient épuisés de fatigue, il avait succombé au sommeil quand une fois il entendit retentir une voix divine, qui lui dit : « Rol- « lon, lève-toi promptement, hâte-toi de traverser « la mer avec tes navires et de te rendre en Angle- « terre. Là tu apprendras que tu dois retourner sain « et sauf dans ta patrie, et y jouir à jamais et sans au- « cun trouble d'une douce paix. » Rollon ayant raconté ce songe à un certain homme sage et serviteur du Christ, cet homme l'interpréta de la manière que voici : « Dans un temps à venir qui s'approche, tu seras « purifié par le très-saint baptême, tu deviendras un « très-digne serviteur du Christ, tu passeras de l'er- « reur du siècle présent jusques aux Anglais, c'est- « à-dire aux anges, et tu feras avec eux une paix de « gloire immortelle. » Aussitôt faisant attacher des voiles à ses navires, les munissant de leurs rames, et les chargeant de grain, de vin et de pièces de lard, Rollon traversa la mer à force de voiles, et arriva chez les Anglais, desirant y demeurer long-temps et en repos.

Les habitans de ce territoire ayant appris l'arrivée de Rollon-le-Dace, levèrent une grande armée contre lui et firent tous leurs efforts pour le chasser de leur pays. Lui, selon son usage, marchant au combat sans hésiter, se porta à leur rencontre, leur tua un grand nombre d'hommes, et les autres ayant pris la fuite, il fatigua leurs épaules de sa lance. Enfin de plus grandes forces s'étant réunies aux hommes du pays qui avaient déjà pris les armes, ils conduisirent une nouvelle armée contre Rollon et cherchèrent à le tuer ou à le mettre en fuite. Mais Rollon, instruit aux travaux de la guerre, et rendu plus terrible par la nécessité de vaincre, couvert d'un casque merveilleusement garni en or, et revêtu d'une cuirasse à triple tissu, marcha vivement et sans hésitation contre les bandes armées qui s'avançaient pour le combattre; de son bras vigoureux il renversa des milliers d'hommes par terre, et poursuivant les fuyards d'une course rapide, il fit prisonniers plusieurs de leurs chefs ; puis revenant sur le champ de bataille il ensevelit les corps des morts, fit enlever et transporter les blessés, et enchaîna ses prisonniers sur ses navires. Alors incertain entre trois projets différens, savoir, de retourner dans la Dacie, de se diriger vers la France, ou de demeurer sur le sol Anglais pour l'affliger par de nouveaux combats et s'en rendre maître, il tomba dans une grande agitation, et devint extrêmement triste.

CHAPITRE V.

D'un songe de Rollon, et de l'explication de ce songe par un certain chrétien.

Tandis qu'il demeurait constamment préoccupé de ses sollicitudes, et que les hommes de cette contrée se soumettaient à son joug et s'attachaient fidèlement à lui, une certaine nuit que le sommeil s'insinuait doucement dans ses membres et lui procurait un repos, image de la mort, Rollon crut se voir supérieur à tous les hommes, et transporté dans une habitation, sur la montagne la plus élevée de France, au sommet de laquelle était une fontaine d'eau limpide et odoriférante, dans laquelle il se lavait et se purifiait de la souillure et de la démangeaison de la lèpre. Tandis qu'il demeurait encore au sommet de cette montagne, il crut voir en outre, tout autour de la base de la montagne et de tous les côtés, de nombreux milliers d'oiseaux de diverses espèces et de couleurs variées, ayant de plus les ailes gauches très-rouges, et disséminés en long et en large si loin et en une telle quantité que sa vue, quoique perçante et fixée sur eux, ne pouvait en découvrir la fin. Du reste ces oiseaux s'envolant tour à tour et se dirigeant vers le sommet de la montagne, s'approchaient alternativement de la fontaine et venaient s'y laver et s'y baigner, comme les oiseaux ont coutume de faire par un temps qui annonce une pluie prochaine. Lorsque tous eurent pris ainsi ce bain merveilleux, ils s'arrêtèrent à une bonne place, sans distinction de genres ni d'espèces, sans se faire aucune querelle, se mirent à manger les uns après les autres et en bonne amitié ; puis apportant de petites branches ils travaillèrent avec ardeur à faire des nids, et même aussitôt qu'ils en recevaient le commandement de celui qui les voyait en songe, ils se mettaient à couver sans aucun effort.

Rollon s'étant éveillé et se souvenant de la vision qui lui était apparue, appela auprès de lui les principaux de ses chefs, fit venir aussi les chefs qu'il avait faits prisonniers dans la bataille, leur raconta sans délai tous les détails de sa vision et leur demanda ce qu'ils pensaient du sens mystérieux de ce songe. Tous demeuraient en silence, lorsque l'un des captifs, imbu de la foi de la religion chrétienne, et saisi tout à coup, par l'inspiration divine, d'un esprit prophétique, expliqua le sens mystérieux de cette vision, disant : « Cette
« montagne de la France, sur laquelle tu as cru te voir
« élevé, désigne l'Eglise de ce royaume. La fontaine
« qui était au sommet de la montagne, signifie le
« baptême de régénération. Par la lèpre et la déman-
« geaison dont tu étais souillé, tu dois entendre les
« crimes et les péchés que tu as commis. Tu t'es lavé
« dans les eaux de cette fontaine, et elles t'ont puri-
« fié du mal de la lèpre et de la démangeaison ; ce
« qui veut dire que tu seras régénéré par le bain du
« baptême sacré et purifié par lui de tous tes péchés.
« Par ces oiseaux d'espèces diverses, qui avaient les
« ailes gauches très-rouges, et qui étaient répandus
« au loin, tellement que ta vue ne pouvait en décou-
« vrir la fin, tu dois entendre les hommes de diverses
« provinces, ayant les bras garnis de leurs boucliers,

« qui deviendront tes fidèles et que tu verras rassem-
« blés autour de toi en une multitude innombrable.
« Ces oiseaux plongeant dans la fontaine, s'y bai-
« gnant tour à tour et mangeant en commun, dési-
« gnent ce peuple souillé du poison de l'antique
« erreur, qui doit être purifié symboliquement par
« le baptême et repu de la nourriture du corps et du
« sang très-saints du Christ. Les nids que ces oiseaux
« faisaient autour de la fontaine désignent les rem-
« parts des villes détruites, et qui doivent être rele-
« vés. Les oiseaux d'espèces diverses étaient attentifs
« à tes ordres, et les hommes de divers royaumes te
« serviront, se coucheront devant toi, et t'obéiront. »

Réjoui par cette admirable interprétation, Rollon délivra de leurs fers celui qui avait interprété sa vision et tous les autres prisonniers, et les ayant enrichis de ses dons, il les renvoya remplis de joie.

CHAPITRE VI.

D'Alstem[1], roi très-chrétien des Anglais, avec lequel Rollon conclut un traité d'amitié inviolable.

En ce temps le roi très-chrétien des Anglais, nommé Alstem, comblé de richesses et très-digne défenseur de la très-sainte Église, gouvernait l'Angleterre avec une grande bonté. Rollon lui envoya des députés, auxquels il prescrivit ce qu'ils avaient à dire de sa part à ce roi. Eux donc s'étant rendus auprès de lui, baissant

[1] On suppose que l'historien a voulu désigner Athelstan, qui ne monta sur le trône qu'en 925. A l'époque dont il s'agit ici, c'est-à-dire en 876, Alfred-le-Grand régnait en Angleterre.

la tête et d'une voix respectueuse, lui parlèrent en ces termes : « Le plus puissant de tous les patrices, le duc
« des Daces, le très-excellent Rollon, notre seigneur
« et protecteur, te présente ses fidèles services et le
« don d'une amitié inaltérable. Seigneur roi, après
« que nous avons eu éprouvé une grande calamité
« dans le royaume de Dacie, d'où nous avons été,
« ô douleur! frauduleusement expulsés; après que
« nous avons été misérablement ballottés sur les
« flots soulevés par les tempêtes, un vent d'est fa-
« vorable nous a enfin poussés sur ton territoire,
« tristes et dénués de toute espérance et de tout
« moyen de salut. Comme nous faisions effort pour
« retourner en Dacie et aller nous venger de nos en-
« nemis, les glaces de l'hiver nous ont arrêtés et en-
« fermés. La terre s'est revêtue d'une croûte de
« gelée, la chevelure flexible des plantes et des ar-
« bres s'est roidie, les fleuves, arrêtés dans leur
« cours par une masse épaisse de glace, ont élevé
« devant nous une muraille, et les eaux n'ont pu
« nous fournir de chemin. Quelques chevaliers ha-
« bitant dans le voisinage du lieu de notre débarque-
« ment ont rassemblé contre nous une très-grande
« armée et nous ont provoqués et attaqués. Nous ce-
« pendant, ne pouvant naviguer ni sur la glace, ni
« sous la glace, nous avons résisté à leur attaque, et
« dans une bataille nous avons désarmé et fait pri-
« sonniers beaucoup d'entre eux. Toutefois nous ne
« dévasterons point ton royaume, nous n'emporte-
« rons point sur nos vaisseaux le butin par nous en-
« levé. Nous demandons une paix amie et la faculté
« de vendre et d'acheter, parce que, à l'époque du

« printemps qui s'approche, nous partirons pour la
« France. » Le roi leur montrant un visage joyeux
après avoir entendu ces paroles, leur dit : « Nulle
« terre ne porte comme la Dacie des hommes distin-
« gués, vaillans et habiles à la guerre. Plusieurs per-
« sonnes nous ont fait des rapports sur l'illustre ori-
« gine de votre seigneur, sur les malheurs et les fa-
« tigues que vous avez endurées, et même sur l'hor-
« rible perfidie du roi de Dacie envers vous. Nul
« n'est plus juste dans ses actions que votre seigneur,
« nul n'est plus grand par ses armes. Bannissez dé-
« sormais toute sollicitude, vivez en sécurité, ne re-
« doutez point de combats et soyez affranchis de tous
« maux. Qu'il vous soit permis de vendre et d'acheter
« en tous lieux sur le territoire soumis à notre do-
« mination. Décidez votre seigneur, nous vous en
« prions, à daigner se confier en notre foi et à venir
« auprès de nous. Je desire le voir et le consoler de
« ses malheurs. » Les députés repartirent et rapportèrent à Rollon tout ce qu'ils avaient entendu. Alors
et sans aucun retard Rollon se rendit courageusement
vers le roi, qui se porta à sa rencontre. Ils s'embrassèrent l'un l'autre, se donnèrent des baisers, et leurs
deux armées s'étant retirées, ils s'assirent ensemble à
l'écart. Alors le roi Alstem parla le premier :

« Guerrier puissant par tes aïeux, illustré par tes
« brillans exploits, distingué parmi tous les autres
« par tes vertus et tes mérites, nous nous plaisons à
« nous unir avec toi par des liens de fidélité. Sois, je te
« le demande, sois toujours une portion de mon ame,
« et mon compagnon à jamais ; je te demande même
« de demeurer sur notre territoire et de te purifier

« de toute souillure par le baptême salutaire. Ce que
« tu desires, possède-le dans le pays soumis à ma
« domination. Souviens-toi de moi, comme je me
« serai souvenu de toi en toutes choses; mais si tu
« veux maintenant te rendre vers d'autres rives, si
« ton peuple farouche et méfiant s'est déjà irrité con-
« tre moi, et ne veut pas, dans sa méchanceté, me
« conserver la fidélité promise, prête-lui ton secours
« selon tes moyens et sauve-le par tes efforts opiniâ-
« tres. Moi-même je te secourrai et je t'assisterai avec
« le plus grand zèle, et mon bouclier te protègera
« dans tes entreprises. »

CHAPITRE VII.

De la tempête que Rollon eut à essuyer en se rendant de l'Angleterre vers le royaume de France, et comment il aborda sur les côtes du pays des Walgres [1].

Alors Rollon, réjoui des paroles du roi, lui répondit, à ce qu'on rapporte : « O le plus illustre de
« tous les rois, je te rends grâces de ta bonne vo-
« lonté, et je desire que tu fasses tout ce que tu as
« dit devoir être fait entre moi et toi. Je ne séjour-
« nerai pas très-long-temps dans ton royaume et je
« me rendrai en France le plus tôt qu'il me sera pos-
« sible. En quelque lieu de la terre que je sois, je
« demeurerai ton ami et te serai uni par les liens
« d'une affection inaltérable. » A ces mots ils conclurent une alliance indissoluble, et s'étant mutuel-

[1] Probablement l'île de Walcheren.

lement enrichis par d'admirables présens, chacun retourna chez lui avec les siens. Durant toute la saison de l'hiver, le duc Rollon fit préparer avec un soin extrême ses navires et toutes les choses dont il avait besoin pour le voyage, et il appela auprès de lui des chevaliers anglais, tous brillans de jeunesse, qui s'étaient faits ses hommes et devaient partir avec lui.

Or, à l'époque du printemps, lorsque les fleurs commencèrent à briller en abondance, lorsque les lis odorans et blancs de lait fleurissaient au milieu des violettes empourprées, Rollon se souvenant toujours de la vision qui l'avait invité à se rendre en France, fit déployer les voiles de ses vaisseaux et partit avec sa flotte. Mais lorsque les vents légers l'eurent poussé en pleine mer, lorsqu'on ne vit plus que le ciel enveloppant la surface des eaux, les esprits malins, sachant que tous ces hommes devaient être purifiés par le baptême au nom du Christ, et obtenir ainsi la gloire qu'eux-mêmes ont perdue, s'affligèrent et coururent à leur rencontre pour leur susciter de nouveaux périls. Les vents s'élancèrent hors de leurs cavernes, et la mer s'entr'ouvrant devant eux dans ses plus grandes profondeurs, ses flots se soulevèrent jusque vers les astres. Au milieu des éclairs sans cesse renaissans le ciel retentit des éclats du tonnerre, et d'épaisses ténèbres s'appesantirent sur la flotte; les rames furent brisées et les voiles ne purent résister à la violence des vents. Epuisés et n'ayant plus de forces, les navigateurs s'abandonnèrent à la fureur de la tempête; les vaisseaux flottaient çà et là, comme à travers des montagnes et des vallons, et tous se voyaient à chaque instant menacés de la mort. Alors

3.

Rollon se prosternant sur son navire, élevant les bras vers le ciel, prononça ces paroles d'une voix humble et craintive :

« O Dieu tout-puissant, qui remplis de ta lumière
« les demeures célestes, qui possèdes le ciel et la
« terre, dont la divinité est de tous les siècles, qui
« embrasses toutes choses dans le cercle de ton éter-
« nité, qui, par le bienfait de la vision que tu m'as
« montrée, veux que d'ici à peu de temps je de-
« vienne serviteur du Christ, moi tout infecté de
« vices, tout rempli de péchés et de souillures, ac-
« cueille mes vœux avec bonté, sois favorable à mes
« prières, apaise les flots irrités au milieu de ces
« débris, délivre-nous de tant de fatigues et de pé-
« rils ; calme, adoucis, comprime la mer agitée par
« cette trop violente tempête. »

A peine cette prière était-elle terminée, la mer devint calme, et la tempête se dissipa. Bientôt les Danois poussés par un vent favorable traversèrent les immenses espaces de la mer, et leurs navires tout brisés par l'ouragan abordèrent sur les côtes des Walgres.

CHAPITRE VIII.

Comment Rollon vainquit les Walgres, qui voulurent lui résister, ainsi que Rainier, duc du Hainaut, et Radbold, prince de Frise. — De douze navires chargés de vivres et d'autant de vaisseaux remplis de chevaliers, que le roi des Anglais Alstem envoya à Rollon tandis qu'il était en ce pays.

Or les Walgres ayant appris qu'une nation barbare, poussée par la violence de la tempête, venait d'aborder sur leurs côtes, rassemblèrent la multitude des gens de leur pays, et allèrent assaillir le duc Rollon à peine échappé aux fureurs de la mer. Mais lui, se relevant selon sa coutume et marchant contre eux pour combattre, frappa de mort un grand nombre d'entre eux, les envoya dans l'enfer, et les autres, il les mit en fuite, ou les fit prisonniers. Comme il demeura long-temps en ces lieux, dévastant le pays des Walgres, le roi très-chrétien des Anglais, Alstem, le plus distingué de tous les rois par ses vertus, se souvenant de son amitié et du traité par lequel il s'était uni à jamais avec Rollon, envoya à l'illustre duc, dans le pays des Walgres, douze navires chargés de grains, de vin et de lard, et autant de vaisseaux remplis de chevaliers armés. Réjoui de ces dons, Rollon renvoya au roi ses députés enrichis de très-beaux présens, lui adressant en outre mille actions de grâces, et lui promettant par leur entremise qu'il serait toujours son serviteur. Or les Walgres croyant, à raison de la grande quantité de grains qui lui était apportée, que

Rollon voulait demeurer à jamais chez eux, appelèrent à eux Rainier au long cou, duc de Hasbaigne et du Hainaut, et Radbold, prince de Frise, et levant une armée dans d'autres contrées, ils allèrent attaquer Rollon. Celui-ci se battit très-souvent contre eux sans la moindre crainte, leur tua beaucoup de milliers d'hommes, mit en fuite Rainier au long cou et Radbold le Frison, et les repoussa dans leurs châteaux. Ensuite il dévasta et livra aux flammes tout le territoire des Walgres. Irrité de leurs attaques, il marcha en toute hâte contre les Frisons et se mit à ravager tout leur pays. Alors les Frisons, rassemblant promptement une nombreuse population, et s'associant une multitude de petites peuplades qui habitaient sur les confins de la Frise, s'avancèrent d'une marche rapide pour aller attaquer Rollon, qui résidait alors sur les bords d'un fleuve, et qui avait aussi réuni ses nombreux bataillons. Mais Rollon et ceux qui étaient avec lui, se voyant menacés de toutes les horreurs de la guerre, mirent les genoux en terre, et portant leurs boucliers en avant, se confiant au tranchant sacré de leurs glaives étincelans, attendirent le signal de la bataille. Les Frisons, jugeant que leur troupe était peu nombreuse, engagèrent un combat qui ne devait pas tourner à leur avantage. Alors les Daces se relevant et s'élançant sur eux, en firent un grand massacre, leur prirent plusieurs de leurs princes et emmenèrent à leurs navires une troupe innombrable de prisonniers. Dès ce moment les autres Frisons, se défiant d'eux-mêmes, devinrent tributaires de Rollon, et obéirent à ses ordres en toutes choses. Après avoir imposé, levé et recueilli un tribut sur la

Frise, Rollon fit aussitôt élever dans les airs les voiles de ses navires, et dirigea leurs proues vers les terres de Rainier au long cou, desirant se venger de cet homme, qui avec les Frisons avait porté secours aux Walgres déjà vaincus dans une bataille. Ayant navigué sur la mer, Rollon entra dans le fleuve de l'Escaut, et ravageant sur les deux rives le territoire de Rainier au long cou, il arriva enfin à une certaine abbaye nommée Condat. Rainier lui livra plusieurs combats; mais Rollon sortit de tous ces combats vainqueur et puissant. Le pays fut dévasté, et eut à souffrir toutes sortes de maux de la part des deux armées. Cependant une terrible famine survint, parce que la terre n'était plus déchirée par la charrue. Le peuple fut affligé par la disette, et détruit par la faim et la guerre. Tous désespéraient de leur vie, se voyant privés des alimens qui l'entretiennent. Un certain jour donc, Rainier s'étant placé en embuscade dans l'intention de tomber à l'improviste sur les Daces, ceux-ci s'étant rassemblés de tous côtés, l'enveloppèrent, s'emparèrent de sa personne, malgré sa vive résistance, et le conduisirent enchaîné devant Rollon.

Ce même jour les gens de Rainier, voulant prendre quelques Daces, se cachèrent dans un lieu de retraite, attaquèrent douze des chevaliers de Rollon avec une grande vigueur, et les firent prisonniers. Alors la femme de Rainier, pleurant et se lamentant sur son sort, convoqua ses chefs, et les envoya à Rollon pour lui demander de lui rendre son seigneur en échange de ses douze compagnons d'armes. Rollon ayant reçu sa députation, la lui renvoya sur-le-champ, en disant :

« Rainier ne te sera point rendu; mais je lui ferai
« couper la tête si tu ne me renvoies d'abord mes
« compagnons, si tu ne me livres en outre tout ce
« qu'il y a d'or et d'argent dans son duché, sous le
« serment de la religion chrétienne, et si de plus
« cette contrée ne me paie un tribut. » Bientôt l'épouse de Rainier, affligée du mauvais succès de sa députation, renvoya à Rollon ses compagnons prisonniers, et lui fit porter tout l'or et l'argent qu'elle put trouver en tous lieux. Elle y ajouta même celui qui appartenait aux autels sacrés et tous les impôts du duché, en faisant serment qu'elle ne possédait ni ne pouvait prélever plus de métal, et en adressant en même temps à Rollon des prières et des paroles de supplication pour qu'il lui rendît son époux. Emu de compassion et touché des paroles de ceux qui l'imploraient en supplians, Rollon fit venir devant lui Rainier au long cou, et lui fit entendre ce langage de paix : « Rainier, duc et chevalier très-redoutable,
« issu du sang illustre des rois, des ducs et des
« comtes, quelle offense t'avais-je faite autrefois pour
« que tu combattisses contre moi avec les Walgres
« et les Frisons? Maintenant si tu voulais te livrer à
« tes fureurs, tu n'as plus ni armes, ni satellites; et
« si tu voulais t'échapper par la fuite, maintenant
« enlacé dans les fers et captif, tu ne pourrais te sau-
« ver. Je t'ai rendu le talion à toi ainsi qu'aux Fri-
« sons pour les maux que vous m'avez faits sans
« aucun motif. Ta femme et tes chefs m'ont envoyé
« pour toi tout ce qu'ils ont pu ramasser d'or et d'ar-
« gent. Je te rendrai la moitié de ces dons accumu-
« lés, et je te renverrai à ta femme. Maintenant donc

« calme-toi, apaise-toi; que désormais il n'y ait plus
« de discorde, mais plutôt qu'il y ait à jamais entre
« moi et toi paix et amitié. » A ces mots, les jambes
de Rainier furent délivrées de leurs chaînes. Aussitôt
Rollon s'unit à lui par un traité, l'enrichit de ses dons
et de très-grands présens, et lui ayant même rendu
la moitié de ceux qu'il en avait reçus, il le renvoya
ensuite à sa femme.

CHAPITRE IX.

Comment, l'an du Verbe incarné 876, Rollon arriva à Jumiège et de là à Rouen; et comment l'archevêque Francon lui demanda et en obtint la paix.

Les choses ainsi terminées, les Danois et leur duc
Rollon livrèrent leurs voiles au vent, et abandonnant le fleuve de l'Escaut pour naviguer à travers la
mer, l'an 876 de l'Incarnation du Seigneur, ils entrèrent dans les eaux de la Seine, poussés par un vent
favorable, arrivèrent à Jumiège, et déposèrent le
corps de la sainte vierge Ameltrude, qu'ils avaient
transporté de Bretagne, sur l'autel de la chapelle de
saint Waast, située au delà du fleuve. Cette chapelle
a porté jusqu'à présent le nom de cette vierge.
Francon, archevêque de Rouen, ayant appris leur arrivée, voyant les murailles de la ville renversées par
eux, avec une férocité ennemie, et n'attendant aucun
secours qui pût leur résister, jugea qu'il serait plus
avantageux de leur demander la paix que de les provoquer par une démarche quelconque à compléter la

ruine de la ville. Se rendant donc auprès d'eux en toute hâte, il demanda la paix, obtint ce qu'il desirait, et conclut avec eux un solide traité. Après cela, les Daces empressés dirigèrent promptement vers les remparts de la ville leurs navires chargés de nombreux chevaliers, et abordèrent à la porte qui touche à l'église de Saint-Martin. Considérant, dans la sagacité de leur esprit, que la citadelle de la ville était bien défendue par terre et par mer, et pouvait être aisément approvisionnée avec les épargnes, ils résolurent d'un commun accord d'en faire la capitale de tout leur comté.

CHAPITRE X.

Comment Rollon et les siens étant arrivés le long de la Seine, à Arques, que l'on appelle aussi Hasdans, y construisirent des retranchemens, combattirent contre les Francs, et en ayant tué beaucoup, mirent en fuite Renaud, leur duc; après quoi ils détruisirent le château de Meulan.

Rollon donc s'étant emparé de Rouen méditait en son cœur artificieux la ruine de la ville de Paris, et s'en occupait avec les siens, semblable à un loup dévorant, et ayant soif, dans sa fureur païenne, du sang des Chrétiens. Détachant alors leurs navires, et sillonnant les flots de la Seine, ils vinrent s'arrêter auprès de Hasdans, que l'on appelle aussi Arques. Renaud, duc de toute la France, ayant appris l'arrivée inopinée des Païens, se porta au devant d'eux sur le fleuve de l'Eure avec une vaillante armée, et envoya

en avant, avec d'autres députés, Hastings, qui demeurait encore dans la ville de Chartres, et qui avait la connaissance de leur langage. Hastings donc se rendit auprès d'eux, en suivant le cours de l'eau, et leur adressa la parole en ces termes : « Holà, très-vail-
« lans chevaliers, apprenez-nous de quelles rives
« vous êtes arrivés ici, ce que vous cherchez en
« ces lieux, et quel est le nom de votre seigneur ;
« nous sommes députés vers vous par le roi des
« Francs. » A ces questions Rollon répondit : « Nous
« sommes Danois, et tous égaux. Nous venons chas-
« ser les habitans de cette terre, desirant nous
« faire une patrie et la soumettre à notre domina-
« tion. Mais toi, qui es-tu pour nous parler d'un
« ton si enjoué ? » Hastings répondit alors : « Auriez-
« vous par hasard entendu parler d'un certain Has-
« tings, qui, exilé de votre pays, arriva en ces lieux
« avec une multitude de vaisseaux, détruisit en
« grande partie ce royaume des Francs, et en fit un
« désert ? — Nous en avons entendu parler, reprit
« Rollon ; Hastings en effet commença sous d'heureux
« auspices, mais il fit une mauvaise fin. — Voulez-
« vous, leur dit alors Hastings, vous soumettre au
« roi Charles ? — Nullement, répliqua Rollon, nous
« ne nous soumettrons à personne : tout ce que nous
« pourrons conquérir par nos armes, nous le ferons
« passer sous notre juridiction. Rapporte, si tu veux,
« ce que tu viens d'entendre au roi dont tu te glo-
« rifies d'être député. »

Aussitôt Hastings alla redire toutes ces choses à son duc. Pendant ce temps, Rollon et ceux qui étaient avec lui se firent des retranchemens et une redoute en forme de château, se fortifiant derrière une levée de terre et laissant au lieu de porte un vaste espace ouvert, dont aujourd'hui encore on voit apparaître quelques traces. A la pointe du jour les Francs se rendirent à l'église de Saint-Germain, entendirent la messe et participèrent au corps et au sang du Christ. Partant de là à cheval, et voyant sur la rive du fleuve les vaisseaux et tout près d'eux les Daces derrière les retranchemens de la terre qu'ils avaient retournée, ils allèrent attaquer le point qui demeurait ouvert en guise de porte. De l'autre côté les Daces se couchèrent çà et là dans la plaine et se recouvrirent de leurs boucliers, afin qu'on les crût en fort petit nombre. Roland, porte-enseigne de Renaud, et ceux qui marchaient avec lui en avant de l'armée, s'élancèrent vivement sur les Daces par la large ouverture qu'ils avaient laissée libre, et commencèrent à les battre. Mais les Daces se relevant aussitôt, tuèrent en un moment Roland et ceux qui le suivaient. Renaud, Hastings et les autres comtes ayant vu tous ces morts, tournèrent le dos et prirent la fuite très-lestement. Les choses s'étant ainsi passées, Rollon repartit avec ses navires, alla en toute hâte s'emparer du château de Meulan, et l'ayant renversé, il fit périr par le glaive tous les habitans.

CHAPITRE XI.

Par quelle perfidie le comte Thibaut acheta à Hastings la ville de Chartres, et comment Hastings lui-même ayant tout vendu, partit en pélerin et disparut.

Le comte Thibaut jugeant qu'il avait rencontré une occasion favorable pour tromper Hastings, le séduisit alors par ces paroles pleines de fausseté : « Pour« quoi, homme très-illustre, demeures-tu engourdi « par la paresse ? Ignores-tu que le roi Charles veut « te frapper de mort, à cause du sang des Chrétiens « que tu as jadis injustement répandu ? Car il se sou« vient des maux que tu lui as fait souffrir mécham« ment, et c'est pourquoi il a résolu de t'expulser « de son territoire. Ta main, dit-il lui-même, s'en« tend avec Rollon le païen pour anéantir les Francs. « Aussi seras-tu bientôt misérablement anéanti par « eux. Prends donc garde à toi, afin que tu ne sois « pas puni sans l'avoir prévu. » Effrayé par ces paroles, Hastings vendit tout aussitôt la ville de Chartres à Thibaut, et ayant tout perdu, il partit en pélerin et disparut.

CHAPITRE XII.

Nouvelle guerre de Renaud, prince de France, avec Rollon, et mort de Renaud. — Du siége de la ville de Paris pendant un an, et de la destruction de la ville de Bayeux, dans laquelle Rollon prit une certaine jeune fille nommée Popa, dont il eut Guillaume et Gerloc, sœur de celui-ci. — Comment l'armée de Rollon massacra les citoyens de la ville d'Evreux, tandis que lui-même assiégeait Paris avec quelques-uns des siens.

Renaud ne pouvant supporter la honte de sa fuite, rassembla de nouveau une plus grande armée, et alla tout à coup attaquer Rollon. Mais celui-ci marchant à sa rencontre, fit périr quelques-uns de ses hommes par le glaive, et les autres ayant pris honteusement la fuite, il les poursuivit; Renaud lui-même tomba mort, percé d'un trait par un certain pêcheur de la Seine qui s'était donné à Rollon. Alors Rollon levant les ancres, fit force de rames vers Paris, mit le siège autour de cette ville, et y fit conduire du butin enlevé de tous côtés. Tandis qu'il demeurait en ce lieu, des éclaireurs arrivèrent, lui annonçant que la ville de Bayeux était dénuée de défenseurs, et pouvait être prise très-facilement, sans que le vainqueur, quel qu'il fût, eût aucun risque à courir. Aussitôt retirant ses navires du siége, Rollon fit voile vers Bayeux en toute hâte. S'étant emparé de cette ville, il la détruisit en partie et massacra ses habitans. Il prit aussi dans cette ville une très-noble jeune fille, nommée Popa, fille de Bérenger, homme illustre; peu de temps après il s'unit avec elle, à la manière des Danois, et il eut d'elle son fils Guillaume et une fille très-belle nommée Gerloc. Cette ville étant ainsi à peu près détruite, Rollon retourna en toute hâte vers Paris. Tandis qu'il s'occupait à l'assiéger avec des beliers et des machines à lancer des pierres, il envoya une armée de chevaliers contre la ville d'Evreux, afin qu'ils eussent à la renverser, et à faire périr son évêque nommé Sibor et toute sa population. Les chevaliers y étant arrivés, et n'ayant pas trouvé l'évêque, qui s'était enfui, massacrèrent tous les citoyens, et retournèrent auprès de leur duc avec un très-grand butin. Aussi les peuples de la France étaient-ils effrayés de tous ces faits : les uns payaient tribut à Rollon, et les autres lui résistaient.

CHAPITRE XIII.

De Elstan[1], roi des Anglais, qui envoya des députés à Rollon lui demander du secours contre des rebelles, et reçut de lui ce secours. — Comment Rollon, revenant d'Angleterre, après avoir vaincu les Anglais, selon le vœu de leur roi, enrichi de très-grands dons et conduisant des auxiliaires, détacha les comtes de son armée et les envoya promptement, et par eau, les uns sur le fleuve de la Seine, les autres sur la Loire, les autres sur la Gironde, pour faire dévaster les provinces intermédiaires.

Tandis que ces choses se passaient, arrivèrent des députés du roi des Anglais, Elstan, portant à Rollon de très-instantes prières pour qu'il allât le secourir au plus tôt. En effet certains rebelles, prenant les armes, avaient conspiré contre lui. Rempli de com-

---

[1] Désigné plus haut sous le nom d'Alstem.

passion pour les maux que ce roi souffrait, et de plus attendant peu de résultat du siége de la ville de Paris, tant à raison de la difficulté de s'en approcher, qu'à cause de l'extrême abondance des vivres dans la ville, Rollon abandonna le siége et se rendit en Angleterre. Y étant arrivé, il attaqua les rebelles, les réprima avec sévérité, et recevant d'eux des otages, il les remit sous le joug de leur roi. De là ayant rassemblé de nouveau une multitude de jeunes gens d'élite, et emportant de très-grands présens qu'il reçut du roi, il retourna en France, et détachant aussitôt les comtes de son armée, il les envoya par eau, les uns sur le fleuve de la Seine, d'autres sur celui de la Loire, d'autres sur celui de la Gironde, pour qu'ils eussent à dévaster les provinces intermédiaires. Lui-même se rendit ensuite à Paris, recommença le siége de cette ville, et se mit à dévaster le territoire de ses ennemis.

CHAPITRE XIV.

Comment Charles, ayant appris le retour de Rollon, lui demanda et obtint une paix de trois mois, et comment, ce délai expiré, Rollon envoya les siens jusqu'en Bourgogne, pour enlever du butin de tous côtés.

Or le roi Charles ayant appris que Rollon était de retour du pays des Anglais, après avoir heureusement accompli son expédition, lui envoya Francon, archevêque de Rouen, pour lui demander de s'abstenir de faire du mal aux Francs et de lui accorder une trève de trois mois. Cette trève ayant été consentie, la terre respira quelque peu des ravages des Païens. Or, lorsque les trois mois furent passés, Rollon, se croyant méprisé par les Francs, à cause du repos qu'il leur avait accordé, dévasta rudement et cruellement les provinces, et se mit à déchirer, à désoler et à détruire le peuple. Ses hommes se rendant en Bourgogne, et naviguant sur les rivières de l'Yonne et de la Saône, dévastant de tous côtés toutes les terres situées sur les bords des rivières jusques à Clermont, envahirent la province de Sens, et ravageant tout ce qu'ils rencontraient, revinrent à la rencontre de Rollon auprès du monastère de Saint-Benoît. Or Rollon voyant ce monastère ne voulut pas le violer, et ne permit pas que le pays fût livré au pillage, par égard pour saint Benoît; mais il se rendit à Etampes, détruisit tout le territoire environnant, et fit un grand nombre de prisonniers. De là se dirigeant vers Villemeux, il ravagea tout le pays voisin, et se hâta ensuite de retourner à Paris.

CHAPITRE XV.

Comment, tandis que Rollon assiégeait la ville de Chartres, Richard, duc de Bourgogne, s'élança sur lui avec son armée et l'armée des Francs; et comme Rollon résistait vigoureusement, Anselme, l'évêque, sortit à l'improviste de la ville avec des hommes armés, portant la tunique de la sainte Mère de Dieu, et attaqua Rollon sur ses derrières. Rollon céda alors non aux Bourguignons, mais à la puissance divine.

[898.] Enfin Rollon investit et assiégea la ville de Chartres, et, tandis qu'il l'attaquait avec des machines et des engins de guerre, Richard, duc de Bourgogne, survenant avec son armée et avec l'armée des Francs, se précipita sur lui. Rollon se battant avec Richard lui résista vigoureusement, jusqu'à ce que Anselme, l'évêque, sortant à l'improviste de la ville avec des hommes armés et portant sur lui la tunique de sainte Marie, mère de Dieu, attaqua Rollon sur ses derrières et lui tua beaucoup de monde. Alors Rollon se voyant sur le point de périr avec tous les siens, résolut sur-le-champ de se retirer devant les ennemis, plutôt que de combattre au détriment de ses compagnons; et ainsi il abandonna le combat par une sage résolution et non point par lâcheté.

CHAPITRE XVI.

Comment une certaine portion de l'armée de Rollon monta sur une certaine montagne, et comment Ebble, comte du Poitou, se cacha dans la maison d'un foulon pour éviter les Normands.

Or une certaine portion de l'armée de Rollon fuyant devant les Francs qui la poursuivaient, arriva aux Loges, et monta sur le sommet d'une certaine montagne. Ebble, comte du Poitou, venant trop tard pour le combat, apprit que les Païens avaient occupé les hauteurs de cette montagne. Il les poursuivit aussitôt, et afin qu'ils ne pussent lui échapper, il investit avec ses chevaliers tout le tour de la montagne; mais au milieu de la nuit, les Normands faisant irruption de vive force au travers du camp des Francs, échappèrent ainsi au péril qui les menaçait. Ebble apprenant que Rollon allait se précipiter sur ses compagnons, se glissa dans la maison d'un certain foulon, et y demeura caché toute la nuit, tremblant de frayeur. Au point du jour, les Francs ayant reconnu que les Païens leur avaient échappé, pressèrent leurs chevaux de leurs éperons, et se mirent à leur poursuite. Les ayant atteints, ils n'osèrent cependant les attaquer, attendu que les Païens s'étaient fortifiés comme dans un camp en s'entourant de cadavres d'animaux, qu'ils avaient couverts de sang; ainsi n'ayant pu réussir dans leur expédition, les Francs prirent aussitôt la fuite, et les Normands, s'étant sauvés, allèrent avec joie retrouver leur duc Rollon.

CHAPITRE XVII.

Comment Rollon étant enflammé de fureur et continuant de plus en plus à opprimer et à dévaster la France, le roi Charles lui donna sa fille et tout le territoire maritime, depuis la rivière d'Epte jusqu'aux confins de la Bretagne, et même la Bretagne entière, pour qu'il y trouvât de quoi vivre, attendu que le territoire ci-dessus désigné était ravagé et abandonné, sous la condition qu'il se ferait chrétien. — Comment le roi, Robert, duc de France, les autres grands et les évêques jurèrent que ce pays serait possédé à perpétuité par Rollon et par ses héritiers; et comment Rollon ne voulant pas baiser le pied du roi, ordonna à un de ses chevaliers de le baiser.

Irrité de ses malheurs et enflammé de fureur par la mort de ses chevaliers, Rollon rassembla tous ceux qui lui restaient pour continuer à faire du mal aux Francs, et les excita à faire les plus grands efforts

4.

pour venger leurs compagnons, en dévastant et ruinant de fond en comble tout le pays. Que dirai-je de plus? Semblables à des loups, les Païens pénètrent de nuit dans les bergeries du Christ, les églises sont embrasées, les femmes emmenées captives, le peuple massacré ; un deuil général se répand en tous lieux : enfin, accablés de tant de calamités, les Francs portent leurs plaintes et leurs cris de douleur devant le roi Charles, s'écriant tous d'une voix unanime que par suite de son inertie le peuple chrétien périra entièrement sous les coups des Païens. Le roi, vivement touché de leurs plaintes, fait venir l'archevêque Francon, et l'envoie en toute hâte vers Rollon, lui mandant que, s'il veut se faire chrétien, il lui donnera tout le territoire maritime qui s'étend depuis la rivière d'Epte jusqu'aux confins de la Bretagne, et de plus sa fille nommée Gisèle. Francon s'étant chargé de ce message et se mettant aussitôt en voyage, se rend auprès du Païen, et lui expose l'objet de sa mission. Le duc ayant, de l'avis des siens, accepté ces offres avec empressement, renonce à ses dévastations, et accorde au roi une trève de trois mois, afin que dans cet intervalle la paix puisse être établie entre eux par un solide traité. Au temps fixé, arrivent au lieu désigné et que l'on appelle Saint-Clair, d'une part le roi avec Robert, duc des Francs, au delà de la rivière d'Epte, d'autre part et en deçà de la même rivière, Rollon, entouré de ses compagnies de chevaliers. Alors les messagers ayant couru alternativement des uns aux autres, la paix se conclut entre eux par les bienfaits du Christ ; Rollon jura par serment fidélité au roi ; le roi lui donna sa fille et le territoire ci-dessus désigné, y ajouta encore la Bretagne pour lui fournir des moyens d'existence; et les princes de cette province, savoir, Béranger et Alain, prêtèrent aussi serment à Rollon : car ce territoire maritime, que l'on appelle maintenant Normandie, depuis long-temps en proie aux incursions des Païens, était alors tout couvert de grands bois et languissait inculte, sans que la serpe ni la charrue le fissent valoir. Le roi avait d'abord voulu donner la province de Flandre à Rollon pour lui fournir des moyens de subsistance; mais Rollon ne voulut pas l'accepter, à raison des obstacles que présentaient les marais. Rollon n'ayant pas voulu baiser le pied du roi, au moment où il reçut de celui-ci le duché de Normandie, les évêques lui dirent : « Celui qui « reçoit un tel don, doit s'empresser de baiser le « pied du roi. » Mais Rollon leur répondit : « Jamais « je ne fléchirai mes genoux devant les genoux de « quelqu'un, ni ne baiserai le pied de quelqu'un. » Cependant se rendant aux prières des Francs, il ordonna à un de ses chevaliers de baiser le pied du roi; et le chevalier saisissant aussitôt le pied du roi, le porta à sa bouche, et, se tenant debout, il le baisa, et fit tomber le roi à la renverse. Alors il s'éleva de grands éclats de rire et un grand tumulte dans le petit peuple. Du reste le roi Charles, Robert, duc des Francs, les comtes et les grands, les évêques et les abbés engagèrent au patrice Rollon, par le serment de la foi catholique, leur vie et leurs membres et l'honneur de tout le royaume, jurant qu'il tiendrait et posséderait le territoire ci-dessus désigné, qu'il le transmettrait à ses héritiers, et que, dans la série des années à venir, ses descendans l'occuperaient et le feraient cultiver de génération en génération. Ces choses étant noblement terminées, le roi retourna joyeusement dans ses terres, et Rollon et le duc Robert partirent pour la ville de Rouen.

CHAPITRE XVIII.

Comment, l'an du Verbe incarné 912, Rollon et son armée reçurent le baptême, et Rollon donna une portion du territoire aux églises les plus vénérables avant d'en faire la distribution entre les grands, et comme quoi il donna Brenneval à Saint-Denis l'Aréopagite.

En conséquence, l'an 912 de l'Incarnation du Seigneur, Rollon fut baptisé par l'archevêque Francon, de la source bénite dite de la Sainte-Trinité. Le duc Robert le présenta sur les fonts de baptême, et lui donna son nom. Après qu'il eut été baptisé, Rollon demeura dans ses vêtemens pendant sept jours, durant lesquels il honora Dieu et la sainte Église par les présens qu'il leur offrit. Le premier jour, il donna une très-grande terre à l'église de Sainte-Marie de Rouen, le second jour à l'église de Sainte-Marie de Bayeux, le troisième jour à l'église de Sainte-Marie d'Evreux, le quatrième jour à l'église de Saint-Michel l'Archange, placée au haut d'une montagne, en dépit des périls de la mer; le cinquième jour à l'église de Saint-Pierre et Saint-Ouen dans le faubourg de Rouen; le sixième jour à l'église de Saint-Pierre et Saint-Achard de Jumiège; et le septième jour il donna Brenneval avec toutes ses dépendances à Saint-Denis.

CHAPITRE XIX.

Comment Rollon distribua le pays à ses hommes, releva les églises détruites et les murailles des cités, et vainquit les Bretons révoltés contre lui.

Le huitième jour de son expiation, Rollon, s'étant dépouillé de ses vêtemens sacrés, commença par distribuer verbalement le territoire qu'il avait acquis, et en fit don à ses comtes et à ses autres fidèles. Or les Païens voyant leur duc devenu chrétien, abandonnèrent leurs idoles, et, prenant des noms chrétiens, s'empressèrent d'un commun accord pour recevoir le baptême. Ensuite Robert, duc des Francs, ayant heureusement terminé les choses pour lesquelles il était venu, s'en retourna joyeusement en France.

Cependant Rollon ayant fait en grande pompe tous les préparatifs de noce, épousa, selon les rits chrétiens, la fille du grand roi, que nous avons déjà nommée. Il donna toute sécurité à tous les peuples pour ceux qui voudraient venir résider sur son territoire. Il distribua le pays à ses fidèles en faisant des divisions au cordeau; fit élever de nouvelles constructions sur cette terre depuis long-temps déserte, la peupla et la remplit de ses chevaliers et d'étrangers. Il accorda au peuple des droits et des lois immuables, consenties et promulguées du consentement des chefs, et les força à vivre en paix les uns avec les autres. Il releva les églises entièrement renversées, et répara les temples que les Païens avaient détruits. Il reconstruisit aussi les murailles et les fortifications des cités, et en fit faire de nouvelles. Il soumit aussi les Bretons rebelles, et avec les denrées prises chez eux, il pourvut à la subsistance de tout le royaume qui lui avait été concédé.

CHAPITRE XX.

De la loi qu'il publia pour que nul n'eût à prêter assistance à un voleur. — Histoire d'un paysan et de sa femme, qu'il ordonna de pendre à une potence, à cause d'une serpe et d'un soc de charrue qui avaient été volés.

Après cela, Rollon publia une loi dans les limites du pays de Normandie, pour que nul n'eût à prêter assistance à un voleur, ordonnant que, s'ils venaient à être pris, tous les deux seraient pendus à la potence. Or, il arriva peu de temps après, dans le domaine de Longuepète, qu'un certain agriculteur, voulant se reposer, quitta son travail et rentra dans sa maison, laissant dans son champ ses traits avec sa serpe et le soc de sa charrue. Sa femme, aussi malheureuse qu'insensée, enleva tous ces objets à son insu, voulant faire une épreuve au sujet de l'édit du duc. Le paysan étant retourné dans son champ et n'y trouvant plus ses effets, demanda à sa femme si elle les avait pris. Elle le nia, et le paysan alla trouver le duc, lui demandant de lui faire rendre ses outils. Touché de compassion, le duc ordonna d'indemniser cet homme en lui donnant cinq sous, et de faire rechercher le fer dans toute la population des environs. Mais tous ayant été délivrés par le jugement de Dieu, on en vint à faire arrêter la femme du paysan, et, à force de coups, on l'amena à se déclarer coupable. Le duc dit alors au paysan : « Savais-tu auparavant que c'était elle qui avait volé? » — Et le paysan répondit : « Je le savais. » — A cela le duc ajouta : « Ta bouche te condamne, méchant serviteur; » et il ordonna aussitôt de les pendre tous les deux à la potence.

On raconte encore dans le peuple au sujet de ce duc beaucoup d'autres choses dignes d'être rapportées ; mais je me bornerai au fait suivant.

Après avoir chassé dans la forêt qui s'élève sur les bords de la Seine tout près de Rouen, le duc, entouré de la foule de ses serviteurs, mangeait et était assis au dessus du lac que nous appelons en langage familier la mare, lorsqu'il suspendit à un chêne des bracelets d'or. Ces bracelets demeurèrent pendant trois ans à la même place et intacts, tant on avait une grande frayeur du duc; et comme ce fait mémorable se passa auprès de la mare, aujourd'hui encore cette forêt elle-même est appelée la Mare de Rollon. Ainsi comprimant et effrayant le peuple par de telles sévérités, tant par amour pour la justice, selon que le lui enseignait la loi divine, que pour maintenir la concorde et la paix entre ses sujets, et pour jouir lui-même de ses honneurs en toute tranquillité, le duc Rollon gouverna long-temps et parfaitement en paix le duché que Dieu lui avait confié.

CHAPITRE XXI.

De deux chevaliers du roi Charles, que le duc fit punir.

Charles-le-Simple, fils de Louis, surnommé le Fainéant et beau-père de Rollon, envoya une certaine fois deux chevaliers à sa fille Gisèle. Celle-ci les fit demeurer long-temps et en secret auprès d'elle, ne voulant pas les présenter à Rollon. Mais celui-ci en ayant été informé, rempli de fureur et les prenant pour des espions, ordonna de les faire sortir, et, les ayant fait sortir, les fit mettre à mort sur la place du marché. Robert, duc des Francs et parrain de Rollon, apprenant que la mort de ces deux chevaliers avait détruit et rompu les liens de paix qui unissaient le roi et Robert duc de Normandie, se révolta contre le roi, envahit le royaume de France, et reçut l'onction comme roi, le vingt-neuvième jour de juin. Mais avant la fin de l'année, Charles livra bataille à Soissons, à celui qui avait usurpé son royaume, et l'ayant vaincu avec le secours de Dieu, il le fit périr. Tandis qu'il revenait vainqueur de cette guerre, le très-méchant comte Héribert se porta à sa rencontre; sous une fausse apparence de paix, il l'engagea à se détourner de son chemin et à se rendre au château de Péronne pour y loger; et l'ayant pris ainsi par artifice, il le retint captif en ce lieu jusqu'à sa mort. Le duc Robert avait pour femme la sœur d'Héribert, dont il avait un fils qui était Hugues-le-Grand. Or Charles, lorsqu'il eut été fait prisonnier, éleva au trône de France, de l'avis des grands, Raoul, noble fils de Richard, duc de Bourgogne, qu'il avait tenu sur les fonts de baptême. Ogive, femme de Charles et fille d'Elstan roi des Anglais, effrayée des malheurs de son époux, se réfugia en Angleterre auprès de son père, avec son fils Louis, redoutant excessivement l'inimitié de Héribert et de Hugues-le-Grand.

CHAPITRE XXII.

Comment le duc, après que sa femme fut morte sans lui laisser d'enfans, s'unit de nouveau avec Popa, qu'il avait eue pour femme avant son baptême, et mourut après avoir fait prêter serment de fidélité à son fils Guillaume par les Normands et les Bretons.

Or le duc Rollon, également appelé Robert, après que sa femme fut morte sans lui laisser d'enfans, rappela et épousa de nouveau Popa, qu'il avait répudiée et dont il avait eu un fils nommé Guillaume, lequel était déjà grand. Cependant le duc, perdant ses forces, épuisé par les travaux et les guerres auxquels il avait consacré toute la vigueur de sa jeunesse, délibérait déjà sur les moyens de disposer de son duché, et cherchait avec la plus grande attention à qui et de quelle manière il le laisserait après lui. Ayant donc convoqué les grands de toute la Normandie et les Bretons Alain et Béranger, il leur présenta son fils Guillaume, brillant de tout l'éclat de la plus belle jeunesse, leur ordonnant de l'élire pour leur seigneur et de le mettre à la tête de leur chevalerie. « C'est à

« moi, leur dit-il, de me faire remplacer par lui, à
« vous de lui demeurer fidèles. » En outre, leur adressant à tous des paroles douces et persuasives, il les amena à s'engager envers son fils par le serment de fidélité. Après cela il vécut encore un lustre, et, consumé de vieillesse, il dépouilla le corps de l'homme dans le sein du Christ, à qui appartiennent honneur et gloire, aux siècles des siècles. Amen !

LIVRE TROISIÈME.

DU SECOND DUC DE NORMANDIE, GUILLAUME, FILS DE ROLLON.

CHAPITRE PREMIER.

Des bonnes qualités du duc Guillaume et de la jalousie des Francs contre lui, parce qu'il reculait tout autour de lui les limites de son duché. — Comment il vainquit les comtes bretons Alain et Béranger, révoltés contre lui.

Le duc Rollon s'étant enfin affranchi du fardeau de la chair, Guillaume son fils, gouvernant avec sagesse tout le duché de Normandie, faisait tous ses efforts pour conserver en son cœur une fidélité inaltérable au Christ, son roi. Il était d'une taille élevée et beau de visage; ses yeux étaient étincelans. Il se montrait plein de douceur pour les hommes de bonne volonté, terrible comme un lion pour ses ennemis, fort comme un géant dans les combats, et ne cessait d'étendre tout autour de lui les limites de son duché. Ces entreprises et ces preuves de son courage excitèrent contre lui la haine et la jalousie des grands seigneurs de France.

Vers le même temps à peu près, les Bretons Alain et Béranger, renonçant au serment de fidélité par lequel ils s'étaient engagés envers lui, osèrent dans leur témérité se soustraire à sa suzeraineté, et se disposèrent à servir désormais en chevaliers pour le roi des Francs. Mais le duc réprimant cette audace par une prompte invasion, entra en Bretagne en ennemi, dévasta le pays, renversa un grand nombre de châteaux, et y demeura jusqu'à ce qu'il en eût chassé Alain, l'instigateur de toutes ces perfidies, et l'eût contraint de se réfugier chez les Anglais. En même temps il se montra clément pour Béranger, et se réconcilia avec lui.

CHAPITRE II.

Comment quelques Normands, sous la conduite d'un certain traître nommé Rioulfe[1], voulurent entreprendre d'expulser le duc du pays, et étant venus assiéger les faubourgs de la ville de Rouen, furent vaincus par le duc, qui n'avait avec lui qu'une petite troupe de chevaliers, dans le lieu que l'on appelle encore aujourd'hui le Pré du combat; et comment le duc revenant vainqueur après cette affaire, apprit que Sprota, très-noble jeune fille, lui avait donné un fils, né à Fécamp, qu'il ordonna de baptiser sous le nom de Richard.

CES ennemis ainsi vaincus, le diable mit en agitation un grand nombre de méchans; et de nouvelles tentatives furent faites contre le duc dans l'intérieur de son pays. Un certain Rioulfe, embrasé d'une fureur perfide et le cœur infecté du poison de la discorde, prit les armes et voulut entreprendre de chasser à jamais le duc de ses Etats. Il rassembla donc de tous côtés une grande multitude d'hommes, et tra-

[1] Comte de Coutances.

versant le fleuve de la Seine, vint mettre le siége autour des faubourgs de la cité de Rouen, afin d'en expulser le duc, ou de le prendre et de le faire périr méchamment, pour pouvoir s'emparer pour son compte de la Normandie. Or le duc, se voyant ainsi assiégé par les siens, se mit à méditer, cherchant toutes sortes de moyens pour sauver sa personne et son honneur, et pour garantir ses chevaliers de la crainte de cette audacieuse conspiration. A la fin, se trouvant indignement provoqué par les insultes d'un certain Bothon, son intendant, le duc prit les armes, et faisant une vive irruption dans le camp de ses adversaires avec trois cents chevaliers cuirassés, il fit périr par le glaive et envoya dans l'enfer un grand nombre de ses ennemis, et il mit en fuite tous les autres, qui allèrent se cacher en divers lieux, dans les profondeurs des forêts. Rioulfe ayant perdu la confiance de ses compagnons d'armes, se cacha parmi les fuyards et se sauva par la fuite. Ayant ainsi triomphé de ses ennemis, le duc fit un recensement de ses chevaliers, et reconnut que nul d'entre eux n'était mort. Le lieu où fut livrée cette bataille s'appelle aujourd'hui encore *le Pré du combat*. Le duc étant de retour, reçut un messager qui était envoyé par le gouverneur du château de Fécamp pour lui annoncer qu'il lui était né un fils d'une très-noble jeune fille, nommée Sprota, à laquelle il s'était uni selon l'usage des Danois. Grandement réjoui de cette nouvelle, le duc ordonna d'envoyer cet enfant en toute hâte à l'évêque Henri, à Bayeux, afin qu'il fût lavé de l'eau sacrée du baptême, de la main même de cet évêque, et qu'il reçût le nom propre de Richard. L'évêque s'empressant d'exécuter ses ordres, lava l'enfant avec l'eau consacrée et le renvoya à Fécamp pour y être nourri.

CHAPITRE III.

Comment beaucoup de comtes et de ducs des contrées étrangères, attirés vers le duc par la renommée de sa bonté et de ses vertus, visitèrent sa cour, et entre autres Hugues-le-Grand, duc des Francs, Guillaume, comte de Poitou, et Héribert du Vermandois. — Comment Guillaume[1] demanda au duc, et en obtint sa sœur Gerloc en mariage; et comment Héribert, sur les instances de Hugues-le-Grand, donna sa fille en mariage au duc.

L'ILLUSTRE duc ayant ainsi triomphé des rebelles et acquis de nouvelles forces, la réputation de ses vertus se répandit de toutes parts chez les nations étrangères, tellement que de diverses parties du monde, les comtes et les grands des pays venaient visiter sa cour, et y recevant de nombreux présens, s'en allaient ensuite chez eux, remplis de joie. Attirés par la renommée de ses brillantes qualités, Hugues duc des Francs, Guillaume comte de Poitou, et Héribert se rendirent vers le duc et le félicitèrent de ses prospérités, tandis qu'il était dans la forêt de Lion, s'amusant aux exercices de la chasse et poursuivant avec ardeur les cerfs agiles. Le duc les accueillit avec beaucoup de pompe et à grands frais, et discuta fréquemment avec eux divers arrangemens des affaires du siècle. Au milieu de ces entretiens confi-

[1] Le comte de Poitou.

dentiels, Guillaume, comte de Poitou, lui demanda sa sœur nommée Gerloc, afin de s'unir à elle par les liens du mariage. Agréant avec empressement les vœux de celui qui lui parlait, le duc, après avoir consulté Hugues-le-Grand, fit célébrer les fiançailles et ensuite les noces, et renvoya le comte chez lui, rempli de joie et comblé de présens. Après cela Héribert, enchanté de la prompte et magnifique solennité de ces joyeuses noces, et desirant lui-même illustrer son nom et sa postérité par une alliance avec un homme si grand et si généreux, donna sa fille au duc sur les instances de Hugues-le-Grand. Le duc des Normands alla donc la chercher dans la maison paternelle, et la ramena dans son château de Rouen, au milieu d'une foule innombrable de chevaliers.

CHAPITRE IV.

Comment, sur la demande d'Elstan, roi des Anglais, le duc rétablit Louis sur le trône de ses pères, et le décora du diadême royal après qu'il eut reçu l'onction de l'huile sainte, soutenu qu'il était par Hugues-le-Grand, par les évéques et par les autres grands seigneurs Francs. — Comment au bout de cinq ans les Francs conspirèrent de nouveau contre leur roi, et tentèrent de l'expulser de son royaume.

Or Elstan, roi des Anglais, apprenant la très-grande réputation de cet illustre duc, lui envoya des députés chargés pour lui de riches présens, le priant de travailler à rétablir dans le royaume de ses pères Louis, son petit-fils et fils du roi Charles, et de vouloir bien, pour l'amour de lui, pardonner à Alain le Breton, son ennemi, les fautes dont il était coupable. Le duc accédant avec empressement aux prières du roi, remit à Alain ses fautes, et lui accorda la permission de rentrer dans ses terres. Puis ayant rappelé Louis d'Outre-mer, avec l'appui de Hugues-le-Grand, des évêques et des autres principaux seigneurs Francs, il le fit oindre de l'huile sainte, et le rétablit dans son royaume. Mais après que ce roi eut gouverné en paix pendant cinq ans, les Francs conspirèrent de nouveau contre lui, et tentèrent de l'expulser du royaume.

CHAPITRE V.

Comment Louis, forcé par la nécessité, voulut conclure un traité d'amitié avec Henri, roi d'outre-Rhin, et que celui-ci ne voulut y consentir qu'avec l'intervention de Guillaume, marquis des Normands. — Par où Louis, ayant supplié instamment le duc, obtint par lui le secours et l'alliance qu'il recherchait auprès du roi Henri.

Poussé à bout par la méchanceté des Francs, le roi Louis envoya des députés à Henri, roi d'outre-Rhin, lui demandant une entrevue pour conférer avec lui de certaines choses et conclure un traité de solide amitié. Ce roi répondit aux députés qu'il ne voulait consentir à ce traité qu'avec la garantie du duc Guillaume. Ayant appris cette réponse par ses envoyés, Louis alla tout de suite trouver le duc, pour lui demander son assistance contre les Francs, qui l'attaquaient. Le duc le reçut honorablement, comme il convient de recevoir un roi, et lui promit de lui prêter secours en toutes choses. En outre ils demeurèrent quelque peu ensemble, passant joyeusement leur temps au milieu de festins royaux. Ayant envoyé en avant le chevalier Tedger auprès du roi Henri, le duc et le roi Louis partirent aussitôt après, avec une grande armée, pour se rendre à la conférence, et emmenèrent avec eux pour la même affaire Hugues-le-Grand et Héribert, princes des Francs. Ils marchèrent rapidement vers le fleuve de la Meuse, et les deux rois se rencontrèrent du lieu qui s'appelle Veuséde : Henri dressa ses tentes sur l'une des rives du fleuve, et Louis s'arrêta en face, sur l'autre rive, avec son armée. Guillaume, aussi fidèle que rempli de sagesse, donnant d'utiles et honorables conseils, conclut entre eux un traité d'amitié tel que les deux rois le sanctionnèrent l'un et l'autre par leurs sermens. De là Louis s'en retourna en France avec les siens, et rendit au duc mille actions de grâces pour ses bons offices.

CHAPITRE VI.

Comment à son retour de la conférence des rois, et sur la demande de Louis, le duc Guillaume présenta sur les fonts de baptême, à Laon, le fils du roi (qui reçut le nom de Lothaire.

En revenant de la conférence, le roi rencontra un messager qui venait lui annoncer qu'il lui était né un fils de sa femme Gerberge. Rempli d'une très-grande joie, tout aussitôt il supplia le duc Guillaume de présenter cet enfant sur les fonts de baptême et de le nommer Lothaire. Acquiesçant à cette demande avec reconnaissance, le duc partit pour Laon afin de réaliser ses promesses. Les ayant royalement accomplies, il revint en toute hâte avec les siens, et rentra sur le territoire de Normandie. Tout le clergé de Rouen, informé de son arrivée, se porta en procession à sa rencontre jusques aux portes de la ville, chantant des hymnes, tandis que sur le haut des remparts les citoyens des deux sexes faisaient retentir leurs acclamations, en disant : « Béni soit celui qui « vient au nom du Seigneur ! » Ainsi au milieu des chants unanimes des clercs et du peuple, il fut conduit par tous à l'église de Marie, mère de Dieu, et après avoir présenté ses prières à Dieu, il rentra dans sa maison pour y célébrer un festin, entouré d'une nombreuse suite.

CHAPITRE VII.

En quelle occasion le duc Guillaume releva l'abbaye de Jumiège, que les Païens avaient détruite.

VERS le même temps, il arriva que deux moines, savoir Baudouin et Gondouin, revinrent à Jumiège du pays de Cambrai, et du domaine qui est appelé Hespère. Etant entrés dans ce vaste désert, ils se donnèrent beaucoup de mal pour en arracher les arbres, travaillèrent non sans peine à aplanir le terrain aussi bien qu'il leur fut possible, et couvrirent de sueur leurs fronts et leurs mains. Or le duc Guillaume étant venu vers ce lieu pour chasser, et les y ayant rencontrés, se mit à leur demander de quel rivage ils arrivaient, et quels étaient les travaux importans qu'ils entreprenaient. Alors les serviteurs de Dieu lui racontèrent tous les détails de cette affaire, et lui offrirent le pain d'orge et l'eau de charité. Ayant dédaigné d'accepter ce pain trop grossier et cette eau, le duc entra dans la forêt, y rencontra un énorme sanglier, et se jeta aussitôt à sa poursuite. Les chiens dogues s'étant aussi lancés après lui, le sanglier revint tout à coup sur ses pas, brisa la lance de l'épieu dirigé contre lui, se jeta rudement sur le duc, le renversa et le secoua violemment. Bientôt cependant le duc, reprenant peu à peu ses sens et sa raison, retourna auprès des moines, reçut d'eux la charité qu'il avait imprudemment dédaignée, et leur promit de restaurer ces lieux. Il y envoya donc des ouvriers, fit d'abord enlever les arbres et les ronces, et réparant le monastère de Saint-Pierre, qui était depuis quelque temps tombé en ruine, il le fit recouvrir convenablement. Ensuite il restaura le couvent et toutes les cellules, et les faisant un peu rapetisser, il les rendit habitables.

CHAPITRE VIII.

De douze moines et de leur abbé Martin, qui furent pris dans le couvent de Saint-Cyprien, et que la comtesse de Poitou, sœur du duc, lui envoya sur sa demande pour être établis dans le lieu susdit. — Comment le duc voulant se faire moine en ce même lieu, en reçut défense de l'abbé lui-même ; et comment il fit jurer fidélité à son fils Richard par les Normands et les Bretons.

CEPENDANT le duc envoya des députés, en Poitou, à sa sœur avec laquelle le comte Guillaume s'était uni en mariage, lui demandant de lui donner des moines qu'il pût établir dans le lieu susdit. Or sa sœur accueillant cette demande avec contentement de cœur, pourvut aux frais du voyage, et envoya à son frère douze moines avec leur abbé, nommé Martin, tous pris dans le monastère de Saint-Cyprien. Le duc, comblé de joie par leur arrivée, les reçut à Rouen avec de grands témoignages d'alégresse, et leur rendant toutes sortes d'honneurs, entouré de plusieurs compagnies de chevaliers, il les conduisit à Jumiège, livra à l'abbé ce lieu et toute la terre, qu'il racheta à prix d'or de ceux qui la possédaient en alleu, et s'engagea par un vœu à se faire moine en ce même lieu : il eût même accompli son vœu, si l'abbé n'eût résisté à son empressement, attendu que son fils Richard était encore tout jeune enfant, et qu'il y avait à craindre qu'à raison de son extrême faiblesse il ne fût expulsé de sa patrie par les entreprises de certains méchans. Cependant le duc trouva moyen d'enlever à l'abbé un capuchon et une étamine, les emporta avec lui, les déposa dans un petit coffre, et suspendit à sa ceinture une clef d'argent. Etant parti enfin de Jumiège, il se rendit à Rouen, ne supportant qu'avec impatience la défense que l'abbé lui avait faite. Il appela alors auprès de lui tous les chefs Normands et Bretons, et leur exposa nettement les résolutions de son cœur. Vivement étonnés de ses paroles, ils hésitaient, ne sachant que répondre, et ayant perdu l'usage de la langue dans l'excès de leur stupeur. Enfin, ayant repris peu à peu leurs esprits, ils s'abandonnèrent à leurs lamentations, disant : « Pourquoi, sérénissime seigneur, pourquoi nous abandonnes-tu si promptement? A qui confieras-tu la seigneurie de ton duché ? » Le duc leur dit : « J'ai à moi un fils nommé Richard. Or vous maintenant, je vous en supplie, si jamais vous avez eu quelque tendre affection pour moi, montrez-vous justes envers moi, et faites-le votre seigneur en ma place; car ce que j'ai promis à Dieu sera inévitablement réalisé par moi. » Ne pouvant résister davantage à sa volonté, ils lui donnèrent leur consentement, quoiqu'avec chagrin, et demeurèrent d'accord de ce qu'il leur avait dit. Ayant ensuite envoyé des députés, le duc fit venir de Fécamp son jeune fils Richard, et le leur présenta. Tous lui ayant prêté serment de fidélité avec empressement, il fut reconnu duc de tout le duché de Normandie et de Bretagne. Aussitôt après son père l'envoya à Bayeux, et le confia à Bothon, chef de sa garde, pour être élevé par lui, afin qu'il apprît aussi la langue danoise, et qu'il fût en état de répondre en public à ses hommes, ainsi qu'aux étrangers.

Telles sont les choses que nous avons cru devoir rapporter au sujet du monastère de Jumiège, afin de montrer quelle dévotion, et quelles pieuses intentions de cœur le duc Guillaume avait manifestées à l'égard de ce monastère.

CHAPITRE IX.

Comment Hérold, roi des Danois, chassé de son royaume par son fils Suénon, et arrivant en Normandie avec soixante vaisseaux, fut accueilli par le duc Guillaume avec les honneurs convenables; et comment ce duc lui concéda le comté de Coutances pour y demeurer.

Tandis que la renommée célébrait la valeur et la piété de cet illustre prince, Hérold, roi des Danois, chassé de son royaume par son fils Suénon, arriva en suppliant en Normandie, avec soixante vaisseaux remplis de chevaliers armés. Le duc, puissant et généreux, le reçut avec les honneurs convenables, et lui donna pour y demeurer le comté de Coutances, jusqu'à ce qu'il eût fait construire des navires et augmenté son armée, afin de pouvoir, avec une plus forte troupe de chevaliers, aller reconquérir son royaume perdu.

CHAPITRE X.

Comment le duc Guillaume, touché des malheurs du comte Herluin, investit, assiégea et prit le château de Montreuil, qu'Arnoul de Flandre lui avait enlevé, et le rendit à Herluin.

En ce temps, Arnoul comte de Flandre, homme astucieux, entraîné par sa cupidité, et qui ne savait point se contenir dans les limites de ses droits, ambitieux de domination, travaillait sans cesse à troubler le repos de plusieurs de ceux qui vivaient dans son voisinage. Entre autres entreprises de sa méchanceté, il fit souffrir un très-grand dommage à un certain comte, nommé Herluin, en lui enlevant par fraude un château que l'on appelle Montreuil. Se trouvant entièrement privé de secours et abandonné par Hugues-le-Grand, son seigneur, ce comte se rendit tout triste auprès du seigneur de Normandie pour implorer sa protection. Ce prince, doué d'autant de bonté que de grandeur, et dont le cœur était plein de bienveillance, eut compassion des maux du comte, et, rassemblant une armée, partit promptement pour aller assiéger le château. Il s'en empara bientôt, et le prit de vive force avec l'aide des chevaliers qui l'avaient accompagné ; puis, l'ayant bien approvisionné en vivres, il le rendit à Herluin. Après cette expédition, il rentra à Rouen, triomphant de ces nouveaux exploits. En ce temps mourut Francon, archevêque de Rouen, qui eut pour successeur le seigneur Gunard.

CHAPITRE XI.

Comment Arnoul, attristé de la perte de ce château, adresse frauduleusement au duc Guillaume des paroles de paix pour l'inviter à se rendre à Pecquigny, afin d'y négocier avec lui un traité d'amitié.

Cependant Arnoul de Flandre, portant en son perfide cœur un affreux venin, et s'affligeant dans son ame féroce de la perte de ce château, commença à méditer en lui-même, et avec beaucoup de princes des Francs, sur les moyens de donner la mort au duc. Ces hommes donc, corrompus par les artificieux sophismes de cet homme inhumain, de ce scélérat homicide, complotèrent la mort de cet excellent prince, et s'engagèrent par serment à commettre cet horrible crime. Arnoul, désirant accomplir le projet qu'il avait conçu en son ame dépravée, envoya des députés au duc Guillaume, lui mandant qu'il voulait se lier d'amitié avec lui, conclure une paix inaltérable, et que pour l'amour de lui il ferait remise au comte Herluin de ses offenses; ajoutant que si lui-même n'eût été retenu par le mal de la goutte aux mains et aux pieds, il eût vivement desiré de se rendre à sa cour pour cette affaire; enfin il lui fit demander avec les plus vives instances de vouloir bien désigner un lieu où lui-même pût se porter à sa rencontre pour entrer en conférence. Le duc, qui desirait rétablir la paix dans son duché, parce qu'il aspirait avec la plus vive ardeur à prendre l'habit de moine, ayant assigné un rendez-vous à Pecquigny, partit sur le fleuve de la Somme, avec une troupe innombrable de chevaliers d'élite, dans l'espoir de terminer cette grande affaire. L'armée d'Arnoul s'arrêta sur l'une des rives du fleuve, et en face, sur l'autre rive, s'établit l'armée de Guillaume.

CHAPITRE XII.

Comment quatre traîtres, savoir, Henri, Balzon, Robert et Rioulfe, assassinèrent le duc par les ordres d'Arnoul, dans une certaine île du fleuve de la Somme. — De la clef d'argent qui fut trouvée dans sa ceinture, et avec laquelle il gardait enfermés dans un petit coffre un capuchon et une étamine de moine. — Comment son corps fut transporté à Rouen.

Il y avait au milieu du fleuve une île, dans laquelle les deux ducs s'assirent après avoir échangé leurs embrassemens, afin de discuter les choses pour lesquelles ils s'étaient réunis. Arnoul, suivant l'exemple du traître Judas, tissait longuement sa toile d'araignée en la cachant sous des balivernes et de longs discours; enfin, après qu'ils se furent prêté serment d'amitié et qu'ils eurent échangé les baisers de paix, le soleil s'étant abaissé vers l'occident, les deux ducs se séparèrent l'un de l'autre. Mais voilà, tandis que Guillaume traversait de nouveau le fleuve, Henri et Balzon, Robert et Rioulfe, tous quatre enfans du diable, rappelant Guillaume à grands cris, lui dirent que leur seigneur avait oublié de lui confier le meilleur de ses secrets. Guillaume donc ayant ramené son navire vers la rive de l'île, à peine eut-il mis pied à terre, ô douleur! ces hommes, tirant leurs glaives, assassinèrent l'innocent, qui ne put recevoir aucun secours à cause de la profondeur de l'eau courante; puis, tout à coup cherchant leur salut dans la fuite, ils abandonnèrent, privé de vie, le corps de cet homme très-vertueux. Alors Béranger et Alain, les Bretons, et les princes Normands aussi, voyant leur seigneur assassiné, firent retentir le rivage de leurs cris et de leurs hurlemens, mais ne purent lui porter aucune espèce de secours. Peu après son corps ayant été transporté auprès d'eux, ils lui ôtèrent ses vêtemens. et trouvèrent une clef d'argent suspendue à sa ceinture, et qui enfermait son trésor chéri, savoir une ceinture et une étamine de moine. Il n'est pas douteux que, si le duc eût conservé la vie, à son retour de cette conférence il eût mis sur lui ces objets, pour aller se faire moine à Jumiège. Les Normands le déposèrent alors sur un brancard, et le transportèrent en toute hâte à Rouen au milieu des plus grands témoignages d'affliction. Le clergé et les gens du peuple des deux sexes allèrent processionnellement à sa rencontre jusqu'à la porte de la ville, et le transportèrent avec douleur et en sanglotant dans l'église de Sainte-Marie toujours vierge. Ils envoyèrent ensuite à la ville de Bayeux, et appelèrent le jeune Richard aux funérailles de son père. Là ils lui renouvelèrent d'une voix unanime leur serment de fidélité, et le placèrent sous la tutelle de Bernard le Danois, afin que, par les soins de cet homme sage autant que fidèle, il fût gardé en toute sûreté dans l'enceinte des murailles de la ville.

Le très-saint duc Guillaume accomplit ainsi sa carrière le 17 décembre, le roi Louis possédant le royaume des Francs, l'an neuf cent quarante-trois de l'Incarnation du Seigneur, sous le règne de ce même seigneur Jésus-Christ, qui vit et règne aux siècles des siècles. Amen!

LIVRE QUATRIÈME.

DE RICHARD Ier, FILS DU DUC GUILLAUME.

CHAPITRE PREMIER.

Comment Richard, encore enfant, succéda à son père Guillaume.

Le très-saint et bienheureux duc Guillaume ayant été, comme nous le croyons, transporté au milieu des élus de Dieu, son fils Richard brillant d'une parfaite innocence, tel qu'un rejeton que l'on a détaché de l'arbre qui porte de bons fruits, et qui pousse ses racines dès sa première jeunesse, commença à produire les boutons odoriférans de l'enfance la plus gracieuse, et à pénétrer son ame généreuse des enseignemens de son précepteur. Détournant son tendre cœur des choses illicites, le gouvernant dans une noble continence, et dédaignant les erreurs de cet âge si faible, il s'attachait de sa pleine volonté aux instructions des sages. Si son oreille venait à saisir quelque conseil de vertu ou de sagesse, selon que le faisaient les circonstances, il le confiait aussitôt à sa mémoire intelligente. Les grands seigneurs Francs ayant appris aussi l'horrible trahison d'Arnoul de Flandre et la déplorable mort du duc Guillaume, la plupart d'entre eux s'en affligèrent grandement.

CHAPITRE II.

Comment Louis, roi des Francs, étant venu à Rouen, et emmenant frauduleusement le jeune Richard en France et avec lui, soumit le duché de Normandie à sa juridiction, en se disant tuteur de l'enfant.

Quelques-uns d'entre eux cependant, complices de l'homicide même, et qui auparavant s'étaient dits faussement grands amis du duc de Normandie, découvrirent alors le fond de leur cœur, et montrèrent au grand jour le venin qu'ils avaient long-temps tenu caché. En effet le roi Louis, pensant que la porte des grands honneurs venait de lui être ouverte, et oubliant les bienfaits du duc et la fidélité qu'il lui avait toujours gardée, feignit de vouloir tenir conseil avec les Normands au sujet de la mort de ce prince, se mit aussitôt en marche, et arriva promptement à Rouen. Raoul, Bernard et Anslech, gardiens de tout le duché de Normandie, l'accueillant avec des honneurs royaux, comme il était convenable à l'égard d'un si grand roi, se soumirent à son service pour acquitter la foi de leur petit seigneur. Or le roi ayant vu cette terre fertile, ces eaux si salubres, ces forêts si bien fournies, et séduit par sa cupidité, commença à leur promettre mensongèrement ce qu'il se préparait déjà à arranger d'une manière toute différente. Il leur envoya un message pour leur ordonner de présenter le jeune Richard devant ses yeux, et le voyant doué d'une belle figure, il déclara qu'il le ferait élever dans son palais avec des enfans de son âge. Cependant toute la ville fut ébranlée de la fâcheuse nouvelle que Richard, frustré de ses espérances, était indignement retenu captif par le roi. Bientôt les citoyens, se réunissant aux groupes des chevaliers, et traversant la ville le glaive nu, font irruption dans la cour du roi, et le cherchent dans les premiers transports de leur fureur pour le massacrer tout aussitôt. Instruit de tout ce tumulte et vivement effrayé, le roi, d'après les conseils de Bernard le Danois, prend l'enfant dans ses bras, le présente à la vue de ces hommes irrités, et parvient ainsi à apaiser leur premier emportement. Voulant calmer entièrement les esprits inquiets et agités des Normands, le roi, de l'avis de ses hommes, fit concession au jeune Richard de l'héritage de son père, en se réservant le serment de fidélité qu'il lui avait prêté. L'admettant ainsi à être un de ses fidèles, le roi promit aux Normands (tout en mentant à ses intentions) de rendre leur prince lorsqu'il aurait reçu, d'une manière digne de lui, l'éducation de son palais.

CHAPITRE III.

Comment Louis, aveuglé par les présens d'Arnoul, menaça le jeune Richard, duc de Normandie, de lui brûler les jarrets.

La première agitation ainsi calmée, le roi conservant sa colère, et portant dans le fond de son cœur le ressentiment de l'insulte que lui avaient faite les Normands, retourna en France emmenant avec lui le jeune Richard, comme pour se préparer à venger par les armes la mort de son père sur Arnoul de Flandre. Celui-ci cependant, craignant que le roi Louis ne marchât contre lui avec une armée, et voulant se justifier d'une accusation de trahison, envoya des députés avec dix livres d'or, et soutint devant le roi qu'il était innocent de la mort de Guillaume. Il promit même de chasser de son pays les assassins de ce prince, si le roi le lui ordonnait. Il ajouta cependant que le roi devait se souvenir des insultes et des affronts que son père et lui-même avaient reçus durant si long-temps de la part des Normands, disant encore que pour mettre un terme à ces inimitiés, ce que le roi aurait de mieux à faire serait de faire brûler les jarrets au jeune Richard, de le tenir rigoureusement enfermé, et d'accabler la race normande sous le poids des plus lourds impôts, jusqu'à ce qu'enfin, cédant à la nécessité, elle s'en retournât dans ce Danemarck, d'où elle avait fait son irruption. Le roi, aveuglé par les présens et par les paroles artificieuses de ce traître, pardonna son crime à celui qui eût été digne de la potence, et tourna sa colère contre l'enfant innocent, suivant l'exemple de Pilate, qui relâcha l'homicide et condamna le Christ au supplice de la croix. En conséquence, et tandis qu'il demeurait à Laon, comme le jeune Richard revenait une fois de la chasse aux oiseaux, le roi l'ayant accablé des plus cruelles injures, l'appela fils de courtisane, d'une femme qui avait enlevé un homme qui ne lui appartenait point, et le menaça, s'il ne renonçait à ses prétentions, de lui faire brûler les genoux et de le dépouiller de tous ses honneurs. Ayant ensuite désigné d'autres gardiens, afin que le jeune homme ne pût s'échapper, le roi donna ordre d'exercer sur lui la plus sévère surveillance.

CHAPITRE IV.

Par quelle adresse Osmond, intendant du jeune Richard, le délivra de son étroite prison, et l'ayant enlevé de Laon, le conduisit à Senlis auprès du comte Bernard, son oncle.

Osmond, intendant du jeune Richard, ayant appris la décision rigoureuse du roi, prévoyant le sort réservé à l'enfant, et le cœur saisi de consternation, envoya des députés aux Normands, pour leur mander que leur seigneur Richard était retenu par le roi sous le joug d'une dure captivité. A peine ces nouvelles furent-elles connues, on ordonna dans tout le pays de Normandie un jeûne de trois jours, et l'Eglise adressa au Seigneur des prières continuelles pour le jeune Richard. Ensuite Osmond, ayant tenu conseil avec Yvon, père de Guillaume de Belesme, engagea l'enfant à faire semblant d'être malade, à se mettre dans son lit, et à paraître tellement accablé par le mal que tout le monde dût désespérer de sa vie. L'enfant, exécutant ces instructions avec intelligence, demeura constamment étendu dans son lit, comme s'il était réduit à la dernière extrémité. Ses gardiens le voyant en cet état, négligèrent leur surveillance, et s'en allèrent de côté et d'autre pour prendre soin de leurs propres affaires. Il y avait par hasard dans la cour de la maison un tas d'herbe, dans lequel Osmond enveloppa l'enfant, et le mettant ensuite sur ses épaules, comme pour aller chercher du fourrage à son cheval, tandis que le roi soupait et que les citoyens avaient abandonné les places publiques, Osmond franchit les murailles de la ville. A peine arrivé dans la maison de son hôte, il s'élança rapidement sur un cheval, et prenant l'enfant avec soi, il s'enfuit au plus tôt, et arriva à Couci. Là ayant recommandé l'enfant au châtelain, il continua à chevaucher toute la nuit, et arriva à Senlis au point du jour. Le comte Bernard s'étonna de le voir arriver en si grande hâte, et lui demanda avec sollicitude comment allaient les affaires de son neveu Richard. Osmond lui ayant raconté en détail tout ce qu'il avait fait, et l'ayant réjoui plus que de coutume par un tel récit, ils montèrent tous deux à cheval et allèrent promptement trouver Hugues-le-Grand. Lui ayant raconté l'affaire et demandé conseil, ils reçurent de lui le serment par lequel il engagea sa foi à secourir l'enfant; et aussitôt ils se rendirent à Couci avec une grande armée, et ayant enlevé Richard, ils le conduisirent en grande joie dans la ville de Senlis.

CHAPITRE V.

Comment Bernard le Danois déjoua par sa sagesse les conseils que Hugues-le-Grand avait donnés au roi contre les Normands.

Or le roi Louis, se voyant frustré dans ses desirs, envoya des députés à Hugues-le-Grand pour exiger la restitution de l'enfant, conformément à la fidélité qu'il lui devait. Lorsque ces députés lui eurent rapporté que l'enfant n'était point dans les mains de celui qu'il avait cru, mais sous la garde de Bernard comte de Senlis, le roi craignant de ne plus le ravoir, manda à Arnoul de Flandre qu'il eût à venir le trouver au plus tôt pour tenir conseil avec lui sur cette affaire, dans le lieu que l'on appelle Restible[1]. Là, après que tous deux eurent discuté et proposé divers avis à ce sujet, Arnoul dit enfin au roi : «Nous
« savons que Hugues-le-Grand a été long-temps
« d'intelligence avec les Normands, et c'est pourquoi
« il convient que tu cherches à le séduire par tes
« présens. Concède-lui donc le duché de Normandie,
« depuis la Seine jusqu'à la mer, en te réservant la
« ville de Rouen, afin que, privée de son assistance,
« cette race perfide soit enfin forcée à sortir du pays.»
Le roi cédant à cette proposition envoya aussitôt un député à Hugues-le-Grand pour l'inviter à une conférence dans le lieu que l'on appelle la Croix, situé auprès de Compiègne. Hugues s'y étant rendu, et ayant entendu le roi raisonner sur une nouvelle ré-

[1] Dans le Vermandois.

partition des villes et des comtés, aima mieux, aveuglé par la cupidité, se faire parjure et acquérir de plus grands honneurs, que garder une fidélité inaltérable à son ami Richard. Ils se retirèrent donc de ce lieu, après s'être juré d'entreprendre une expédition contre les Normands; et les deux parties contractantes ayant rassemblé leurs armées, le roi commença à ravager et incendier le pays de Caux, et Hugues en fit autant dans le pays de Bayeux. Informé de ces événemens, et ayant pris conseil de Bernard de Senlis, Bernard le Danois envoya en toute hâte au roi Louis des députés chargés de lui parler en ces termes :
« Pourquoi, ô roi très-puissant, pourquoi dévastes-tu
« ainsi ton pays, alors surtout que nul ne t'oppose de
« résistance, et que tous vivent parfaitement en paix
« avec toi? Renonce au pillage que font les hommes,
« et emploie à ton profit les services des chevaliers
« normands. Pourquoi les affliges-tu par le feu, lors-
« que la ville de Rouen est ouverte devant toi? Ac-
« cepte donc leurs services avec bienveillance, afin
« que par leur secours tu puisses déjouer les entre-
« prises de tes ennemis. »

CHAPITRE VI.

Comment Louis, se rendant à Rouen, y fut reçu par Bernard le Danois et par les autres citoyens; et comment sur son ordre Hugues-le-Grand renonça à dévaster la Normandie.

Rempli de joie après avoir reçu cette députation, le roi arrêta le pillage auquel ses chevaliers se livraient

et se hâta de se rendre dans la ville de Rouen. A son arrivée tout le clergé s'avança processionnellement à sa rencontre jusqu'à la porte, en chantant les louanges du roi et criant avec toute la foule du peuple: *Béni soit celui qui vient au nom du Seigneur!* De là, le roi se rendant au banquet royal, assista à un festin splendide, qui lui fut offert par Bernard le Danois. Au milieu du dîner, et comme déjà le roi était échauffé par le vin, Bernard le Danois lui dit : « Aujourd'hui,
« roi sérénissime, aujourd'hui a brillé pour nous un
« jour de grande joie, puisque nous commençons à
« devenir les gens du roi. Jusqu'à présent nous avons
« servi en chevaliers pour un duc ; désormais nous
« servirons un roi invincible. Que Bernard de Senlis
« garde pour lui son neveu Richard ; nous, plaise au
« ciel que nous t'ayons long-temps pour seigneur et
« roi! En vérité il t'a donné un conseil bien funeste
« celui qui t'a poussé à te priver de la force d'une
« armée normande. Lequel de tes ennemis ne pour-
« rais-tu pas frapper d'épouvante, à l'aide de la très-
« redoutable valeur des Normands? Car ils sont,
« comme nous, soumis à ta seigneurie, et desirent
« du fond de leurs cœurs te servir en chevaliers.
« Pourquoi donc as-tu armé contre nous Hugues,
« ton ennemi, avec vingt mille combattans? Lui-même
« ne s'est-il pas toujours déclaré contre toi, et ne
« t'offense-t-il pas constamment? »

Le roi, apaisé par ces paroles et d'autres semblables, envoya sur-le-champ à Hugues-le-Grand des messagers chargés de le forcer à quitter le territoire de Normandie, lui mandant qu'il serait absurde en effet de laisser passer tant de biens au pouvoir d'un autre, lorsque lui-même pouvait s'en emparer sans difficulté et sans éprouver de résistance, pour ajouter à son propre pouvoir. Sur ce rapport Hugues-le-Grand, vivement exaspéré, se retira en toute hâte, abandonnant son expédition et empêchant ses chevaliers de dévaster davantage le territoire de Normandie. Après cela, le roi demeura encore quelque temps à Rouen, et institua gouverneur du comté Raoul, surnommé le Tort, qu'il chargea de percevoir sur ses sujets les impôts annuels, de rendre la justice, et d'administrer les autres affaires dans toute la province. Cet homme, plus méchant que les Païens, fit renverser jusque dans leurs fondemens tous les monastères que les Païens avaient brûlés sur les rives de la Seine, et en fit transporter les pierres pour réparer la ville de Rouen. S'étant rendu à Jumiège, il s'empara du monastère de Sainte-Marie, et le détruisit. Il l'eût même renversé de fond en comble, si un certain clerc nommé Clément n'eût, à prix d'argent, racheté deux tours des ouvriers qui démolissaient, et ces deux tours sont demeurées debout jusqu'au temps de Robert l'archevêque, qui a relevé cette église. Le roi ayant terminé ses affaires à son gré, partit joyeusement, et retourna à Laon.

CHAPITRE VII.

Comment par l'habileté de Bernard le Danois, et par le secours d'Hérold, roi des Danois, Louis, roi des Francs, fut fait prisonnier et retenu dans la ville de Rouen en une dure captivité.

Cependant Bernard le Danois craignant qu'après son retour le roi Louis ne s'unît avec le duc Hugues pour faire souffrir de plus grands maux aux Normands, envoya en secret des députés vers Hérold, roi des Danois, qui vivait encore à Cherbourg, l'invitant à rassembler les chevaliers de Coutances et de Bayeux pour faire une expédition sur terre, tandis que lui-même s'avançant avec une flotte ennemie irait dévaster la Normandie du côté de la mer, afin que pour ces motifs le roi Louis se rendît auprès de lui pour avoir une conférence, et qu'il lui fût possible par ce moyen de venger le sang de son ami Guillaume par le sang de ses ennemis. Le roi des Danois s'empressant d'exécuter ces instructions, mit ses navires en mer, fit élever ses voiles dans les airs, et poussé par un bon vent du nord aborda sur le rivage des salines de Courbon, où la rivière de Dive précipite ses eaux rapides dans la mer orageuse.

Cependant la renommée volant promptement, selon son usage, apporta aux oreilles des Francs la nouvelle que les Païens venaient d'occuper les rivages de la mer avec une grande quantité de navires. En outre Bernard le Danois et Raoul Tort expédièrent un messager au roi Louis pour lui annoncer ce fâcheux événement. Le roi, rassemblant une nombreuse armée, se rendit à Rouen en toute hâte. De là il fit inviter Hérold, roi des Danois, à venir le trouver au lieu appelé le gué d'Herluin, attendu qu'il desirait savoir de lui pour quel motif il venait dévaster les frontières de son royaume. Cette proposition plut infiniment au roi Hérold, qui aspirait vivement à venger la mort du duc Guillaume. Lors donc que les deux rois se furent réunis au jour fixé, et après qu'ils eurent long-temps discuté entre eux au sujet de la mort injuste du duc, un certain Danois apercevant parmi les autres Herluin, comte du château de Montreuil, pour l'amour duquel le duc avait été assassiné, et transporté par le zèle de son amitié, transperça aussitôt Herluin d'un coup de sa lance, et le renversa mort au même instant. Lambert, frère de celui-ci, et d'autres Francs, indignés de cette mort, s'encourageant les uns les autres, s'élancèrent aussitôt sur les Danois pour les combattre. Les Païens les reçurent vigoureusement; et au milieu des fureurs de la guerre, ils envoyèrent dans l'enfer embrasé dix-huit seigneurs Francs et un grand nombre d'autres Francs, qu'ils frappèrent de leurs glaives. Les autres se hâtèrent de se cacher, et se dispersant de tous côtés, tremblant pour leur vie, allèrent chercher des refuges en divers lieux. Le roi Louis échappant aux mains du roi Hérold par la fuite rapide de son cheval, tomba au pouvoir d'un certain chevalier. Il fit à celui-ci toutes sortes de promesses pour n'être pas livré en trahison à son ennemi; et enfin, le chevalier cédant aux larmes du roi le conduisit en secret et le cacha dans une certaine île de la Seine. Bernard le

Danois en fut informé par des rapports, envoya aussitôt des satellites, et fit jeter le chevalier dans les fers. Forcé par le besoin de pourvoir à sa sûreté, le chevalier découvrit enfin malgré lui la retraite de celui qu'il voulait sauver, pour en recevoir une récompense. Le roi fut donc enlevé de cette île, conduit à Rouen par l'ordre de Bernard, et retenu sous une rude surveillance.

CHAPITRE VIII.

Comment la reine Gerberge demanda à son père Henri, roi d'au delà du Rhin, du secours contre les Normands, et n'en obtint pas ; c'est pourquoi elle donna comme otages son fils et deux évêques, en échange du roi Louis, son époux.

Or la reine Gerberge, apprenant que son époux avait été pris par les Normands, fut glacée d'effroi, et, le cœur plein de consternation, alla en toute hâte auprès de Henri, roi d'au delà du Rhin, et qui était son père, le suppliant de rassembler une nombreuse armée, d'aller assiéger Rouen, et d'enlever le roi son époux de vive force. Le roi Henri, ayant entendu le récit de ce malheur, lui répondit qu'il était survenu au roi bien justement, puisqu'il avait criminellement manqué à la parole qu'il avait jadis jurée au duc Guillaume, en s'emparant de son fils : « Travaille, ma fille, lui dit-il encore, à délivrer ton « mari avec l'aide des tiens ; car dans ce moment il « faut que je m'occupe de mes propres affaires. » La reine ayant entendu cette réponse de son père, retourna aussitôt en France sans avoir pu rien obtenir pour son entreprise. De là elle se rendit en suppliante auprès de Hugues-le-Grand, lui demandant d'enlever son mari aux Normands. Le duc Hugues, envoyant aussitôt Bernard de Senlis, appela les Normands à une conférence à Saint-Clair ; et lorsqu'ils y furent tous réunis, et après qu'ils se furent long-temps disputés sur la restitution de la personne du roi, Hugues-le-Grand dit enfin : « Rendez-nous notre roi et « recevez en échange son fils, sous la condition que « vous reviendrez ici en temps opportun, afin que « nous puissions conclure un solide traité de paix. » Ces paroles étant agréées des Normands, ils reçurent des otages en échange du roi, savoir son fils et deux évêques, Hildegaire, évêque de Beauvais, et Gui, évêque de Soissons. Les arrangemens étant ainsi conclus, le roi, joyeux de sa délivrance, retourna à Laon, et les Normands se rendirent à Rouen.

CHAPITRE IX.

Comment les Normands ramenèrent de France leur seigneur Richard, et rendirent les otages. — Retour du roi Hérold en Danemarck.

Après cela les Normands, envoyant un message à Bernard de Senlis, ramenèrent de ce lieu leur seigneur Richard avec une grande armée. A l'époque fixée par avance, le roi, à la tête d'un corps nombreux de chevaliers, se rendit avec les évêques de France et avec Hugues-le-Grand sur les rives de l'Epte, et, de leur côté, les Normands se présentèrent sur l'autre rive avec le jeune Richard. Les députés des deux partis ayant fait plusieurs messages, par la bonté du Christ, la paix fut rétablie entre eux, et confirmée par un traité solide et par les sermens, et les otages furent rendus, le fils du roi étant mort à Rouen auparavant. Les choses ainsi bien arrangées, le roi retourna à Laon, et le jeune Richard à Rouen. Mais Raoul le Tort, gouverneur de la ville, recommença tout aussitôt à le maltraiter et à faire souffrir ses domestiques de la faim, ne voulant leur donner que douze écus pour leur entretien de tous les jours. C'est pourquoi le duc, transporté d'une violente colère, le chassa sur-le-champ de la ville, et le força de se rendre à Paris auprès de son fils, évêque de cette ville. A la suite de cet événement, la terre de Normandie recouvra le repos, sous le gouvernement de son duc. Peu de temps après, le roi Hérold retourna en Danemarck, et se réconcilia avec son fils Suénon.

CHAPITRE X.

Comment Hugues-le-Grand fiança sa fille Emma avec le duc Richard, en sorte que le roi Louis, et Arnoul, comte de Flandre, effrayés, demandèrent au roi Othon son secours contre Hugues-le-Grand et le duc Richard ; et comment Othon, après avoir dévasté le territoire de Hugues-le-Grand, entreprit d'assiéger Rouen.

Après cela le duc Hugues, voyant que le jeune Richard reprenait des forces, et ayant obtenu le consentement de Bernard de Senlis, les deux parties contractantes s'engagèrent mutuellement par serment, et Hugues promit à Richard sa fille, nommée Emma, afin que, parvenu à l'âge de puberté et dans la fleur de la jeunesse, il s'unît avec elle par la loi du mariage. Cet événement effraya beaucoup le roi Louis et la plupart des grands seigneurs Francs, et plus particulièrement Arnoul de Flandre, inventeur de tant d'artifices contre Richard. Louis apprenant que ces deux hommes, maîtres de très-grandes forces, s'étaient unis par de tels liens d'amitié, et craignant que leurs efforts ne parvinssent à lui enlever son royaume, de l'avis d'Arnoul de Flandre, envoya celui-ci auprès d'Othon, roi au delà du Rhin, lui mandant que s'il écrasait entièrement Hugues-le-Grand, et soumettait à sa domination la terre de Normandie, lui, Louis, n'hésiterait certainement point à lui livrer en échange le royaume de Lorraine, qui avait été promis à son père Henri, roi d'au delà du Rhin, à la suite de l'heureuse bataille livrée contre Robert dans les plaines de Soissons, et dans laquelle le roi Henri avait prêté secours au roi Charles, père de Louis. Le roi Othon, tout joyeux d'apprendre ce qu'il desirait dès long-temps, fit préparer tout ce qui pouvait lui être utile et nécessaire pour une si grande entreprise, sortit de son royaume, semblable à une tempête terrible, et, ayant rallié les armées du roi Louis et d'Arnoul de Flandre, se précipita sur Hugues-le-Grand, avec de nombreuses légions de chevaliers. Après avoir détruit tout ce qu'il trouva appartenant à celui-ci en dehors des villes, il porta tout le poids de la guerre contre les Normands, afin de les expulser du pays, et envoya en avant un sien neveu, avec beaucoup de chevaliers, pour répandre la terreur dans la ville de Rouen. Ce dernier s'en étant approché, et ayant trouvé les Normands cachés derrière leurs remparts, s'imagina qu'ils étaient tous hors d'état de combattre, et en conséquence ayant rassemblé ses chevaliers, il alla attaquer vivement les portes. Mais alors les Normands ouvrant tout à coup ces mêmes portes, s'élancèrent sur eux avec la plus grande fureur, et firent un si grand carnage parmi leurs ennemis qu'ils tuèrent le neveu du roi sur le pont même, et qu'il n'y eut qu'un bien petit nombre d'hommes qui s'échappèrent de ce combat.

CHAPITRE XI.

Comment l'empereur Othon, le roi Louis et Arnoul de Flandre, abandonnèrent honteusement le siége de Rouen, et prirent la fuite. — Mort du roi Louis, qui eut pour successeur Lothaire, son fils.

Le roi Othon, qui s'avançait à pas lents avec le roi Louis et Arnoul de Flandre, au milieu des légions des chevaliers, étant arrivé pour assiéger la ville, reconnut qu'elle était imprenable, et en même temps apprenant la mort de son neveu, il commença à délibérer secrètement avec les siens pour livrer Arnoul aux Normands, et tint conseil dans l'église de Saint-Pierre et Saint-Ouen, laquelle est située dans le faubourg de la ville. Le lendemain, saisi par la peur, il résolut en ce même lieu de repartir. Mais Arnoul ayant eu vent de ce projet de trahison, fit replier ses pavillons et ses tentes, rechargea ses bagages, et, au milieu du silence de la nuit, partit en hâte avec toute son armée, laissant en proie à une grande frayeur ses autres compagnons, tout épouvantés par le fracas que faisaient les chevaux en partant. Au point du jour, Othon et Louis s'étant levés, et ayant appris la fuite d'Arnoul, reprirent aussitôt la route par laquelle ils étaient arrivés, et abandonnèrent le siége. Mais à peine furent-ils partis, que les Normands se lancèrent à leur poursuite et les firent succomber sous leurs glaives; tellement que sur toutes les routes on les trouvait étendus par terre comme des moutons. La plupart d'entre eux, errant de tous côtés dans les bois et à travers des champs, furent faits prisonniers et disséminés dans tout le territoire de Normandie. Telle fut l'issue de l'entreprise d'Othon, empereur des Germains ou des Romains. Telle fut aussi la fin du roi Louis, qui peu de temps après, et à la suite de beaucoup de chagrins, quitta sa dépouille mortelle [1]. En ce temps encore, Gunard, archevêque de Rouen, étant mort, Hugues devint son successeur.

---

[1] Le 10 septembre 954.

CHAPITRE XII.

Comment Hugues-le-Grand, sur le point de mourir, plaça son fils Hugues sous la protection du duc Richard ; et comment ce même duc prit pour femme Emma, fille de Hugues, après la mort de celui-ci.

Enfin le duc Hugues, fatigué par le poids des années, et voyant approcher son dernier jour, appela auprès de lui les grands de son duché, et, de leur avis, s'occupa [1] à placer son fils nommé Hugues sous la protection du duc Richard, alors brillant de tout l'éclat de la jeunesse, afin que, mis en sûreté avec un tel appui, ledit Hugues ne pût succomber aux artifices de ses ennemis. Après la mort de Hugues, le duc Richard ayant emmené sa fille Emma de la maison paternelle, comme il l'avait promis auparavant, la conduisit dans les murs de Rouen avec les plus grands honneurs et au milieu des réjouissances, et s'unit à elle par les liens du mariage [2].

CHAPITRE XIII.

Quels conseils Thibaut, comte de Chartres, donna à la reine Gerberge contre le duc Richard ; et comment ces artifices furent révélés au duc par deux chevaliers de Thibaut même.

Cependant quelques querelles s'étant élevées, Thibaut, comte de Chartres, commença à devenir ennemi du duc Richard, et commit des ravages sur son

---

[1] En 956. — [2] En 960.

territoire. Lorsqu'il fut informé de ces entreprises téméraires, le duc les réprima avec la vigueur qui convenait à un tel homme. Alors Thibaut voyant bien que ses entreprises ne pourraient réussir au gré de ses espérances, essaya d'adresser à la reine Gerberge des paroles de malveillance contre le duc Richard, cherchant à lui persuader que, tant que ce duc vivrait, le roi Lothaire son fils ne pourrait jamais posséder en paix le royaume des Francs, et qu'en conséquence il était urgent qu'elle fît les plus grands efforts pour chasser de son pays un si redoutable ennemi. La reine, ajoutant foi à ces paroles, envoya aussitôt un député à Brunon, archevêque et duc de Cologne, son frère, l'invitant à porter secours à son neveu et à faire tous ses efforts pour trouver quelque moyen de se saisir de la personne du duc Richard, le plus mortel ennemi du royaume des Francs. Immédiatement après ce message, Brunon envoya au duc un certain évêque, chargé de l'engager à se rendre dans le pays d'Amiens pour y avoir une conférence avec l'archevêque, qui desirait le réconcilier avec le roi, et mettre le royaume des Francs sous sa protection. Séduit par ces paroles artificieuses, le duc se disposa promptement à se rendre au lieu où l'appelaient les plus chères espérances. Comme il s'était mis en marche, il rencontra deux chevaliers de Thibaut; l'un d'eux lui dit : « O le plus « illustre des hommes, où diriges-tu tes pas ? Veux-tu « être duc des Normands, ou bien en dehors de ta « patrie, gardeur de moutons? » Après ces mots, il se tut, et le duc lui dit : « De qui êtes-vous cheva- « liers ? » — Et l'autre lui répondit : « Que t'importe « de qui nous sommes chevaliers? Ne sommes-nous

« pas tes chevaliers?» Le duc reconnaissant aussitôt
que ces paroles ne pouvaient lui être adressées que
pour lui donner un avis salutaire, et afin qu'il en pro-
fitât selon la nécessité, prit congé de ces chevaliers
en leur rendant honneur, et, en témoignage de sa reconnaissance, il donna à l'un une épée brillante, dont
la poignée en or pesait quatre livres, et à l'autre un
bracelet de l'or le plus pur et pesant le même nombre de livres : ensuite il revint en toute hâte sur ses
pas et rentra à Rouen sain et sauf. Ainsi trompé dans
son attente, Brunon retourna chez lui, après que les
artifices de sa méchanceté eurent été découverts.

CHAPITRE XIV.

*Comment le roi Lothaire ayant réuni les ennemis du duc Richard,
savoir, Baudouin, comte de Flandre, Geoffroi d'Anjou et
Thibaut de Chartres, voulut encore le tromper, mais ne le put.*

Ces mauvaises fraudes ainsi déjouées, le roi Lothaire, sur les instigations de Thibaut, cherchant de
nouveau d'autres moyens de dissimuler ses perfides projets, envoya au duc un député chargé de lui
porter ces paroles : «Jusques à quand refuseras-tu,
« ô duc, de me rendre le service que tu me dois?
« Ignores-tu que je suis le roi des Francs, que tu es
« tenu de servir en chevalier, dont tu ne dois jamais
« méconnaître les avis et les ordres? Mes ennemis
« et les tiens ne se réjouiront-ils pas de nos dissen-
« sions? Renonce donc dès à présent à cette résis-
« tance de ton cœur obstiné, hâte-toi de te mettre

« en marche et de te rendre auprès de moi, afin
« qu'unis par les liens d'une paix inviolable, nous
« jouissions ensuite, dans une douce concorde, des
« avantages que nous pouvons nous assurer récipro-
« quement; que le roi se réjouisse de son illustre
« duc, et le duc de son roi très-chéri. » Séduit par
les apparences de ce message perfide, le duc mande
aussitôt au roi qu'il se rendra très-volontiers à son appel. Le roi, vivement réjoui de cette réponse, appelle
les ennemis du duc, savoir Baudouin de Flandre,
Geoffroi d'Anjou et Thibaut de Chartres, et se rend
avec eux sur le bord de la rivière d'Eaune pour
cette détestable conférence. De son côté, le duc arrive sur l'autre côté de la rivière avec une escorte de
chevaliers. Alors, desirant savoir ce qui se passait
chez le roi, il envoya quelques-uns des siens chargés
de lui rapporter quels étaient ceux de ses amis les
plus familiers qui étaient avec lui. Ses envoyés ayant
trouvé les comtes ci-dessus nommés, qui faisaient
leurs dispositions pour attaquer le duc, revinrent en
toute hâte auprès de celui-ci, et l'invitèrent à se retirer de ce lieu, de peur que, victime de la trahison
du roi, il ne fût attaqué par ses ennemis, et que ceux-
ci n'eussent à se réjouir bientôt de sa mort. Aussitôt,
déterminé par les siens, le duc traversa la rivière de
Neufchâtel, s'arrêta quelques momens de l'autre côté,
empêcha les ennemis qui s'étaient mis à sa poursuite
de passer la rivière au gué; et enfin, échappant au
coup de main que le roi voulait tenter, retourna
promptement à Rouen, suivi de tous les siens. Ayant
ainsi mis au grand jour les artifices du roi, le duc se
convainquit de l'inimitié que ce prince lui portait.

CHAPITRE XV.

Comment le roi Lothaire s'empara de la ville d'Évreux et la livra à Thibaut. — Comment le duc Richard dévasta le comté de Chartres et de Châteaudun. — Comment Thibaut étant arrivé avec une armée à la ferme d'Ermentrude, en fut chassé par le duc, et prit honteusement la fuite, après avoir reçu un grand échec.

Or le roi voyant que ses projets n'avaient pu réussir, retourna à Laon, rempli de fureur, pour rentrer bientôt dans la Normandie en ennemi, d'après les instigations de Thibaut. Se donnant à peine le temps de respirer et de prendre conseil, et rassemblant les troupes des chevaliers de Bourgogne et de France, il alla attaquer la ville d'Évreux, et, s'y rendant à l'improviste, il l'investit et l'assiégea, s'en empara par la trahison de Gilbert, surnommé Machel, et la livra tout aussitôt au comte Thibaut, pour qu'il pût de là faire la guerre au pays. Le roi étant parti de cette ville, le duc Richard marcha sur ses traces, et ravagea par le feu et le fer tout le comté de Châteaudun ou de Chartres. Ayant détruit tout ce qui appartenait à Thibaut, il retourna chez lui, chargé d'un très-grand butin. Bientôt après, Thibaut, prenant sa revanche, rassembla secrètement une armée, et, pour insulter le duc, alla dresser ses tentes et ses pavillons auprès de la ferme d'Ermentrude, et y prit position en ennemi redoutable et dévastateur. Mais le duc, toujours habile et plein de vigueur, traversa le fleuve de la Seine au milieu du silence de la nuit, et au point du jour s'élançant sur ses ennemis, il en fit un si grand massacre qu'il périt six cent quarante hommes parmi eux, et que les autres, couverts de blessures, s'enfuirent de tous côtés à travers les bois. Thibaut lui-même fuyant honteusement avec un petit nombre d'hommes, et se cachant dans les forêts, arriva à Chartres couvert de confusion. Pour ajouter au malheur de sa fuite, le Christ le punissant aussi, son fils mourut le même jour, et la ville de Chartres tout entière fut consumée par les flammes. Le duc de Normandie étant ensuite retourné sur le champ de bataille, y retrouva les morts, et touché de compassion, prescrivit de leur donner la sépulture. Il ordonna en outre que les blessés fussent transportés doucement à Rouen et soignés par les médecins, et qu'après les avoir guéris on les renvoyât à Thibaut.

CHAPITRE XVI.

Comment le duc Richard demanda à Hérold, roi des Danois, des secours contre les Francs, et en reçut bientôt.

Or le duc se voyant menacé de tant de fraudes et d'entreprises de la part du roi, et voyant aussi que les comtes Francs se déchaînaient contre lui d'un commun accord, envoya des députés à Hérold, roi des Danois, lui demandant de venir au plus tôt à son secours, et de lui envoyer des bandes de Païens pour comprimer la fureur des Francs. Le roi reçut non seulement ces députés avec beaucoup de joie, mais les renvoya au duc enrichis de très-grands présens, et promit de lui envoyer très-promptement des secours. En un mot, d'après les ordres de ce roi, des vaisseaux furent aussitôt mis en mer. La jeunesse païenne fit ses préparatifs pour cette grande expédition, et une armée innombrable fut pourvue de boucliers, de cuirasses, de casques et de toutes sortes d'autres armes. Ensuite, au jour fixé, les drapeaux furent dressés dans les airs, les voiles livrées au souffle favorable des vents, et les navires ayant rapidement traversé la mer, vinrent aborder auprès de l'embouchure de la Seine. Ayant appris leur arrivée, le duc, transporté de joie, alla aussitôt à leur rencontre, et tandis qu'il marchait devant eux, leurs navires remontaient à force de rames le fleuve de la Seine ; ils arrivèrent promptement au fossé de Givold, et après qu'ils eurent jeté les ancres, on tint conseil sur la destruction de la France. Et voilà, tout à coup les Païens s'élancent hors de leurs vaisseaux, et détruisent par le fer et le feu tout le pays environnant. Les hommes et les femmes sont emmenés chargés de chaînes, les villages sont pillés, les villes livrées à la désolation, les châteaux renversés, tout le pays changé en un désert. Le deuil devient de plus en plus général, et dans tout le comté de Thibaut on n'entend plus aboyer un seul chien. Lorsqu'il ne leur reste plus rien à détruire, les Païens envahissent les terres du roi. Tout ce qu'ils enlèvent aux Francs, ils le livrent aux Normands, et le leur vendent à vil prix. La terre de Normandie demeure à l'abri du pillage des Païens, mais dans la France nul ne résiste, et toute la population est réduite en captivité.

CHAPITRE XVII.

Comment, forcés par la nécessité, le roi Lothaire et Thibaut rendirent intégralement au duc Richard tout ce qu'ils lui avaient enlevé. — Conversion des Païens sur les exhortations du duc.

Tandis que ces choses se passaient, une assemblée générale des évêques se réunissait à Laon, afin d'examiner pour quels motifs le peuple chrétien était affligé de tant de calamités. Enfin les évêques envoyèrent au duc l'évêque de Chartres, chargé de lui demander par quelles raisons un homme aussi chrétien et aussi pieux que lui exerçait de si cruelles rigueurs. Après avoir appris de lui les perfidies du roi, et comment la ville d'Evreux lui avait été enlevée et livrée à Thibaut, le pontife demanda aussitôt et obtint une trêve aux irruptions des Païens, afin que, durant cette trêve, les évêques pussent conduire le roi Lothaire en un lieu convenable, et que celui-ci donnât satisfaction au duc sur tous ses griefs et en toute bienveillance. Or Thibaut apprenant que le roi cherchait à traiter de la paix sans prendre son avis, et craignant que tout le poids de cette guerre ne retombât sur lui, envoya un certain moine au duc en toute hâte, lui mandant qu'il se repentait de tout son cœur de toutes les choses par lesquelles il l'avait offensé, qu'il se rendrait à sa cour, et lui restituerait la ville d'Evreux. Le duc ayant reçu ces nouvelles, en fut infiniment réjoui, et envoyant un sauf-conduit à Thibaut, il lui accorda la permission de venir auprès de lui. Thibaut y allant en effet avec les gens de sa maison, non seulement rendit au duc la ville, mais en outre conclut avec lui un traité d'amitié, et s'en alla joyeusement, avec beaucoup d'argent. Comme le jour fixé pour la conférence approchait, le duc ordonna de construire au fossé de Givold, dans le camp des Païens, un amphithéâtre d'une grandeur étonnante, où le roi Lothaire se rendit avec ses grands seigneurs, lui donna satisfaction, et conclut avec lui un traité, qui fut confirmé par des sermens réciproques. Ayant ainsi heureusement terminé ses affaires, le duc, par ses saintes exhortations détermina la plupart des Païens à se convertir à la foi du Christ, et ceux qui voulurent demeurer dans le paganisme, il les fit conduire jusques en Espagne. Là ils livrèrent un grand nombre de combats et renversèrent dix-huit villes.

CHAPITRE XVIII.

Comment, sa femme Emma étant morte sans laisser d'enfans, le duc épousa Gunnor, dont il eut plusieurs enfans.

En ce temps Emma, femme du duc et fille de Hugues-le-Grand, mourut sans laisser d'enfans. Peu de temps après, le duc épousa, selon le rit chrétien, une très-belle jeune fille, nommée Gunnor, issue d'une très-noble famille danoise. Il eut de celle-ci plusieurs fils, savoir, Richard, Robert, Mauger, deux autres fils et trois filles. L'une de celles-ci, nommée Emma, fut mariée à Edelred, roi des Anglais, et donna à ce roi deux fils, Édouard, et Alfred, qui fut long-temps après assassiné par le perfide Godwin. La seconde, nommée Hadvise, fut mariée à Geoffroi, comte des Bretons, et devint mère des deux Alain et d'Eudes. La troisième, Mathilde, épousa le comte Odon, dont il sera question dans la suite. Le duc Richard eut en outre de ses concubines deux fils et deux filles. L'un de ces deux fils s'appelait Godefroi et l'autre Guillaume : le premier fut comte d'Eu. Celui-ci étant mort, son frère reçut le même comté, et ses héritiers le possèdent encore aujourd'hui par droit de succession. Cependant le comte Gilbert, fils du comte Godefroi, occupa quelque temps ce comté avant d'avoir été assassiné. Ce Gilbert eut pour fils Richard, très-vaillant chevalier, qui, de même que ses fils Gilbert, Roger, Gautier et Robert, chérit de grande affection l'église du Bec, et tous l'enrichirent de grands biens, imitant dans cette conduite leur aïeul le comte Gilbert, qui, en fondant cette église, avait assisté de ses conseils et de ses dons le vénérable Herluin, qui en fut le premier abbé et le constructeur. Nous aurons occasion dans la suite de cet écrit, et en la place convenable, de parler, ainsi qu'il sera juste, et de cette église et du susdit abbé : qu'il suffise maintenant d'en avoir dit ces quelques mots par anticipation.

CHAPITRE XIX.

Comment le duc Richard construisit à Fécamp, en l'honneur de la Sainte-Trinité, une église, qu'il décora de divers ornemens, et restaura les abbayes du Mont-Saint-Michel et de Saint-Ouen. — Comment, après la mort du roi Lothaire, Hugues-Capet s'éleva à la royauté, et étant mort peu de temps après, eut pour successeur Robert son fils.

Comme donc le duc Richard s'élevait en puissance par le grand nombre de ses bonnes œuvres, entre autres choses dignes de grande considération, il construisit à Fécamp, en l'honneur de la divine Trinité, une église d'une grandeur et d'une beauté admirable, et la décora de toutes sortes de manières et de merveilleux ornemens. En outre il releva aussi quelques abbayes, entre autres une abbaye située dans le faubourg de Rouen, en l'honneur de saint Pierre et de saint Ouen, et une autre élevée sur le mont dit Tombe, en vénération de l'archevêque Michel, et il les embellit l'une et l'autre de nombreuses troupes de moines. En ce même temps mourut Hugues, archevêque de Rouen, auquel succéda Robert, fils de ce même duc.

Le roi des Francs, Lothaire, étant mort aussi, tous les Francs élevèrent au trône en sa place le fils de Hugues-le-Grand, Hugues-Capet, qui fut appuyé par le duc Richard. Hugues-Capet prenant les armes contre Arnoul de Flandre, qui refusait de le servir en chevalier, suivi d'une forte armée, lui enleva en ennemi la ville d'Arras et toutes les places qu'il possédait en deçà du fleuve que l'on appelle la Lys. Pénétré d'affliction par ce malheur, Arnoul vint trouver le duc Richard en suppliant, lui demandant de le remettre en paix avec le roi et les princes des Francs. Voulant terminer cette affaire, le duc se rendit auprès du roi Hugues, à l'assemblée générale, et non seulement il réconcilia Arnoul avec le roi, mais de plus, à force de prières, il lui fit rendre tout ce qui lui avait été enlevé. En ce temps, ce même roi Hugues mourut, et eut pour successeur son fils Robert, roi très-pieux. Notre duc continua à prospérer par ses bienheureux mérites; car dès qu'il entendait parler d'hommes qui vivaient désunis, il rétablissait la concorde entre eux, soit par lui-même, soit par ses députés, selon ces paroles de l'Ecriture : « Bienheureux les pieds qui apportent la « paix. » Il était d'une taille élevée et d'une belle figure et sain de corps ; il avait la barbe longue et la tête ornée de cheveux blancs. Il se montrait très-bon pour nourrir les moines, très-sage pour protéger les clercs, dédaignait les orgueilleux, aimait les humbles, alimentait les pauvres, et tuteur des orphelins, pieux défenseur des veuves, il se plaisait aussi, dans sa libéralité, à racheter les captifs.

CHAPITRE XX.

Comment le duc Richard, se trouvant à toute extrémité, donna aux Normands son fils Richard pour duc, et mourut ensuite à Fécamp.

Ainsi et de diverses autres manières, embaumée de tant de fleurs odoriférantes, cette perle du Christ revêtue de l'habit laïque commença à être violemment travaillée d'une maladie du corps. Alors ayant appelé auprès de lui Raoul son frère utérin, le duc tint conseil avec lui sur les arrangemens à prendre pour son pays. Mais celui-ci, troublé par son extrême douleur, après avoir perdu quelques instans l'usage de sa langue, reprenant enfin ses esprits, répondit au duc: « Très-cher frère et seigneur séré-
« nissime, quoique tu sembles privé des forces du
« corps, tant que nous avons encore la joie de te
« posséder en cette vie, c'est à toi qu'il appartient de
« disposer de toutes les affaires du pays. » Ayant entendu ces mots, le duc appela de toutes parts les grands, et leur présentant son fils Richard, il le leur recommanda et donna pour chef, en disant: « Jus-
« qu'à présent, très-excellens compagnons, je vous
« ai commandé. Maintenant que Dieu m'appelle,
« que le mal fait ravage en ma personne, vous ne
« pouvez plus posséder celui qui va entrer dans
« la voie de toute chair, après avoir déposé le far-
« deau de la vie qui se dissout. » Aussitôt après ces lugubres paroles, toute la maison fut ébranlée par les

pleurs et les gémissemens. Enfin ces larmes s'étant arrêtées, tous donnant leur adhésion aux volontés de Richard, promirent leur fidélité au jeune Richard, et le reconnurent d'un commun accord pour leur prince. Ensuite le mal l'accablant de plus en plus, le duc Richard s'étendit sur son lit, et levant les yeux vers le ciel, prononçant des paroles de prière, plein de jours il rendit le dernier soupir.

Les choses rapportées jusqu'ici, je les ai recueillies ainsi qu'elles ont été racontées par le comte Raoul, frère de ce duc Richard, homme grand et honorable, et je les transmets à la postérité, écrites dans le style de l'école. Le duc Richard 1er mourut à Fécamp, au milieu des larmes des peuples et des réjouissances des anges, l'an 996 de l'Incarnation du Seigneur, régnant ce même Seigneur Jésus-Christ, qui avec le Père et le Saint-Esprit, vit et règne aux siècles des siècles. Amen!

LIVRE CINQUIÈME.

DU DUC RICHARD II, FILS DE RICHARD Iᵉʳ.

CHAPITRE PREMIER.

De l'honorable conduite de Richard II, tant pour les affaires du siècle que pour les affaires divines.

Puisque dans les pages précédentes nous avons exalté par de dignes éloges cette très-précieuse perle du Christ, savoir Richard, duc des Normands, l'ayant honorablement marqué du sceau du roi éternel, il paraît bien convenable que l'escarboucle sortie de cette perle occupe la seconde place dans l'éloge de ces très-brillantes vertus, comme elle la possède par le nom; nous voulons parler de Richard, fils du premier Richard, illustré par ses triomphes de chevalier, et qui ne fut pas moins digne d'être célébré et comblé de louanges. Répandant dans les diverses parties du monde les rayons étincelans de son nom glorieux, il illustra aussi, dans les limites de son duché, l'Eglise de Normandie par toutes sortes de bonnes œuvres, et en fit presque l'unique patrie du Christ. Infiniment vaillant dans les armes, il conduisit en tous lieux, avec une grande distinction, les légions armées de ses chevaliers, et eut l'habitude de remporter toujours la victoire sur ses ennemis. Et quoiqu'il fût ainsi adonné aux œuvres du siècle, il persista cependant tout entier dans la foi catholique, et fut rempli de bienveillance et de dévouement pour les serviteurs de Dieu. Sous son gouvernement, s'élevèrent de nombreuses bergeries de moines, qui, tels que des abeilles s'élançant du sein des ruches, remplis de bonnes œuvres, transportèrent dans les trésors célestes un miel éclatant de beauté.

CHAPITRE II.

Avec quelle sagesse il réprima la conspiration générale tramée par les paysans contre la paix de la patrie.

Tandis qu'il était ainsi infiniment riche de tant de bonnes qualités, au commencement de son jeune âge, il s'éleva dans l'intérieur du duché de Normandie un certain germe empoisonné de troubles civils. Dans les divers comtés du pays de Normandie, les paysans formèrent d'un commun accord un grand nombre de conventicules, dans lesquels ils résolurent de vivre selon leur fantaisie, et de se gouverner d'après leurs propres lois, tant dans les profondeurs des forêts que dans le voisinage des eaux, sans se laisser arrêter par aucun droit antérieurement établi. Et afin que ces conventions fussent mieux ratifiées, chacune des assemblées de ce peuple en fureur élut deux députés, qui durent porter ses résolutions pour les faire confirmer dans une assemblée tenue au milieu des terres. Dès que le duc en fut informé, il envoya sur-le-champ le comte Raoul avec un grand nombre de chevaliers, afin de réprimer la férocité des campagnes, et de dissoudre cette assemblée de paysans. Raoul exécutant ses ordres sans retard, se saisit aussitôt de tous les députés et de quelques autres hommes, et leur faisant couper les pieds et les mains, il les renvoya aux leurs, ainsi mis hors de service, afin que la vue de ce qui était arrivé aux uns détournât les autres de pareilles entreprises, et rendant ceux-ci plus prudens les garantît de plus grands maux. Ayant vu ces choses, les paysans abandonnèrent leurs assemblées, et retournèrent à leurs charrues.

CHAIPTRE III.

De la rébellion de Guillaume, frère naturel du duc, à qui celui-ci avait donné le comté d'Hiesme. — Comment ce même Guillaume fut pris, se réconcilia ensuite avec son frère, reçut du duc le don du comté d'Eu et une femme nommée Lezscenina, et en eut trois fils.

En ce même temps, l'insolence de quelques méchans remplit d'orgueil et poussa à la rébellion un certain frère du duc, né du même père, et nommé Guillaume. Cet homme, ami de son frère, ayant reçu de lui en présent le comté d'Hiesme, afin qu'il s'acquittât envers lui des devoirs de chevalier, fut séduit par les artifices des méchans, dédaigna son seigneur suzerain, et renonça à son service de fidélité. Après que le duc lui en eut fait plusieurs fois des reproches par ses messagers, comme il ne voulait pas de désister de son audacieuse rébellion, il fut fait prisonnier, de l'avis et par l'aide du comte Raoul, enfermé à Rouen dans la tour de la ville, et expia sa témérité par une détention de cinq années. Quelques-uns de ses compagnons, qui persistèrent dans ses projets séditieux, furent vaincus par le duc dans de fréquens combats; les uns perdirent la vie, les autres furent exilés de leur pays. Enfin, au bout de cinq ans, Guillaume prit la fuite, s'étant échappé de sa tour par le fait d'un de ses chevaliers, et à l'aide d'une très-longue corde attachée à une fenêtre fort élevée; se cachant le jour pour n'être pas découvert par ceux qui le cherchaient, et marchant seulement la nuit, il finit par penser en lui-même qu'il vaudrait mieux, pour lui, tenter, au péril de sa vie, de solliciter la clémence de son frère, qu'aller chercher, sans l'espoir de rien obtenir, les secours de quelque roi ou de quelque comte. Tandis que, dans une telle disposition d'esprit, il suivait un certain jour son chemin, il rencontra le duc, qui prenait le divertissement de la chasse dans la forêt de Vernon. Aussitôt, se roulant par terre à ses pieds, il lui demanda avec douleur le pardon de ses fautes. Le duc, touché de compassion, et de l'avis du comte Raoul, le releva de terre, et lorsqu'il eut appris par son récit les détails de son évasion, non seulement il lui remit ses fautes, mais en outre, et dès ce moment, il l'aima avec beaucoup de bienveillance, et comme un frère très-chéri. Peu de temps après, il lui donna le comté d'Eu, et une très-belle jeune fille, nommée Lescelina, fille d'un certain homme très-noble, nommé Turquetil. Guillaume eut d'elle trois fils, savoir Robert, qui fut, après sa mort, héritier de son comté, Guillaume, comte de Soissons, et Hugues, évêque de Lisieux. Ces querelles ainsi terminées, la terre de Normandie demeura en repos sous la main du duc.

CHAPITRE IV.

Comment Edelred, roi d'Angleterre, qui avait épousé Emma, sœur du duc, envoya une armée pour conquérir la Normandie; et comment Nigel de Coutances vainquit et détruisit entièrement cette armée.

Vers ce même temps, quelques motifs de discussion s'étant élevés, Edelred, roi des Anglais, qui était uni en mariage à Emma, sœur du duc, brûlant du desir de nuire à celui-ci et de lui faire insulte, donna ordre de mettre en mer une grande quantité de vaisseaux, et manda aux chevaliers de tout son royaume qu'ils eussent à se rendre vers la flotte au jour qu'il leur indiqua, convenablement armés de leurs cuirasses et de leurs casques. Empressés d'obéir à ses commandemens, les Anglais accoururent tous à la fois vers les navires. Le roi voyant cette armée nombreuse et très-bien équipée, appelant auprès de lui les chefs, et leur exposant les projets de son esprit, leur prescrivit, avec une grande sévérité, selon sa manière royale, d'aller en Normandie, et de dévaster tout ce pays par le fer et le feu, épargnant seulement le mont de l'archange Michel, et se gardant de livrer aux flammes un lieu de tant de sainteté et de religion. Il leur commanda en outre de prendre le duc Richard, de lui lier les mains derrière le dos, et de le conduire vivant en sa présence, après avoir conquis sa patrie. Après leur avoir donné ces instructions, il leur commanda de partir en toute hâte. Lançant alors leurs vaisseaux en pleine mer, et sillonnant les flots à l'aide d'un vent favorable, ils allèrent débarquer sur les bords de la Sare. S'élançant aussitôt hors de leurs navires, ils livrèrent aux flammes dévorantes tout le territoire maritime des environs. Mais Nigel, ayant appris leur débarquement de ceux qui étaient placés en sentinelle, rassembla les chevaliers de Coutances, avec une grande foule de gens du peuple, s'élança sur les Anglais avec impétuosité, et en fit un si grand carnage qu'il ne demeura pas un seul d'entre eux pour raconter cet événement à la postérité. L'un d'eux, en effet, fatigué d'une trop longue marche, s'était assis loin de ses compagnons; mais lorsqu'il vit leur désastre, frappé de terreur et oubliant la faiblesse de son corps, il courut en toute hâte vers les navires, et raconta à ceux qui les gardaient la ruine de l'expédition. Ceux qui étaient restés, cherchant d'un commun accord à se mettre en sûreté et craignant pour leur vie, se retirèrent à force de rames dans un golfe de la mer. Puis élevant leurs voiles dans les airs, et partant d'une marche rapide, ils retournèrent auprès de leur roi, poussés par un vent propice à leurs vœux. Le roi, aussitôt qu'il les vit, se mit à leur demander la personne du duc; mais ils lui répondirent : « Roi sérénissime, nous n'avons point vu « le duc; mais nous avons combattu pour notre ruine « avec la terrible population d'un comté. Là se trou- « vent non seulement des hommes très-forts et très- « belliqueux, mais aussi des femmes qui combattent,

« et qui, avec leurs cruches, cassent la tête aux plus
« vigoureux de leurs ennemis : sache donc que tes
« chevaliers ont tous été tués par ces gens. » A ce
récit, le roi, reconnaissant sa folie, fut couvert de
rougeur et pénétré de tristesse.

CHAPITRE V.

Comment Geoffroi, comte des Bretons, demanda et obtint pour femme la sœur du duc Richard, nommée Hadvise, dont il eut deux fils, Alain et Eudes.

Or Geoffroi, comte des Bretons, voyant que le duc
Richard réussissait en toutes choses, et que ses forces
et ses richesses allaient croissant de jour en jour,
pensa qu'il pourrait conserver plus sûrement ses domaines, et se renforcer de plus en plus, s'il jouissait
de l'amitié et de l'appui du duc. C'est pourquoi, ayant
pris l'avis des siens, et franchissant les frontières de
la Bretagne, il se rendit à la cour de Richard avec une
nombreuse escorte de chevaliers. Le duc l'accueillit
honorablement, ainsi qu'il était convenable à l'égard
d'un tel homme, le retint quelque temps auprès de
lui, au milieu d'un grand développement de ses richesses, et lui montra autant qu'il lui plut la grandeur
de sa puissance. Or Geoffroi se voyant aussi bien traité
par le duc, commença à penser en lui-même que s'il
s'unissait en mariage avec sa sœur, nommée Hadvise,
il se formerait entre eux un lien d'amitié bien plus
fort. Cette jeune fille était très-belle de corps, et très-

recommandable par l'honnêteté de sa conduite. Ainsi donc, après tant de témoignages d'amitié, Geoffroi fit tous ses efforts pour obtenir qu'elle lui fût donnée. Le duc accueillant ses demandes d'un cœur reconnaissant, et ayant pris le consentement des grands de Normandie, accorda à Geoffroi celle qu'il desirait, et la lui donna selon le rit chrétien. Les noces furent célébrées avec un éclat incomparable, et peu de temps après le duc permit aux nouveaux époux de repartir en triomphe, et les renvoya comblés de magnifiques présens. Dans la suite, Geoffroi eut de sa femme deux fils, savoir Alain et Eudes, qui, après la mort de leur père, gouvernèrent très-long-temps le pays de Bretagne avec la plus grande vigueur.

CHAPITRE VI.

De la cruauté d'Edelred, roi des Anglais, envers les Danois qui demeuraient paisiblement chez lui, en Angleterre; et de la fuite de quelques jeunes gens de la même nation qui s'échappèrent pour aller annoncer à Suénon, roi de Danemarck, la mort de ses proches.

TANDIS que la Normandie prospérait dans l'état de félicité ci-dessus rapporté, sous le gouvernement de son illustre chef, Edelred, roi des Anglais, souilla le royaume qui avait long-temps fleuri sous la puissance de rois très-glorieux, et commit une trahison si épouvantable, que les Païens jugèrent horrible ce crime exécrable. Transporté d'une fureur soudaine, le roi, sans les accuser d'aucun grief, ordonna de massacrer les Danois qui habitaient en paix dans toute l'étendue de son royaume, ne se croyant nullement en danger de mort; il fit enfouir les femmes en terre jusqu'au milieu du corps, et commanda de lâcher contre elles des chiens féroces qui leur déchirassent la poitrine et le sein; et les enfans encore à la mamelle, il donna ordre de les jeter devant les portes des maisons, et de leur casser la tête. Tandis qu'au jour fixé pour ce massacre les cadavres des morts s'accumulaient ainsi dans la ville de Londres par la cruauté des licteurs sanguinaires, quelques jeunes gens, s'échappant avec agilité, se jetèrent dans un navire, et faisant force de rames sur le fleuve de la Tamise, s'enfuirent rapidement, et gagnèrent enfin la mer. Traversant alors l'immense étendue de l'Océan, ils arrivèrent enfin au but de leurs desirs, et, débarquant dans un port du Danemarck, allèrent annoncer au roi Suénon la sanglante catastrophe des hommes de sa race. Alors ce roi pénétré dans le fond de son ame d'une vive douleur, appelant auprès de lui tous les grands de son royaume, leur exposa en détail ce qui venait de lui être rapporté, et leur demanda avec empressement ce qu'ils pensaient qu'il fallût faire. Ceux-ci, touchés du chagrin et des regrets de leurs parens et de leurs amis, résolurent d'une commune voix de déployer leurs forces pour venger le sang de leurs compatriotes.

CHAPITRE VII.

Comment le roi Suénon, ayant rassemblé une grande armée, débarqua dans le comté d'Yorck, et laissant là son armée, partit pour aller demander la paix à Richard, duc de Normandie, et arriva à Rouen avec quelques vaisseaux. — Du traité conclu entre les Normands et les Danois. — Comment les habitans d'Yorck, de Cantorbéry et de Londres se rendirent au roi Suénon; et comment le roi Edelred s'enfuit avec sa femme et ses enfans auprès de Richard, duc de Normandie.

Or, ayant entendu cette réponse, le roi ordonna à tous ceux qui vivaient sous son autorité de faire leurs préparatifs en toute hâte. Il envoya de tous côtés des exprès, et désigna le jour où les chevaliers avides de butin pourraient venir des royaumes étrangers se réunir à cette expédition. A l'approche du terme fixé, une armée immense se rassembla en hâte auprès des navires. Alors les bannières royales furent élevées dans les airs, et, les vents ayant enflé les voiles, l'expédition traversa les vastes espaces de la mer, et vint s'arrêter sur le territoire de la ville d'Yorck. Là le roi ayant quitté l'armée, partit avec quelques vaisseaux, et se rendit à Rouen pour aller demander la paix au duc Richard. Le duc l'accueillit royalement, le retint quelque peu auprès de lui; et tandis que le roi et ses chevaliers se reposaient des fatigues d'une telle navigation, les deux princes conclurent entre eux un traité de paix, sous la condition que, dans la suite des temps, entre les rois danois et les ducs normands et leurs héritiers, cette paix demeurerait ferme et perpétuelle, et que ce que les Danois enlèveraient aux ennemis, ils le porteraient aux Normands pour être acheté par eux ; qu'en outre si quelque Danois, malade ou blessé, avait besoin d'un secours d'ami, il serait soigné et guéri chez les Normands comme dans sa propre maison, et en toute sécurité ; et afin que cette convention fût bien ratifiée, des deux côtés les princes la sanctionnèrent par leurs sermens. Ayant ainsi obtenu l'accomplissement de ses vœux, et reçu du duc des présens dignes de lui, le roi, rempli de joie, retourna promptement auprès des siens. Aussitôt qu'il eut rejoint son armée, il commença à livrer aux flammes vengeresses le royaume d'Angleterre. Les gens d'Yorck, voyant que nul ne venait à leur secours, donnèrent des otages au roi et se soumirent à sa domination. Etant parti de là, le roi se dirigea vers les rives de la Tamise. Il arriva devant Cantorbéry, et les habitans de cette ville se soumirent de la même manière à son pouvoir ; ensuite le roi ayant fait lever les ancres, et suivant avec ses vaisseaux le cours du fleuve, alla mettre le siége devant Londres. Les habitans de cette ville, ne pouvant résister à la vivacité de son attaque, courbèrent à regret leurs têtes sous le joug de la servitude. Alors le roi Edelred, qui vivait à Winchester, se voyant entièrement abandonné par les Anglais, enleva ses trésors enfouis en terre, et se rendit en Normandie auprès du duc Richard, avec sa femme et ses fils Edouard et Alfred. Le duc le reçut convenablement, déployant sous ses yeux de grandes richesses, et passa à Rouen avec le roi tout le temps que celui-ci y demeura.

CHAPITRE VIII.

De la mort du roi Suénon à Londres ; et comment Canut son fils, lui ayant succédé, conduisit une nouvelle armée contre les Anglais. — Du retour d'Edelred en Angleterre, et de la victoire des Danois à Sandwich.

Tandis que Suénon était à Londres, s'occupant du gouvernement du royaume, il y fut frappé de maladie et mourut. Les Danois embaumèrent son corps avec des aromates, le déposèrent dans un navire et le transportèrent aussitôt en Danemarck pour y être enseveli. Après cette cérémonie, son fils nommé Canut, prenant les armes de son père, renforça vigoureusement son armée, et fit les plus grands efforts pour que les Danois n'eussent pas à se repentir de leur nouvelle expédition. En outre, ayant envoyé des députés, il appela auprès de lui comme auxiliaires deux rois, savoir, Lacman roi des Suédois, et Olaüs, roi des Norwégiens. Ceux-ci venant donc à son secours avec leurs corps de chevaliers, ajoutèrent leurs forces à toutes les forces du roi des Danois.

Tandis que ces choses se passaient, le roi Edelred ayant appris la mort de Suénon, et fait toutes ses dispositions pour s'embarquer, retourna joyeusement dans son royaume avec sa femme, laissant ses deux fils Edouard et Alfred auprès de leur oncle. Or le roi Canut, ayant rassemblé de tous côtés des légions de chevaliers, partit de son royaume comme un violent ouragan, et se lança avec intrépidité sur la mer orageuse. Ayant conduit ses vaisseaux dans la haute mer, il la franchit d'une course rapide, et se dirigea vers le pays des Anglais. De là gagnant le fleuve de la Tamise, il débarqua bientôt après dans le comté de Londres. Comme il sortait de ses navires avec tous les siens, les Anglais accourant de toutes les parties du royaume se portèrent à sa rencontre, et l'ayant rejoint à Sandwich, ils lui livrèrent à leur grand détriment une bataille très-sanglante. Le roi combattit contre eux avec ses légions, animées de la plus grande ardeur; il leur fit un mal horrible; et le massacre fut si grand, que nul ne put compter combien de milliers d'hommes de race anglaise avaient péri en cette journée.

CHAPITRE IX.

Comment Edelred, roi des Anglais, étant mort, Canut, roi des Danois, épousa sa veuve Emma, et en eut un fils, Hardi-Canut, qui dans la suite lui succéda.

Or le roi étant demeuré vainqueur remonta avec les siens sur ses vaisseaux, et s'avançant ensuite avec confiance et en toute hâte, il alla investir et assiéger la ville de Londres. Enfermé dans cette ville, le roi Edelred tomba dangereusement malade, et le mal s'appesantissant sur lui, il quitta son enveloppe mortelle. Le roi Canut ayant appris la mort du roi, tint conseil avec ses fidèles, et prenant ses précautions pour l'avenir, fit sortir de la ville la reine Emma, et peu de jours après il s'unit avec elle selon le rit chrétien, donnant à cette occasion à toute son armée le poids de son corps en or et en argent. Dans la suite du temps, il eut de cette femme un fils nommé Hardi-Canut, qui fut après lui roi des Danois, et une fille nommée Gunnilde, qui se maria avec Henri, empereur des Romains. Les habitans de Londres, désespérant de leur salut, après avoir souffert d'une longue famine, ouvrirent leurs portes, et se livrèrent volontairement au roi, eux et tous leurs biens. Ces choses ainsi terminées, toute la domination du royaume d'Angleterre passa au roi Canut. Nous avons inséré tous ces détails dans notre récit, afin de faire connaître l'origine du roi Édouard à ceux qui l'ignorent. Et maintenant, après cette courte digression, nous allons rentrer dans notre sujet.

CHAPITRE X.

Des dissensions qui s'élevèrent entre le duc Richard et Eudes, comte de Chartres, au sujet du château de Dreux. — Comment le duc construisit le château de Tilliers sur la rivière d'Avre; et comment les Normands vainquirent Eudes, et deux comtes qui s'étaient joints à lui.

Dans le même temps, Eudes, comte de Chartres, emmenant de la maison paternelle une certaine sœur du duc nommée Mathilde, et partant comblé de présens, s'unit avec elle en mariage légitime. Le duc lui donna à titre de dot la moitié du château de Dreux, et le territoire adjacent, sur les bords de la rivière d'Avre. Quelques années après, cette même Mathilde mourut, par la volonté de Dieu, sans laisser d'enfans. Après sa mort le duc redemanda le territoire ci-dessus désigné; mais le comte Eudes employa toutes sortes de subterfuges pour s'y refuser, ne voulant pas remettre au duc le château de Dreux. C'est pourquoi, appelant auprès de lui les légions des Bretons et des Normands, le duc se porta en ennemi sur la rivière d'Avre, et y bâtit un château, qu'il appela Tilliers. En outre ayant pris des vivres dans le comté d'Eudes, il les transporta en grande abondance dans cette forteresse, et y laissa pour la garder Nigel de Coutances, Raoul de Ternois, et Roger, fils de celui-ci, avec leurs chevaliers. Ayant heureusement terminé cette entreprise, le duc se retira, et ordonna à chacun de rentrer chez soi; mais le comte Eudes, ayant secrètement appelé à son secours deux comtes, savoir Hugues du Mans et Galeran de Meulan, avec leurs corps de chevaliers, chevaucha toute la nuit, et arriva au point du jour auprès du château de Tilliers, précédé de ses porte-bannières. Les grands ci-dessus nommés les ayant vus arriver, et laissant aussitôt dans le château quelques gardiens, s'élancèrent impétueusement hors de son enceinte avec leurs chevaliers, et leur livrèrent bataille. Aussitôt, et par l'aide de Dieu, le parti du duc remporta la victoire; tellement que les autres ayant eu un grand nombre d'hommes tués et beaucoup de blessés, ceux qui survécurent prirent la fuite à travers champs, et allèrent chercher des refuges dans les profondeurs des forêts. Eudes et Galeran, s'efforçant de sauver leur vie, se cachèrent derrière les fortifications du château. Quant à Hugues, le cheval qu'il montait ayant été tué, il se réfugia dans une étable de moutons, et enfouit aussitôt dans la terre la cuirasse dont il était revêtu; ensuite se couvrant de la casaque d'un berger, il allait infatigable, portant de lieu en lieu sur ses épaules les claies de la bergerie, et excitant les Normands à poursuivre sans relâche les ennemis qui naguère avaient fui honteusement devant eux. Ceux-là donc s'étant éloignés, le berger se porta en avant, et s'enfonçant dans les profondeurs des bois, après trois jours de marche, il arriva enfin au Mans, les pieds et les jambes misérablement ensanglantés par les buissons et les ronces.

CHAPITRE XI.

Comment deux rois païens vinrent d'au delà des mers pour secourir le duc Richard contre les Francs.

Le duc, voyant le comte Eudes parvenu à un tel degré de démence, expédia des députés au delà des mers, et appela à son secours deux rois avec une armée de Païens, savoir, Olaüs roi des Norwégiens, et Lacman roi des Suédois. Ces rois accueillirent les députés convenablement, les renvoyèrent chargés de présens, et promirent de marcher bientôt sur leurs traces. S'étant ensuite réunis avec leurs armées, et sillonnant les flots de la mer écumante avec un petit nombre de navires, ils vinrent d'une course rapide débarquer sur les rivages de la Bretagne. Les Bretons, instruits de leur arrivée inattendue, se réunirent de toutes les parties du royaume, et crurent pouvoir surprendre aisément des étrangers qui n'aspiraient qu'à enlever du butin. Mais les Païens ayant aussitôt reconnu leurs projets artificieux, usèrent aussi de stratagème et creusèrent des galeries très-profondes et étroites à la surface du sol, au milieu d'une certaine plaine, où ils savaient que les Bretons devaient venir, afin que, lorsque les cavaliers arriveraient, leurs chevaux eussent les jambes cassées, que les hommes fussent jetés par terre à l'improviste, et qu'il devînt ainsi plus facile de les faire périr par le glaive. Les Bretons arrivèrent en effet, et tout aussitôt s'élancèrent vigoureusement sur leurs ennemis; mais tombant bientôt dans les piéges des Païens, ils éprouvèrent leur fureur, de telle sorte que bien peu d'entre eux échappèrent à la mort. De là les Barbares se portant en avant, allèrent assiéger le château de Dol, et s'en étant emparés, ils le livrèrent aux flammes et mirent à mort ses habitans ainsi que Salomon, gouverneur de ce lieu. Ensuite ayant levé leurs ancres, les Païens regagnèrent la mer, et, faisant force de voile, vinrent aborder sur les rives de la Seine. Suivant alors le cours du fleuve, et le remontant rapidement, ils arrivèrent à Rouen, où le duc Richard, rempli de joie, les accueillit royalement, et leur rendit les honneurs convenables.

CHAPITRE XII.

Comment Robert, roi des Francs, redoutant les rois susdits, rétablit la paix entre le duc Richard et Eudes.

Or Robert, roi des Francs, apprenant que les Païens avaient fait tant de maux et d'insultes aux Bretons, et que le duc Richard les avait appelés pour repousser les attaques du comte Eudes, craignit que ces Païens ne détruisissent la France, convoqua les seigneurs de son royaume, et manda aux deux ennemis qu'ils eussent à se rendre auprès de lui à Coudres. Là, ayant entendu de chacune des deux parties le sujet de leurs querelles, il calma leur animosité, et les réconcilia aussitôt sous la condition que Eudes garderait le château de Dreux ; que le duc recouvrerait le territoire qui lui avait été enlevé, et que le château de Tilliers demeurerait à jamais, comme il était alors, la propriété du duc et de ses héritiers. Le duc, satisfait de ces arrangemens, retourna joyeusement auprès de ses deux rois. Les ayant comblés royalement de présens dignes d'eux, il les engagea à retourner en triomphe dans leur pays, les laissant disposés à revenir à son secours en toute occasion. Or le roi Olaüs, ayant pris plaisir à la religion chrétienne, abandonna le culte des idoles, ainsi que quelques-uns des siens, sur les exhortations de Robert, archevêque, se convertit à la foi du Christ, fut lavé du baptême, et oint du Saint-Chrême par l'archevêque ; et tout joyeux de la grâce qu'il avait reçue, il retourna ensuite dans son royaume. Mais dans la suite, trahi par les siens et injustement frappé de mort par des perfides, il entra dans la cour du Ciel, roi et glorieux martyr; et maintenant il brille d'un grand éclat au milieu de sa nation par ses prodiges et ses miracles.

CHAPITRE XIII.

Comment le duc Richard prit pour femme Judith, sœur de Geoffroi, comte des Bretons, et des enfans qu'il en eut.

Cependant le duc Richard, vivement desireux d'avoir des successeurs, ayant appris que le comte des Bretons, Geoffroi, avait une sœur nommée Judith, parfaitement belle de corps, et recommandable par toutes sortes de bonnes qualités, la fit demander en mariage par ses députés. Or Geoffroi, fort empressé de hâter l'accomplissement de ce projet, fit préparer toutes les choses nécessaires pour un si grand événement, et accompagna sa sœur jusqu'aux environs du mont Saint-Michel. Là le duc la reçut avec tous les honneurs convenables, et s'unit à elle d'un légitime nœud. Dans la suite des temps il en eut trois fils, savoir, Richard, Robert et Guillaume, qui dans son adolescence prit l'habit de moine à Fécamp, et autant de filles, dont l'une, nommée Adelise, fut mariée à Renaud, comte de Bourgogne, et lui donna deux fils, Guillaume et Gui. Une autre fille de Richard épousa Baudouin de Flandre, et la troisième mourut vierge, étant déjà grande. Long-temps après le comte Geoffroi s'étant rendu à Rome pour y faire ses prières, laissa toute la Bretagne et ses deux fils, savoir, Alain et Eudes, sous la protection du duc Richard. Après avoir visité la demeure des saints, il se remit en route pour rentrer dans sa patrie ; mais la mort l'empêcha d'y arriver.

CHAPITRE XIV.

Comment Robert, roi des Francs, aidé du duc Richard, rendit à Bouchard le château de Melun [1].

En ce temps, tandis que Bouchard, comte du château de Melun, résidait à la cour du roi des Francs, un certain sien chevalier, nommé Gautier, aveuglé par des présens, lui ravit en fraude son château, et le livra par une trahison secrète au comte Eudes. Or le roi, lorsqu'il apprit cette nouvelle, manda en toute hâte au comte Eudes qu'il eût à se dessaisir de plein gré du château dont il s'emparait injustement. Mais lui, se fiant en la forte position de ce lieu, que la Seine entourait de ses eaux, répondit aux députés du roi que tant qu'il serait vivant il ne le rendrait à personne. Le roi, extrêmement irrité de ces paroles, appela à une conférence Richard duc de Normandie, lui raconta ce qui le faisait rougir de honte, le suppliant par sa très-gracieuse fidélité de venir à son secours, afin qu'il ne fût pas ainsi livré en proie aux insolences des siens. Or le duc, ne pouvant souffrir le déshonneur de ce bon roi, rassembla une armée mer-

[1] Voyez la *Vie de Bouchard, comte de Melun*, tom. vii de notre Collection.

veilleusement grande, se rendit aussitôt devant Melun, et l'assiégea de l'un des côtés du fleuve, tandis que le roi prenait position sur l'autre rive. Ainsi attaqué de deux côtés, le château fut le jour et la nuit incessamment ébranlé, comme par une tempête, par les machines et les engins de guerre. Enfin les habitans, voyant bien qu'ils ne pourraient résister aux efforts violens de tels ennemis, livrèrent au duc l'orgueilleux rebelle, ouvrirent ensuite leurs portes, et reçurent le duc avec les siens. Le duc épargna la multitude, et envoya tout aussitôt le traître au roi Robert, lui mandant de faire venir des chevaliers, pour retenir le château dans sa fidélité. Le roi, fort réjoui de cette nouvelle, restitua sur-le-champ le château à Bouchard, et ordonna de pendre à une potence le traître et sa femme, leur rendant ainsi le juste prix de leur rébellion. Après cela, le duc Richard, ayant convenablement terminé cette affaire, s'en retourna chez lui, emportant la bénédiction royale. A cette époque les Normands étaient accoutumés à mettre toujours en fuite leurs ennemis, et à ne tourner le dos devant personne.

CHAPITRE XV.

Comment avec le secours du duc Richard, le roi des Francs, Robert, prit possession, malgré les Bourguignons, du duché de Bourgogne, que le duc Henri lui avait laissé en mourant.

TROIS années s'étant écoulées après ces événemens, le duc des Bourguignons, Henri, mourut sans laisser d'enfans, et institua Robert, roi des Francs, héritier de son duché. Or les Bourguignons, dans l'excès de leur orgueil, refusèrent de le reconnaître, et allèrent à Auxerre chercher Landri, comte de Nevers, pour l'exciter à la rébellion. Empressé de réprimer les efforts de leur témérité vaniteuse, le roi Robert, appelant auprès de lui le duc Richard avec une nombreuse armée de Normands, alla assiéger Auxerre jusqu'à ce qu'il eût soumis à sa domination et Landri et la ville, et qu'il en eût reçu des otages. Etant parti de ce lieu, il se rendit devant le château d'Avalon pour l'assiéger, et y dressa son camp. Il l'attaqua pendant trois mois avec une grande vigueur; et enfin la Bourgogne ayant été dévastée, les habitans du château, forcés par le défaut de solde, et cédant aux avis et aux sommations du duc, rendirent la place au roi des Francs. Ces affaires ainsi bien terminées, le roi envoya des gardiens dans tous les châteaux, confia le duché de Bourgogne à Robert son fils, et se reposa après avoir ainsi réprimé l'insolence des rebelles. De là le roi retourna en France, et le duc en Normandie avec tous les siens.

CHAPITRE XVI.

Comment Renaud, comte des Bourguignons, d'outre-Saône, épousa la fille du duc Richard, Adélise.

INFORMÉ par la renommée des œuvres merveilleuses du duc, Renaud, comte des Bourguignons, d'outre-Saône, lui envoya des députés pour lui demander en mariage sa fille nommée Adelise ; l'ayant obtenue, il l'emmena de la maison paternelle, la conduisit avec de grands honneurs en Bourgogne, et l'associa à sa couche, selon le rit chrétien. Mais long-temps après, quelques sujets de querelle s'étant élevés, Renaud tomba par artifice entre les mains d'un certain comte de Châlons, nommé Hugues, et fut jeté dans une dure prison et chargé de chaînes pesantes. Le duc, aussitôt qu'il apprit cet indigne traitement, envoya en toute hâte des députés à Hugues, lui mandant qu'il eût à rendre la liberté à son gendre, sans aucun délai et pour l'amour de lui. Mais Hugues fit peu de cas du message du duc; et non seulement il refusa de rendre Renaud, mais il augmenta en outre le nombre de ses gardiens, et ordonna de veiller plus sévèrement sur lui. Ces faits ayant été rapportés au duc, il commanda sur-le-champ à son fils Richard de rassembler une armée de Normands, d'aller en Bourgogne, et de faire tous ses efforts pour venger cette insulte d'une manière terrible. Le jeune homme se chargea avec empressement d'exécuter les ordres de son père, et fit toutes les dispositions nécessaires pour une si grande entreprise ; ensuite, tel qu'une tempête pleine de violence, il sortit de son pays, renversant tout devant lui ; et ayant fait sa route avec une multitude innombrable de Normands, il envahit la Bourgogne, et investit le château de Mélinande. Or les habitans de ce lieu, se fiant en la solidité de leur forteresse, commencèrent pour leur malheur à provoquer leurs ennemis à coups de flèches et de traits : mais les Normands, animés de la plus cruelle fureur, assaillirent le château de tous côtés avec une extrême impétuosité, s'en emparèrent sans différer, le renversèrent et le livrèrent aux flammes, brûlant aussi les hommes, les femmes et les petits enfans. De là ils dirigèrent leur marche vers la ville de Châlons, et incendièrent tout le territoire. Alors Hugues, reconnaissant qu'il n'avait aucun moyen de résister à une si redoutable armée, portant sur ses épaules une selle de cheval, vint se rouler aux pieds du jeune Richard, implorant, en suppliant, son pardon pour l'excès de sa témérité. Ayant reçu ce pardon, il rendit Renaud, livra des otages, et s'engagea par serment envers le duc Richard à se rendre à Rouen, pour lui donner satisfaction. Ayant ainsi mis fin à son entreprise selon ses desirs, le jeune Richard retourna auprès de son père avec les siens.

CHAPITRE XVII.

Comment le duc Richard, se trouvant à toute extrémité, remit son duché à Richard, son fils aîné.

Le duc Richard, quoiqu'il se fût constamment illustré en tous lieux par les actions les plus éclatantes, demeura cependant toujours fidèle serviteur du Christ; tellement qu'on l'appelait à bon droit le père très-tendre des moines et des clercs, et le protecteur infatigable des pauvres. Honoré par ces vertus et par d'autres semblables, il commença à être violemment accablé d'une maladie de corps. Ayant donc convoqué à Fécamp Robert l'archevêque et tous les princes Normands, il leur annonça qu'il était déjà entièrement détruit. Aussitôt, dans tous les appartemens de la maison, tous furent saisis d'une douleur intolérable. Les moines et les clercs se lamentaient tristement, sur le point de devenir orphelins d'un père si chéri; dans les carrefours de la ville, des bandes de mendians se livraient à la désolation, en perdant leur consolateur et leur pasteur. Enfin ayant appelé son fils Richard, il le mit à la tête de son duché, après avoir consulté des hommes sages, et donna à Robert son frère le comté d'Hiesmes, afin qu'il pût être en état de rendre à son frère le service qu'il lui devait. Ayant ensuite fait d'un cœur ferme toutes ses dispositions pour les choses qui se pouvaient rapporter au service de Dieu, l'an 1026 de l'Incarnation du Seigneur, il dépouilla l'enveloppe de l'homme, et entra dans la voie de toute chair, régnant Notre Seigneur Jésus-Christ, dans la divinité de la majesté du Père, et dans l'unité du Saint-Esprit, aux siècles des siècles. Amen!

LIVRE SIXIÈME.

DE RICHARD III ET DE ROBERT SON FRÈRE, TOUS DEUX FILS
DE RICHARD II.

CHAPITRE PREMIER.

Comment Richard III, quoiqu'il n'ait pas long-temps gouverné le duché, se montra cependant imitateur des vertus de son père.

Puisque nous avons jusqu'à présent rapporté, sans aucune prétention à l'élégance du style, les actions mémorables des premiers ducs de Normandie, il nous semble raisonnable que ceux qui ont brillé de notre temps occupent la place qui leur est due dans la carrière que nous avons entrepris de parcourir. Nous connaissons ce qu'ils ont fait, en partie pour l'avoir vu nous-même, en partie d'après les rapports d'hommes véridiques; et nous avons résolu en conséquence de le faire connaître aussi à un plus grand nombre de personnes, autant que nous le permettra la faiblesse de nos talens.

Le jeune Richard succéda donc à son père dans le gouvernement du duché, et quoiqu'il ne lui ait pas survécu long-temps, il s'est montré cependant son héritier, aussi bien par le nom que par son extrême honnêteté. Infiniment propre à porter les armes dans les combats, il fut cependant tout dévoué à la foi catholique, rempli de bonté et de mansuétude pour les serviteurs de Dieu; il gouverna les chevaliers avec beaucoup de justice, et se plut à jouir d'une paix non interrompue.

CHAPITRE II.

Des dissensions qui s'élevèrent entre Richard et Robert son frère, et de la mort de Richard après le rétablissement de la paix entre eux.

CEPENDANT le perfide ennemi de l'homme ne permit pas qu'il jouît plus long-temps des prospérités de cette paix si desirable, et, à l'aide des artifices de quelques malveillans, il excita son frère Robert à se révolter contre lui. Robert donc, au bout de deux ans, méconnaissant la suzeraineté de son frère, s'enferma avec ses satellites dans le château de Falaise pour lui opposer résistance. Or le duc Richard, desirant réprimer au plus tôt les téméraires entreprises de son frère insensé, et le ramener à la soumission qu'il lui devait, alla avec une nombreuse armée l'investir et l'assiéger dans son château. Après qu'il l'eut attaqué quelque temps, en faisant sans cesse jouer les béliers et les balistes, enfin Robert renonça à sa rébellion et lui présenta la main : ils retrouvèrent leur ancienne amitié, et se séparèrent l'un de l'autre après avoir conclu une solide paix. Le duc Richard, ayant alors quitté son armée, retourna à Rouen, et y mourut empoisonné, ainsi que quelques uns des siens, au dire de beaucoup de gens. Cet événement arriva l'an 1028 de l'Incarnation de notre Seigneur.

Richard avait un fils très-jeune, nommé Nicolas, qui fut privé de son héritage terrestre, afin que Dieu lui-même devînt son partage dans le monde et dans l'éternité. Livré aux lettres dès sa plus tendre enfance, et élevé dans le monastère de Saint-Ouen, dans le faubourg de Rouen, il porta très-long-temps le joug monastique. Lorsque l'abbé Herfast fut mort, il lui succéda dans le gouvernement du susdit monastère; et l'administra durant près de cinquante ans, du temps de Guillaume duc de Normandie et illustre roi d'Angleterre. Il mourut enfin l'an 1092 de l'Incarnation du Seigneur, au mois de février, du temps du duc Robert II et de Guillaume, archevêque de Rouen. Je reprends maintenant mon récit.

CHAPITRE III.

Comment Robert succéda à son frère Richard. — De son caractère et des dissensions qui naquirent entre lui et l'archevêque Robert.

Ainsi donc le duc Richard ayant quitté les dignités de la domination de ce monde, pour monter, à ce que nous croyons, dans le royaume des cieux, Robert son frère fut reconnu du consentement de tous prince de toute la monarchie. Quoiqu'il fût plus dur de cœur envers les rebelles, il se montra cependant doux et plein de bonté pour les hommes bienveillans, pieux et zélé pour le service de Dieu; aussi eût-il été digne de jouir des délices d'une longue paix, s'il n'eût choisi volontairement de suivre par fois les conseils des pervers. Dès le commencement de sa domination, il se déclara ennemi de l'archevêque Robert, et alla l'assiéger et l'investir dans la ville d'Evreux. Desirant échapper à ses efforts, l'archevêque s'enferma dans les murailles de la ville avec une troupe de chevaliers. Enfin, ayant engagé sa foi qu'il se retirerait, il se réfugia en exil, avec les siens, auprès de Robert, roi des Francs, et frappa la Normandie de son anathême pontifical. Cependant le duc Robert, ayant reconnu la malice des pervers, et considérant qu'il avait agi imprudemment en toute cette affaire, rappela l'archevêque de France, et le rétablit dans ses honneurs. Ensuite, se repentant du mal qu'il avait fait, il appela l'archevêque à ses conseils, selon qu'il était convenable pour un homme aussi important, et dans la suite il lui demeura toujours fidèle.

CHAPITRE IV.

Comment le même duc Robert assiégea Guillaume de Bélesme dans le château d'Alençon, et le força à se rendre.

AYANT enfin chassé loin de lui tous les instigateurs de discorde, et repris en son cœur généreux des sentimens de paix, le duc commença à prendre conseil des hommes sages, et s'éleva par sa bonne conduite au comble de la puissance et des honneurs; aussi les hommes de bien ne tardèrent pas d'exalter par leurs louanges ses vertus et sa conduite pacifique; tandis que quelques méchans l'imputèrent à lâcheté. Parmi ces derniers Guillaume de Belesme, fils d'Yves, qui tenait le château d'Alençon à titre de bénéfice, osant tenter le courage du duc, entreprit témérairement par voie de rébellion de soustraire sa tête imprudente au joug de son service. Empressé de réprimer promptement cet excès d'insolence, le duc accourut avec ses chevaliers, et assiégea Guillaume dans la forteresse qui favorisait son audacieuse révolte, jusqu'à ce qu'enfin Guillaume eût imploré sa clémence, et marchant pieds nus, portant une selle de cheval sur ses épaules, fût venu lui donner satisfaction. Après avoir reçu cette soumission de fausse apparence, le duc lui remit non seulement toutes ses fautes, mais en outre lui restitua son château, et se retira aussitôt après. Guillaume, conservant toujours en son cœur obstiné le cruel poison qui le dévorait, renonça quelque temps à manifester ses perfides intentions; mais bientôt après il recommença ouvertement à se montrer encore parjure; car il était infiniment cruel et ambitieux, et il avait quatre fils, nommés Guérin, Foulques, Robert et Guillaume, parfaitement semblables à lui. Après avoir, sans aucun motif, et par cruauté, fait trancher la tête à Gunhier de Belesme, brave et aimable chevalier, qui ne soupçonnait point le mal, mais qui plutôt était venu en souriant le féliciter comme un ami, Guérin fut bientôt saisi par le démon, et étranglé par lui, sous les yeux de ses compagnons qui l'entouraient. Guillaume, se parjurant de nouveau, en vint à un tel point d'inimitié contre le duc, que dans son audace il envoya ses deux fils Foulques et Robert avec un corps de chevaliers, afin qu'ils allassent piller et dévaster la Normandie : mais un grand nombre de serviteurs de la maison du duc s'étant réunis, se portèrent courageusement à leur rencontre, leur livrèrent une bataille sanglante dans la forêt de Blavon, et avec l'assistance de Dieu les battirent complètement. Dans ce combat, Foulques, fils du perfide Guillaume, fut tué, et presque tous les chevaliers perdirent la vie ; Robert, frère de Foulques, fut blessé, et ne s'échappa qu'avec peine, suivi d'un petit nombre d'hommes. Guillaume leur père, qui déjà était sérieusement malade, ayant appris le malheur de ses fils, éprouva un grand serrement de cœur et rendit l'ame tout aussitôt. Les ennemis du duc ainsi dispersés, la rébellion qui s'était élevée en ces lieux se trouva entièrement comprimée.

CHAPITRE V.

Comment Hugues, évêque de Bayeux, et fils du comte Raoul, voulut s'emparer du château d'Ivry, et ne put y réussir.

Tandis que ces événemens se passaient, Hugues, fils du comte Raoul et évêque de la ville de Bayeux, ayant reconnu que le duc Robert voulait suivre les conseils des hommes sages et renoncer aux siens, imagina un certain artifice, et fit secrètement approvisionner le château d'Ivry en vivres et en armes. Ensuite il y mit des gardiens, et se rendit promptement en France, pour y engager des chevaliers qui vinssent l'aider à défendre vigoureusement cette forteresse. Mais le duc, se hâtant de le prévenir dans l'exécution de ses desseins, rassembla des troupes de Normands, alla mettre le siége devant le château, et le bloqua de telle sorte qu'il ne fut plus possible à personne d'en sortir ou d'y entrer. Hugues se voyant dans l'impossibilité d'y pénétrer, et inquiet pour ceux qu'il y avait enfermés, fit demander au duc par ses députés la permission de s'en aller, et retira aussitôt ses hommes de la forteresse. Il partit donc avec ceux qu'il avait redemandés, et demeura long-temps en exil, ainsi que ses compagnons. Après qu'ils eurent évacué le château, le duc s'en rendit maître, et y mit une garnison.

CHAPITRE VI.

Comment Baudouin, comte de Flandre, demanda pour son fils Baudouin la fille de Robert, roi des Francs, et l'obtint, pour son malheur, si Robert, duc de Normandie, ne lui eût prêté secours. — Mort de Robert, roi des Francs, qui eut pour successeur Henri son fils.

Dans le même temps, Robert, seigneur de Flandre, desirant associer sa race à une race royale, alla trouver Robert, roi des Francs, et lui demanda de lui donner sa fille pour Baudouin son fils. L'ayant obtenue, il l'emmena hors des appartemens du palais, la transporta encore au berceau dans sa propre maison, et l'éleva avec beaucoup de soin jusqu'à ce qu'elle fût devenue nubile. Or à peine le fils de Baudouin se fut-il uni à elle en mariage, que, se fiant sur l'appui du roi Robert, il chassa son père de son propre pays, et lui enleva la fidélité des gens de Flandre. Indignement abandonné par les siens, Baudouin se rendit en toute hâte auprès du duc des Normands, et lui demanda du secours contre son fils. Le duc, prenant compassion des malheurs de ce noble homme, rassembla tous ses chevaliers, sortit de son pays comme un terrible ouragan, entra sur le territoire de Flandre, et le livra aussitôt aux flammes dévorantes. S'avançant jusques au château que l'on appelait Chioc, il le renversa sans délai, et brûla tout ce qui y était enfermé. Or les grands du pays voyant cela, et craignant d'éprouver le même sort, abandonnèrent le fils, et retournant au père, envoyèrent des otages au duc. De son côté le jeune Baudouin, jugeant bien qu'il ne pourrait en aucune façon résister aux violentes incursions du duc, lui envoya aussi des députés, le suppliant très-humblement de se porter pour médiateur et de le réconcilier avec son père. Le duc, rempli de bienveillance, accéda avec empressement aux desirs et aux sollicitations du jeune Baudouin, et amena le père et le fils à se donner le baiser de paix et à vivre en bonne intelligence, comme par le passé. Cette querelle ainsi terminée, dans la suite ils continuèrent à demeurer en paix et en bonne amitié, ainsi qu'il était convenable, et le duc ayant déjoué les entreprises des rebelles, retourna en Normandie avec toute son armée. En ce même temps, Robert, roi des Francs, mourut, et son fils Henri lui succéda.

CHAPITRE VII.

Comment le même duc prêta son assistance à Henri, roi des Francs, contre Constance sa mère.

Le roi Henri avait été associé à la royauté, du vivant de son père Robert, et bientôt après la mort de celui-ci, sa mère Constance le poursuivit si vivement de sa haine de marâtre, que les comtes conspirèrent contre lui, Constance faisant les plus grands efforts pour l'expulser du trône et pour mettre en sa place Robert son frère, duc des Bourguignons. Ayant pris l'avis des siens, Henri se réfugia auprès de Robert, duc des Normands, avec douze petits vassaux, et alla à Fécamp lui demander du secours, au nom de la fidélité qu'il lui devait. Le duc l'accueillit honorablement, le combla de présens, et bientôt après lui ayant fourni convenablement des chevaux et des armes, il l'adressa à son oncle paternel, Mauger, comte de Corbeil, mandant à celui-ci qu'il eût à attaquer dans son pays, par le fer et le feu, tous ceux qu'il saurait avoir renoncé à leur fidélité envers le roi. De son côté, le duc établit de nombreux corps de chevaliers dans tous les châteaux soumis à sa domination et situés sur les frontières de la France, et livra aux rebelles des combats si violens et si fréquens, qu'enfin, courbant la tête et ayant perdu tout ce qui leur appartenait, ils se virent forcés de se réconcilier avec leur roi, en sorte que les projets de sa malheureuse mère furent entièrement déjoués.

A cette époque Robert, héritier du pouvoir et de la cruauté de Guillaume de Belesme, était depuis quelques années ennemi déclaré de ses voisins du Mans et de la Normandie. Ayant entrepris une expédition au delà de la Sarthe, il fut fait prisonnier par les gens du Mans, et retenu deux ans en captivité dans le château de Ballon. Au bout de ces deux ans, Guillaume, fils de Giroye, et d'autres seigneurs de Robert rassemblèrent une armée, allèrent offrir la bataille au comte du Mans, et l'ayant combattu avec vigueur, le mirent en fuite. Ils se saisirent en cette occasion de Gauthier de Sordains, illustre chevalier, et de deux de ses fils, braves chevaliers aussi ; et, malgré l'opposition de Guillaume, ils attachèrent méchamment à une potence ce Gauthier, au milieu de ses deux fils. Les trois autres fils de Gauthier étaient alors à Ballon. A peine eurent-ils appris l'horrible mort de leur père et de leurs frères, que, violemment irrités, ils pénétrèrent de vive force dans la prison, et se jetant sur Robert de Belesme, ils le tuèrent misérablement à coups de hache et lui brisèrent la tête contre les murs de la prison. Robert étant mort, Guillaume Talpas, son frère, lui succéda dans les dignités de son père. Celui-ci se montra, par toutes sortes de crimes, plus mauvais encore que tous ses frères, et cette méchanceté sans bornes s'est perpétuée jusqu'à aujourd'hui dans les héritiers de son sang.

CHAPITRE VIII.

Comment le duc Robert, ayant marché contre Alain, comte des Bretons, fonda le château de Carroc, sur les rives de la rivière du Coesnon.

Le comte des Bretons, Alain, transporté par son orgueil, voulut aussi tenter dans son audace de se soustraire au service qu'il devait au duc Robert. Mais celui-ci leva contre lui une armée innombrable, et construisit non loin de la rivière du Coesnon un château qu'il appela Carroc, et qu'il destina à protéger les frontières de la Normandie et à réprimer l'insolence de son orgueilleux adversaire. De là il envahit la Bretagne, et livra aux flammes dévorantes tout le comté de Dol. A la suite de cette brillante expédition, il rentra en Normandie, chargé d'un immense butin. Or, après son départ, Alain desirant se venger de l'insulte qu'il avait reçue, marcha sur ses traces avec une grande armée, dans l'intention de ravager le comté d'Avranches. Mais Nigel et Alfred surnommé le Géant, chargés de la défense du château d'Avranches, marchèrent avec leurs hommes à la rencontre d'Alain, et lui ayant livré bataille, ils firent un si grand carnage des Bretons, qu'on les voyait tous étendus comme des moutons, soit dans la plaine, soit sur les rives du Coesnon. Alain retournant tristement chez lui, rentra à Rennes couvert de honte.

CHAPITRE IX.

De l'abbaye du Bec, de son premier abbé et fondateur, le vénérable Herluin, et de son successeur Anselme.

Vers le même temps, c'est à savoir l'an 1034 de l'Incarnation du Seigneur, le seigneur abbé Herluin, abandonnant la vie du siècle à l'âge de quarante ans, reçut le saint habit de religieux de l'évêque de Lisieux Herbert, et fut ensuite ordonné prêtre et institué abbé par ce même évêque. Ce fut là l'origine du monastère du Bec. Mais puisque nous avons fait mention de cet illustre père, il nous paraît convenable d'insérer dans ces pages, pour les transmettre à la postérité, des détails un peu plus circonstanciés sur cet homme et sur l'église qu'il fonda.

Son père tirait son origine de ces Danois qui les premiers conquirent la Normandie, et sa mère était liée de proche parenté avec les ducs de la Gaule Belgique, que les modernes appellent le pays de Flandre. Son père s'appelait Ansgot, et sa mère Héloïse. Gilbert, comte de Brionne, petit-fils de Richard 1er, duc de Normandie, par son fils le prince Godefroi, fit élever Herluin auprès de lui, et le chérissait particulièrement entre tous les seigneurs de sa cour. Il était habile dans le maniement des armes, et se montrait doué d'un grand courage. Toutes les plus grandes familles de la Normandie le comptaient parmi les chevaliers d'élite et le célébraient pour ses connaissances dans toutes les affaires de chevalerie et pour l'élégance de sa personne. Il détournait son cœur de tout ce qui est malhonnête, et recherchait avec ardeur tout ce qui est honorable et digne d'éloges dans les cours. Il ne pouvait supporter de n'être pas le plus distingué parmi tous ses compagnons d'armes dans les affaires, soit intérieures, soit de chevalerie. Par tous ces motifs, non seulement il avait obtenu la bienveillance particulière de son seigneur, mais en outre il s'était fait un nom honorable, et avait familièrement accès auprès de Robert, duc de tout le pays, et auprès des seigneurs des contrées étrangères.

Dans cette position très-agréable, Herluin avait déjà dépassé l'âge de trente-sept ans, lorsqu'enfin son cœur saisi de crainte commença à être embrasé de l'amour divin, à se détacher de l'amour du monde, et à se refroidir de plus en plus et de jour en jour. Détournant les yeux des choses extérieures pour les porter sur lui-même, il allait plus souvent à l'église, priait dévotement, et souvent fondait en larmes. Négligeant les intérêts de la terre, déjà il allait moins souvent à la cour; et même il n'y était plus retenu que par le seul desir de pouvoir partager ses biens avec Dieu. Il y parvint, arrachant le consentement de son seigneur à force d'instances, et lui-même fit passer sous la domination de Herluin, et mit à son service tout ce que possédaient, en vertu de leurs droits paternels, ses frères, qui étaient nés dans la même dignité que lui. Mais comme il était plus grand et plus véritablement noble que ses frères, on ne trouva pas qu'il fût indigne d'eux ni humiliant de lui être soumis.

Aussitôt il entreprit, dans la terre que l'on appelle

Bonneville, d'élever pour le service de Dieu un ouvrage qui ne fut pas petit, mais qu'il termina promptement. Non seulement il présidait lui-même au travail, mais il s'y employait de sa personne, creusant la terre, vidant les fossés, transportant sur ses épaules des pierres, du sable et de la chaux, et unissant ensuite ces matériaux pour en faire une muraille. Aux heures où les autres s'en allaient, il amenait toutes les choses nécessaires au travail, ne se donnant pas un moment de loisir durant toute la journée. Plus il avait paru autrefois délicat dans son orgueilleuse vanité, plus il se montrait alors véritablement humble et rempli de patience à supporter toutes sortes de fatigues pour l'amour de Dieu. Puis, quand il avait terminé son travail avec le jour, il prenait, une fois par jour seulement, une nourriture peu recherchée et peu abondante, sans parler des jours où il n'est pas permis de manger.

Il apprit les premiers élémens des lettres, ayant déjà près de quarante ans; et assisté de la grâce de Dieu, il en vint au point de se faire, même auprès de tous ceux qui étaient déjà fort savans dans la grammaire, une grande réputation pour l'intelligence et l'explication des sentences contenues dans les divines Écritures. Et afin que l'on croie que cela n'arriva que par l'efficace de la grâce divine, qu'on sache qu'il ne vaquait à cette étude que dans les heures de la nuit; car jamais il n'interrompit un moment ses travaux du jour pour la lecture. Il renversa donc les maisons de ses pères pour en construire des habitations aux serviteurs de Dieu.

L'église qu'il avait bâtie ayant été consacrée par

l'évêque de Lisieux, Herbert, Herluin coupa sa chevelure, et déposant l'habit séculier, reçut de ce même pontife le saint habit de religieux, s'étant déjà montré à travers tant de périls vaillant chevalier du Christ. Deux des siens se courbèrent avec lui sous le joug du même ordre. Après cela ayant été consacré prêtre par le même évêque; et plusieurs autres frères s'étant soumis à son autorité, il devint leur abbé. Ceux dont il avait reçu la direction, il les gouverna avec beaucoup de sévérité, et à la manière des anciens pères. Vous les eussiez vus, après l'office de l'église, l'abbé portant sur sa tête des semences, en ses mains un râteau ou un sarcloir, marcher en avant pour aller aux champs, et tous les moines travailler toute la journée à l'œuvre de l'agriculture. Les uns nettoyaient les ronces et les épines d'un champ, les autres transportaient du fumier sur leurs épaules et le répandaient sur la terre. Ceux-ci sarclaient, ceux-là semaient, nul ne mangeait son pain dans l'oisiveté. A l'heure de la célébration d'un office dans une église, tous s'y rendaient. Leur nourriture journalière était du pain de fleur de froment, et des herbes avec de l'eau et du sel. Ils ne buvaient que de l'eau bourbeuse, car à deux milles à la ronde il n'y avait aucune source.

La noble mère d'Herluin se consacra aussi en ces lieux au même service pour l'amour de Dieu, et ayant donné à Dieu tous les biens qu'elle possédait, elle remplit les fonctions de servante, lavant les hardes des serviteurs de Dieu, et faisant avec le plus grand soin les œuvres les plus basses qui lui étaient commandées.

Au bout de quelque temps Herluin fut invité par une vision à abandonner ces champs solitaires, où l'on manquait absolument de toutes les ressources nécessaires et convenables, et à transporter sa résidence en un lieu qui lui appartenait, qui a reçu le nom de Bec, d'un ruisseau qui coule auprès, et situé à un mille du château que l'on appelle Brionne. Ce lieu est lui-même au milieu de la forêt de Brionne, au fond d'une vallée enfermée de tous côtés par des montagnes couvertes de bois, et offre toutes sortes de commodités pour les besoins de l'homme. Il y avait une grande abondance de bêtes fauves, tant à cause de l'épaisseur des bois que de l'agrément de ce petit ruisseau. Au surplus on n'y trouvait que trois maisons de meuniers et une habitation assez petite.

Ayant en peu d'années construit et consacré une assez grande église, Herluin bâtit ensuite avec des pièces de bois un couvent dans lequel il voulut que, selon l'usage de son pays, les frères habitassent, sans jamais en sortir. Mais les nombreuses querelles qui s'élevaient souvent dans l'intérieur ne tardèrent pas à l'affliger, et à le tourmenter grandement. Il n'était pas homme à pouvoir demeurer dans le couvent, pour arranger ces difficultés, car la nécessité de pourvoir à toutes les dépenses le forçait à habiter en dehors. Après qu'il eut bien souvent imploré l'assistance de Dieu à ce sujet, enfin la miséricorde du Seigneur vint à son aide, et lui prêta un secours qui fut suffisant pour tout ce qu'il avait à faire.

Il y avait un certain homme, né en Italie, et nommé Lanfranc, que tout le pays Latin honore avec toute l'affection qui lui est due, pour avoir rendu à la science son antique éclat. La Grèce elle-même, maîtresse de toutes les nations dans les études libérales, écoutait avec plaisir et admirait ses disciples. Cet homme étant sorti de son pays, conduisant à sa suite beaucoup d'écoliers de grand nom, arriva en Normandie. Il se rendit au monastère du Bec, plus pauvre alors et plus obscur que tout autre. Par hasard en ce moment l'abbé était occupé à construire un four, et y travaillait de ses propres mains. Lanfranc, rempli d'admiration et d'amour pour l'humilité de son ame et la dignité de ses discours, se fit moine en ce même lieu.

Il vécut ainsi durant trois années solitaire, ne voyant point les hommes, se réjouissant d'en être ignoré, inconnu de tous, à l'exception de quelques personnes avec qui il causait de temps en temps. Mais enfin, lorsque ce fait fut connu, la renommée le répandit en tous sens, et la très-grande réputation de cet homme fit bientôt connaître dans toute la terre et le monastère du Bec et l'abbé Herluin. Des clercs, des fils de ducs, des maîtres très-renommés des écoles de latinité, de puissans laïques, des hommes d'une grande noblesse accoururent de toutes parts. Plusieurs d'entre eux, pour l'amour de Lanfranc, firent don à cette même église de beaucoup de terres. Aussitôt le monastère du Bec se trouva riche en ornemens, en propriétés, en personnes nobles et honorables. A l'intérieur, la religion et la science firent de grands progrès ; à l'extérieur, on commença à avoir en grande abondance toutes les choses nécessaires à la vie. Celui qui en commençant à fonder son couvent n'avait pas eu assez de terrain po... les maisons dont il avait besoin, se trouva en peu d'années avoir un domaine qui s'étendait à plusieurs milles.

Bientôt le nombre des habitans s'étant fort accru, il arriva ce que le Seigneur a dit par la bouche du prophète Isaïe : « Ce lieu est trop étroit pour moi, « fais-moi de la place, afin que je puisse y habiter. » Comme déjà les maisons ne pouvaient plus contenir la quantité de frères qui y étaient assemblés, et comme en outre le couvent se trouvait dans une position insalubre pour les habitans, le vénérable Lanfranc commença à proposer à l'abbé Herluin de s'occuper de la construction d'un plus grand monastère et de toutes ses dépendances. Mais Herluin redoutait la proposition seule d'une si grande entreprise ; car il était déjà avancé en âge, et se défiait beaucoup de ses forces. Comme donc il ne voulut y consentir en aucune façon, le presbytère du monastère vint à s'écrouler par la volonté divine ; et enfin vaincu, mettant en Dieu ses plus fermes espérances, se confiant beaucoup aussi dans l'assistance de son conseiller, par qui lui étaient survenus toutes sortes de biens, l'abbé entreprit d'élever de nouvelles constructions dans un site beaucoup plus sain, savoir, un monastère et des dépendances, ouvrage très-grand et très-majestueux, d'une beauté supérieure à celle de beaucoup d'autres abbayes bien plus riches. Pour entreprendre une si grande œuvre, l'abbé ne compta point sur ses ressources, lesquelles étaient infiniment modiques, mais il mit toute sa confiance en Dieu ; et Dieu, lui accordant toutes choses, le combla tellement, que depuis le jour où l'on jeta les premières fondations jusqu'à celui où l'on posa la dernière pierre, il ne manqua jamais ni de matériaux ni d'argent.

Après un intervalle de trois années, et lorsque la basilique seule n'était pas encore entièrement terminée, le vénérable Lanfranc, qui dirigeait l'entreprise de cette œuvre, cédant aux vives instances de son seigneur et des grands de Normandie, fut fait abbé de l'église de Caen. Dans le même temps Guillaume, duc des Normands, envahissant le royaume d'Angleterre, qui lui appartenait par droit d'héritage, soumit par les armes cet empire rebelle aux lois qu'il voulut lui imposer. Il appliqua ensuite tous ses soins à l'amélioration du sort des églises. De l'avis et sur la demande du souverain pontife de toute la Chrétienté, Alexandre, homme très-distingué par ses vertus et sa science, et du libre consentement de tous les grands du royaume d'Angleterre et du duché de Normandie, le roi Guillaume prit à ce sujet la résolution la meilleure et la seule praticable, et choisit pour conduire cette grande affaire le docteur ci-dessus nommé. Cédant à de nombreux motifs, Lanfranc se rendit donc en Angleterre, et reçut le gouvernement de l'église de Cantorbéry, à laquelle est attribuée la primatie des îles au delà de la mer. Enrichi d'une grande étendue de terre, possédant en outre beaucoup d'or et d'argent, Lanfranc accomplissant le commandement que l'on trouve dans l'Exode : « Honore ton père et ta mère, « afin que tes jours soient prolongés sur la terre, » se montra rempli de toutes sortes de bontés pour son père spirituel et pour l'Eglise sa mère. La grande restauration de l'établissement ecclésiastique dans toute l'étendue du pays montre assez quels furent dans la suite les heureux fruits de ses soins en Angleterre. L'ordre des moines, qui était complètement tombé dans la dissolution des laïques, fut réformé et rentra dans la bonne discipline des couvens. Les clercs furent contenus dans les règles canoniques, et toutes les folies des coutumes barbares ayant été interdites, le peuple fut dirigé dans la bonne voie pour croire et juger. De diverses parties du monde il se forma auprès de Lanfranc une réunion d'hommes très-nobles et très-bons, tant clercs que laïques, dont le nombre s'élevait à plus de cent.

La nouvelle église cependant n'était pas encore consacrée, car elle attendait que celui par les conseils et les secours duquel elle avait été fondée et terminée pût célébrer lui-même cette cérémonie, pour laquelle elle adressait à Dieu d'instantes prières; et Dieu, qui s'était montré en toutes choses rempli de bontés pour elle, lui accorda en ce point aussi l'accomplissement de ses vœux, et réalisa toutes ses espérances. L'église fut consacrée par celui qu'elle desirait, avec une magnificence beaucoup plus grande qu'elle n'eût pu le prétendre.

Le 23 octobre, et l'an 1087 de l'Incarnation du Seigneur, Lanfranc, souverain pontife des peuples habitant au delà de la mer, et vénérable à toute la sainte Eglise, arriva en ces lieux pour mettre la dernière main, par la consécration, à l'église qu'il avait commencée par l'inspiration de Dieu, et dont il avait posé de sa propre main la seconde pierre lors de la construction des fondations. Tous les évêques, abbés et autres hommes religieux de la Normandie, y assistèrent. Les grands du royaume y furent aussi présens. Le roi, retenu par d'autres affaires, ne put s'y rendre. La reine Mathilde y fût allée volontiers si elle n'en eût été empêchée par ses royales occupations: elle y assista cependant par les dignes témoignages de sa libérale munificence. Le roi des cieux ne voulut pas permettre qu'un roi de la terre mît la dernière main à une œuvre de sa grâce, se réservant à lui seul toute la joie de la consommation de ce travail, par lequel s'éleva dans l'espace de seize années, aux seuls frais des pauvres, un monastère pourvu de toutes ses dépendances, ouvrage très-grand et très-beau. Des princes très-illustres du royaume de France, un grand nombre d'autres seigneurs du même royaume, des clercs et des moines venus de toutes les provinces voisines, assistèrent aussi à cette cérémonie.

Quelque temps s'étant écoulé après cette dédicace, le vénérable père Herluin commença à être entièrement privé de l'usage de tous ses membres; et long-temps avant la révolution d'une année, à partir du même jour, il obtint ce qu'il avait desiré. En effet, le vingtième jour du mois d'août suivant, un jour de dimanche, Herluin se coucha dans son lit. Les frères ayant tenu l'assemblée du soir, à la fin de la journée et des offices du jour, il atteignit après une heureuse course au terme de la vie humaine, à l'approche de la nuit qui précédait le jour du dimanche, et le vingt-sixième jour d'août. On lui éleva dans le chapitre un monument destiné à rappeler à jamais ses bonnes actions à la postérité. Tous ceux qui ont droit de se rassembler en ce lieu pour s'entretenir de leurs travaux spirituels, y trouvent ainsi présent le souvenir de celui qui, devenu de puissant seigneur religieux, d'homme infiniment adonné au monde, homme complétement spirituel, fut le premier fondateur et abbé de ce monastère et de son ordre.

Epitaphe d'Herluin.

« Cette pierre couvre celui qui s'étant fait moine
« de laïque qu'il était, avait construit tous les édi-
« fices que tu vois autour de toi. Agé de trois fois
« onze ans et de sept années encore, il ignorait
« la grammaire, et depuis il est mort savant. Il passa
« quatre fois onze années dans la vie du couvent,
« employant pieusement toutes ses journées. Quand
« Phébus a paru pour la neuvième fois sous la cons-
« tellation de la Vierge, il est parti, terminant à la
« fois la journée et la semaine. Si quelqu'un s'in-
« forme de son nom, il s'appelait Herluin, et que
« Dieu lui accorde dans la compagnie des saints tout
« ce qui appartient à ceux-ci ! »

Autre Epitaphe.

« Toi qui vois ce tombeau, connais par ses mérites
« celui qui y est enseveli. C'est être sur le chemin de
« la vertu que d'apprendre quel il fut lui-même.
« Jusqu'à ce qu'il fût parvenu à l'âge de quatre fois
« dix années, il dédaigna par amour du siècle les
« choses qui se rapportent à Dieu. Mais alors chan-
« geant de rôle, de chevalier du monde il se fit su-
« bitement chevalier du Christ, et de laïque moine.
« Là, selon l'usage des Pères, réunissant une société

« de frères, il les gouverna et les nourrit avec la
« sollicitude convenable. Tout autant d'édifices que
« tu en vois, il les fit construire à lui seul, bien
« moins par ses richesses que par les mérites de sa
« foi. Les lettres qu'il avait ignorées dans son en-
« fance, il les apprit par la suite, tellement que le
« savant avait peine à l'égaler, lui qui avait été igno-
« rant. La mort, dans ses rigueurs, l'a enlevé à nos
« larmes, le vingt-cinquième jour du sixième mois.
« C'est ainsi, ô père Herluin, que tu es monté en
« triomphe dans les demeures célestes, selon qu'il
« nous est permis de le croire, à raison de tes mé-
« rites. »

Ainsi donc le vénérable père Herluin mourut le 26 août, dans la quatre-vingt-quatrième année de son âge, et la quarante-quatrième année de sa profession de moine; et quelques jours après, Anselme, qui était alors prieur du même lieu, fut élu abbé en sa place. Combien celui-ci fut rempli de religion et de sagesse, c'est ce que reconnaîtra aisément quiconque lira le livre qui a été écrit sur sa vie. Cet homme respectable a composé lui-même plusieurs écrits dignes de vivre dans la mémoire des hommes, et dont voici la nomenclature.

Tandis qu'il était encore prieur dans le couvent du Bec, il composa trois traités, l'un sur la *Vérité*, le second sur le *Libre Arbitre*, le troisième sur la *Chute du Diable*. Il en a écrit aussi un quatrième intitulé *du Grammairien*, dans lequel il répond au disciple qu'il représente discutant avec lui, et lui propose et résout ensuite beaucoup de questions de dialectique. Il a fait un cinquième livre, qu'il a appelé le *Mono-*

logue. Dans celui-ci, en effet, il parle seul et avec lui-même, cherche et découvre par des raisonnemens entièrement neufs ce que c'est que le sentiment de la véritable foi en Dieu, et prouve et établit d'une manière invincible que ce sentiment est tel qu'il l'expose, et non autrement. Il a composé un sixième livre, qui, bien que petit, est très-grand par l'importance des sentences et des méditations infiniment ingénieuses qu'il contient; il l'appela *Proslogion*, car dans cet ouvrage c'est toujours à lui-même ou à Dieu qu'il s'adresse. Son septième livre contient des lettres écrites à diverses personnes, auxquelles il répond sur leurs affaires, ou mande les choses qui l'intéressaient personnellement. Il a composé un huitième écrit sur l'*Incarnation du Verbe*. Cet ouvrage, exécuté dans le style épistolaire, fut dédié et adressé à Urbain, souverain pontife de la sainte Eglise romaine. Son neuvième écrit est intitulé *Cur Deus homo*, pourquoi Dieu s'est-il fait homme? Le dixième traite de la *Conception de la Vierge*. Le onzième contient des discours adressés à divers saints, et beaucoup de gens appellent cet ouvrage *les Méditations*. Ceux qui le liront reconnaîtront sans peine à quel point la mansuétude des habitans des cieux avait pénétré dans le fond du cœur d'Anselme. Dans son douzième et dernier écrit, il a exposé comment procède le Saint-Esprit. Ce livre est une réfutation de la doctrine exposée par les Grecs dans le concile de Bari, lorsqu'ils écrivent que le Saint-Esprit procède du Fils. Ayant pris texte de là, Anselme composa son livre sur la demande d'Ildebert, évêque du Mans. Et puisque j'ai déjà donné ces détails au sujet de cet homme vénérable, il me paraît à propos d'ajouter quelques mots sur l'histoire de sa vie.

Anselme donc était né de nobles parens dans la ville d'Aost, située sur les confins de la Bourgogne et de l'Italie. Voyageant de lieux en lieux pour étudier les lettres, il arriva en Normandie et de là au monastère du Bec, où à cette époque le grand Lanfranc dont j'ai déjà parlé remplissait l'office de prieur. Ayant étudié auprès de celui-ci, et avec ses autres écoliers, tant les lettres divines que celles du siècle, d'après les exhortations et les conseils de Lanfranc, Anselme se fit moine au Bec, à l'âge de vingt-sept ans, et y vécut trois ans, enfermé dans le cloître et sans aucune distinction. Lorsque le susdit Lanfranc fut devenu archevêque de Cantorbéry, Anselme fut prieur du monastère du Bec durant quinze années. Il fut ensuite abbé de ce même couvent, pendant quinze ans, après la mort du vénérable Herluin, de pieuse mémoire, premier abbé de ce lieu. De là Anselme fut appelé à l'archevêché de Cantorbéry, après la mort du vénérable Lanfranc, et le gouverna durant seize années. Pendant la dix-septième année de ses fonctions d'archevêque, la quarante-neuvième de sa profession de moine, et la soixante-seizième de son âge, il sortit de ce monde, le 21 avril, quatre jours avant la cêne du Seigneur, car cette même année le jour de Pâques fut le vingt-cinquième jour d'avril.

Après avoir anticipé sur le cours de mon récit pour apporter ces détails au sujet du fondateur du monastère du Bec, le vénérable Herluin, dont le nom ne doit être prononcé qu'avec respect, et de son successeur Anselme, homme très-illustre pour toutes les choses divines, je reprends maintenant l'histoire des faits et gestes des ducs de Normandie, interrompue par cette digression.

CHAPITRE X.

De la flotte que le duc Robert se disposa à envoyer en Angleterre, au secours de ses cousins Edouard et Alfred, fils du roi Edelred.

Au temps où Edelred, roi des Anglais, comme nous l'avons déjà rapporté, fut chassé de son royaume par Suénon, roi des Danois, et se réfugia en Normandie, il avait deux fils, Edouard et Alfred, qu'il laissa peu de temps après, lorsqu'il retourna dans sa patrie, pour être élevés auprès de Richard, leur oncle. Ces jeunes gens, ainsi résidant à la cour des ducs de Normandie, furent traités avec grand honneur par le duc, qui, s'étant attaché à eux par les liens de l'affection, les adopta comme des frères. Prenant donc compassion de leur long exil, le duc Robert envoya des députés au roi Canut, lui mandant qu'après s'être si long-temps rassasié de leur exil, il eût enfin quelques égards pour eux et leur rendît, pour l'amour de lui et quoiqu'il fût bien tard, ce qui leur appartenait. Mais le roi ne voulut point accéder à ces sages remontrances, et renvoya les députés sans aucune bonne réponse. Alors le duc, animé d'une très-violente fureur, convoqua les grands de son duché, et donna ordre de construire en toute hâte un grand nombre de vaisseaux. Puis ayant rassemblé sa flotte de tous les points de la Normandie maritime, et l'ayant bien équipée en peu de temps, et avec beaucoup de soin, en ancres, en armes et en hommes vaillans, il ordonna qu'elle prît station à Fécamp, sur le rivage de la mer. De là il donna le signal du départ, et fit déployer les voiles au vent; mais la flotte fut jetée par une forte tempête vers l'île que l'on appelle Jersey, et ceux qui faisaient partie de l'expédition ne parvinrent à toucher terre qu'à travers les plus grands dangers. Je pense que cet événement arriva par la volonté de Dieu, pour l'amour du roi Edouard, que le Seigneur se disposait à faire régner par la suite, sans effusion de sang. Ils furent retenus dans cette île pendant long-temps; et le vent contraire continuant toujours à souffler, le duc en était au désespoir et en éprouvait une douleur inconcevable. Enfin, voyant qu'il n'y avait pour lui aucun moyen de franchir la mer, il fit retourner les proues de ses navires, et traversant l'espace qui le séparait du continent, il débarqua bientôt après au mont Saint-Michel.

CHAPITRE XI.

Comment le duc envoya une partie de sa flotte pour dévaster la Bretagne, et comment la paix fut rétablie ensuite entre lui et Alain, comte de Bretagne.

Or le duc Robert confia alors une partie de sa flotte à Rabell, très-vaillant chevalier, et l'envoya dévaster la Bretagne par la flamme et le pillage. Lui-même rassemblant une armée de chevaliers se disposa à attaquer ce pays d'un autre côté. Mais Alain se voyant ainsi sérieusement menacé par terre et par mer, envoya une députation à Robert, archevêque de Normandie, son oncle et oncle du duc, lui mandant de venir le trouver en toute hâte. Après qu'Alain lui eut raconté les dévastations et la ruine de la Bretagne, et la terrible expédition que le duc préparait contre lui dans sa colère, l'archevêque se présentant pour médiateur prit Alain avec lui, le conduisit au mont Saint-Michel, et implora la clémence du duc qui se disposait à envahir la Bretagne. Bientôt, par la protection du Christ, l'archevêque parvint à adoucir les cœurs endurcis, à les ramener à des sentimens de paix; et ayant écarté tout nouveau sujet de querelle, il rétablit entre eux la bonne intelligence, et obtint, pour Alain suppliant, qu'il rentrerait complétement au service du duc, en lui engageant sa foi. Après cela le duc envoya des députés pour ordonner aux hommes de sa flotte de suspendre leurs ravages, et de se retirer de la Bretagne.

CHAPITRE XII.

Comment Canut, roi des Anglais, offrit par des députés, à Edouard et à Alfred, la moitié du royaume d'Angleterre, par suite de la crainte que lui inspirait Robert, duc de Normandie. — Et comment le duc, partant ensuite pour Jérusalem, mit à la tête du duché de Normandie son fils Guillaume, âgé de cinq ans.

CES dissensions étant ainsi entièrement apaisées, voici, on vit arriver vers le duc Robert des députés envoyés par le roi Canut, lui annonçant que ce roi voulait rendre aux fils du roi Edelred la moitié du royaume d'Angleterre, et faire la paix avec eux durant sa vie, attendu qu'il était accablé d'une très-grave maladie de corps. C'est pourquoi le duc, suspendant son expédition navale, différa l'exécution de son entreprise, voulant d'abord terminer cette affaire avant de partir pour Jérusalem, ce qu'il desirait depuis long-temps avec une grande dévotion de cœur : car, considérant que cette vie est courte et fragile, et méditant en son cœur pieux et bienheureux ces paroles adressées aux riches par le Seigneur : « Malheur à vous qui avez eu en ce monde votre récompense, » il aimait mieux être le pauvre du Christ, que d'être consumé par les flammes de la géhenne. Il appela donc auprès de lui Robert l'archevêque et les grands de son duché, et leur déclara son intention d'entreprendre le pélerinage de Jérusalem. A ces paroles tous furent extrêmement étonnés, redoutant que son absence n'excitât toutes sortes de troubles dans leur patrie.

Alors leur présentant son fils Guillaume, le seul qu'il eût eu, et qui lui était né à Falaise, il leur demanda avec de vives instances de l'élire en sa place pour leur seigneur, et de le mettre à la tête de leur chevalerie; et quoique Guillaume fût encore dans l'âge le plus tendre, tous se réjouirent infiniment de trouver cette ressource, et, conformément aux intentions du duc, ils le reconnurent aussitôt et avec zèle pour leur prince et seigneur, et lui engagèrent leur foi par des sermens inviolables. Le duc Robert, après avoir arrangé ces choses selon ses vœux, confia son fils aux soins de tuteurs et de directeurs sages et fidèles jusqu'à l'âge de raison, et ayant fait toutes les dispositions convenables pour le gouvernement de sa patrie, et prenant tendrement congé de tous, il partit pour ce très-saint pélerinage avec une honorable escorte. Or, quelle langue, quelles paroles pourraient dire les abondantes aumônes que tous les jours il distribuait aux indigens? Quelle veuve, quel orphelin, quel pauvre se présentait qui ne fût soulagé à ses dépens? Enfin, ayant terminé son voyage, il arriva à ce vénérable sépulcre dans lequel reposa le corps très-saint du roi des cieux. Et maintenant quel homme racontera de combien de torrens de larmes il arrosa ce sépulcre durant huit jours, ou combien de présens en or il entassa sur cette tombe?

CHAPITRE XIII.

Comment le même duc, revenant de Jérusalem, mourut dans la ville de Nicée, dans le sein du Christ.

Donc ce duc invincible, saint et agréable à Dieu, ayant adoré le Christ au milieu des soupirs et des sanglots sortis du fond de son cœur, et ayant visité les saints lieux, s'en revint de cette bienheureuse expédition, et entra dans la ville de Nicée. Là, saisi d'une maladie de corps, l'an 1035 de l'Incarnation du Seigneur, il entra dans la voie de tout le genre humain, aux acclamations des anges, et succombant enfin, obéit à l'appel de la voix divine, le deuxième jour du mois de juillet. J'estime qu'il n'est point inconvenant de croire et d'écrire avec cette plume que le roi éternel de la Jérusalem céleste, dont le duc était allé adorer le sépulcre sur la terre, se complut à l'associer à sa gloire immortelle, au milieu de sa sainte entreprise mortelle, de peur que son ame bienheureuse, déjà brillante de splendeur et épurée par un grand nombre de bonnes œuvres, engagée de nouveau dans les affaires du monde n'y contractât quelque souillure. Le duc fut enseveli par les siens dans la basilique de Sainte-Marie, dans les murs de la ville de Nicée, régnant notre Seigneur Jésus-Christ, dans la divinité de la majesté du Père, et dans la co-égalité du Saint-Esprit, aux siècles des siècles. Amen!

LIVRE SEPTIÈME.

DU DUC GUILLAUME, QUI SOUMIT L'ANGLETERRE PAR SES ARMES.

CHAPITRE PREMIER.

Des traverses que le jeune Guillaume eut à essuyer dès le commencement de son administration, par la perversité de quelques hommes.

Ayant raconté dans leur ordre les gestes du grand duc Robert, et les ayant portés avec un soin extrême à la connaissance de beaucoup d'hommes, il nous paraît maintenant convenable d'en venir à ce qui concerne Guillaume, son fils, afin d'apprendre à la postérité par quelles sueurs et quels travaux il échappa aux embûches de ses ennemis, et courba vigoureusement sous ses pieds leurs têtes orgueilleuses. On trouve dans presque toutes les pages de l'Ecriture que la maison du fils est renversée par les iniquités d'un père méchant; mais aussi, et en sens inverse, elle est rendue plus solide par les mérites d'un bon père. Enfin Christ fortifia la maison du duc Robert, après que celui-ci eut dédaigné les pompes du siècle, et le récompensant par une gloire mortelle, il éleva dans la suite son fils Guillaume sur un trône royal, après qu'il eut abattu ses ennemis. Mais d'abord il nous paraît nécessaire de raconter aux siècles à venir par quelles victoires et quels triomphes Guillaume s'illustra dans son duché, disant les choses en toute vérité, et selon que l'ordre des faits l'exigera, afin que les actions glorieuses qui se sont accomplies de notre temps ne demeurent pas ensevelies dans une honteuse obscurité.

Ainsi donc ce duc, privé de son père dès les années de son enfance, était élevé dans toutes sortes de bons sentimens, par la sage sollicitude de ses tuteurs. Mais dès le commencement de sa vie, un grand nombre de Normands, renonçant à leur fidélité, élevèrent dans plusieurs lieux des retranchemens, et se bâtirent des forteresses très-solides. Tandis que, dans leur audace, ils se confiaient en ces fortifications, il s'éleva bientôt entre eux toutes sortes de querelles et de dissensions, et la patrie fut de toutes parts livrée à de cruelles agitations. Au milieu de ces affreux désordres Mars se livra à de violentes fureurs, et de nombreuses troupes de guerriers périrent dans ces vaines contestations.

CHAPITRE II.

De la guerre qui s'éleva entre Toustain de Montfort et Gauchelin de Ferrières ; et de la mort d'Osbern, fils d'Herfast.

En effet, Hugues de Montfort, fils de Toustain, combattit avec Gauchelin de Ferrières, et l'un et l'autre périt dans cette lutte. Quelques-uns se livrèrent à tout l'emportement de leurs violentes fureurs, au grand détriment de la patrie. Ainsi Gilbert, comte d'Eu, fils du comte Godefroi, homme rusé et plein de forces, tuteur du jeune Guillaume son seigneur, se promenait un matin à cheval, et conversait avec son compère Josselin du pont d'Erchenfroi, ne redoutant aucun mal, lorsqu'il fut assassiné, ainsi que Foulque, fils de Giroie. Ce crime fut commis sur les perfides instigations de Raoul de Vacé, fils de Robert l'archevêque, par les mains cruelles d'Eudes-le-Gros, et de l'audacieux Robert, fils de Giroie. Ensuite Turold, précepteur du jeune duc, fut mis à mort par des perfides, traîtres à leur patrie. Osbern aussi, intendant de la maison du prince et fils d'Herfast, frère de la comtesse Gunnor, étant une certaine nuit dans la chambre du duc, dans Vaudreuil, et dormant ainsi que le duc en toute sécurité, fut tout à coup égorgé dans son lit par Guillaume, fils de Roger de Mont-Gomeri. A cette époque Roger était exilé à Paris, à cause de sa perfidie, et ses cinq fils, Hugues, Robert, Roger, Guillaume et Gilbert étaient demeurés en Normandie, se livrant à toutes sortes de crimes. Mais Guillaume ne tarda pas à recevoir de Dieu la juste rétribution du crime qu'il avait commis. Barnon de Glote, prévôt d'Osbern, voulant venger la mort injuste de son seigneur, assembla une certaine nuit de vigoureux champions, se rendit à la maison où dormaient Guillaume et ses complices, et les massacra tous en même temps, selon ce qu'ils avaient mérité.

CHAPITRE III.

Comment Roger de Beaumont, fils de Honfroi de Vaux, envoyé par les ordres de celui-ci, vainquit Roger du Ternois.

Roger du Ternois, de la mauvaise race de Hulce, lequel était oncle du duc Rollon, et se battant avec lui contre les Francs avait jadis concouru par sa valeur à la conquête de la Normandie, homme puissant et orgueilleux, était aussi porte-bannière de toute la Normandie. Cet homme, lorsque le duc Robert partit pour son pélerinage, se rendit lui-même en Espagne, et s'illustra par de nombreux exploits contre les Païens. Peu de temps après, il revint dans son pays. Ayant appris que le jeune Guillaume avait succédé à son père dans le duché, il en fut vivement indigné, et dans son orgueil dédaigna de le servir, disant qu'un bâtard n'était pas fait pour commander à lui et aux autres Normands : car Guillaume, né d'une concubine du duc Robert, nommée Herlève [1], fille de Fulbert, valet de chambre du duc, était en tant que bâtard un objet de mépris pour les nobles indigènes, et principalement pour les descendans de la race de Richard. Mais après que le duc pélerin de Jérusalem fut mort, un certain Herluin, brave chevalier, prit Herlève pour femme, et en eut deux fils, Eudes et Robert, qui dans la suite parvinrent à une grande illustration. Roger donc, se confiant en la multitude de ses partisans, osa se révolter contre le jeune duc. Il insultait ouvertement tous ses voisins, et dévastait leurs terres par le

[1] Ou Herlotte.

fer et le feu, et principalement celles de Honfroi de Vaux. Celui-ci ne pouvant supporter plus long-temps ces offenses, envoya contre Roger son fils Roger de Beaumont, suivi de toute sa maison. Roger du Ternois le méprisa dans sa témérité, et, ne craignant rien, s'avança audacieusement pour le combattre; mais il fut tué en cette rencontre, ainsi que ses deux fils Helbert et Hélinant, et laissa la victoire à ses ennemis. Robert de Grandménil reçut aussi alors une blessure mortelle, dont il mourut trois semaines après, le 18 juin. Mais avant sa mort Robert distribua ses terres, par égales portions, entre ses deux fils Hugues et Robert, et leur recommanda Ernaud, son plus jeune fils, leur prescrivant de le bien traiter, et comme un frère, lorsqu'il serait devenu grand.

CHAPITRE IV.

Comment ce même Roger de Beaumont fonda l'abbaye de Préaux, et épousa Adeline, fille de Galeran, comte de Meulan.

Or Roger de Beaumont, ayant triomphé de ses ennemis, rendit à Dieu des actions de grâces pour ses victoires, et s'appliqua tout le reste de sa vie à travailler à de bonnes œuvres. Entre autres choses il construisit un couvent de moines dans sa terre de Préaux, et demeura constamment fidèle au duc Guillaume, envers et contre tous. C'est pourquoi il fut élevé fort au dessus de tous ses aïeux ; car il prit pour femme Adeline, fille de Galeran, comte de Meulan, et eut de ce mariage deux fils, Robert et Henri, qui devinrent dans la suite des comtes très-puissans. Robert, en effet, fut après Hugues, son oncle maternel, vaillant comte de Meulan durant plus de vingt-sept années, et Henri reçut du roi Guillaume le comté de Warwick en Angleterre.

Après la bataille ci-dessus rapportée, dans laquelle périrent Roger du Ternois, Robert de Grandménil et beaucoup d'autres seigneurs, Richard, comte d'Evreux, et fils de Robert l'archevêque, s'unit en mariage avec la veuve de Roger du Ternois, et en eut un fils nommé Guillaume, qui est maintenant seigneur d'Evreux. Guillaume, frère de Richard, épousa Hadvise, fille de Giroie, et veuve de Robert de Grandménil.

Cependant le duc Guillaume croissait, par la faveur de Dieu, en âge, en force et en sagesse. Considérant combien les Normands avaient, dans les transports de leur fureur, dévasté tout le pays, il puisa dans son cœur encore enfant toute la vigueur d'un homme, et appelant auprès de lui les grands de son père, il s'appliqua à gagner leur affection, leur apprenant, par ses prières et ses ordres, à éviter tout acte d'indiscipline. De l'avis des plus considérables il se choisit pour tuteur Raoul de Vacé, et le mit à la tête de toute la chevalerie de Normandie. Quelques-uns des grands, qui aimaient Dieu et la justice, obéirent volontiers au duc comme à leur seigneur, lui demeurèrent fidèles, et travaillèrent avec ardeur à dompter les rebelles. Mais les fils de discorde, qui se plaisent aux dissensions, et ne cherchent qu'à troubler le repos de ceux qui veulent vivre sans faire le mal, voyant qu'il leur était impossible de nuire aux hommes simples, autant qu'ils l'auraient voulu, méditèrent sur les moyens de travailler audacieusement à la ruine de leur patrie. Ils allèrent donc trouver Henri, roi des Francs, et répandirent çà et là sur toutes les frontières de la Normandie des tisons embrasés. Je les signalerais par leurs noms dans cet écrit, si je ne voulais prendre soin d'échapper à leur haine inexorable. Toutefois, je vous le dis à l'oreille, vous tous qui m'environnez, ce furent précisément ces mêmes hommes qui maintenant font profession d'être les plus fidèles, et que le duc a comblés des plus grands honneurs.

CHAPITRE V.

Comment Henri, roi des Francs, livra aux flammes le château de Tilliers, que les Normands lui avaient cédé pour obtenir la paix, ainsi que le bourg d'Argentan.

Le roi Henri, vivement ébranlé par les provocations insensées de ces traîtres, et ne se souvenant plus des bienfaits qu'il avait auparavant reçus du duc Robert, résolut de ne se montrer traitable pour le duc à aucune condition, tant que le château de Tilliers demeurerait dans le même état. Les Normands qui persévéraient dans leur fidélité au jeune duc, desirant, pour sauver celui-ci, se soustraire aux artifices du roi, résolurent de faire ce dont ils eurent dans la suite sujet de se repentir. Gilbert, surnommé Crispin, à qui le duc Robert avait autrefois confié ce château, ayant appris cette fâcheuse résolution, ne fit aucun cas de tels projets, et s'enferma aussitôt dans le château avec une forte troupe d'hommes d'armes, et dans l'intention de le défendre. Le roi voyant qu'on lui refusait l'entrée de cette forteresse, rassembla une armée composée de Francs et de Normands, et alla l'investir promptement. Que dirai-je de plus? Vaincu enfin par les prières du duc, Gilbert livra le château avec douleur, et bientôt après il eut le cruel chagrin de le voir livrer aux flammes sous les yeux de tous. Ayant ainsi satisfait ses desirs, le roi se retira de ce lieu. Mais, peu après, il alla trouver le comte d'Hiesmes, et livra aux flammes dévorantes le bourg d'Argentan, qui appartenait au duc. Ensuite reprenant la route par laquelle il était venu, il se rendit à Tilliers, et viola les sermens par lesquels il s'était engagé envers le duc à ne laisser rétablir ce château par aucun des siens durant quatre années. Il le fit réparer en toute hâte, et y ayant fait entrer beaucoup de chevaliers et des vivres en abondance, il repartit joyeusement, ayant ainsi accompli tous ses projets.

CHAPITRE VI.

Comment Toustain Guz voulut et ne put retenir le château de Falaise, et le défendre contre le duc Guillaume. — De Richard, fils de Toustain.

Toustain surnommé Guz, fils d'Ansfroi le Danois, et qui était alors gouverneur d'Exmes, voyant que le jeune duc avait fait quelques concessions au roi, et qu'il commençait à courber la tête sous l'oppression royale, comme un homme vaincu, enflammé lui-même d'une ardeur d'infidélité, prit à sa solde des chevaliers du roi, et les appela auprès de lui comme ses complices, pour renforcer le château de Falaise, et n'être pas tenu de prêter ses services au duc. Dès qu'il fut informé des intentions de cet esprit malveillant, le duc rassembla de tous côtés les légions de Normands, et alla assiéger le château. Raoul de Vacé était à cette époque chef des chevaliers, et soutenait son duc de toutes ses forces. Les chevaliers s'étant donc réunis, combattirent devant Falaise avec un si grand courage qu'ils renversèrent en un moment une portion de la muraille; et si la nuit n'était venue interrompre cette attaque, il n'est pas douteux qu'ils ne fussent entièrement parvenus au but de leurs efforts. Toustain considérant alors qu'il ne lui serait pas possible de résister plus long-temps à tant d'ennemis, demanda au duc la faculté de se retirer, et prenant la fuite, s'exila de son pays. Après cela Richard, fils de Toustain, servit très-bien le duc, réconcilia son père avec lui, et acquit lui-même beaucoup plus de biens que son père n'en avait perdu.

CHAPITRE VII.

Comment Robert l'archevêque eut pour successeur Mauger, fils de Richard II, et de sa seconde femme Popa. — De Guillaume d'Arques.

Robert archevêque de Rouen étant mort, Mauger, frère du duc Robert, lui succéda ; car Richard, fils de Gunnor, après la mort de Judith sa femme, avait épousé une autre femme nommée Popa, dont il avait eu deux fils, Mauger, celui qui fut fait archevêque, et Guillaume d'Arques. Le duc Guillaume, déjà parvenu à l'adolescence, donna à ce dernier Guillaume le comté de Talou, à titre de bénéfice, et pour en faire son fidèle. Fier de la noblesse de sa naissance, Guillaume bâtit le château d'Arques sur le sommet de la montagne ; ensuite usurpant le pouvoir souverain, et se confiant dans la protection du roi, il osa se révolter contre le duc. Celui-ci voulant réprimer cette entreprise insensée, lui ordonna par ses députés de venir lui rendre hommage ; mais Guillaume, repoussant ce message avec mépris, se prépara et s'arma avec une grande confiance pour résister au duc. Alors réunissant les forces des Normands pour aller châtier cette insolence, le duc marcha promptement contre Guillaume, et ayant dressé des retranchemens au pied de la montagne, il y construisit un fort, qu'il rendit inexpugnable en y mettant des hommes pleins de vigueur, et il se retira après l'avoir bien approvisionné de vivres. Henri, roi des Francs, ne tarda pas à être informé de ces faits. En conséquence, il prit des troupes avec lui, s'avança en toute hâte pour aller renforcer le château supérieur, et ordonna à son armée de dresser son camp à Saint-Aubin. Les chevaliers du duc ayant appris son arrivée, envoyèrent quelques-uns des leurs pour essayer d'attirer à leur poursuite quelques hommes de l'armée du roi, qui seraient ensuite attaqués à l'improviste par leurs compagnons cachés en embuscade. S'étant approchés de l'armée du roi, ils attirèrent en effet sur leurs pas une portion assez considérable de cette armée, et fuyant devant elle, ils l'entraînèrent dans le piége. Tout-à-coup ceux qui avaient semblé prendre la fuite, firent volte-face, et se mirent à massacrer vivement leurs ennemis; tellement que dans ce combat le comte d'Abbeville, Enguerrand, succomba percé de coups, et que Hugues surnommé Bardoul, et beaucoup d'autres encore furent faits prisonniers. Le roi, lorsqu'il en fut informé, fit introduire des vivres dans le château qu'il était venu défendre, et se retira triste et honteux, à cause des chevaliers qu'il avait perdus. Guillaume peu de temps après, forcé par la famine, rendit son château à regret, et se retira lui-même en exil, loin du sol natal. Il partit avec sa femme, sœur de Guy comte de Ponthieu, se rendit auprès d'Eustache comte de Boulogne, reçut dans la maison de celui-ci le vivre et les vêtemens, et y demeura en exil jusqu'à sa mort.

CHAPITRE VIII.

Comment Canut, roi des Anglais, étant mort, eut pour successeur son fils Hérold. — Ce que fit Edouard encore exilé.

En ce même temps mourut Canut, roi des Anglais, et son fils Hérold, né d'une concubine nommée Elfgive, lui succéda. Edouard, qui vivait toujours auprès du duc, ayant appris cette mort depuis long-temps desirée, partit au plus tôt avec quarante navires remplis de chevaliers, traversa la mer, débarqua à Winchester, et y trouva une multitude innombrable d'Anglais qui l'attendaient pour leur malheur. Leur livrant aussitôt bataille, il envoya un grand nombre d'entre eux dans l'enfer. A la suite de cette victoire, il remonta sur ses vaisseaux avec tous les siens, et voyant qu'il ne lui serait pas possible de conquérir le royaume d'Angleterre sans un plus grand nombre de chevaliers, il fit retourner les proues de ses vaisseaux, et rentra en Normandie avec un très-grand butin.

CHAPITRE IX.

Comment Alfred, frère d'Edouard, fut trahi par le comte Godwin ; et comment Hardi-Canut, fils d'Emma, mère d'Edouard, succéda à Hérold son frère, et eut pour successeur Edouard, qui épousa Edith, fille de Godwin.

Sur ces entrefaites, Alfred, frère d'Edouard, prit avec lui un grand nombre de chevaliers, se rendit au port de Wissant, et de là, traversant la mer, alla débarquer à Douvres; puis s'avançant dans l'intérieur du royaume, il rencontra le comte Godwin, qui marchait vers lui. Le comte le reçut d'abord en bonne foi ; mais dans la même nuit il remplit auprès de lui le rôle de Judas le traître. Après lui avoir donné le baiser de paix, et avoir pris son repas avec lui, au milieu du silence de la nuit, il lui fit lier les mains derrière le dos, et l'envoya à Londres au roi Hérold avec quelques-uns de ses compagnons. Le reste de ses chevaliers, Godwin les distribua en partie dans le pays d'Angleterre, et en fit périr d'autres honteusement. Hérold, aussitôt qu'il eut vu Alfred, donna ordre de couper la tête à ses compagnons, de conduire Alfred dans l'île d'Ely, et de lui crever les yeux. Ainsi succomba ce très-noble et excellent Alfred, injustement assassiné. Hérold ne lui survécut pas long-temps, et après sa mort son frère Hardi-Canut, fils d'Emma, mère d'Edouard, partit de Danemarck, et vint lui succéder. Peu de temps après, s'étant solidement établi à la tête du royaume, il rappela de Normandie son frère Edouard, et le fit vivre auprès de lui. Mais lui-même ne vécut pas deux années entières, et étant mort, il laissa à Edouard l'héritage de tout son royaume.

En ce temps, le fier et artificieux Godwin était le comte le plus puissant de l'Angleterre, et occupait avec vigueur une grande partie de ce royaume, qu'il avait conquise soit par suite de la noblesse de sa famille, soit de vive force ou par ses perfidies. Edouard redoutant la puissance et les artifices accoutumés de cet homme terrible, ayant pris l'avis de ses Normands, dont les fidèles conseils faisaient sa force, lui pardonna dans sa bonté l'horrible assassinat de son frère Alfred : et afin qu'une solide amitié les unît à jamais, il épousa, mais seulement pour la forme, la fille de Godwin, nommée Edith ; car, dans le fait, on assure que tous deux conservèrent toujours leur virginité. Édouard, en effet, était un homme bon, plein de douceur et d'humilité, enjoué, rempli de patience, clément, protecteur des pauvres, et il s'appliqua constamment à remettre en vigueur les lois de l'Angleterre. Il eut très-fréquemment des visions mystérieuses et divines, fit plusieurs prophéties, qui furent justifiées dans la suite par l'événement, et gouverna très-heureusement le royaume d'Angleterre durant près de vingt-trois ans.

CHAPITRE X.

Des cruautés de Guillaume Talvas. — De Guillaume, fils de Giroie, qui se fit moine au Bec.

Après que Robert son frère eut été mis à mort à coups de hache, dans sa prison, Guillaume Talvas recouvra toutes les terres de son père par le secours de ses vassaux, et principalement de Guillaume, fils de Giroie. Or ce Talvas ne s'écarta nullement des exemples que lui avaient donnés ses criminels parens. Il avait épousé Hildeburge, fille d'Arnoul, homme très-noble, et eut de cette femme un fils, Arnoul, et une fille, Mabille, qui devint dans la suite mère d'une race très-méchante. Mais comme Hildeburge avait de bons sentimens et aimait Dieu avec ferveur,

elle ne pouvait participer aux mauvaises actions de
son mari ; aussi celui-ci avait-il conçu contre elle
une violente haine. Enfin, un certain matin qu'elle
allait à l'église pour prier Dieu, Guillaume la fit subitement étrangler en son chemin par deux de ses
parasites ; ensuite il se fiança avec la fille de Raoul,
vicomte de Beaumont, et invita à ses noces plusieurs seigneurs voisins, entre autres Guillaume,
fils de Giroie, homme d'une extrême valeur. Or le
frère de ce dernier, Raoul surnommé le Clerc,
parce qu'il était fort versé dans l'étude des lettres, et
Male-Couronne, parce que s'adonnant aussi aux exercices de la chevalerie il gardait mal la gravité de
la cléricature, prévoyant par quelque pronostic un
grand malheur qui le menaçait, engagea fortement
son frère à ne pas se rendre aux noces honteuses de
ce féroce bigame; mais Guillaume, dédaignant les
avis de son frère, alla sans armes à Alençon avec
douze chevaliers. Tandis donc qu'il ne redoutait aucun mal, mais plutôt se réjouissait, selon l'usage,
des noces de son ami, sans qu'il y eût donné aucune
occasion, Talvas se saisit bientôt de lui comme d'un
méchant traître, et ordonna à ses vassaux de le garder
soigneusement : il partit ensuite pour la chasse avec
ses convives. Alors ses satellites, auxquels il avait
donné ses ordres en secret, conduisirent Guillaume
au dehors, et au milieu des pleurs de tous ceux qui
virent ce spectacle, ô douleur ! ils lui crevèrent les
yeux et le mutilèrent honteusement, en lui coupant
le bout du nez et les oreilles. En apprenant ce crime,
beaucoup d'hommes s'affligèrent, s'enflammèrent de
haine contre Talvas, et firent leurs efforts pour punir

un tel forfait. Trois années après, Guillaume de Giroie alla trouver le vénérable Herluin abbé, et se fit moine dans le monastère du Bec, que ce père faisait construire à cette époque en l'honneur de Sainte-Marie, mère de Dieu.

CHAPITRE XI.

Comment le duc Richard avait donné les deux châteaux de Montreuil et d'Echaufour à Giroie, qui avait épousé Gisèle, fille de Toustain de Montfort.

Ce Giroie de la famille duquel nous venons de parler était, dit-on, issu de deux nobles familles de Francs et de Bretons. Il s'était rendu avec Guillaume de Belesme à la cour du duc Richard, et avait reçu de lui en don deux châteaux situés en Normandie, savoir les châteaux de Montreuil et d'Echaufour. Tandis qu'il était en voyage pour aller trouver le duc, il fut reçu et logea dans la maison de Toustain de Montfort, et ayant vu par hasard à dîner la fille de celui-ci, nommée Gisèle, il l'aima, la demanda à ses illustres parens, et l'obtint. Dans la suite des temps, Gisèle lui donna sept fils et quatre filles, dont voici les noms : Ernauld, Foulques, qui périt avec le comte Gilbert, Guillaume, Raoul Male-Couronne, Robert, Hugues et Giroie, et les filles, Heremburge, Emma, Adélaïde et Hadvise. De tous ces enfans sortit une race de fils et de petits-fils, tous chevaliers, qui devinrent la terreur des barbares en Angleterre, dans la Pouille, dans la Thrace et en Syrie.

Ainsi donc après que Talvas eut aussi cruellement déshonoré Guillaume, qui était par son âge et par sa raison le plus distingué des fils de Giroie, et cela, comme nous l'avons rapporté, par pure méchanceté, Robert et Raoul, illustres chevaliers, se levèrent vigoureusement avec leurs frères et leurs parens, et voulurent entreprendre de venger l'horrible insulte qu'avait reçue leur frère. Ils dévastèrent donc par le fer et le feu toutes les terres de Talvas, s'avancèrent en armes jusques aux portes de ses forteresses, sans que nul leur résistât, et provoquèrent hardiment Talvas, l'invitant à sortir, et à venir combattre de près. Mais lui, homme timide, et qui n'avait nulle vigueur pour les exercices de la chevalerie, n'osait combattre en rase campagne les ennemis qui venaient le harceler; et ainsi la famille de Giroie l'insultait sans cesse.

CHAPITRE XII.

D'Arnoul, fils de Guillaume Talvas, et d'Olivier son frère, moine du Bec.

Arnoul, fils de Talvas, voyant toutes ces choses, et ayant pris l'avis de ses seigneurs, se révolta enfin contre son père, qui s'était rendu odieux à tous, le chassa honteusement de ses châteaux, et le força à vivre en un misérable exil jusqu'à sa mort. Il envahit donc les propriétés de son père, mais n'échappa point à l'héritage de méchanceté. C'est pourquoi il mérita de trouver une triste fin. Un certain jour en effet il partit avec ses vassaux pour aller au pillage, et entre autres choses il enleva un porc à une certaine religieuse. Celle-ci le poursuivit en pleurant, et le supplia instamment et au nom de Dieu de lui rendre le petit porc qu'elle avait élevé. Or Arnoul dédaigna ses prières, ordonna à son cuisinier de tuer le porc et de le préparer pour être mangé, et le faisant servir sur sa table, il en mangea le même soir avec excès; mais ce ne fut pas impunément, car cette même nuit il fut étranglé dans son lit. Quelques-uns rapportent et affirment qu'il fut mis à mort par Olivier son frère. Quant à nous, non seulement nous n'accusons point un tel homme d'un si grand crime, mais même nous refusons entièrement de croire à cette accusation. En effet, Olivier se conduisit long-temps après cet événement en chevalier très-honorable, et étant devenu vieux, il renonça au siècle par l'inspiration de Dieu; ensuite il prit pieusement l'habit de moine dans le couvent du Bec, sous le seigneur Anselme, alors abbé, et maintenant archevêque de Cantorbéry, et il continua à le porter dignement pendant longues années sous le seigneur abbé Guillaume.

CHAPITRE XIII.

Comment, après la mort d'Arnoul, Ives, son oncle paternel, évêque de Séés, entra en possession de ses terres par droit d'héritage.

Arnoul ayant donc été méchamment mis à mort, comme nous venons de le rapporter, le vénérable

Ives, son oncle paternel, évêque de Seès, prit possession du château de Belesme et de tout ce qui lui avait appartenu de droit, et l'occupa légitimement tant qu'il vécut, après avoir fait sa paix avec la famille des Giroie et les autres voisins; car Ives était plein d'habileté, honorable, affable, fort enjoué et ardent ami de la douce paix. Mais la perfidie des méchans ne cesse de troubler le repos des gens de bien. Ainsi donc, du temps de Ives l'évêque, Richard, Robert et Avesgot, fils de Guillaume surnommé Soreng, rassemblèrent une bande de scélérats, et dévastèrent sans respect tout le pays situé autour de Seès. Enfin ils envahirent l'église de Saint-Gervais, et y établirent une troupe de brigands, faisant ainsi d'une maison de prière une caverne de voleurs et une écurie à chevaux. Le religieux Azon, ancien évêque de cette même ville, avait abattu les murailles et employé les pierres à construire une église à Saint-Gervais, martyr, sur l'emplacement où avait été pendant long-temps la résidence épiscopale. Le vénérable Ives voyant les fils de Soreng parvenus en ce temps à un tel point de démence qu'ils ne craignaient point de faire du temple de Dieu un repaire de brigands et une maison de débauche, saisi d'une noble colère, fut vivement affligé, et mit tous ses soins à procurer la délivrance de l'église de Dieu. Une fois donc, comme il revenait de la cour du duc Guillaume, et traversait le pays d'Hiesmes, il emmena avec lui Hugues de Grandménil et d'autres barons, avec les gens de leur suite, et fit assiéger vivement les fils de Soreng dans la tour du monastère. Mais ceux-ci résistèrent avec audace, et combattant pour leur vie, ils lancèrent des traits qui blessèrent plusieurs assaillans. L'évêque ayant vu cela, ordonna de mettre le feu aux maisons voisines. Bientôt les paroissiens obéissent aux ordres de l'évêque. Mais les flammes, pressées par le vent, atteignirent promptement à l'église, l'enveloppèrent et la consumèrent, et mirent aux abois les impies qui s'y étaient enfermés dans leur fureur. Enfin, voyant qu'ils ne pourraient résister aux progrès de l'incendie, les fils de Soreng prirent leurs armes, et s'enfuirent honteusement.

CHAPITRE XIV.

Comment les fils de Guillaume Soreng, Richard, Robert et Avesgot, moururent d'une juste mort.

Mais le Dieu juste et miséricordieux ne put tolérer la profanation de son église, et ne tarda pas d'infliger à ceux qui l'avaient violée une juste punition. En effet, les trois frères qui avaient été les chefs de cette invasion, continuant à commettre toutes sortes de brigandages et de vols, furent, peu de temps après, frappés à mort par un juste jugement de Dieu, sans confession et sans recevoir le viatique de salut. Richard, l'aîné des trois, dormait une certaine nuit en toute sécurité, dans une mauvaise cabane située près d'un étang; tout à coup un certain chevalier puissant, nommé Richard de Sainte-Scholastique, dont l'autre Richard avait dévasté les terres, vint envelopper la cabane avec les gens de sa maison. Richard s'étant éveillé, sortit de ce mauvais lieu, et prénant la fuite voulut se sauver par l'étang; mais un certain paysan que lui-même avait fort tourmenté en prison l'arrêta, et le frappant sur la tête à coups de hache, le laissa mort sur la place. Ensuite Robert, son frère, étant allé un certain jour avec les siens enlever du butin dans les environs de Seès, fut poursuivi à son retour par les gens de la campagne, et reçut une blessure dont il mourut aussitôt. Enfin Avesgot étant entré, à Cambey, dans la maison d'Albert, fils de Gérard Fleitel, commença à se livrer à toutes sortes de fureurs; mais un trait lancé sur lui le frappa à la tête, et il en mourut bientôt après. Voilà donc que nous avons vu véritablement accomplies en ces hommes ces paroles que nous avons entendues : « Si quelqu'un a violé le temple de Dieu, « Dieu le détruira. » Ainsi donc que les pillards et ceux qui forcent les églises, apprenant la fin des hommes qui leur ressemblent, prennent garde à eux, de peur que, commettant de semblables méfaits, ils ne périssent frappés d'une semblable punition : et si la prospérité de ce monde est quelque temps avec eux, qu'ils ne demeurent pas cependant en sécurité, et ne s'en glorifient pas; car il convient qu'ils sachent que les joies du monde passent rapidement, comme la fumée, et leur préparent des douleurs éternelles, ainsi que l'a dit un illustre poète dans un poème où il accuse les impies, disant : « Vous vous réjouissez mal « à propos, car à la fin vous recueillerez les fruits de « votre méchanceté, savoir, les ténèbres, les flammes, « le deuil; car Dieu bon et indulgent, mais juste « toutefois en ses vengeances, défend ceux qui sont « à lui, et punit ceux qui se font ses ennemis. »

Les enfans de discorde ayant donc été renversés, comme je viens de le raconter, les hommes simples purent enfin respirer quelque temps en paix, dans les environs de Seès. Le noble Ives, évêque, s'occupa alors de faire recouvrir l'église, et le 2 janvier, il en fit de nouveau la dédicace. Mais comme les murailles avaient été atteintes par les flammes, elles s'écroulèrent cette même année et avant le carême.

CHAPITRE XV.

Du concile que le pape Léon tint à Rheims, et de la réprimande qu'il adressa à Ives, évêque de Seès, à cause de l'incendie de l'église de Saint-Gervais.

En ce temps le pape saint Léon se rendit dans les Gaules, consacra l'église de Saint-Remi, archevêque de Rheims, et fit transporter son corps dans cette église, à la suite de la dédicace. Alors le pape tint à Rheims un grand concile, et réprimanda sévèrement les évêques ou les abbés négligens. Entre autres choses, à ce qu'on rapporte, il dit à Ives, au sujet de l'incendie de son église : « Qu'as-tu fait, perfide? « Par quelle loi dois-tu être condamné, toi qui as « osé brûler ta mère? » Ives prenant la parole confessa publiquement qu'il avait fait le mal, mais qu'il avait été violemment poussé à commettre ce crime pour empêcher que des scélérats ne fissent pire encore contre les enfans de l'église. Ensuite il subit la pénitence que lui imposa ce pape rempli de sagesse, et consacra tous ses soins à relever l'église de Saint-Gervais. Il se rendit donc dans la Pouille, et de là à Constantinople, leva beaucoup d'argent chez ses riches parens et amis, et rapporta en don de l'empereur, un précieux morceau du bois de la croix du Seigneur. Etant retourné à Seès, il commença alors à construire une église d'une telle grandeur que ses successeurs Robert, Gérard et Serlon ne purent venir à bout de la terminer dans l'espace de quarante années.

CHAPITRE XVI.

Comment Guillaume Talvas, frère de l'évêque Ives, donna à Roger de Mont-Gommeri sa fille Mabille et ses terres.

Cependant, Guillaume Talvas, après avoir été expulsé de ses terres par son fils, comme nous l'avons rapporté ci-dessus, pauvre et méprisable aux yeux de tous, alla long-temps errant de maison en maison. Enfin il se rendit auprès de Roger de Mont-Gomeri, lui offrit spontanément sa fille, nommée Mabille, et lui fit en outre concession de tous les biens qu'il avait perdus lui-même par suite de sa perversité et de sa lâcheté. Roger, qui était fort et brave, et doué d'un jugement sain, pensa que ces arrangemens lui seraient profitables, et consentit à toutes ces propositions. Il reçut dans sa maison Guillaume le vagabond, et s'unit à sa fille en légitime mariage. Or celle-ci était petite de corps, très-bavarde, assez disposée au mal, avisée et enjouée, cruelle et remplie d'audace. Dans la suite des temps, elle donna à Roger cinq fils et quatre filles, dont voici les noms : Robert et Hugues, Roger le Poitevin, Philippe et Arnoul ; et les filles, Emma, Mathilde, Mabille et Sibylle. Celles-ci valurent mieux que leurs frères : elles furent généreuses, honorables, et pleines d'affabilité pour les pauvres, les moines et les autres serviteurs de Dieu. Leurs frères au contraire furent féroces, avides et impitoyables oppresseurs des pauvres.

Ayant résolu de raconter les actions du grand duc Guillaume, il serait hors de propos de nous arrêter ici à rapporter combien ces hommes furent rusés ou perfides dans les exercices de la chevalerie, comment ils s'élevèrent aux dépens de leurs voisins ou de leurs pairs, et comment à leur tour ils succombèrent sous leurs coups en punition de leurs forfaits. Nous allons donc quitter ce sujet, et reprendre la suite de notre récit.

CHAPITRE XVII.

Comment, après la mort de Hugues, évêque de Bayeux, le duc Guillaume mit en sa place Eudes, son frère utérin. — Bataille du Val-des-Dunes.

Le duc, brillant alors de tout l'éclat de la plus belle jeunesse, commença à se dévouer de tout son cœur au service de Dieu, écartant de lui la compagnie des hommes ignorans, usant des conseils des sages, puissant dans les œuvres de la guerre, et doué d'une grande sagesse pour les affaires du siècle.

Vers ce temps, Hugues, fils du comte Raoul, et évêque de Bayeux, vint à mourir, et le duc fit donner le susdit évêché à son frère Eudes. Or cet Eudes, lorsqu'il eut été consacré, agrandit la nouvelle église pontificale dédiée à sainte Marie, mère de Dieu, lui donna beaucoup d'ornemens admirables, et augmenta aussi le nombre de ses clercs. Eudes vécut dans son évêché durant près de cinquante années.

Or le duc, tandis qu'il allait acquérant tous les jours beaucoup de bonnes qualités, rencontra un certain compagnon bien cruel pour lui, savoir Gui, fils de Renaud comte des Bourguignons, lequel avait été élevé avec lui dès les années de son enfance, et à qui il avait donné autrefois le château de Brionne, comme pour se mieux assurer de sa fidélité par ce présent. Mais Gui, séduit par son orgueil, commença, tel qu'Absalon, à détourner beaucoup de grands de leur fidélité envers le duc, et à les entraîner dans les abîmes de sa perfidie; à tel point qu'il engagea dans cette conspiration Nigel, gouverneur de Coutances, et le détourna complétement, ainsi que beaucoup d'autres, du service qu'il devait rendre au prince de son choix en vertu de ses sermens. Alors le duc très-sage, se trouvant ainsi abandonné par beaucoup des siens, voyant qu'ils travaillaient constamment, et avec vigueur, à se mettre en défense dans leurs châteaux, et craignant qu'ils ne parvinssent à lui enlever son suprême pouvoir dans le comté, et à mettre son rival en sa place, forcé par la nécessité, alla trouver Henri, roi des Francs, pour lui demander des secours. Alors enfin ce roi, se souvenant des bienfaits qu'il avait reçus autrefois du père du duc, rassembla les forces des Francs, entra dans le comté d'Hiesmes, arriva au Val-des-Dunes, et y trouva une innombrable multitude d'hommes d'armes, animés d'une violente inimitié, et qui, le glaive nu, lui présentèrent la bataille. Le roi et le duc ne redoutant nullement leurs fureurs insensées, leur livrèrent bataille, et à la suite du choc réciproque des chevaliers, firent un grand carnage de leurs ennemis : ceux que le glaive ne fit pas tomber, frappés de terreur par Dieu même, allèrent en fuyant se précipiter dans les eaux de l'Orne. Heureuse cette bataille, par laquelle tombèrent en un même jour les châteaux des orgueilleux et les demeures des criminels! Gui, s'étant échappé de la bataille, se retira aussitôt à Brionne, ferma et barricada ses portes, et s'y tint quelque temps enfermé dans l'espoir de se sauver. Le roi étant retourné en France, le duc se mit en toute hâte à la poursuite de Gui, l'assiégea et le bloqua dans l'enceinte de son château, et éleva des fortifications sur les deux rives de la rivière appelée la Risle. Or Gui, voyant qu'il ne lui resterait plus aucun moyen de s'enfuir de ce lieu, et pressé par la calamité de la famine, fut enfin déterminé par ses amis à se présenter en suppliant et en homme repentant de ses fautes, et à implorer la clémence du duc. Celui-ci ayant pris conseil des siens, et touché de compassion pour sa misère, l'épargna dans sa clémence, et ayant pris possession du château de Brionne, lui ordonna de demeurer dans sa maison avec ses domestiques. Alors tous les grands qui s'étaient détournés de leur fidélité, voyant que le duc leur avait enlevé ou rendu inabordable tout lieu de refuge, donnèrent des otages, et abaissèrent leurs têtes altières devant lui comme leur seigneur. Ainsi, lorsqu'il eut renversé de tous côtés leurs châteaux, nul n'osa plus dès lors montrer un cœur rebelle contre le duc. Cette bataille du Val-des-Dunes fut livrée l'an 1047 de l'Incarnation du Seigneur.

CHAPITRE XVIII.

Comment le duc Guillaume reprit les châteaux d'Alençon et de Domfront, dont Geoffroi, comte d'Anjou, s'était emparé.

Le comte d'Anjou, Geoffroi, surnommé Martel, homme artificieux en toutes choses, faisait éprouver toutes sortes de maux aux hommes qui vivaient dans son voisinage, et les écrasait sous des vexations intolérables. Entre autres, s'étant saisi par une perfidie de la personne du comte Thibaut, il le retint en captivité jusqu'à ce qu'il lui eût extorqué de force la ville de Tours et quelques châteaux. Geoffroi donc, ayant suscité quelques sujets de querelle, commença à diriger ses entreprises contre le duc Guillaume, à dévaster et piller fréquemment la Normandie par le bras des satellites querelleurs qu'il établit dans le château de Domfront. Le duc, avec ses chevaliers, se rendit vers ce château pour le visiter, et l'ayant vu entouré de toutes parts de rochers escarpés et très-élevés, en sorte qu'il était impossible de l'aborder pour en faire le siége, il appela auprès de lui les forces des Normands, et cerna ce château de très-forts retranchemens, par lesquels il en obstrua toutes les issues. Comme il demeura quelque temps dans les environs, il arriva vers lui des éclaireurs qui venaient lui annoncer qu'il pourrait, sans aucun danger pour les siens, se rendre maître du château d'Alençon. Aussitôt, ayant laissé des gardes dans son camp, le duc chevaucha toute la nuit avec son armée, arriva au point du jour devant Alençon, et y trouva, dans une redoute établie au delà de la rivière, quelques hommes qui se moquèrent de lui, et lui dirent des injures. Les chevaliers s'étant mis en grande colère, le duc attaqua très-vivement la redoute, s'en empara promptement, et y ayant mis le feu, la livra aux flammes dévorantes. Ceux qui l'avaient insulté en présence de tous les habitans d'Alençon, il ordonna de leur couper les pieds et les mains; et aussitôt, selon qu'il l'avait ordonné, trente-deux hommes furent ainsi mutilés. Pour insulter le duc, ils avaient frappé sur des peaux et des cuirs, et l'avaient appelé par dérision marchand de peaux, parce qu'en effet les parens de sa mère avaient été marchands de peaux[1]. Alors les gardiens du château, voyant l'extrême sévérité du duc, craignirent d'avoir à subir un pareil traitement, ouvrirent aussitôt leurs portes, et remirent le château au duc, aimant mieux le livrer ainsi qu'avoir à supporter tant de tortures au péril de leurs membres. Ayant ainsi vigoureusement terminé cette expédition, et établi des chevaliers dans le château, le duc retourna en toute hâte à Domfront. Les gens de ce lieu apprenant ce que le duc avait fait à leurs compagnons d'armes, et considérant qu'ils ne pou-

---

[1] Un autre manuscrit porte *pollinctores*, embaumeurs, ceux qui ensevelissent les morts.

vaient recevoir aucun secours, se remirent eux et leur château entre les mains du duc. Partant de là après y avoir placé des gardiens, et s'avançant plus loin pour attaquer le comte Geoffroi, le duc arriva à Ambrières, et là il construisit un château qu'il approvisionna suffisamment en vivres et en chevaliers; après quoi il retourna à Rouen, métropole de la Normandie.

CHAPITRE XIX.

Comment, ayant expulsé Guillaume Guerlenc du comté de Mortain, le duc mit en sa place Robert, son frère utérin.

En ce temps Guillaume Guerlenc, de la descendance de Richard-le-Grand, était comte de Mortain. Un jeune chevalier de sa famille, nommé Robert Bigod, se rendant auprès de lui, lui dit un jour : « Je « suis accablé par la pauvreté, mon seigneur, et dans « ce pays je ne puis gagner ce dont j'ai besoin pour « vivre. C'est pourquoi je vais partir pour la Pouille, « afin d'y vivre plus honorablement. » — Guillaume répondant lui demanda : « Qui t'a mis ce projet en « tête ? — La pauvreté que j'endure, » lui répondit l'autre. — Alors le comte lui dit : « Si tu veux me « croire, tu demeureras ici avec nous. Avant quatre-« vingts jours tu auras en Normandie un temps où « tout ce que tu jugeras t'être nécessaire, et que tu « auras vu de tes yeux, tu pourras l'enlever impuné-« ment de tes propres mains. » Le jeune homme, se rendant aux avis de son seigneur, attendit, et peu de

temps après il trouva moyen d'entrer en familiarité avec le duc, par l'intermédiaire de Richard d'Avranches, son cousin. Comme donc un certain jour il causait en particulier avec le duc, il lui raconta entre autres choses les paroles ci-dessus rapportées du comte Guillaume. Le duc appela aussitôt Guillaume, et lui demanda pour quel motif il avait tenu un pareil discours. Guillaume ne put nier, et n'osa non plus entreprendre d'expliquer le sens de ses paroles. En sorte que le duc irrité lui dit : « Tu as résolu de troubler
« la Normandie par des séditions et des désordres,
« tu as formé le dessein de te révolter contre moi et
« de me déshériter méchamment, et c'est pourquoi
« tu as promis à un chevalier indigent un temps favorable à sa rapacité ; mais que la paix dont nous
« avons besoin, et que nous tenons en don du Créateur, demeure à jamais chez nous. Quant à toi, sors
« au plus tôt de la Normandie et n'y rentre plus jamais,
« aussi long-temps que je vivrai. » Guillaume ainsi expulsé se rendit misérablement dans la Pouille avec un seul écuyer, et le duc éleva aussitôt son frère Robert, et lui donna le comté de Mortain. Ainsi il renversait rudement les orgueilleux parens de son père, et élevait au comble des honneurs les humbles parens de sa mère. Au surplus, et comme le dit un proverbe vulgaire, le fou n'est corrigé ni par les paroles, ni par les exemples, à peine l'est-il par les malheurs : il ne craint rien jusqu'à ce qu'il reçoive de rudes coups ; ce qui va être prouvé plus clair que le jour par l'exemple que je vais rapporter.

CHAPITRE XX.

De la rébellion de Guillaume Busac, comte d'Eu; et comment celui-ci étant exilé reçut en don le comté de Soissons de Henri, roi des Francs.

Ainsi que nous l'avons déjà dit plus haut, le duc des Normands Richard, fils de Richard 1er, avait donné le comté d'Eu à un sien frère utérin, nommé Guillaume. Celui-ci eut de la comtesse Lesceline trois fils, savoir Robert, Guillaume, et Hugues qui fut plus tard évêque de Lisieux. Le second, Guillaume surnommé Busac, aspirant à usurper le duché, commença à lever la tête, menaçant et se livrant à des actes d'inimitié contre le duc. Mais ce prince plein de force, ne voulant pas lui céder, rassembla une armée, assiégea le château d'Eu jusqu'à ce qu'il s'en fût rendu maître, et força le rebelle Guillaume son parent à s'exiler. Celui-ci se rendit auprès de Henri, roi des Francs, et lui raconta en pleurant ce qui lui était arrivé. Or le roi l'accueillit avec bonté, comme un chevalier noble par sa naissance et par sa beauté, et prenant pitié de ses malheurs, lui donna le comté de Soissons ainsi qu'une noble épouse. Heureux exilé, il eut de cette femme une belle famille, qui maintenant encore gouverne noblement l'honorable héritage de son père. Les fauteurs de discorde se trouvant ainsi ou rejetés ou renversés, toute la Normandie goûta le repos à l'ombre d'une douce paix.

CHAPITRE XXI.

Le duc Guillaume épouse Mathilde, fille de Baudouin de Flandre, et nièce du roi Henri.

Déjà le duc, ayant dépassé les années de l'adolescence, brillait de toute la force d'un jeune homme, lorsque ses grands commencèrent à s'occuper sérieusement avec lui des moyens de perpétuer sa race. Ayant appris que Baudouin, comte de Flandre, avait une fille, nommée Mathilde, issue d'une famille royale, très-belle de corps et généreuse de cœur, le duc, après avoir pris l'avis des siens, envoya des députés à son père, et la demanda en mariage. Le prince Baudouin, infiniment joyeux de cette proposition, non seulement résolut d'accorder sa fille au duc, mais la conduisit lui-même jusqu'au château d'Eu, portant avec lui d'innombrables présens. Le duc y arriva aussi, accompagné des escadrons de ses chevaliers, s'unit avec elle par les liens du mariage, et la ramena ensuite dans la ville de Rouen, au milieu des réjouissances et des plus grands honneurs. Dans la suite des temps il eut de sa femme quatre fils, savoir, Robert qui posséda quelque temps après lui le duché de Normandie, Guillaume qui régna treize ans en Angleterre, Richard qui mourut jeune, et Henri qui succéda à ses frères, tant comme roi que comme duc. Guillaume eut aussi quatre filles. Dans le livre suivant, où nous traiterons des faits et gestes du très-noble roi Henri, nous parlerons avec l'aide de

Dieu, et selon la mesure de nos facultés, de tous ces enfans du duc Guillaume, tant garçons que filles.

CHAPITRE XXII.

Des monastères qui furent fondés en Normandie du temps du duc Guillaume.

En ce temps les habitans de Normandie jouissaient de la paix et de la plus grande tranquillité, et tous avaient en très-grand respect les serviteurs de Dieu. Tous les grands travaillaient à l'envi à élever des églises dans leurs domaines, et à enrichir de leurs biens les moines qui devaient prier Dieu pour eux. Et puisque nous venons de dire que tous les nobles de Normandie étaient à cette époque très-empressés de construire des monastères dans leurs domaines, il nous semble convenable de désigner ici par leurs noms ceux qui en ce temps fondèrent des monastères dans cette province.

Je nommerai donc le premier de tous le duc Guillaume lui-même, père de la patrie, qui continua et termina le monastère de Saint-Victor de Cerisy entrepris par son père, le duc Robert, avant son départ pour Jérusalem. Il fonda aussi le monastère de Saint-Etienne, et sa femme Mathilde celui de la Sainte-Trinité à Caen. — Guillaume, fils d'Osbern, proche parent du duc Guillaume, homme puissant et digne d'éloges tant pour la beauté de son ame que pour celle de son corps, fit construire deux monastères en l'honneur de la bienheureuse Marie, mère de Dieu, l'un à Lire, dans lequel il fit ensevelir par la suite Adelise, fille de Roger du Ternois, son épouse; l'autre à Cormeilles, dans lequel il fut lui-même enseveli après sa mort. Roger de Beaumont, fils de Honfroi de Vaux, construisit aussi deux couvens dans son domaine de Préaux, l'un de moines et l'autre de femmes.

Roger de Mont-Gommery, père de Robert de Belesme, ne voulant point paraître inférieur en rien à aucun de ses pères, fit noblement construire deux églises en l'honneur de saint Martin, l'une dans le faubourg de la ville de Seès, l'autre dans le village de Tourny, et y assembla des troupeaux de moines, pour le service de Dieu. Il fonda aussi une troisième église à Almenesches pour une œuvre de religieuses. Lesceline, comtesse d'Eu, aidée de ses fils, Robert comte d'Eu, et Hugues, évêque de Lisieux, fonda avec un grand zèle de cœur le couvent des moines de Saint-Pierre, sur la Dive, et un couvent de religieuses, en dehors de la ville de Lisieux. Son fils, le susdit comte d'Eu, fonda le monastère de Saint-Michel, à Tresport. Roger de Mortemer, fils du premier Guillaume de Warenne, fit construire sur son propre domaine le monastère de Saint-Victor. Richard, comte d'Evreux, bâtit dans la même ville le couvent du Saint-Sauveur pour une œuvre de religieuses. Le même vicomte construisit à ses frais, à Rouen, sur la montagne qui domine la ville, le couvent de la Sainte-Trinité, et y établit des moines pour le service de Dieu. Robert, comte de Mortain, bâtit le monastère de Grestain. Hugues, qui devint dans la suite comte de Chester, fonda l'abbaye de Saint-Sever. Eudes bâtit avec son chapelain l'église de la Sainte-Trinité d'Essay.

Baudouin de Revers en construisit une autre à Montbourg. Nigel, vicomte de Coutances, bâtit le couvent du Saint-Sauveur. Guillaume Talvas, le premier qui, après avoir abattu une forêt, avait fait construire sur une montagne le château nommé Domfront, fit aussi bâtir, à partir des fondations, le monastère de Sainte-Marie de Lonlay. Raoul Taisson et Erneise son frère, bâtirent l'église de Saint-Etienne de Fontenay. Raoul du Ternois construisit le monastère de Saint-Pierre de Châtillon.

Quelques couvens plus anciens dans la même province, et qui avaient été détruits par les Normands, lorsqu'ils étaient encore païens, furent relevés par le zèle pieux de bons seigneurs. Peu après sa conversion, Rollon, premier duc de Normandie, donna de nombreuses propriétés aux églises de Sainte-Marie de Rouen, de Sainte-Marie de Bayeux, de Sainte-Marie d'Evreux, et aux couvens de Saint-Pierre, de Saint-Ouen, de Jumiège et de Saint-Michel en la mer. Guillaume son fils reconstruisit entièrement le couvent de Jumiège. Richard son fils et son successeur rebâtit aussi les couvens de Fécamp, du Mont-Saint-Michel et de Saint-Ouen de Rouen. Richard II agrandit merveilleusement le monastère de Saint-Wandregisille et d'autres monastères que ses prédécesseurs avaient déjà réparés. Judith son épouse fonda l'église de Sainte-Marie de Bernai. Richard III, prévenu par une mort intempestive, ne fonda ni ne restaura aucun monastère; mais Robert son frère entreprit, avant de partir pour Jérusalem, de construire le monastère de Saint-Victor de Cerisy. En ce même temps le vénérable abbé Herluin commença à bâtir le monastère du Bec, en l'honneur de Sainte-Marie. Nous en avons déjà fait mention dans le livre précédent; si quelqu'un desire connaître plus complétement l'histoire de la conversion et de la vie d'Herluin, qu'il lise le livre qui a été écrit en un langage élégant, sur ce vénérable père, par un religieux nommé Gilbert Crispin, qui est devenu plus tard abbé de Westminster, illustre tant par la noblesse de sa naissance que par sa science dans les affaires du siècle et les choses divines, et le lecteur curieux trouvera dans ce livre tout ce qu'il pourra desirer sur ce sujet. Le monastère de Saint-Taurin, celui de Saint-Lieufroi, celui de Villar et celui de Saint-Aman, tous quatre enfermés dans la ville de Rouen, doivent être comptés parmi les plus anciens : par où il est à présumer que ces couvens ont d'abord été détruits et ensuite reconstruits.

CHAPITRE XXIII.

De la reconstruction du couvent de Saint-Evroul, à Ouche, par Guillaume Giroie, et Robert et Hugues de Grandménil, ses neveux.

En ce temps Robert de Grandménil, reconnaissant que la félicité de ce monde ne dure qu'un moment, résolut, de concert avec son frère Hugues, de fonder une abbaye de moines. Ce Robert avait étudié dans son enfance la science des lettres, mais par la suite il avait interrompu ses études, et avait été pendant cinq ans écuyer du duc; puis il avait reçu de celui-ci la cein-

ture et l'épée de chevalier, avec d'immenses présens. Mais peu de temps après, comme je l'ai dit, poussé par l'esprit de Dieu, il dédaigna toutes choses, et résolut fermement de construire un couvent et de se faire moine. Guillaume, fils de Giroie, ayant appris ses intentions, s'en réjouit beaucoup, et allant trouver Robert et Hugues, il leur parla en ces termes : « J'ap-
« prends, ô mes très-chéris neveux, que vous êtes
« remplis de ferveur pour le service de Dieu, et que
« vous desirez même construire un couvent de moi-
« nes. C'est pourquoi je m'en réjouis grandement, et
« je vous promets même très-volontiers de vous as-
« sister dans cette œuvre. Dites-moi cependant quel
« lieu vous avez choisi pour cet établissement, et ce
« que vous y donnerez à ceux qui combattront pour
« le Christ? » — Eux lui répondirent alors : « Nous
« desirons, avec l'aide de Dieu, lui élever un château
« à Noisy, et nous lui donnerons nos églises et nos
« dîmes, et tout ce que nous pourrons lui donner,
« selon la mesure de notre pauvreté. » — Mais Guillaume leur dit : « Saint Benoît, maître des moines,
« ordonne de construire un monastère, de telle sorte
« qu'il y ait dans son enceinte toutes les choses né-
« cessaires, savoir de l'eau, un moulin, un pétrin,
« un jardin et toutes les autres ressources, afin que
« les moines ne soient pas obligés d'errer au dehors,
« ce qui est tout-à-fait contraire au salut de leurs
« ames. Sans doute il y a à Noisy des champs assez
« fertiles, mais le bois et l'eau, dont les moines ont
« grand besoin, en sont fort éloignés. » — Et comme ils lui demandèrent alors de leur dire tout ce qu'il pensait à ce sujet, Guillaume continua : « Du temps

« de Clotaire, roi des Francs et fils de Clovis, qui
« le premier des rois de la Gaule fut baptisé par le
« bienheureux Remi, archevêque de Rheims, saint
« Evroul, né à Bayeux, brillait parmi les grands du
« roi de l'éclat de la noblesse et des richesses; mais
« dédaignant la pompe du siècle, par amour pour
« Dieu, il se fit moine, et quelque temps après il
« partit pour le désert avec trois autres moines, pen-
« sant qu'il pourrait en cette retraite se cacher à la
« vue des hommes, et combattre plus vigoureusement
« contre le diable avec le secours de Dieu. Tandis
« que, les genoux pliés, il suppliait Dieu très-dévote-
« ment de lui indiquer un lieu où il pût établir sa ré-
« sidence, un ange, envoyé de Dieu, lui apparut et
« le conduisit à Ouche. Or, sous les règnes de Chil-
« péric et de Sigebert, fils de Clotaire, le susdit ser-
« viteur de Dieu fonda en ce lieu un couvent, ef-
« fraya par d'utiles menaces et par ses bonnes exhor-
« tations les brigands qui habitaient dans la forêt; et
« ceux-ci ayant abandonné leur vie de brigandage, il
« en fit des moines ou des agriculteurs. Là il sup-
« porta patiemment, pour l'amour de Dieu, une
« grande pauvreté, et y rassembla un grand nombre
« de moines fidèles. Il ressuscita deux morts au nom
« du Seigneur, et fit encore beaucoup d'autres mi-
« racles, qu'il serait trop long de vous raconter.
« Enfin, l'an 596 de l'Incarnation du Seigneur, et
« dans la quatre-vingtième année de son âge, tan-
« dis que Grégoire, savant docteur et apôtre des
« Anglais, occupait le siége apostolique, le bien-
« heureux Evroul sortit de ce monde, le 29 dé-
« cembre, et alla recevoir du Seigneur, dans les de-

« meures célestes, la récompense de ses travaux. En-
« suite, et environ trois cents ans après, du temps
« de Charles-le-Simple, fils de Louis surnommé le
« Fainéant, notre Créateur voulut enfin punir les
« crimes nombreux du peuple qui habitait en nos
« pays. Par la permission du Seigneur, Hastings, fils
« de perdition, vint en Neustrie, et livra aux flammes
« Rouen, Beauvais et plusieurs autres villes. Il dé-
« truisit aussi beaucoup de monastères fondés par
« de saints pères, tels que ceux de Philibert à Ju-
« miège, de Vandrille à Fontenelle, d'Evroul à
« Ouche, de Saint-Martin-de-Tours, que l'on appelle
« Marmoutiers, et beaucoup d'autres couvens de moi-
« nes, de clercs et de religieuses. Quelques uns d'en-
« tre eux ont été rétablis dans la suite par de bons
« princes, mais d'autres demeurent encore en ruine
« et inhabités. Peut-être ce trop long discours vous a-
« t-il ennuyés; mais si vous l'écoutez avec indulgence,
« je pense, mes chers neveux, qu'il pourra vous être
« avantageux. Maintenant je vais exposer en peu de
« mots à votre impatience ce qui m'est venu en
« pensée. Rétablissons à Ouche, avec l'aide de Dieu,
« le monastère de Saint-Evroul, et réunissons-y de
« fidèles moines qui combattront le diable. Don-
« nons-leur toutes nos églises et nos dîmes; et quant
« à nous, nos frères, nos fils et nos petits-fils, ser-
« vons-les jusqu'à la mort; car nous ne devons
« point les commander, mais plutôt les servir, afin
« que nous méritions d'être assistés de leurs prières
« et béatifiés un jour dans les douceurs du paradis. »
Robert et Hugues, ayant accueilli ces propositions
avec joie, lui demandèrent alors avec sollicitude

quelle était la situation des lieux, et le vaillant chevalier Guillaume leur répondit : « Ce lieu d'Ouche, vers
« lequel Dieu conduisit le bienheureux Evroul par la
« main de l'ange, est bien suffisant pour les pauvres
« d'esprit, à qui le royaume des Cieux est promis.
« L'antique basilique de Saint-Pierre y est encore de-
« bout, et tout autour s'étend un vaste champ, dans
« lequel on peut faire un jardin et un verger. La terre
« est inculte et stérile, mais le Seigneur a le pouvoir
« de dresser une table à ses serviteurs au milieu du
« désert. Il n'y a pas, il est vrai, de fleuve ni de vignes
« fécondes, mais il y a tout près une épaisse forêt et
« de bonnes sources. Les corps de beaucoup de saints
« reposent aussi dans ces lieux, et ils ressusciteront
« au dernier jour dans une immense gloire. Vous
« venez d'entendre ce que je desire très-ardemment,
« maintenant examinez ce que vous voulez faire. »

Eux donc ayant approuvé ses projets, et lui ayant promis de le seconder en toutes choses, le sage Guillaume poursuivit en ces termes : « Si cela vous plaît,
« appelons au plus tôt des moines, et qu'ils soient éta-
« blis à Ouche en une telle liberté que désormais
« nous et nos successeurs ne leur demandions jamais
« aucune rétribution, si ce n'est celle-ci seulement,
« savoir que les serviteurs de Dieu nous assistent de
« leurs prières; et afin que jamais nous ne puissions,
« par l'inspiration du démon, les inquiéter d'une ma-
« nière quelconque, mettons de plein gré le susdit
« monastère sous la protection du duc de toute la
« Normandie, pour le défendre contre nous, nos
« descendans et tous les mortels, afin que si nous
« prétendions jamais en exiger de vive force quelque

« service ou redevance, autre que ce bénéfice spiri-
« tuel, nous soyions salutairement réprimés par la
« sévérité du prince, et forcés, même malgré nous,
« de renoncer à molester les chevaliers de Dieu. »

Après cela ils se rendirent en effet auprès du duc, et
lui exposèrent clairement leurs intentions. Le duc
acquiesça avec bonté à leurs desirs, leur donna dans
Lions-la-Forêt le sceau de son autorité, et fit confirmer cet acte par les évêques et barons de Normandie. Mauger, archevêque de Rouen, signa donc le
premier : après lui signèrent les évêques Hugues de
Lisieux et Eudes de Bayeux, Guillaume d'Evreux et
Gilbert, abbé de Châtillon. Alors le seigneur Thierri,
moine de Jumiège, fut élu, et le soin de l'abbaye
d'Ouche lui fut confié.

En conséquence, l'an 1050 de l'Incarnation du
Seigneur, le pape Léon occupant le siége apostolique, Henri II, empereur très-chrétien, fils de Conon,
duc des Saxons, étant sur le trône, le monastère
de Saint-Evroul fut rétabli à Ouche par les seigneurs
ci-dessus nommés, Guillaume Giroie, et ses neveux Robert et Hugues de Grandménil. Là, le vénérable Thierri, moine de grande religion, fut
solennellement consacré pendant les nones d'octobre, un jour de dimanche, par le seigneur Hugues,
évêque de Lisieux, devant l'autel de Saint-Pierre.
L'année suivante le noble Robert, fondateur du
couvent, alla s'y faire moine, et supporta par la
suite beaucoup de travaux, par zèle pour les serviteurs de Dieu. Peu de temps après Guillaume
Giroie fut envoyé dans la Pouille pour des affaires
graves; et comme il s'était mis en voyage pour en

revenir, il mourut à Gaëte, pendant les nones de février. Guillaume de Montreuil, chevalier d'une grande illustration, était alors dans la Pouille, opprimant par ses armes les Grecs et les Lombards, et obéissant au vicaire de l'apôtre saint Pierre.

CHAPITRE XXIV.

Comment Mauger l'archevêque remit son archevêché au duc, lequel mit en sa place le moine Maurile.

En ce temps Mauger, archevêque de Rouen, commença à devenir insensé, et dans l'excès de sa folie remit au duc son archevêché. Or le duc bannit Mauger dans l'île que l'on appelle Guernesey, et, à la suite d'un décret du synode, donna le siége métropolitain à Maurile, moine de Fécamp, distingué par de grandes vertus.

A cette même époque les Normands furent encore troublés par des discordes, et poussés à répandre le sang de leurs voisins, qui préféraient la guerre à la paix. Depuis que les Normands avaient commencé à habiter les champs de la Neustrie, c'avait été toujours l'usage des Francs de les jalouser. C'est pourquoi ils excitaient leurs rois à se lever contre les Normands, disant que les terres que ceux-ci possèdent, ils les ont enlevées de vive force à leurs ancêtres. Ainsi le roi Henri, vivement irrité par les artifices, ou plutôt par les perfides suggestions de ses amis, contre la puissance du duc, vint attaquer la Normandie avec deux armées. Il envoya l'une, composée d'hommes

vaillans d'une noblesse d'élite, pour ravager le territoire de Caux, et la mit sous les ordres de son frère nommé Eudes; l'autre qui marchait avec Geoffroi Martel, et que le roi commandait lui-même, s'avança pour dévaster le comté d'Evreux. Le duc, dès qu'il se vit, ainsi que tous les siens, menacé d'une telle attaque, pénétré d'une grande et noble douleur, rassembla aussitôt des chevaliers d'élite, et les fit marcher en toute hâte pour réprimer ceux qui venaient attaquer le pays de Caux. Lui-même, suivi de quelques-uns des siens, se dirigea du côté du roi pour lui faire porter la peine de son entreprise, s'il pouvait réussir de quelque manière à détourner d'auprès du roi quelqu'un de ses satellites. Les Normands s'étant rapprochés des Français, les rencontrèrent à Mortemer, occupés à incendier le pays, et à insulter les femmes. Ils les attaquèrent aussitôt, et le combat se prolongea de part et d'autre jusqu'à la neuvième heure; et durant tout ce temps ce fut un massacre continuel. Enfin les Francs furent vaincus et prirent la fuite, et les Normands envoyèrent aussitôt des exprès au duc pour lui annoncer ces nouvelles. Alors le duc rempli de joie, et voulant faire fuir le roi Henri, l'effraya par un message. Un messager envoyé par lui s'approcha du camp du roi, et étant monté sur une montagne voisine, au milieu de la nuit, il se mit à crier d'une voix très-forte. Les sentinelles du roi lui ayant alors demandé qui il était, et pourquoi il criait ainsi à pareille heure, le messager répondit, à ce qu'on rapporte : « Je me nomme Raoul du Ternois, et
« je vous porte de mauvaises nouvelles. Conduisez
« vos chars et vos chariots à Mortemer, pour empor-

« ter les cadavres de vos amis ; car les Français sont
« venus vers nous afin d'éprouver la chevalerie des
« Normands, et ils l'ont trouvée beaucoup plus forte
« qu'ils ne l'eussent voulu. Eudes, leur porte-ban-
« nière, a été mis en fuite honteusement, et Gui,
« comte de Ponthieu, a été pris. Tous les autres ont
« été faits prisonniers ou sont morts, ou fuyant rapi-
« dement ont eu grand'peine à se sauver. Annoncez
« au plus tôt ces nouvelles au roi des Français de la
« part du duc de Normandie. »

Le roi, ayant appris la défaite des siens, renonça le plus promptement qu'il lui fut possible à dévaster le territoire de Normandie, et, triste de la mort de ses Gaulois, se retira en toute hâte. Cette bataille fut livrée l'an 1054 de l'Incarnation du Seigneur.

CHAPITRE XXV.

Comment le duc Guillaume construisit le château de Breteuil, et le confia à Guillaume, fils d'Osbern. — Quelle était la femme de celui-ci.

Ensuite le duc fit construire en face du château de Tilliers[1], que le roi lui avait enlevé depuis long-temps, un autre château non moins fort et que l'on appelle encore aujourd'hui Breteuil, et confia à Guillaume, fils d'Osbern, le soin de le défendre contre tous ceux qui viendraient l'attaquer. Celui-ci, homme juste et géné-reux, avait épousé Adelise, fille de Roger du Ter-

---

[1] Nous avons conservé l'ortographe véritable de ce mot, qu'aujourd'hui on écrit Tillières.

nois¹, et en eut deux fils, Guillaume et Roger l'Obstiné, et une fille, qui fut dans la suite mariée au comte Raoul, né Breton, avec lequel elle alla à Jérusalem, du temps du pape Urbain. Le susdit chevalier, Guillaume, fils d'Osbern, fonda deux couvens de moines en l'honneur de sainte Marie, reine des cieux, l'un à Lire², où il fit ensevelir Adelise son épouse, l'autre à Cormeilles, où il repose lui-même, et où son fils Raoul, qui fut fait moine dès son enfance, a combattu long-temps pour Dieu. Guillaume lui-même, étant parti avec le duc Guillaume, remporta de grands succès sur les Anglais, et se maintint en possession, par son habileté et sa valeur, du comté de Hertford, et d'une grande partie du royaume. Enfin, l'an 1080 de l'Incarnation du Seigneur, Guillaume se rendit en Flandre, avec Philippe, roi des Français, voulant porter secours à Baudouin, neveu de la reine Mathilde. Or Robert-le-Frison ayant réuni ses troupes à l'armée de l'empereur Henri, surprit un matin à l'improviste l'armée de ses adversaires, le vingtième jour de février, le dimanche de la septuagésime, mit en fuite le roi Philippe avec ses Francs, et Baudouin son neveu ainsi que le comte Guillaume périrent sous les traits de ses défenseurs. Dans la suite Robert posséda long-temps le duché de Flandre, et à sa mort il le laissa à ses fils, Robert de Jérusalem et Philippe. Revenons maintenant au sujet de cette histoire.

¹ Roger et Raoul du Ternois, sont appelés de Toëni, dans Orderic Vital.
² Ce lieu est inconnu.

CHAPITRE XXVI.

Pour quel motif deux couvens furent fondés à Caen.

Le duc Guillaume se trouvant très-fréquemment accusé par certains religieux pour s'être uni en mariage avec une sienne parente, fit partir des députés pour consulter à ce sujet le pape romain. Mais celui-ci, jugeant très-sagement que, s'il ordonnait le divorce, il s'élèverait probablement une guerre sérieuse entre les gens de Flandre et ceux de Normandie, donna à l'époux et à l'épouse l'absolution de ce péché, et leur imposa une pénitence. Il leur manda donc qu'ils eussent à fonder deux monastères, dans lesquels des individus des deux sexes adresseraient sans relâche leurs prières à Dieu pour leur salut. Ils accomplirent ces ordres avec empressement. Une abbaye fut construite à Caen en l'honneur de la Sainte-Trinité, une autre en l'honneur de saint Etienne, premier martyr. Dans le couvent de la Sainte-Trinité, un chœur de religieuses célèbre tous les jours les louanges de Dieu, et la servante de Dieu, Mathilde, gouverna ce couvent en qualité d'abbesse durant quarante-huit années environ. En l'an 1081 de l'Incarnation du Seigneur, et le 3 du mois de novembre, la reine Mathilde y fut ensevelie. Là aussi la vierge Cécile, sa fille, se consacra à Dieu, et elle y est demeurée long-temps dans le service de Dieu. Quant au monastère de Saint-Etienne, une armée de moines y alla combattre contre les phalanges des démons, et leur premier abbé, le seigneur Lanfranc, était auparavant moine au Bec.

Il était orginaire de Lombardie, d'un caractère doux, rempli de religion et infiniment versé dans les sciences du siècle et dans la science spirituelle. Au bout de quelques années il reçut l'archevêché de Cantorbéry par les soins du pape Alexandre, et mourut long-temps après, l'an 1100 de l'Incarnation du Seigneur, et le 27 mai. Après lui Guillaume, moine et fils de Radbod, évêque de Seès, prit le gouvernement de l'église de Caen, et lui-même, après la mort de Jean le métropolitain, fut promu à l'archevêché de Rouen. Ensuite Gilbert de Coutances, homme habile, devint le recteur de Caen. De son temps Guillaume, duc des Normands et roi des Anglais, mourut à Rouen, le 9 septembre, et fut honorablement enseveli à Caen, dans l'église de Saint-Etienne. Qu'il suffise d'avoir dit ceci, en anticipant sur les temps.

Or le vénérable Thierri, après avoir gouverné pendant près de huit ans le monastère de Saint-Evroul, remit la charge d'ames à Maurile, archevêque, et à Hugues, évêque, à la suite de quelques difficultés qui lui furent suscitées par le seigneur Robert de Grandménil. Ayant reçu d'eux l'absolution, comme un enfant de la paix, il résolut d'aller à Jérusalem. Etant arrivé dans l'île de Chypre avec un vénérable évêque pélerin, et dans une certaine église de Saint-Nicolas, il se prosterna à terre devant l'autel, pria très-long-temps, et au milieu de sa prière, il rendit à Dieu son esprit bienheureux, aux calendes d'août. Les habitans de l'île, apprenant la sainteté de ce pélerin, ensevelirent son corps dans leur église, et pour l'amour de ses mérites beaucoup de malades reçurent du ciel une guérison miraculeuse.

CHAPITRE XXVII.

Comment le duc Guillaume assiégea et prit la ville du Mans, et le château de Mayenne.

Après avoir glorieusement triomphé des armées des Francs, le très-grand duc Guillaume, se souvenant des insultes que lui avait faites le comte Geoffroi, dirigea ses armes pendant quelques années contre la ville du Mans. Qui pourrait dire par combien d'invasions de ses chevaliers, par combien d'expéditions de ses légions, il maltraita cette ville? Enfin, et après qu'il eut soumis tous les châteaux de ce comté, les gens du Mans, vaincus, tendirent la main au duc, et lui engagèrent leur foi par les sermens les plus solennels. Afin de réprimer leur insolence, le duc fit construire deux redoutes au milieu d'eux, sur le pont Barbat ou Barbelle, et les confia à la garde de ses chevaliers. Le château de Mayenne, appartenant à un riche chevalier, nommé Geoffroi, résistait encore : le duc y conduisit son armée, l'assiégea quelque temps, et s'en empara, y ayant fait mettre le feu par le moyen de deux enfans qui étaient entrés secrètement dans la place, pour jouer avec d'autres enfans. Le duc fit ensuite réparer le château, et y plaça des hommes pour le garder.

CHAPITRE XXVIII.

Comment Henri, roi des Français, perdit une armée au gué de la Dive, se réconcilia ensuite avec le duc, et lui rendit le château de Tilliers.

Or le roi Henri, brûlant du desir de se venger de l'affront que lui avait fait le duc, prit avec lui Geoffroi comte d'Anjou, et entreprit une nouvelle expédition en Normandie, avec une armée très-nombreuse. Ayant traversé le comté d'Exmes, il entra dans celui de Bayeux, et revenant enfin sur ses pas, il voulut tenter de passer au gué la rivière de la Dive. Le roi passa en effet; mais la moitié de son armée fut arrêtée par le flux de la mer, et, la rivière ayant grossi, ne put atteindre à l'autre rive. Le duc, survenant alors, attaqua vivement sous les yeux même du roi ceux qui étaient demeurés en arrière, en fit un grand carnage; et ceux que le glaive n'atteignit point furent faits prisonniers, et envoyés en dure captivité dans les diverses places de Normandie. Or le roi, voyant la destruction de son armée, se retira le plus vite qu'il lui fut possible, et n'osa plus dès lors rentrer chez les Normands. Il rechercha même l'amitié du duc, en considération de sa valeur, et lui rendit le château de Tilliers, qu'il lui avait enlevé depuis long-temps. Ce roi, que j'ai souvent nommé, était brave chevalier, d'une grande vigueur et de beaucoup de piété. Il avait épousé Mathilde, fille de Julius Clodius, roi des Russes[1], et en eut deux fils, Philippe et Hugues, et une fille. Après qu'il eut gouverné le royaume des Gaules pendant environ vingt-cinq ans, Jean, le plus habile des médecins, lui prescrivit une potion pour guérir son corps. Mais cette potion lui ayant donné une soif ardente, il dédaigna les ordres de son premier médecin, et pendant l'absence de celui-ci, se fit donner à boire par son valet de chambre, et but avant d'avoir été purgé. Il en devint beaucoup plus malade, et mourut le même jour, après avoir reçu la sainte eucharistie. Il institua son fils, Philippe, héritier de son royaume des Francs, et le confia à la tutelle de Baudouin, prince de Flandre.

CHAPITRE XXIX.

Comment, sur les délations de quelques hommes, le duc Guillaume chassa de Normandie quelques-uns de ses barons.

En ce temps, quelques médisans ayant accusé par un sentiment de haine leurs voisins et leurs pairs, le duc, animé d'une violente fureur, chassa de Normandie ses barons, savoir, Raoul du Ternois, Hugues de Grandménil, et Ernauld, fils de Guillaume Giroie. En outre il expulsa aussi, sans aucun grief et sans aucun jugement de synode, l'abbé Robert, qui gouvernait déjà depuis trois ans le monastère de Saint-Evroul, parce qu'il était sorti de la race audacieuse

[1] Avant ce mariage, Henri avait épousé Mathilde, fille de l'empereur Conrad. La fille de Jaroslas, czar de Russie, qu'il épousa plus tard, et qui seule lui donna des fils, se nommait Anne et non Mathilde.

des Giroie, et mit en sa place un certain moine nommé Osbern. Robert se rendit à Rome, et porta sa cause devant le pape Nicolas. Mais comme ce pontife mourut peu de temps après, Robert ne put en obtenir justice. Enfin le vénérable Robert se présenta avec onze moines devant le pape Alexandre, et d'après ses ordres se rendit auprès de Robert, duc de Calabre, son compatriote. Celui-ci l'accueillit avec honneur, et lui assigna un emplacement pour construire une abbaye, dans la ville nommée Brixa. Au temps où les Romains commandaient dans le monde entier, des Bretons sortirent de leur pays, à ce qu'on rapporte, d'après leurs ordres, et fondèrent sur le rivage de la mer de Calabre cette ville de Brixa. Elle fut détruite après de longues années, à la suite de plusieurs guerres. Tous les ans, en effet, les Agarins[1] venaient par mer en Italie, et exerçaient leurs cruautés sur les Grecs et les Lombards qui habitaient ce pays, engourdis dans une honteuse paresse. Les Agarins brûlaient les villes et les châteaux, détruisaient les églises, et emmenaient en captivité les hommes et les femmes; et ils firent cela durant plusieurs siècles.

[1] Sarrasins.

CHAPITRE XXX.

En quel temps les Normands commencèrent à aller dans la Pouille, et quels furent les princes Normands qui soumirent ce pays à leur autorité.

Au temps de Henri l'empereur, fils de Conon, et de Robert duc des Normands, Osmond Drengot, chevalier intrépide, se rendit dans la Pouille, avec quelques autres Normands. Dans une partie de chasse, cet Osmond avait, en présence du duc Robert, tué Guillaume surnommé Repostel, chevalier très-illustre, et redoutant la colère du duc et celle des nobles parens de ce brave chevalier, il se sauva dans la Pouille, et sa grande valeur le fit honorablement accueillir par les gens de Bénévent. A l'exemple de ce Drengot, de braves et jeunes chevaliers Normands et Bretons allèrent en Italie à diverses époques, et secourant les Lombards contre les Sarrasins ou les Grecs, ils battirent les barbares à diverses reprises, et se rendirent formidables à tous ceux qui firent l'épreuve de leurs forces. Mais les Lombards, ayant recouvré leur sécurité, commencèrent à dédaigner les Normands, et voulurent leur retirer la solde qu'ils leur devaient. Ceux-ci s'étant aperçus de leurs intentions, choisirent l'un d'entre eux qu'ils reconnurent pour chef, et tournèrent leurs armes contre les Lombards. Ils s'emparèrent ensuite des forteresses et subjuguèrent avec vigueur les habitans du pays. Toustain, surnommé Scitelle[1], qui s'était distingué par

---
[1] Dans Orderic Vital, il est appelé Turstin Citel.

toutes sortes d'exploits, fut le premier chef des Normands de la Pouille, lorsqu'ils étaient encore, comme étrangers, à la solde de Waimar, duc de Salerne. Entre autres actes de courage, il enleva un jour une chèvre de la gueule d'un lion, ensuite il saisit à bras nus le lion lui-même, furieux de se voir ravir la chèvre, et le jeta par dessus le mur du palais du duc, comme il aurait jeté un petit chien. Les Lombards remplis de haine contre lui, et desirant sa mort, le conduisirent en un certain lieu où habitait un énorme dragon, au milieu d'une grande quantité de serpens, et dès qu'ils virent venir le dragon, ils se sauvèrent en toute hâte. Or Toustain, qui ignorait leurs projets, voyant fuir ses compagnons, demandait avec étonnement à son écuyer pourquoi ils s'étaient sauvés si vite, lorsque tout à coup le dragon, vomissant des flammes, s'avança vers lui, et porta sa gueule béante sur la tête de son cheval. Mais le chevalier tirant son épée, en frappa l'anima avec vigueur et le tua; mais lui-même, empoisonné par son souffle vénéneux, mourut trois jours après. Chose étonnante à dire! la flamme qui jaillissait de la gueule du dragon avait en un moment entièrement consumé son bouclier.

Toustain étant mort, les chevaliers Normands choisirent pour chefs Ranulphe et Richard, et sous leur conduite ils vengèrent la mort de Toustain, et sévirent durement contre les Lombards. Peu de temps après, Drogon de Coutances, fils de Tancrède de Hauteville, fut fait prince des Normands de la Pouille. Il se rendit recommandable par ses sentimens de chrétien et par sa valeur de chevalier. Guazon, comte de Naples, son compère, l'assassina le 10 août, tandis qu'on disait vigiles, dans l'église du bienheureux Laurent, en face de l'autel, et pendant que Drogon implorait Dieu et saint Laurent. Honfroi, frère de Drogon, lui succéda dans sa principauté, et soumit toute la Pouille aux Normands. Lorsqu'il vit approcher la fin de sa vie, il recommanda Abailard son fils et le duché de Pouille à son frère Robert, que l'on avait surnommé Guiscard, à cause de sa finesse d'esprit. Or Robert s'éleva au dessus de ses frères, qui furent tous ducs ou comtes, par sa valeur, son bon sens et ses dignités. Il conquit pour lui toute la Pouille, la Calabre et la Sicile, traversa la mer, envahit une grande partie de la Grèce, dispersa une très-nombreuse armée, vainquit et mit honteusement en fuite Alexis l'empereur, qui s'était révolté méchamment contre son seigneur, l'empereur Michel. Robert fit en outre beaucoup de bien, et releva un grand nombre d'évêchés et d'abbayes. Ce fut lui qui accueillit avec bonté, comme nous l'avons dit ci-dessus, le seigneur Robert, abbé de Saint-Evroul, et qui lui donna une petite église située sur le rivage de la mer de Calabre, et dédiée en l'honneur de sainte Euphémie, vierge et martyre. Mais l'abbé, qui était très-magnifique, y fonda un vaste monastère, et y attira un grand nombre de moines, pour combattre pour la cause de Dieu. Les évêques et les nobles aimèrent, vénérèrent et secoururent de tout leur pouvoir le père Robert; car il dédaignait de prendre soin de son corps, mais il fournissait à tous ceux qui lui étaient soumis des vivres et des vêtemens en suffisance, et travaillait à maintenir leurs cœurs sous une discipline régulière. Il dirigea le susdit monastère durant près de dix-sept ans, et passa enfin heureusement dans le sein du Seigneur, pendant les ides de décembre.

CHAPITRE XXXI.

Comment Harold engagea sa foi au duc Guillaume, et se parjura ensuite, après la mort du roi Edouard.

EDOUARD, roi des Anglais, se trouvant, par les dispositions de la Providence, sans héritier direct, avait déjà envoyé au duc Guillaume Robert, archevêque de Cantorbéry, et institué le duc héritier du royaume que Dieu lui avait confié. Dans la suite il envoya encore au même duc Harold[1], le plus grand de tous les comtes de son royaume par ses richesses, ses dignités et sa puissance, pour lui garantir sa couronne, et confirmer cette promesse par des sermens, selon le rit chrétien. Harold fit ses préparatifs pour aller régler cette affaire, traversa la mer, et débarqua à Ponthieu, où il tomba entre les mains de Gui, comte d'Abbeville : celui-ci le fit prisonnier ainsi que tous les siens, et le garda étroitement enfermé. Le duc, dès qu'il en fut informé, envoya des députés qui enlevèrent Harold de vive force; puis il le fit demeurer quelque temps avec lui, et l'emmena ensuite dans une expédition contre les Bretons. Après que Harold lui eut confirmé à diverses reprises ses sermens de fidélité pour le royaume d'Angleterre, le duc lui promit aussi de lui donner sa fille Adelise et la moitié du royaume. Enfin

---

[1] Nous croyons convenable de rappeler ici au lecteur ce que nous avons dit ailleurs ; le nom d'Harold est écrit, dans les divers historiens, tantôt Hérold, Hérald, Harald ou Harold.

il le renvoya lui-même au roi, chargé de nombreux présens, et retint en otage son frère, bel adolescent, nommé Ulfnoth. Le roi Edouard étant ensuite heureusement arrivé au terme de sa vie, sortit de ce monde en l'année 1065 de l'Incarnation du Seigneur. Harold s'empara aussitôt de son royaume, oubliant comme un parjure la foi qu'il avait jurée au duc. Le duc lui envoya sur-le-champ des députés pour l'inviter à renoncer à cette entreprise insensée, et à garder avec une soumission convenable la foi qu'il lui avait promise par serment. Harold non seulement ne voulut pas entendre ces représentations, mais se montrant plus infidèle il détourna du duc toute la nation des Anglais. Et lorsque Grithfrid, roi du pays de Galles, eut succombé sous un glaive ennemi, Harold prit pour femme sa veuve, la belle Aldith, fille de l'illustre comte Algar. En ce même temps il apparut dans le pays de Chester une comète qui portait trois longs rayons, et qui éclaira la plus grande partie du Sud durant quinze nuits consécutives, annonçant, à ce que pensèrent beaucoup de gens, un grand changement dans quelque royaume.

CHAPITRE XXXII.

Comment le duc Guillaume envoya en Angleterre le comte Toustain[1], qui redoutant Harold se réfugia auprès du roi de Norwège.

CEPENDANT le duc envoya en Angleterre le comte Toustain ; mais les chevaliers de Harold, qui gardaient

[1] Ou Tostig.

la mer, l'en écartèrent de vive force. Ne pouvant pénétrer en Angleterre avec sûreté ni retourner en Normandie, parce que le vent s'y opposait, Toustain se rendit auprès de Hérald Herfag, roi de Norwège, le supplia vivement de venir à son secours; et le roi se rendit volontiers à ses instances.

En cette même année, et le 27 mai, le seigneur Osbern, homme de bien et rempli de sollicitude pour ceux qui lui étaient soumis, mourut après avoir gouverné le couvent de Saint-Evroul pendant cinq ans et deux mois. L'habile Mainier, moine dans le même couvent, lui succéda, et, aidé de Dieu, favorisé par la prospérité du temps, il construisit une nouvelle église et toutes les cellules nécessaires pour les moines. Après avoir gouverné le monastère pendant vingt-deux ans, du temps du duc Robert-le-Fainéant et de Gilbert Maminot, évêque de Lisieux, Mainier mourut le 5 mars. Il laissa le gouvernement de l'abbaye d'Ouche au très-illustre Serlon, puissant par sa science dans les écritures et par son éloquence, et qui, deux ans et trois mois après, fut porté par la grâce de Dieu à l'évêché de Seès.

CHAPITRE XXXIII.

De la mort de Conan, comte des Bretons.

Au temps où le duc Guillaume se disposait à passer en Angleterre et à la conquérir par la force des armes, l'audacieux Conan, comte de Bretagne, lui envoya

une députation pour chercher à l'effrayer : « J'ap-
« prends, lui fit-il dire, que tu veux maintenant aller
« au delà de la mer et conquérir pour toi le royaume
« d'Angleterre. Or Robert, duc des Normands, que tu
« feins de regarder comme ton père, au moment de
« partir pour Jérusalem, remit tout son héritage à
« Alain, mon père et son cousin ; mais toi et tes com-
« plices vous avez tué mon père par le poison à Vi-
« meux en Normandie ; puis tu as envahi son terri-
« toire, parce que j'étais encore trop jeune pour pou-
« voir le défendre ; et contre toute justice, attendu
« que tu es bâtard, tu l'as retenu jusqu'à ce jour.
« Maintenant donc, ou rends-moi cette Normandie
« que tu me dois, ou je te ferai la guerre avec toutes
« mes forces. »

Ayant entendu ce message, Guillaume en fut d'a-
bord quelque peu effrayé. Mais Dieu daigna bientôt
le sauver en rendant vaines les menaces de son ennemi. L'un des grands seigneurs bretons, qui avait
juré fidélité aux deux comtes et portait les messages
l'un à l'autre, frotta intérieurement de poison le cor
de Conan, les rênes de son cheval et ses gants,
car il était valet de chambre de Conan. A ce moment
ce même comte avait mis le siége devant Château-
Gonthier, dans le comté d'Anjou, et les chevaliers
qui défendaient le fort s'étant rendus à lui, Conan y
faisait entrer les siens. Cependant, ayant mis imprudemment ses gants et touché aux rênes de son cheval, il porta la main à son visage, et cet attouche-
ment l'ayant infecté de poison, il mourut peu après,
au grand regret de tous les siens, car c'était un homme
habile, brave et partisan de la justice. On assure que

s'il eût vécu plus long-temps, il eût fait beaucoup de bien, et se fût rendu fort utile dans l'administration de son pays. Celui qui l'avait trahi, apprenant le succès de son crime, quitta bientôt l'armée de Conan, et informa le duc Guillaume de sa mort.

CHAPITRE XXXIV.

Du nombre de navires que le duc Guillaume conduisit en Angleterre.

Le duc étant donc tout-à-fait rassuré, tourna toute sa fureur contre les Anglais. Considérant que Harold acquérait tous les jours de nouvelles forces, il ordonna de construire en toute hâte, et avec soin, une flotte de trois mille bâtimens, et la fit stationner sur les ancres à Saint-Valery, dans le Ponthieu. Il assembla aussi une immense armée de Normands, de gens de Flandre, de Francs et de Bretons, et ses vaisseaux se trouvant prêts, il les remplit de bons chevaux et d'hommes très-vigoureux, munis de cuirasses et de casques. Toutes choses ainsi préparées, il mit à la voile par un bon vent, traversa la mer, et aborda à Pevensey, où il établit tout de suite un camp entouré de forts retranchemens, dont il confia la garde à de braves chevaliers. Ensuite il se rendit en hâte à Hastings, où il fit construire promptement d'autres ouvrages.

Or Harold, tandis que les Normands entraient ainsi dans le royaume qu'il avait lui-même usurpé, était occupé à faire la guerre contre son frère Toustain. Dans cette bataille, il tua son frère, ainsi que Hérald, roi de Norwège, qui était venu au secours de Toustain. La bataille fut livrée le 11 octobre, un jour de samedi, et l'armée des Norwégiens fut presque entièrement anéantie par les Anglais. De là Harold vainqueur revint à Londres; mais il ne put jouir de son fratricide ni long-temps, ni en sûreté, car un messager lui annonça bientôt l'arrivée des Normands.

CHAPITRE XXXV.

Comment le roi Harold dédaigna les conseils de sa mère et de son frère, qui voulaient le détourner de combattre avec les Normands.

Or Harold, apprenant que de plus rudes adversaires se levaient contre lui d'un autre côté, se prépara vigoureusement à de nouveaux combats; car il était extrêmement brave et audacieux, très-beau de toute sa personne, agréable par sa manière de s'exprimer, et affable avec tout le monde. Comme sa mère et ses autres fidèles amis cherchaient à le dissuader d'aller au combat, le comte Gurth son frère lui dit : « Frère « et seigneur très-chéri, il faut que ta valeur se laisse « un peu modérer par les conseils de la prudence. « Tu arrives maintenant, fatigué d'avoir combattu « les Norwégiens, et tu veux de nouveau aller en « hâte te mesurer avec les Normands. Repose-toi, « je t'en prie, et réfléchis en toi-même avec sagesse « sur ce que tu as promis par serment au prince de « Normandie. Garde-toi de t'exposer à un parjure;

« de peur qu'à la suite d'un si grand crime, tu ne
« sois écrasé avec toutes les forces de notre nation,
« imprimant par là à notre race un déshonneur éter-
« nel. Moi qui suis libre de tout serment, je ne dois
« rien au comte Guillaume. Je suis tout prêt à mar-
« cher courageusement contre lui pour défendre
« notre sol natal. Mais toi, mon frère, repose-toi en
« paix où tu voudras, et attends les événemens de
« la guerre, afin que la belle liberté des Anglais ne
« périsse pas par ta main. »

Ayant entendu ces paroles, Harold s'indigna très-vivement. Il dédaigna ces conseils, que ses amis jugeaient salutaires, accabla d'injures son frère, qui les lui offrait dans sa fidélité, et repoussa brutalement de son pied sa mère, qui faisait tous ses efforts pour le retenir. Ensuite, et durant six jours, il rassembla une innombrable multitude d'Anglais, voulant surprendre et attaquer le duc à l'improviste, et ayant chevauché toute une nuit, il se présenta le lendemain matin sur le champ de bataille.

CHAPITRE XXXVI.

Comment le duc des Normands, Guillaume, vainquit les Anglais révoltés contre lui.

Cependant le duc se tenait en garde contre les attaques nocturnes de l'ennemi; et comme les ténèbres s'approchaient, il ordonna que toute son armée demeurât sous les armes, jusqu'au retour de la belle lumière. Au point du jour d'un samédi, il divisa son

armée en trois corps, et marcha avec intrépidité à la
rencontre de ses terribles ennemis. Vers la troisième
heure du jour la bataille s'engagea, et elle se prolongea jusques à la nuit, au milieu du carnage, et avec
de grandes pertes de part et d'autre. Harold lui-même,
marchant avec le premier rang de ses chevaliers,
fut couvert de mortelles blessures et succomba. Les
Anglais, après avoir combattu vaillamment durant
toute la journée, apprirent enfin que leur roi était
mort, commencèrent à trembler pour leurs jours, et,
aux approches de la nuit, ils tournèrent le dos, et
cherchèrent leur salut dans la fuite. Les Normands
donc, voyant les Anglais se sauver, les poursuivirent
avec acharnement, mais à leur grand détriment, durant toute la nuit du dimanche; car les herbes qui
poussaient leur cachaient un ancien fossé, vers lequel
les Normands se précipitèrent vivement, et ils y tombèrent avec leurs chevaux et leurs armes, se tuant
les uns les autres, à mesure qu'ils y tombaient les uns
sur les autres et à l'improviste. On assure qu'il mourut en ce lieu près de quinze mille hommes.

Ainsi, le 14 octobre, le Dieu tout-puissant punit
de diverses manières un grand nombre de pécheurs,
de chacune des deux armées; car, se livrant à toute
leur fureur, les Normands tuèrent dans la journée
du samedi plusieurs milliers d'Anglais, qui, longtemps auparavant avaient injustement mis à mort l'innocent Alfred, et, le samedi précédent, avaient massacré sans pitié le roi Hérald, le comte Toustain et
beaucoup d'autres hommes. Aussi la nuit suivante,
le même juge vengea-t-il les Anglais, en précipitant
les Normands furieux dans un gouffre qui les englou-

tit en aveugles; car, au mépris des commandemens de la loi, ils convoitaient le bien d'autrui avec une ardeur immodérée, et, comme dit le Psalmiste, leurs pieds furent rapides pour aller verser le sang. C'est pourquoi ils rencontrèrent sur leur chemin la ruine et les calamités.

CHAPITRE XXXVII.

Comment les gens de Londres se rendirent au duc; et comment, le jour de la naissance du Seigneur, le duc fut fait roi des Anglais, à Londres. — De l'abbaye de la Bataille.

Après avoir poursuivi et massacré les ennemis, le vaillant duc Guillaume revint sur le champ de bataille vers le milieu de la nuit. Le matin du jour du dimanche, ayant fait enlever les dépouilles des ennemis, et ensevelir les corps de ses amis, le duc prit la route qui conduit à Londres; puis il se détourna pour marcher vers la ville de Wallingford, passa le fleuve à un gué, et ordonna à ses légions de dresser leur camp en ce lieu. Il en partit ensuite pour se diriger vers Londres. Les chevaliers qui couraient en avant y étant arrivés, trouvèrent sur une place de la ville un grand nombre de rebelles, qui firent les plus grands efforts pour leur opposer une résistance. Les premiers attaquèrent ceux-ci tout aussitôt, et répandirent un grand deuil dans toute la ville, par la mort de beaucoup de ses enfans et de ses citoyens. Les gens de Londres voyant qu'ils ne pourraient résister plus long-temps, donnèrent des otages, et se soumirent, eux et tout ce qui leur appartenait, au très-noble vainqueur.

Ainsi donc, l'an 1066 de l'Incarnation du Seigneur, le duc des Normands, Guillaume, que notre plume ne saurait assez célébrer, remporta, comme nous venons de le dire, un noble triomphe sur les Anglais. Ensuite, et le jour de la naissance du Seigneur, il fut élu roi par tous les grands, tant Normands qu'Anglais, oint de l'huile sainte par les évêques du royaume, et couronné du diadème royal. Le lieu où l'on avait combattu, ainsi que nous l'avons rapporté, fut appelé et s'appelle encore aujourd'hui le Champ de Bataille. Le roi Guillaume y construisit un monastère en l'honneur de la Sainte-Trinité, y établit des moines de l'ordre de Marmoutier, de Saint-Martin de Tours, et lui conféra en abondance toutes les richesses dont il pouvait avoir besoin, pour l'amour de ceux qui des deux parts étaient tombés morts dans cette affaire.

CHAPITRE XXXVIII.

Du retour du duc en Normandie, et de la mort de l'archevêque Maurile, qui eut Jean pour successeur.

Peu de temps après, le duc retourna en Normandie, et ordonna de faire avec de grandes solennités la dédicace de l'église de Sainte-Marie, dans le couvent de Jumiège. Tandis qu'on célébrait ce très-saint mystère avec de grands témoignages de respect, et au milieu de toutes les pompes de la religion, le duc, toujours serviteur zélé de l'époux appelé à ces noces, y assista avec un cœur rempli de dévotion. Maurile, archevêque de Rouen, et Baudouin, évêque d'Evreux, célébrèrent cette cérémonie avec une grande allégresse spirituelle, l'an 1067 de l'Incarnation du Seigneur, et le 1er juillet. Maurile, qui vivait encore en ce mois, déposa le fardeau de la chair le 9 août, et mourut, affranchi et plein de joie, pour aller triompher avec le Christ, son roi. Il eut pour successeur Jean, évêque de la ville d'Avranches, homme illustre par sa haute naissance, heureusement imbu de science spirituelle, doué à un haut degré de la sagesse du siècle, et fils du comte Raoul, selon la noblesse de la chair.

Puisque nous venons de faire mention de ce Raoul, il nous semble convenable de reprendre quelques faits un peu plus haut.

Richard 1er, fils de Guillaume-Longue-Epée, se trouvant dans son enfance, et après la mort de son père, retenu comme en exil en France par le roi des Français, sa mère Sprota, cédant à la nécessité, consentit à vivre avec un certain homme très-riche, nommé Asperleng. Cet homme, quoiqu'il possédât beaucoup de biens, avait coutume cependant de tenir en ferme les moulins de la vallée de la Risle. Il eut de Sprota un fils, nommé Raoul, celui dont nous venons de parler, et plusieurs filles, qui dans la suite furent mariées en Normandie avec des nobles. Lorsque le susdit Richard eut recouvré le duché de Normandie, que le roi des Français lui avait frauduleusement enlevé, il arriva un certain jour que ses hommes allèrent à la chasse dans la forêt dite de Guer; le hasard

fit que Raoul, frère utérin du duc, assista aussi à
cette chasse. Comme ils s'étaient enfoncés dans l'é-
paisseur des bois, ils rencontrèrent dans une certaine
vallée un ours d'une énorme grosseur. Les chasseurs
prirent aussitôt la fuite, et laissèrent le jeune Raoul
tout seul, lui donnant ainsi une occasion de faire
éclater son courage. Redoutant la honte de la fuite
plus que la férocité de l'animal, Raoul s'arrêta, et,
quoiqu'il fût encore jeune, fort de la valeur qu'il
portait en son ame, il renversa à ses pieds la bête
furieuse. Ses compagnons revinrent auprès de lui,
après avoir fui, et ayant vu l'issue de cet événement,
ils racontèrent au duc Richard l'exploit du jeune
homme. Le duc en fut fort réjoui, et lui donna cette
forêt de Guer, avec toutes ses dépendances; et depuis lors, et aujourd'hui encore, cette vallée où
Raoul avait tué l'ours, s'appelle la vallée de l'Ours.
Le duc lui donna en outre le château d'Ivry, d'où
il prit le titre de comte. Raoul se maria avec une
femme nommée Eranberge, très-belle, et née dans
une certaine terre du pays de Caux, que l'on appelle
Caville ou Cacheville. Elle lui donna deux fils, savoir,
Hugues, qui fut dans la suite évêque de Bayeux,
et Jean, évêque d'Avranches, qui est devenu plus
tard archevêque de Rouen. Raoul eut de plus deux
filles, dont l'une se maria avec Osbern de Crepon,
de qui est né Guillaume, fils d'Osbern. L'autre épousa
Richard de Belfage, qui eut pour fils Robert, qui lui
succéda, et plusieurs filles, dont l'une fut unie en
mariage à Hugues de Montfort. Et puisque nous venons de parler incidemment de ce Hugues de Mont-

fort, il nous paraît convenable de dire quelques mots de ses ancêtres.

Toustain de Bastenbourg eut donc deux fils, savoir, Bertrand et Hugues de Montfort, dit le Barbu. Ce Hugues fut tué, aussi bien que Henri de Ferrières, dans un combat qu'ils se livrèrent entre eux. Or le fils de ce Hugues fut Hugues le second, qui devint dans la suite moine du Bec. Ce même Hugues eut de la fille de Richard de Belfage une fille qui fut mariée avec Gilbert de Ganz. Celui-ci eut de sa femme Hugues le quatrième, qui épousa Adéline, fille de Robert, comte de Meulan, dont il eut un fils nommé Robert, son premier-né, et d'autres encore. Nous avons nommé ce Hugues le quatrième, par la raison que Hugues le second, après la mort de sa première femme, en épousa une autre dont il eut Hugues le troisième et Robert son frère ; mais ces deux derniers moururent sans laisser d'enfans, et en pélerinage. Or Robert de Belfage, vers la fin de sa vie, se fit moine au Bec, où ses fils Richard et Guillaume vivent encore en religieux. Il eut pour successeur Robert Baviel, son petit-fils par sa fille.

Après avoir rapporté ces faits en anticipant sur les temps, reprenons la suite de notre histoire.

CHAPITRE XXXIX.

Comment Eustache, comte de Boulogne, fut repoussé du château de Douvres, qu'il avait assiégé tandis que le roi Guillaume était en Normandie.

Tandis que le roi victorieux acquérait en Normandie de nouveaux titres de sainteté, en s'adonnant avec zèle à de bonnes œuvres, selon sa louable coutume, et honorait de sa présence sa très-chère patrie, Eustache, comte de Boulogne, séduit par les artifices de certains Anglais, résidant dans le comté de Kent, entreprit de s'emparer du château de Douvres. Traversant la mer au milieu du silence de la nuit, il arriva au point du jour avec une nombreuse armée, assiégea le château, et fit les plus grands efforts pour s'en rendre maître. Mais les chevaliers d'Eudes, évêque de Bayeux, et de Hugues de Montfort, auxquels la garde du château avait été confiée, se voyant ainsi assiégés en l'absence de leurs seigneurs, et animés d'un généreux courage, ouvrirent aussitôt leurs portes, firent d'un commun accord une sortie, et combattant avec vigueur, forcèrent les assiégeans à se retirer honteusement. Eustache se dirigeant vers la mer avec un petit nombre d'hommes, se sauva lâchement sur ses vaisseaux ; les autres s'étant enfuis vers les hauteurs de la montagne qui domine sur les rochers et les écueils hérissés de la mer, poussés par la terreur que Dieu leur inspirait, se précipitèrent dans les eaux, et portèrent ainsi la juste peine de leur crime. Il arriva donc que ceux qui ne succombèrent point sous le glaive, furent brisés en mille pièces, au milieu des horribles précipices de la montagne; et la sentence vengeresse du Juge suprême écrasa ainsi les téméraires.

CHAPITRE XL.

Comment des brigands d'Angleterre, préparant une rébellion, construisirent le château de Durham, et furent détruits.

Or le roi Guillaume ayant terminé, selon ses vœux, toutes les affaires pour lesquelles il était venu en Normandie, donna le gouvernement de son duché à son fils Robert, alors brillant de toute l'ardeur de la jeunesse. Lui-même retourna dans son royaume d'Angleterre, et y trouva beaucoup d'hommes de cette nation, dont les cœurs mobiles s'étaient détournés de nouveau par de perfides conspirations de la foi qu'ils lui devaient. Ces brigands avaient conspiré dans toute l'étendue du pays pour surprendre et massacrer en tous lieux les chevaliers que le roi avait laissés pour la défense du territoire, au commencement du jeûne, et lorsqu'ils se rendraient dans les églises, marchant pieds nus, selon les lois de pénitence que la religion impose aux chrétiens; ils espéraient ensuite expulser plus facilement le roi lorsqu'il reviendrait. Mais les perfides machinations de ces ennemis de Dieu ayant été découvertes, craignant l'arrivée immédiate du grand triomphateur, ils s'enfuirent furtivement et en toute hâte, poussés par une grande terreur, et se retirèrent dans un certain quartier du comté de Cumberland, également inaccessible par eau et à cause de l'épaisseur des bois. Là ils construisirent un château muni de forts retranchemens, qu'ils nommèrent dans leur langage le château de Durham. De ce point de retraite ils faisaient très-souvent de nombreuses excursions, et revenaient ensuite s'y cacher, pour attendre l'arrivée du roi des Danois, Suénon, qu'ils avaient appelé à leur secours par des courriers. Ils envoyèrent aussi des députés aux gens d'Yorck, les invitant à les assister dans les funestes entreprises de leur méchanceté. S'étant donc réunis à ceux-ci, ils portèrent dans la ville des armes et de l'argent en abondance, se disposèrent à une vigoureuse résistance, et se donnèrent pour roi un certain enfant nommé Edgar, qui tirait sa noble origine du roi Edouard. Aussitôt que le roi Guillaume fut informé de leurs entreprises et de leurs efforts téméraires, il rassembla ses escadrons de Normands, et partit aussitôt pour aller réprimer leur insolence. Les rebelles, se confiant en leur courage et en leurs forces, sortirent de la ville, et marchèrent aussitôt contre l'armée du roi. Mais celle-ci les battit complétement ; en sorte qu'ils perdirent un grand nombre d'hommes, et que les autres furent forcés de se retirer derrière leurs remparts. Les Normands les poursuivirent sans retard, pénétrèrent dans la ville en même temps que les fuyards, et la détruisirent presque toute entière par le fer et le feu, massacrant tous les habitans, depuis l'enfant jusqu'au vieillard. Les provocateurs de cette révolte n'échappèrent à la mort qu'en se sauvant sur leurs vaisseaux et suivant le cours de l'Humber.

CHAPITRE XLI.

Comment Brian, fils d'Eudes, comte de la petite Bretagne, vainquit les deux fils du roi Harold et l'armée du roi d'Irlande.

Cependant les deux fils du roi Harold se séparèrent de cette société, et allèrent, avec beaucoup de serviteurs de leur père, demander des secours à Dirmet[1], roi d'Irlande. Dans un court espace de temps, et avec l'assistance de ce roi, ils levèrent dans ce royaume un corps assez considérable de chevaliers. Ensuite ils retournèrent au plus tôt en Angleterre avec soixante-six navires, vers le point qu'ils jugèrent le plus propice à leurs desseins; et alors, comme les pirates les plus cruels, ils firent tous leurs efforts pour piller et dévaster tout le pays par le fer et le feu.

Or Brian[2], fils d'Eudes, comte de la petite Bretagne, s'étant armé, marcha contre eux avec les siens, et leur livra deux combats en un seul jour. Il leur tua dix-sept cents combattans, parmi lesquels étaient quelques grands seigneurs, et les autres se sauvèrent en fuyant, échappèrent comme ils le purent à la mort, en se retirant sur leurs vaisseaux, et apportèrent un grand deuil dans toute l'Irlande, en annonçant la perte de leurs amis. Il n'est même pas douteux que si la nuit n'était venue interrompre ces combats, tous les Irlandais n'eussent succombé sous la faulx de la mort.

[1] Ou Dermot. — [2] Ou Brienn; *voyez* Orderic Vital, tom. II, p. 181.

CHAPITRE XLII.

Comment le roi Guillaume, parcourant l'Angleterre, fit construire beaucoup de châteaux pour la défense du royaume.

A la fin les bandits qui s'étaient enfermés à Durham, ayant appris les malheurs de ceux qu'une semblable démence avait poussés à se réunir pour de funestes conspirations, audacieux encore au milieu de leurs désastres, à cause des armes qu'ils possédaient et de la possibilité de s'enfuir ; mais redoutant que le roi n'entreprît contre eux une expédition, ayant délibéré entre eux, et pris une résolution digne de leur imprudente témérité, se retirèrent plus loin vers les places fortes des bords de la mer, où ils s'occupèrent à amasser des richesses mal acquises, produit de leurs brigandages de pirates. Le roi, guidé par la sagesse qui marquait tous les actes de son gouvernement, visita avec une extrême sollicitude les lieux les moins fortifiés de son royaume, fit construire de très-forts châteaux dans toutes les positions convenables pour repousser les incursions des ennemis, et y établit des chevaliers d'élite, leur donnant toutes sortes de provisions et une bonne solde. Enfin cette première tempête de combats et de révoltes s'étant peu à peu apaisée, le roi put manier avec plus de vigueur les rênes de la monarchie anglaise, et jouir de sa gloire avec plus de succès.

CHAPITRE XLIII.

De la mort de Robert Guiscard, duc de Pouille; de sa valeur et de ses descendans; et comment Roger son neveu devint roi.

En ce temps mourut Robert Guiscard, enfant de la Normandie, et duc de Pouille. Robert, ayant pour cause de parenté quitté sa première femme, dont il avait eu un fils nommé Boémond, épousa la fille aînée de Waimar, prince de Salerne, qui se nommait Sichelgaite, par la protection de Gisulfe, frère de la susdite jeune fille, et qui avait succédé à son père. Gatteclime, sœur cadette de ce dernier, fut mariée à Jordan, prince de Capoue, fils de Richard l'Ancien, et père de Richard-le-Jeune. Ce Jordan avait eu pour aïeul Ranulfe, qui fut le premier chef des Normands dans la Pouille, et qui y fonda une ville nommée Averse.

Or, Robert Guiscard eut de sa femme Sichelgaite trois fils et cinq filles. Celles-ci furent parfaitement bien mariées, tellement que l'une d'elles s'unit avec l'empereur de Constantinople. Robert vainquit deux empereurs en une seule bataille, savoir, Alexis, empereur des Grecs, en Grèce, et Henri, empereur des Romains, en Italie. Celui-ci fut bien en effet vaincu, puisqu'ayant appris la grande renommée du duc Robert, et n'osant se fier aux forces des Saxons et des Allemands, ni même aux murailles de la ville, qui est la capitale du monde, et ne s'y croyant point en sûreté, il prit aussitôt la fuite.

Boémond, quoiqu'il eût un grand territoire dans la Pouille, en partit cependant avec d'autres Normands et avec les Français, pour aller faire la guerre aux Sarrasins, qui à cette époque possédaient presque toutes les villes de la Romanie. Ayant enfin vaincu les Païens et subjugué les villes d'Antioche, de Jérusalem, et beaucoup d'autres encore, Boémond obtint la principauté d'Antioche, et ses héritiers la gouvernèrent après lui, savoir, Boémond, son fils, né de Constance, fille de Philippe, roi des Français; et après Boémond, Raimond, fils de Guillaume, comte de Poitiers, et qui avait épousé la fille de Boémond II.

Le duc Robert Guiscard étant mort, eut pour successeur son fils premier né de sa seconde femme, nommé Roger, et surnommé Bursa. Ce Roger étant mort, et ses fils aussi après lui, Roger son cousin-germain, fils de Roger, comte de Sicile, frère de Robert Guiscard, posséda à lui seul la Pouille et la Sicile. Dans la suite des temps ce Roger devint roi, de duc qu'il était, par l'effet de la querelle qui s'éleva entre les deux seigneurs apostoliques, qui avaient été élus à Rome en même temps, savoir, Innocent II et Pierre de Léon. Ce dernier accorda au duc Roger l'autorisation de prendre le diadême royal, parce que le duc s'était prononcé pour son parti. Ceci arriva vers l'an mil quatre-vingts de l'Incarnation du Seigneur, et les deux seigneurs apostoliques vécurent en rivalité pendant près de huit ans.

CHAPITRE XLIV.

De la mort de Guillaume, roi des Anglais et duc des Normands, et comment il fut enseveli à Caen.

Après avoir dit ces choses, en anticipant un peu sur l'ordre des temps, venons-en à raconter la fin des actions de Guillaume, roi des Anglais et duc des Normands, récit que nous avons un peu abrégé, prenant grand soin de ne pas ennuyer nos lecteurs. Si quelqu'un cependant desire connaître ces actes plus en détail, qu'il lise le livre dans lequel Guillaume de Poitiers, archidiacre de Lisieux, a rapporté tous ces faits très-longuement et en un style éloquent : Gui, évêque d'Amiens, a aussi composé sur le même sujet, et en mètres héroïques, un ouvrage qui n'est point à dédaigner. Mais pour en finir de tous ces discours, rapportons la cause de la mort de Guillaume, selon l'opinion de quelques hommes.

A la suite de beaucoup de combats, et après de nombreuses expéditions, heureusement accomplies, tant en Normandie qu'en Angleterre, dans la petite Bretagne et même dans le pays du Mans, le roi victorieux assiégeait une certaine place nommée Mantes, et appartenant en propre à Philippe, roi des Français, lequel à cette époque soutenait le parti du duc Robert, qui faisait la guerre à son père. Or, le motif de ces dissensions était que le roi Guillaume ne permettait pas à son fils Robert d'agir selon sa volonté dans le duché de Normandie, quoiqu'il l'eût cependant institué pour son héritier après lui. Le roi Guillaume ayant donc donné assaut à la ville de Mantes, et l'ayant livrée aux flammes vengeresses, on rapporte que, fatigué par le poids de ses armes et par les cris qu'il avait poussés pour animer le courage des siens, il prit une inflammation dans les intestins, et fut en effet assez gravement malade. Quoiqu'il ait vécu quelque temps encore, il ne recouvra plus dès lors sa bonne santé précédente. Enfin ayant mis ordre à toutes ses affaires, et laissé son royaume d'Angleterre à son fils Guillaume, il sortit de ce monde, en Normandie et à Rouen, le 10 septembre. Son corps fut transporté à Caen, comme il l'avait ordonné, et enseveli royalement devant le grand autel, dans l'église de Saint-Etienne qu'il avait lui-même bâtie en entier. Henri fut le seul de ses fils qui suivit ses obsèques, et le seul digne de recueillir l'héritage de son père, dont ses frères, après la mort de celui-ci, ne possédèrent que des portions.

Or, le roi Guillaume mourut âgé de près de soixante ans, dans la cinquante-deuxième année de son gouvernement comme duc de Normandie, dans la vingt-deuxième année de sa royauté en Angleterre, l'an mil quatre-vingt-sept de l'Incarnation du Seigneur, régnant ce même seigneur, notre Jésus-Christ, dans l'unité du Père Eternel et du Saint-Esprit, aux siècles des siècles, Amen!

LIVRE HUITIÈME.

DE HENRI Ier, ROI DES ANGLAIS ET DUC DES NORMANDS.

CHAPITRE PREMIER.

Préface à l'Histoire des faits et gestes du roi Henri, dans laquelle il est montré, en peu de mots, meilleur que ses frères.

Puisque nous avons rapporté dans le livre précédent les faits et gestes de Guillaume, roi des Anglais et duc des Normands, il ne paraîtra pas inconvénant que ce livre (le septième de l'*Histoire des ducs de Normandie*[1]) présente, pour l'instruction des siècles à venir, et surtout pour inviter nos descendans à imiter de tels exemples, la vie, la conduite et en grande partie les gestes du très-noble roi Henri, fils du susdit Guillaume. Ce n'est pas sans de justes motifs que ce nombre sept est échu en partage à cet homme qui, par l'élévation de son âme et la valeur de son bras, a jeté un grand éclat sur le nombre ternaire et quaternaire. Remarquons en outre que ce même roi, dont nous entreprenons d'écrire l'histoire, se trouve au septième rang dans la généalogie des ducs de Normandie, si l'on commence à compter au duc Rollon

[1] Et le huitième de l'*Histoire des Normands*, selon le titre du manuscrit de Duchesne.

qui fut la souche de cette race. Cependant, pour ne pas interrompre le cours de cette histoire, il convient que nous disions quelque chose, en peu de mots, des deux frères de Henri, Guillaume, roi des Anglais, et Robert, duc des Normands, auxquels il succéda lui seul, surtout parce que cela est nécessaire pour faire ressortir le sujet que nous avons entrepris. De même, en effet, que les peintres ont coutume de répandre d'abord une couleur de fer pour faire mieux briller le rouge qu'ils mettent par dessus, de même peut-être, si l'on compare les frères dont je viens de parler à leur frère Henri, celui-ci ressortira avec plus d'éclat par l'effet de cette comparaison. Il sera facile de prouver ceci en peu de paroles. Dans l'un des deux frères, je veux dire Guillaume, on vantait sa munificence envers les hommes du siècle; mais on se plaignait beaucoup de ce qu'il négligeait les choses de la religion. Quant à Robert, la renommée le célébrait avec justice pour les choses de guerre; mais elle disait aussi, et ne mentait point, qu'il était moins bon pour la sagesse du conseil et le gouvernement du duché. Henri, au contraire, réunissant en lui seul les honorables qualités que l'on remarquait en chacun de ses deux autres frères, se montrait en outre, pour celles qui leur manquaient, comme nous venons de dire, supérieur, non seulement à eux, mais de plus à tous les autres princes de son temps. Et comme ce que nous disons ici sera pleinement prouvé en sa place, afin de ne pas faire de digression au commencement même de notre récit, nous allons reprendre notre histoire au point où nous l'avons laissée.

CHAPITRE II.

Comment, après la mort du roi Guillaume, Guillaume, frère de Henri, passa en Angleterre, et y fut fait roi, et Robert acquit le duché de Normandie; et comment ce même Robert donna et retira ensuite à Henri le comté de Coutances.

Le roi des Anglais, Guillaume, étant donc délivré du soin des affaires de ce monde, Guillaume son fils s'embarqua le plus tôt qu'il put au port de Touche, passa la mer, fut accueilli par les Anglais et les Français, et reçut l'onction royale à Londres, dans Westminster, de Lanfranc, archevêque de Cantorbéry, assisté de ses suffragans. Robert son frère avait quitté la Normandie avant la mort de son père, s'indignant que celui-ci ne lui permît pas de gouverner selon sa volonté le comté de Normandie et celui du Maine. Car il avait été depuis long-temps désigné héritier du premier de ces comtés; et, quant au second, il en sollicitait le gouvernement du vivant même de son père, sur le fondement que Marguerite, fille de Herbert, autrefois comte du Mans, avait été fiancée avec lui, quoiqu'elle fût morte bientôt après à Fécamp, comme vierge consacrée au Christ, et avant que les noces eussent été célébrées. Robert donc habitait dans le pays de Ponthieu, à Abbeville, avec des jeunes gens ses semblables, c'est-à-dire des fils des seigneurs de Normandie, qui le servaient en apparence comme leur futur seigneur, mais qui dans le fait étaient surtout poussés vers lui par l'attrait de la nouveauté.

Dans le même temps Robert dévastait sans cesse le duché de Normandie, et surtout les frontières, par ses excursions et ses rapines; lorsqu'il apprit la nouvelle de la mort de son père, il se rendit tout de suite à Rouen, et prit possession de cette ville et de tout le duché sans aucune opposition. Et comme ses fidèles l'engageaient à aller au plus tôt conquérir par les armes le royaume d'Angleterre, que son frère lui enlevait, Robert leur répondit, à ce qu'on rapporte, avec sa simplicité accoutumée, et, s'il est permis de le dire, trop voisine de l'imprudence : « Par les anges « de Dieu, quand même je serais à Alexandrie, les « Anglais m'attendraient, et se garderaient d'oser se « donner un roi avant mon arrivée. Mon frère Guil- « laume lui-même, que vous dites avoir eu cette au- « dace, n'exposerait pas sa tête à toucher sans ma « permission à cette couronne. » Il disait tout cela dans le premier moment; mais lorsqu'il eut appris en détail ce qui s'était passé, il ne s'éleva pas la moindre querelle entre lui et son frère Guillaume.

Or Henri, leur frère, demeura en Normandie auprès du duc Robert. Le roi Guillaume avait donné en mourant à son fils Henri cinq mille livres de monnaie d'Angleterre. Robert son frère lui donna en outre le comté de Coutances, ou, comme disent d'autres personnes, le lui engagea. Mais Henri n'en jouit pas longtemps; car Robert ayant trouvé quelques mauvais prétextes, qui lui furent suggérés par des hommes méchans, fit arrêter Henri à Rouen, au moment où il ne s'y attendait nullement, et lui enleva indignement ce qu'il lui avait donné.

CHAPITRE III.

De l'accord qui fut conclu entre Guillaume, roi des Anglais, et Robert, duc de Normandie, son frère ; et comment ils assiégèrent leur frère Henri dans le mont Saint-Michel.

Après cela, et peu de temps s'étant écoulé, Guillaume, roi des Anglais, et Robert, duc de Normandie, firent la paix entre eux, et cependant bien peu auparavant Robert eût pu très-facilement s'emparer du royaume d'Angleterre, s'il eût été moins timide. En effet, Eustache, comte de Boulogne, et l'évêque de Bayeux, et le comte de Mortain, ses oncles paternels, ainsi que d'autres seigneurs de Normandie, passèrent la mer avec une nombreuse suite de chevaliers, s'emparèrent de Rochester et de quelques autres châteaux dans le comté de Kent, et les gardèrent au nom de Robert. Mais tandis qu'ils attendaient le duc Robert lui-même, qui pendant ce temps s'occupait à se divertir en Normandie, beaucoup plus qu'il ne convenait à un homme, ils furent assiégés par le roi Guillaume, sans recevoir aucun secours de celui pour les intérêts duquel ils s'étaient exposés à de si grands dangers; et forcés de sortir honteusement des forteresses qu'ils occupaient, ils retournèrent chez eux. Enfin, comme nous l'avons déjà dit, il fut conclu tant bien que mal, à Caen, un accord entre les deux frères, par l'intermédiaire de Philippe, roi des Français, qui avait marché au secours du duc contre le roi Guillaume, résidant alors dans le château d'Eu, et entouré d'une immense armée d'Anglais et de Normands; mais ce traité, en ce qui regardait le duc Robert, fut pour lui aussi déshonorant que préjudiciable : car le roi Guillaume retint sans dédommagement tout ce dont il s'était emparé en Normandie par l'infidélité des hommes du duc, qui lui avaient livré les forteresses que le duc avait données à garder à ses chevaliers, afin qu'ils pussent faire la guerre au roi. Les forteresses que le roi Guillaume occupa de cette manière étaient Fécamp et le château d'Eu, que Guillaume, comte d'Eu, lui avait livré aussi bien que tous les autres châteaux. Etienne, comte d'Aumale, fils d'Eudes, comte de Champagne, et neveu de Guillaume l'Ancien, roi des Anglais, en tant que fils de sa sœur, en fit autant, de même que plusieurs autres seigneurs qui habitaient au delà de la Seine.

Cependant au lieu de protéger, comme ils l'auraient dû, leur frère Henri, au lieu de prendre soin de lui, afin qu'il pût vivre honorablement comme leur frère et comme un fils de roi, Guillaume et Robert unirent leurs efforts pour l'expulser de toutes les terres de leur père. Ce fut ainsi qu'une certaine fois ils allèrent l'assiéger sur le Mont-Saint-Michel. Mais après qu'ils y eurent travaillé long-temps et sans succès, ils en vinrent enfin à se quereller entre eux, et le comte Henri sortit et alla s'emparer d'un château très-fort, nommé Domfront, par l'adresse d'un certain habitant du pays, lequel, noble et riche, n'avait pu supporter plus long-temps les vexations que lui faisait endurer, aussi bien qu'à tous ses autres voisins, Robert de Bellême, homme orgueilleux et méchant, qui possédait ce château à cette époque. Dès ce moment Henri le garda avec tant de soin qu'il en demeura maître jusqu'à la fin de sa vie. Vers le même temps, Jean, archevêque de Rouen, étant mort, Guillaume, abbé de Saint-Etienne de Caen, lui succéda.

CHAPITRE IV.

Comment le roi Guillaume étant retourné en Angleterre, Henri se remit en possession du comté de Coutances.

Or le roi Guillaume étant retourné en Angleterre, Henri se hâta, du consentement du roi son frère et avec les secours de Richard de Revers et de Roger de Magneville, de reprendre possession en majeure partie du comté de Coutances, qui auparavant lui avait été frauduleusement enlevé. Et comme dans cette affaire, ainsi que dans toutes les occasions où il en avait eu besoin, Hugues, comte de Chester, lui était demeuré fidèle, Henri lui fit concession intégrale du château que l'on appelait de Saint-Jacques, où ce même comte n'avait à cette époque d'autre droit que celui de garder la citadelle. Le roi des Anglais, Guillaume l'Ancien, avait fondé ce château, sur les confins de la Normandie et de la Petite-Bretagne, avant son expédition en Angleterre, à l'époque où il conduisit une armée contre Conan, comte de Bretagne et fils d'Alain son cousin, qui ne voulait pas se soumettre à lui. Et afin que les brigands affamés de la Bretagne ne fissent plus de mal, par leurs excursions dévastatrices, aux églises désarmées, ou au petit peuple de son territoire, et pour les mieux repousser, le roi Guillaume, après avoir fondé ce château, l'avait donné à Richard, gouverneur d'Avranches, père du susdit comte Hugues.

CHAPITRE V.

Comment les gens du Maine, voyant le duc Robert retenu en Normandie par toutes sortes de difficultés, prirent pour comte Hélie, fils de Jean de La Flèche.

CEPENDANT les gens du Maine, voyant le duc Robert retenu en Normandie par toutes sortes de troubles, tinrent conseil avec Hélie, fils de Jean de La Flèche, homme rempli de vigueur et d'habileté et le plus puissant de la province, et résolurent que celui-ci épouserait la fille d'un certain comte de Lombardie, petite-fille de Herbert, ancien comte du Mans, par sa fille aînée, espérant par ce moyen pouvoir secouer le joug des ducs de Normandie. Ils n'eurent pas besoin de grands efforts pour persuader au jeune homme d'entrer dans leurs vues, car déjà et depuis long-temps celui-ci avait prévenu leur invitation par ses vœux, en sorte qu'il ne mit aucun retard à réaliser leurs espérances et leurs projets. Ni lui ni ses conseillers ne se laissèrent détourner de cette tentative de rébellion, par la pensée que dans les temps anciens le pays du Maine avait été soumis aux ducs de Normandie, ni par ce souvenir plus récent que de notre temps le

très-noble duc de Normandie, Guillaume, devenu
plus tard heureux conquérant de l'Angleterre, avait
délivré les gens du Maine de la tyrannie de Geoffroi
Martel l'Ancien, et les couvrant de ses ailes protectrices,
tant qu'il vécut, les avait gouvernés comme ses propres sujets, et laissés à gouverner à ses successeurs,
au moment de sa mort; d'où il résulta qu'en effet,
peu de temps après la mort de ce roi, le duc Robert,
dans les premiers momens où il prit possession de son
duché, conduisit une armée de Normands contre les
gens du Maine, qui avaient voulu tenter audacieusement une première rébellion, et les comprima sur leur
propre territoire.

CHAPITRE VI.

Comment Anselme, abbé du Bec, ayant été promu à l'archevêché de Cantorbéry, Guillaume, moine du même lieu, lui succéda.

Dans le même temps, Anselme, abbé du Bec, ayant
été appelé à l'archevêché de Cantorbéry, eut pour
successeur dans le gouvernement de cette abbaye,
Guillaume de Beaumont, homme recommandable par
ses sentimens religieux, et moine dans le même monastère. Deux ans après, le pape Urbain étant venu
dans les Gaules, assembla un concile dans la ville
d'Auvergne, autrement nommée Clermont, pour y
traiter des affaires de l'Eglise. Entre autres sages dispositions qu'il prit dans cette assemblée, le pape
exhorta tous les fidèles, tant présens qu'absens, à
faire le voyage de Jérusalem, pour obtenir la rémis-

sion de leurs péchés, et pour délivrer les lieux saints de la domination des Païens, qui les occupaient alors et les souillaient de leur présence.

CHAPITRE VII.

Comment Robert, duc de Normandie, ayant engagé son duché à Guillaume, roi des Anglais, son frère, partit pour Jérusalem.

Ainsi donc, l'année suivante, échauffés par ces divines exhortations, presque tous les chevaliers des pays occidentaux, tant ceux qu'illustrait une grande valeur que les autres plus obscurs, entreprirent le saint pélerinage. Embrasé du même desir, Robert, duc de Normandie, envoya un exprès à son frère Guillaume, roi des Anglais, l'invitant à venir en toute hâte en Normandie, pour recevoir de lui son duché, le tenir en ses mains pendant son absence, et lui fournir sur les trésors des Anglais ce dont il aurait besoin, lui et les siens, pour soulager son indigence pendant l'expédition. Le roi Guillaume, tout réjoui de ce message, passa aussitôt en Normandie, et prêta au duc Robert dix mille marcs d'argent, sous la condition que, tant que le susdit duc demeurerait en pélerinage, lui-même tiendrait le duché de Normandie comme gage de son prêt, et qu'il le rendrait au duc lorsqu'après son retour celui-ci lui aurait remboursé l'argent qu'il lui avançait. Les choses ainsi convenues, le comte Henri se rendit vers le roi Guillaume et demeura tout-à-fait avec lui, et le roi lui concéda entiè-

rement le comté de Coutances et celui de Bayeux, et
en outre la ville de Bayeux et la citadelle de Caen.
En ce même temps le roi Guillaume fit construire un
certain château, nommé Gisors, sur les confins de la
Normandie et de la France, et son frère Henri, qui
lui succéda plus tard par la volonté de Dieu, rendit
ce château inexpugnable, en le faisant entourer de
murailles et en y construisant des tours élevées.

CHAPITRE VIII.

*De la valeur que Guillaume déploya pour les intérêts de son
royaume ; et comment il persécuta l'église de Dieu et ses
serviteurs.*

Nous pourrions rapporter dans ces annales, au sujet
de ce roi Guillaume, qu'ayant deux fois conduit une
armée sur leur propre territoire, il vainquit deux fois
les gens du pays de Galles, qui s'étaient révoltés
contre lui, et qu'une autre fois, marchant avec son
armée à la rencontre de Malcolm, roi des Ecossais,
qui avait conduit une armée en Angleterre, il le força
à accepter les conditions qu'il voulut lui imposer.
Voici encore un autre fait. Le roi Guillaume apprit
qu'Hélie, comte du Mans, assisté de Foulques, comte
d'Anjou, assiégeait ses hommes dans la ville même du
Mans. (Hélie avait auparavant enlevé cette ville aux
hommes du roi, mais les citoyens l'avaient rendue au
roi, et c'est pourquoi Hélie était venu l'assiéger de
nouveau.) Le roi Guillaume donc, ayant appris cette
nouvelle pendant qu'il était en Angleterre, appela

ceux de ses chevaliers qui se trouvaient en ce moment auprès de lui, donna ordre que ceux qui étaient absens eussent à partir à sa suite, et se rendant vers la mer pour passer en Normandie, il trouva les vents contraires, et cependant il se lança sur les eaux, malgré les vents, disant qu'il n'avait jamais entendu dire qu'un roi eût péri par un naufrage. Ayant donc traversé la mer, pour ainsi dire en dépit des élémens, le seul bruit de son arrivée mit en fuite les comtes ci-dessus nommés, et leur fit lever le siége.

Je pourrais, dis-je, rapporter sur ce roi, et en toute vérité, ces faits et d'autres semblables encore, si je ne jugeais convenable, pour donner une suite régulière à cette histoire, de dire encore quelques mots des actes par lesquels ce roi persécuta grandement un grand nombre des serviteurs de Dieu et de la sainte Eglise, actes pour lesquels il fit une pénitence tardive et même infructueuse, du moins selon l'opinion de beaucoup d'hommes sages. D'ailleurs je suis pressé d'en venir à raconter avec plus de détail la vie de Henri, de mémoire divine, son frère et son successeur, qui, protégeant les hommes religieux et l'Eglise de Dieu, et leur prêtant son assistance, se fit infiniment vénérer.

Tandis que ce même Guillaume gouvernait le royaume d'Angleterre, Morel, neveu de Robert de Mowbray, comte de Northumberland, tua sur le territoire d'Angleterre le susdit roi des Ecossais, Malcolm, et son fils aîné, qui avaient fait une invasion dans le royaume, et détruisit la plus grande partie de leur armée. Or ce Robert, ayant voulu tenter de s'emparer, contre le gré de son seigneur, de certaines forteresses royales situées dans le voisinage de son comté, fut pris par les chevaliers du roi Guillaume, et par ses ordres retenu très-long-temps dans les fers; puis, sous le règne du roi Henri, il mourut dans la même prison. Beaucoup de gens ont dit qu'il avait été ainsi maltraité par une juste punition, pour avoir traîtreusement mis à mort le roi d'Ecosse, père de la très-noble Mathilde, qui fut dans la suite reine des Anglais. Or les terres qu'il possédait en Normandie et la plus grande partie de son comté, Henri, devenu roi, les donna à Nigel d'Aubigny, homme illustre et vaillant. Nigel épousa ensuite Gundrède, fille de Giraud de Gournay, et en eut un fils nommé Roger de Mowbray, qui étant encore enfant succéda à son père, lequel se fit moine dans l'abbaye du Bec, et donna à son fils de grandes propriétés en Angleterre. De même ce Giraud, sur la demande de son père, Hugues de Gournay, qui était aussi moine au Bec, donna beaucoup de choses à la même église, et partant ensuite pour Jérusalem avec sa femme Edith, sœur de Guillaume, comte de Warenne, il mourut en chemin. Sa femme revint ensuite, et se maria avec Drogon de Mouchy, qui eut d'elle un fils nommé Drogon. Le susdit Giraud eut pour successeur son fils nommé Hugues, qui se maria avec la sœur de Raoul de Péronne, comte de Vermandois, et en eut un fils nommé Hugues. Ayant dit brièvement ces choses, pour faire mention des amis et des bienfaiteurs du monastère du Bec, je reprends maintenant la suite de mon récit.

CHAPITRE IX.

De la mort du roi Guillaume dans la Forêt-Neuve. — Comment Richard, son frère, était mort auparavant en ce même lieu ; et de ce qui causa leur mort, selon l'opinion du peuple.

Ainsi donc, comme nous l'avons dit plus haut, le duc Robert de Normandie étant parti pour Jérusalem, en l'année 1096 de l'Incarnation du Seigneur, et ayant engagé son duché de Normandie à Guillaume son frère, roi des Anglais, il arriva, quelque temps après, que ce même roi étant allé un certain jour à la chasse dans la Forêt-Neuve, fut percé au cœur, le 2 août, par une flèche lancée imprudemment par un de ses familiers, et mourut l'an 1100 de l'Incarnation du Seigneur, et la treizième année de son règne. Du vivant de leur père, Richard, frère de Guillaume, étant allé de même chasser dans cette forêt, s'était heurté contre un arbre qu'il n'avait pas su éviter, en était tombé malade, et était mort des suites de ce coup. Or il y avait beaucoup de gens qui dirent que les fils du premier roi Guillaume avaient péri dans cette forêt par le jugement de Dieu, et par la raison que le roi Guillaume avait détruit beaucoup de fermes et d'églises tout autour de cette forêt afin de l'agrandir.

CHAPITRE X.

Comment Henri, son frère, lui succéda, et prit pour femme Mathilde, fille du roi d'Ecosse.

Le roi Guillaume étant mort, comme nous l'avons rapporté, son frère Henri fit aussitôt transporter son corps à Winchester, et le fit ensevelir en ce lieu dans l'église de Saint-Pierre, en face du grand autel. Après cette cérémonie, il revint à Londres, et, du consentement de tous les Français et Anglais, quatre jours après la mort de son frère, il reçut le diadême royal à Winchester. Un grand nombre d'hommes se réjouirent d'avoir enfin obtenu un roi fils d'un roi et d'une reine, et de plus né et élevé en Angleterre. Afin de vivre royalement, le roi épousa, cette même année, la vénérable Mathilde, fille de Malcolm, roi d'Ecosse, et de Marguerite. Un livre, qui a été écrit sur la vie des deux reines Marguerite et Mathilde, fait voir dans tout son éclat combien elles ont été saintes et sages, tant de la sagesse du siècle que de la sagesse spirituelle. N'oublions pas non plus de dire qu'Anselme, de sainte mémoire, archevêque de Cantorbéry, célébra à Westminster, le jour de la fête de saint Martin, le mariage de la reine Mathilde avec le très-noble roi Henri, et qu'elle fut, le même jour, décorée du diadême royal. Or le roi Henri fut un homme doué de grandes qualités, ami de la justice, de la paix et de la religion, ardent à punir les méchans et les voleurs, très-heureux en triomphant de ses ennemis, non seulement des princes et des comtes les plus fameux, mais aussi des rois les plus renommés.

CHAPITRE XI.

Que le roi eut de la reine Mathilde un fils nommé Guillaume, et une fille qui dans la suite des temps fut mariée à Henri, empereur des Romains.

Or Henri eut de la seconde Mathilde, reine des Anglais, sa femme, un fils nommé Guillaume, et une fille qui représentait sa mère, par son nom autant que par ses vertus. Henri, cinquième comme roi des Allemands, et quatrième comme empereur des Romains, demanda cette jeune fille en mariage, lorsqu'il avait à peine cinq ans. L'ayant obtenue, il envoya des députés illustres, évêques et comtes, qui la conduisirent dans son royaume, à la très-grande joie de ses père et mère, et l'ayant solennellement reçue, à la Pâque suivante, il se fiança avec elle à Utrecht. Après les fiançailles, et le jour de fête de saint Jacques, l'archevêque de Cologne la sacra comme reine à Mayence, assisté des autres évêques ses collègues, et de l'archevêque de Trèves, qui, durant la cérémonie, la tint respectueusement dans ses bras. Lorsqu'elle fut ainsi sacrée, l'empereur la fit élever avec grand soin jusqu'à l'âge où elle pourrait se marier, afin qu'elle apprît la langue et se formât aux usages du pays des Teutons. Dans la suite de cette histoire, nous aurons occasion de parler plus amplement de cette très-noble impératrice.

Or le susdit Guillaume, fils du roi Henri, qui était né après sa sœur l'impératrice Mathilde, mais que nous avons nommé avant elle, par égard pour le sexe masculin, étant parvenu à l'âge de jeune homme, mourut d'une mort prématurée. Comme il passait de Normandie en Angleterre, son vaisseau se brisa sur un rocher, entre Barfleur et Winchester, en un passage dangereux que les habitans appellent *Cataras*, le ras de Catte[1], et le prince se noya dans la mer, avec beaucoup de grands de son père. Ce fut le seul événement qui obscurcit quelque peu la bonne fortune de cet excellent roi; dans toutes les autres circonstances, il fut toujours infiniment favorisé par elle. Ayant dit ces choses un peu par anticipation, reprenons maintenant la suite de notre récit.

CHAPITRE XII.

Comment le duc Robert, de retour de Jérusalem, passa en Angleterre pour enlever à son frère son royaume; et comment ils se réconcilièrent.

Or il ne s'était pas écoulé un long temps depuis que Henri avait pris le gouvernement du royaume des Anglais, lorsque son frère Robert revint de Jérusalem, et reprit possession du duché de Normandie, qu'il avait engagé à son frère Guillaume, sans payer

---

[1] Aujourd'hui, ras de Catteville.

aucune somme d'argent. Et cependant il avait à lui la somme même qu'il avait reçue de son frère, afin de pouvoir la rendre, s'il était nécessaire et si on la lui redemandait. Mais ayant appris que Henri son frère était devenu roi des Anglais, il s'indigna vivement contre lui, et le menaça beaucoup, à raison de l'audace qu'il avait eue de s'emparer de ce royaume. Il fit donc tous les préparatifs nécessaires pour son embarquement, et dès que tout fut prêt, il passa en Angleterre. Or le roi Henri, qui mettait toute sa confiance en Dieu, assembla aussitôt une grande armée d'Anglais, et marcha à la rencontre de Robert, se préparant à l'expulser du royaume d'Angleterre, lui et tous ceux qui étaient venus avec lui. Et, sans aucun doute, il y eût réussi, avec l'aide de Dieu, si son frère n'eût fait la paix avec lui, sous la condition que le roi lui donnerait, tous les ans et à jamais, quatre mille marcs d'argent. Toutefois le comte fit ensuite remise de cette même somme à la reine Mathilde, épouse de son frère. La bonne intelligence étant ainsi rétablie entre eux, le comte Robert demeura quelque temps en Angleterre, et après qu'il y eut séjourné autant que cela lui convint, il retourna en Normandie.

CHAPITRE XIII.

Comment, ce marché ayant été rompu, Henri fit Robert prisonnier à la bataille de Tinchebray, et de ce moment jusqu'à sa mort gouverna sagement le royaume d'Angleterre et le duché de Normandie.

Mais cette paix ne dura pas long-temps entre les deux frères ; car le comte Robert, se confiant plus qu'il n'était juste à ceux qui aimaient mieux les voir désunis qu'en bonne intelligence, commença à chercher des prétextes, et à provoquer son frère à une rupture. Or le roi Henri ne put supporter plus long-temps ces attaques ; il était surtout extrêmement indigné de voir que son frère eût dissipé, comme il avait fait, l'héritage de son père, savoir, le duché de Normandie ; de telle sorte qu'il ne lui restait plus rien en propre, si ce n'est la ville de Rouen, qu'il eût peut-être aussi donnée comme tout le reste, si les habitans le lui eussent permis. Indigné, dis-je, de ces choses, le roi Henri passa la mer en toute hâte, et, ayant en peu de temps levé une armée assez considérable, il alla assiéger la ville de Bayeux, s'en rendit maître promptement, et la détruisit presque entièrement. Il s'empara ensuite de Caen. Peu de temps après, comme il assiégeait un certain château du comte de Mortain, que l'on appelle Tinchebray, et faisait tous ses efforts pour le prendre, le comte Robert son frère, le comte de Mortain, et beaucoup d'autres chevaliers, espérant se venger du roi Henri, et le chasser entièrement du pays, se précipitèrent sur lui avec une grande impétuosité. Mais frappés par le jugement de Dieu, les deux comtes furent faits prisonniers, ainsi que beaucoup d'autres des leurs, par les hommes du roi Henri, et conduits en présence de celui-ci. Ainsi Dieu donna au roi, qui le craignait, une victoire non ensanglantée, comme il l'avait jadis donnée à l'empereur Théodose, son serviteur. Dans ce combat, le roi ne perdit aucun des siens, et dans l'armée de ses adversaires, il y eut tout au plus soixante hommes tués. La lutte ainsi terminée, et la paix enfin rendue à cette malheureuse province, que les folies du comte avaient presque entièrement détruite, le roi Henri fit passer sous sa domination toute la Normandie, et tous les châteaux du comte de Mortain. Tout le pays ayant ainsi recouvré le repos, le roi retourna en Angleterre, emmenant avec lui le comte Robert, son frère, le comte de Mortain, et quelques autres qu'il lui plut de choisir, et les retint sous libre garde jusqu'à la fin de leur vie. Cette bataille, livrée à Tinchebray, entre Henri, roi des Anglais, et Robert son frère, duc des Normands, eut lieu l'an de l'Incarnation du Seigneur 1106, le 27 septembre.

Or cette même année, au mois de février, il avait apparu une comète, terrible pour les rois et les ducs, et annonçant des changemens d'empire. Le comte Robert avait gouverné le duché de Normandie durant dix-neuf ans, non compris le temps qu'il avait passé à son pélerinage de Jérusalem. Robert fut un très-vaillant chevalier et fit de très-nobles exploits, surtout lorsque les villes d'Antioche et de Jérusalem furent prises par les Chrétiens sur les Sarrasins. Mais il réussit moins bien au gouvernement de son duché, par suite de sa simplicité et de la facilité avec laquelle il prêtait l'oreille aux conseils des hommes légers.

CHAPITRE XIV.

De Sibylle, épouse du duc Robert, et de Guillaume son fils ; et comment celui-ci devint comte de Flandre.

En revenant de son voyage à Jérusalem, le duc Robert épousa Sibylle, sœur de Guillaume, comte de Conversano. Il en eut un fils nommé Guillaume. La comtesse Sibylle était belle de figure, honorable par sa conduite, douée de sagesse ; et quelquefois, en l'absence du duc, elle dirigea elle-même les affaires tant publiques que particulières de la province, mieux que n'eût fait le duc, s'il eût été présent. Mais elle ne vécut que peu de temps en Normandie, et fut poursuivie par la haine et l'esprit de faction de quelques dames nobles. Or son fils Guillaume, fils du duc Robert devint, dans la suite des temps, comte de Flandre, et nous allons dire en peu de mots comment cela arriva.

Comme donc Guillaume, déjà jeune homme de beaucoup de valeur, était exilé en France, tandis que son père était, comme nous l'avons dit, retenu dans les fers par le roi Henri, il arriva que quelques traîtres assassinèrent Charles, comte de Flandre, au moment où il était à l'église, assistant à la célébration des saints mystères. Ayant appris cette nouvelle, la reine des Français, épouse du roi Louis, donna au susdit Guillaume sa sœur en mariage, et obtint de son mari de faire reconnaître Guillaume comte de Flandre ; car Charles était mort sans laisser de fils, et de plus Guillaume était assez proche parent des comtes de Flandre, puisque Mathilde, reine des Anglais et son aïeule, était elle-même fille de Baudouin-le-Barbu, comte de Flandre[1]. Or ce Baudouin avait eu deux fils, Baudouin et Robert, qui tous deux se marièrent du vivant de leur père. Baudouin, le fils aîné, prit pour femme la comtesse du Hainaut, dont il eut deux fils, Arnoul et Baudouin. Robert son frère se maria avec la veuve de Florent, comte de Frise, lequel n'avait eu de celle-ci qu'une seule fille. Robert, voulant l'éloigner de l'héritage de son père, la donna en mariage à Philippe, roi des Français, et demeura ainsi en possession du comté de Frise et de la mère de la jeune fille : c'est ce qui le fit surnommer le Frison.

Baudouin, comte du Hainaut, mourut avant la mort de Baudouin son père, et eut pour successeur Arnoul son fils aîné. Enfin, Baudouin, comte de Flandre, étant mort, Arnoul, comte de Hainaut, eût dû lui succéder, comme étant son petit-fils et fils de son fils aîné, et il tenta en effet de se mettre en possession de son héritage. Philippe, roi des Français, vint à son secours ; Mathilde, reine des Anglais, sa tante paternelle, lui envoya Guillaume fils d'Osbern, avec un corps de chevaliers bien armés ; mais Robert le Frison, aussi oncle d'Arnoul, ayant réuni à ses forces une armée de Henri, empereur des Romains et des

---

[1] Mathilde n'était pas fille de Baudouin-le-Barbu, mais de Baudouin-le-Débonnaire, son fils.

Allemands, attaqua à l'improviste les alliés, le jour du dimanche de la Septuagésime, mit en fuite Philippe, roi des Français, tua dans le combat Arnoul son neveu et Guillaume fils d'Osbern, comte de Hertford, et par suite de cette victoire Robert demeura jusqu'à sa mort en possession du comté de Flandre.

CHAPITRE XV.

De Guillaume, comte de Hertford, et de ses successeurs.

Or ce Guillaume, comte de Hertford, dont je viens de parler, fut un homme honorable et vaillant, et parent des ducs de Normandie, non seulement du côté de son père, mais aussi par sa mère. En effet, Osbern, son père, était fils de Herfast, frère de la comtesse Gunnor, épouse de Richard I, duc de Normandie, et sa mère était fille de Raoul, comte d'Ivry, lequel était frère utérin du duc Richard, ci-dessus nommé. Ce même Guillaume épousa Adélise, fille de Roger du Ternois, et en eut deux fils, Guillaume de Breteuil, qui, après la mort de son père, eut toutes les terres que celui-ci possédait en Normandie, et Roger, à qui le comté de Hertford échut en partage, lors de la distribution des terres. Guillaume eut en outre deux filles, dont l'une nommée Emma fut mariée à Raoul de Gael[1], né Breton, qui devint comte de Norwich. Mais comme ce Raoul tenta quelque temps de se maintenir dans la forteresse de Norwich, au

[1] Gael ou Montfort.

mépris de sa fidélité envers le roi Guillaume l'Ancien, il fût chassé et banni du royaume d'Angleterre, et se rendit à Jérusalem avec son épouse, laissant une fille nommée Itte, qui, dans la suite des temps, fut mariée à Robert, comte de Leicester, fils de Robert, comte de Meulan. D'où il résulta que, après la mort de Guillaume de Breteuil, oncle de sa femme, ce comte Robert de Leicester finit par avoir Lire, Glot, Breteuil et la plus grande portion des terres que Guillaume fils d'Osbern, aïeul de sa femme, avait possédées en Normandie. Robert, comte de Leicester, eut de sa femme un fils et plusieurs filles.

Guillaume, fils d'Osbern, ayant été tué comme nous l'avons rapporté, Guillaume de Breteuil son fils, qui lui avait succédé, commença à réclamer le château d'Ivry, qui avait appartenu au comte Raoul, père de son aïeule. Or à cette époque Robert, duc de Normandie, avait ce château dans ses domaines, de même que son père, le roi Guillaume, l'avait possédé durant toute sa vie. La comtesse Alberède, épouse du comte Robert, avait entrepris de faire construire, au sommet de la montagne qui dominait le château, une tour extrêmement forte, et qui subsiste encore aujourd'hui; et Robert, comte de Meulan, avait la garde de cette tour, et remplissait dans le château les fonctions de vicomte. Ce dernier obtint, avec son adresse accoutumée, que ledit château fût rendu à Guillaume de Breteuil, sous la condition cependant que lui-même, en remplacement des droits qu'il avait sur le susdit château, recevrait à perpétuité de la munificence du duc Robert le château de Brionne, voisin de ses terres. Ce château était depuis fort long-temps l'une des résidences particulières des ducs de Normandie ; aussi l'avaient-ils toujours eu jusqu'alors sous leur seigneurie, si ce n'est cependant lorsque Richard II l'avait donné au comte Godefroi, son frère naturel, et lorsque le comte Gilbert, fils de celui-ci, l'avait possédé après la mort de son père ; mais le comte Gilbert étant mort, le château de Brionne était rentré sous la seigneurie des ducs de Normandie. Et comme Roger, fils de Richard, redemandait ce même château, attendu que son aïeul, le comte Gilbert, l'avait auparavant possédé, comme je viens de le dire, le comte Robert de Meulan, desirant se délivrer de toute inquiétude, obtint du duc Robert que l'on donnât à Roger, fils de Richard, un certain château nommé Humet, situé dans le comté de Coutances, non seulement pour mettre un terme à ses réclamations, mais en outre au prix d'une somme d'argent assez considérable, que Roger avait donnée au duc pour cet objet. Il y a beaucoup d'hommes âgés qui disent que Richard, père de Roger, avait déjà depuis long-temps reçu en Angleterre le château de Tunbridge, pour prix de ses réclamations sur le château de Brionne. Ils assurent qu'on mesura au cordon une lieue de terrain tout autour du château de Brionne, que ce cordon fut porté en Angleterre, et que Richard reçut à la mesure, autour du château de Tunbridge, autant de terrain qu'on sait qu'il y en a eu jusqu'à nos jours attenant au château de Brionne.

Il arriva, quelque temps après, que Goël de Breherval s'empara par artifice de la personne de Guillaume de Breteuil, son seigneur, et le retint en captivité, jusqu'à ce que celui-ci eût enfin consenti à lui donner forcément une sienne fille bâtarde, et en outre le château même d'Ivry. Goël, enfant de Bélial, eut de sa femme des fils, Guillaume Louvel, Roger le Bègue et d'autres encore, en qui la méchanceté et la perfidie de leur père se sont perpétuées comme en des grains provenus d'une mauvaise semence, au grand préjudice des hommes innocens. Or Guillaume de Breteuil étant délivré de ses chaînes, mais n'oubliant point les insultes du perfide Goël, osa entreprendre une chose qui mérite bien d'être racontée. Appelant à son secours, à force de présens, le roi des Français Philippe, suivi d'une nombreuse armée, et Robert duc de Normandie; fournissant en suffisance et à ses propres frais toutes les choses dont avaient besoin, et ces princes et tous ceux de leurs vassaux qui voulurent prendre son parti, il détruisit presque entièrement le château de Breherval, ravagea toutes les terres de Goel, et l'assiégeant enfin dans le château d'Ivry, il réduisit ce perfide à désespérer de son salut, et à lui livrer ce fort. Dès ce moment enfin, et tant qu'il vécut, Guillaume posséda ce château comme sa propriété et en toute sécurité. Au moment de sa mort Guillaume institua héritier de sa terre un certain jeune homme, Raoul de Gael, son neveu, et fils de sa sœur Emma; mais Eustache, fils naturel de Guillaume, tandis qu'on célébrait les obsèques de son père, s'empara de toutes ses forteresses, s'y retrancha; et à la suite de cette invasion, il jouit très-long-temps et en pleine sécurité de toutes les terres de son père, jusqu'au moment où sa femme Julienne, fille naturelle du roi Henri, méconnaissant, dans l'excès de son arrogance et de sa folie, les volontés du roi, et oubliant la fidélité qu'elle lui devait, chassa du château de Breteuil ceux qui en étaient les gardiens pour le roi. C'est pourquoi le roi fort irrité enleva à bon droit à Eustache tout cet héritage qu'il avait possédé jusqu'alors, non point en vertu de ses droits, mais seulement par suite d'une usurpation, ou plutôt par un effet de la clémence du roi. Ainsi donc le château d'Ivry fut rendu à Goel et à ses fils. Les autres terres passèrent ensuite, comme je l'ai déjà dit, à Robert, comte de Leicester, et à son épouse, et Eustache ne conserva que le fort de Pacy. Après avoir donné tous ces détails à l'occasion de Guillaume, fils d'Osbern, dont nous avons parlé ci-dessus, revenons maintenant à raconter ce que nous avions le projet de dire sur les comtes de Flandre.

CHAPITRE XVI.

De la mort de Guillaume, comte de Flandre.

HENRI, roi des Saxons et empereur des Romains, donna le comté de Cambrai au susdit Robert, comte de Flandre ; et celui-ci lui en fit hommage de fidélité. Or ce Robert eut deux fils, savoir, Robert et Philippe. Robert, surnommé le Hiérosolymitain, parce qu'il assista à la prise de Jérusalem par les Chrétiens, eut pour fils Baudouin, qui lui succéda. Ce même Baudouin étant mort des suites d'une blessure qu'il avait reçue en un certain combat auprès du château d'Eu, en Normandie, Charles, son cousin, lui succéda.

Celui-ci fut tué par trahison, comme je l'ai déjà dit, et alors le comté de Flandre passa, ainsi que je l'ai raconté ci-dessus, à Guillaume, fils de Robert, duc de Normandie. Mais Guillaume ne vécut que peu de temps après cet événement, et fut blessé à mort en livrant assaut à un certain château. Il mourut le 27 juillet, l'an 1128 de l'Incarnation du Seigneur, et fut enseveli dans l'église de Saint-Bertin le Confesseur. Il eut pour successeur Thierri d'Alsace, parent des comtes précédens. Henri, roi des Anglais, lui donna en mariage la sœur de Geoffroi Martel, comte d'Anjou. Or Robert, duc de Normandie, et père du susdit Guillaume, mourut en Angleterre, à Bristol, château possédé par Robert comte de Glocester son neveu, à qui le roi Henri en avait donné la garde. Robert mourut le 10 février, l'an 1134 de l'Incarnation du Seigneur, et fut enseveli dans l'église de Saint-Pierre de Glocester. Ayant dit ces choses en anticipant un peu sur les temps, reprenons maintenant la suite de notre récit.

CHAPITRE XVII.

Mort de Philippe, roi des Français, qui eut pour successeur Louis, son fils. — De l'origine des comtes d'Evreux et de leur postérité.

Vers ce temps Philippe, roi des Français, sortit de la vie de ce monde, et Louis son fils lui succéda.

Guillaume, archevêque de Rouen, étant mort aussi, Geoffroi, doyen du Mans, obtint ce siége pontifical.

Peu de temps s'était écoulé lorsque Guillaume, comte d'Evreux, mourut. Et puisque je viens de parler de cette ville, je veux dire en peu de mots quelle fut d'abord l'origine de ses comtes. Robert, fils de Richard I, duc de Normandie, et de plus archevêque de Rouen et comte de la ville d'Evreux, se maria comme tout autre laïque, et contre l'usage des ecclésiastiques, et eut deux fils, savoir, Richard, qui lui succéda dans son comté, et Raoul de Gacé. Or le comte Richard eut de la veuve de Roger du Ternois, lequel avait été tué dans un combat, un fils, Guillaume, celui dont j'ai parlé ci-dessus, et qui lui succéda, et une fille qui fut mariée à Simon de Montfort, et de qui naquirent Amaury et Berthe sa sœur. Avant d'épouser cette femme, Simon avait eu déjà deux autres femmes. De la première il avait eu son fils le premier né, également appelé Amaury, et une fille nommée Elisabeth. Cet Amaury ayant été tué, Raoul du Ternois... [1].

CHAPITRE XVIII.

Des querelles survenues entre le roi Henri et Amaury, comte de la ville d'Evreux.

. . . .

[1] La fin de ce chapitre, les chapitres suivans, XVIII, XIX et XX, et le commencement du chapitre XXI manquent, même dans le manuscrit de l'abbaye de Jumiège.

CHAPITRE XIX.

De la guerre entre Louis, roi des Français, et Henri, roi des Anglais.

. . . .

CHAPITRE XX.

Comment le roi Henri retourna en Angleterre après avoir fait la paix avec le roi Louis ; et de la mort de Guillaume son fils.

. . . .

CHAPITRE XXI.

De la querelle survenue entre ce même roi et Galeran, comte de Meulan ; et comment elle fut terminée.

.... Or, à la droite des ennemis, les troupes s'étant avancées en ordre de bataille avec les archers à cheval, qui étaient en très-grand nombre dans l'armée du roi, il s'éleva des deux côtés de grands cris, comme il arrive ordinairement au commencement d'une bataille. Mais avant que les corps des chevaliers se fussent rencontrés, le parti du comte était presque entièrement détruit par la vigueur des archers, qui l'écrasèrent d'une grêle de flèches, vers le côté droit où les ennemis n'avaient pas de boucliers pour se défendre. Il serait trop long d'entrer dans les détails de cette affaire, et, pressé de passer à un autre sujet, je me hâte d'en rapporter seulement l'issue.

Peu après que le combat eut été engagé, le comte Galeran fut fait prisonnier, et l'on prit aussi tous ces riches et nobles chevaliers qui suivaient ses bannières. Quelques-uns d'entre eux cependant, après être tombés aux mains de leurs ennemis, se sauvèrent par la fuite, du consentement de ceux de leurs parens qui combattaient dans l'armée royale. Parmi ces derniers, furent Amaury, comte d'Evreux, et Guillaume Louvel, d'Ivry. Cette bataille fut livrée par les généraux de Henri, roi des Anglais, contre Galeran, comte de Meulan, l'an 1124 de l'Incarnation du Seigneur, et le 26 mars, non loin du lieu que l'on appelle le bourg de Turold.

CHAPITRE XXII.

Avec quelle habileté le même roi gouverna paisiblement tous ses domaines.

Le comte Galeran et ses compagnons ayant été chargés de fers, le roi Henri fit détruire de fond en comble la tour de Watteville. S'étant emparé ensuite du château de Brionne de vive force plutôt que par l'effet d'une soumission volontaire, il punit de la perte de ses yeux celui qui l'avait occupé long-temps, depuis la captivité du comte. Aussi ceux qui tenaient encore le château de Beaumont en furent-ils effrayés, et pour ne pas éprouver un pareil traitement, ils le rendirent au roi. Ayant ainsi apaisé toutes ces séditions, le roi réunit à ses domaines tant les terres du comte que les terres de ceux qui avaient été pris avec lui. Quelques années après, il pardonna cependant au comte Galeran, le délivra de ses fers, et lui permit de jouir du revenu de ses terres, se réservant seulement la garde de ses forteresses. Quelques-uns de ses compagnons de captivité demeurèrent dans les fers tant que le roi demeura lui-même dans ce monde. Or depuis le jour où le comte de Meulan fut fait prisonnier dans la bataille dont j'ai parlé ci-dessus, et durant les dix années que le roi Henri vécut encore, la paix la plus complète régna tant dans le duché de Normandie que dans le royaume d'Angleterre, quoique son neveu Guillaume fît tous les efforts possibles pour la troubler, pendant le peu de temps qu'il occupa le comté de Flandre. Mais ce sage roi était supérieur à presque tous les princes de son temps autant par sa bonté que par ses richesses; par l'une de ces qualités, savoir sa bonté, il était plein de condescendance pour les églises, les monastères et tous les hommes pauvres de ses terres; par l'autre, savoir par l'infinie quantité de ses richesses, il opposait sur divers points, à ses ennemis les plus rapprochés, de nombreuses compagnies de chevaliers chargés de repousser par la force des armes les brigandages qui pourraient être commis contre les églises ou les pauvres. Aussi arriva-t-il très-rarement que les terres de cet illustre roi Henri, situées dans le voisinage d'autres provinces, fussent exposées à des aggressions ennemies, et bien moins encore celles qui en étaient plus éloignées, parce que, comme je viens de le dire, les nombreux chevaliers que ce très-excellent prince entretenait dans l'aisance à ses frais, et qu'il honorait de ses présens, repoussaient toutes les entreprises hostiles.

CHAPITRE XXIII.

Ce que fit le roi, par amour pour la justice, contre les changeurs pervers, dans presque toute l'Angleterre.

Je vais rapporter une chose qui arriva dans le temps où durait encore la querelle survenue entre le roi et le comte de Meulan, par où l'on verra apparaître et la sévère justice de ce roi contre les injures et son mépris pour l'argent, à côté de la droiture de ses intentions.

Tandis donc que le roi était en Normandie, occupé des affaires de la guerre, il arriva que, je ne sais par quel excès de perversité, presque tous les changeurs du royaume d'Angleterre fabriquèrent une monnaie d'étain, dans laquelle ils firent entrer un tiers d'argent au plus, tandis qu'elle devait être entièrement en argent. Cette fausse monnaie fut transportée en Normandie, et les chevaliers du roi en ayant reçu par hasard en paiement de leur solde, et n'ayant pu en faire usage pour leurs achats, attendu qu'elle n'était pas bonne, portèrent plainte au roi de cette falsification. Le roi donc irrité, et de l'insulte faite à ses chevaliers, et bien plus encore de cette violation de la justice, rendit une sentence, mandant et ordonnant à ceux qu'il avait laissés en sa place en Angleterre qu'ils eussent à punir de la perte de la main droite et des parties génitales tous les changeurs qui seraient justement reconnus coupables d'un tel crime. O homme défenseur de la justice et sévère à punir l'iniquité! Oh! s'il eût voulu accepter une rançon pour les membres de tant d'hommes criminels, combien de milliers de talens il eût pu gagner! Mais, ainsi que nous avons dit, il dédaigna l'argent, par amour pour la justice.

CHAPITRE XXIV.

De la mort de Guillaume, abbé du Bec, et des bonnes qualités du vénérable Boson, son successeur.

En ce temps mourut Guillaume, abbé du Bec, qui eut pour successeur le seigneur Boson, au sujet duquel on a demandé ce qui lui a le plus mérité le respect et l'illustration parmi les hommes, ou de sa grande habileté pour les affaires du siècle et pour les affaires de la religion, ou de sa soumission toute particulière aux lois de la vie monastique. Plusieurs hommes puissans, brillans des dignités du siècle ou de celles de l'Eglise, vivaient avec lui dans la plus intime familiarité, le respectant comme un père, le craignant comme un précepteur, l'aimant comme un frère ou un fils. Ils lui confiaient le soin de leur ame, ils en faisaient comme une sentinelle, à l'aide de laquelle ils surveillaient tous les ordres ecclésiastiques. Aussi la vigilance assidue d'un tel homme, à qui sa sagesse et sa sainteté donnaient une très-grande autorité, était-elle propre à inspirer aux princes une parfaite sécurité pour ces objets de leur tendre sollicitude. Comme je viens de le dire, le roi Henri, ou plutôt l'assentiment unanime de l'assemblée générale, le fit abbé du monastère du Bec, quoiqu'il s'en défendît autant par humilité que par crainte de se charger d'un poste trop élevé. Les abbés, les monastères, les synodes, les cours le vénèrent comme un homme sage autant qu'éloquent, juste autant que rempli de prudence. Il se plaît à commander à ses sens, et ne se livre à aucun excès; jamais il n'accorderait rien à l'argent ou à la faveur, soit qu'il prononce une sentence en justice, soit qu'il dise son avis dans le conseil. Il se montre à la fois doux et sévère, et toujours de la manière la plus convenable; il ne paraît ardent à persécuter aucun homme, il n'est ennemi de personne, mais il poursuit partout tous les vices.

Maintenant, et pour ne pas m'éloigner plus longtemps de ce qui concerne l'illustre roi Henri, je vais raconter ce que j'ai promis de dire sur sa fille Mathilde, l'auguste impératrice.

CHAPITRE XXV.

Comment, après la mort de l'empereur Henri, sa veuve Mathilde l'impératrice étant revenue en Angleterre, le roi Henri, son père, la donna en mariage à Geoffroi, duc d'Anjou, qui eut d'elle trois fils, Henri, Geoffroi et Guillaume.

Henri iv, empereur des Romains, étant mort avant d'être devenu vieux et l'an 1125 de l'Incarnation du Seigneur, le très-puissant roi des Anglais, Henri, envoya ses grands auprès de sa fille Mathilde l'impératrice, et la fit ramener en Angleterre, en lui rendant de grands honneurs. Les très-illustres princes de la cour romaine, qui avaient connu sa sagesse et la régularité de sa conduite, du vivant de l'empereur son époux, desiraient vivement qu'elle continuât à les gouverner; c'est pourquoi ils vinrent à sa suite, à la cour du roi son père, pour le solliciter à ce sujet. Mais le roi n'ayant point consenti à cette demande (car sa volonté était qu'elle lui succédât après sa mort dans le royaume d'Angleterre, en vertu de ses droits héréditaires), prescrivit que les évêques, les archevêques, les plus puissans parmi les abbés, aussi bien que les comtes et les grands de tout son royaume lui engageassent leur foi par les sermens les plus formels, s'obligeant à employer toutes leurs forces pour qu'après la mort de son père, la susdite impératrice fût maintenue en possession de la monarchie de la Grande-Bretagne, que l'on appelle maintenant Angleterre. Il n'est point de mon sujet de dire s'ils ont ou non tenu ces engagemens. Dans la suite du temps, le roi desirant mettre un terme à l'inimitié importune de Foulques, comte d'Anjou, de Tours et du Mans (car ils étaient depuis long-temps en querelle pour divers motifs), surmonta la résistance de sa fille l'impératrice, et la donna en mariage à Geoffroi Martel, fils du susdit Foulques, et qui lui succéda dans son comté, lorsque Foulques fut devenu roi de Jérusalem. Le marquis Geoffroi eut de sa femme trois fils, Henri, Geoffroi Martel et Guillaume, héritiers légitimes du royaume d'Angleterre, non seulement par le roi Henri leur grand-père, mais aussi par la reine Mathilde leur aïeule; car l'un et l'autre époux, Geoffroi et l'impératrice Mathilde, étaient également proches parens, quoique de divers côtés, des précédens rois d'Angleterre, ainsi qu'on peut le voir dans le livre qui a été écrit sur la vie de la reine Mathilde. Il est possible que nous transcrivions ce livre à la suite de cet ouvrage, tant pour faire connaître les faits qui y sont rapportés que pour honorer la mémoire, et de la mère, au sujet de laquelle ce livre a été écrit, et de la fille, pour qui il a été écrit.

CHAPITRE XXVI.

Comment les rois des Français descendent de la famille des comtes d'Anjou.

Nulle personne, pas même l'impératrice elle-même, ne saurait trouver mauvais que ladite impératrice,

après avoir partagé la couche de l'empereur, ait été unie en mariage au comte d'Anjou. Quoique la dignité du comte d'Anjou fût sans doute beaucoup moins grande que celle de l'empereur romain, ceux qui examineront l'histoire des rois de France y trouveront cependant combien est illustre la race à laquelle appartiennent les comtes d'Anjou. On y verra en effet que les rois des Français qui de notre temps gouvernent ce royaume, sont issus de la race des susdits comtes. On trouve dans le livre *des Gestes des rois de France*, après le récit de la mort de Charles-le-Chauve, sinon les termes précis que je vais rapporter, du moins leur sens bien exact : « Après la
« mort de Louis, fils de Charles-le-Chauve, Charles-
« le-Simple, son fils, était encore enfant, et ne pouvait
« nullement tenir les rênes du royaume : les deux
« fils de Robert, comte d'Anjou, homme de race
« saxonne, étaient vivans, savoir, le prince Eudes,
« à la garde duquel Louis avait confié son fils Charles,
« et Robert, frère d'Eudes. Les Bourguignons et les
« Aquitains élurent pour leur roi le susdit Eudes,
« qui gouverna très-bien le royaume des Français pen-
« dant treize ans, et le défendit vigoureusement con-
« tre les Danois qui, à cette époque, dévastaient les
« Gaules. Eudes étant mort, Charles-le-Simple re-
« couvra son royaume, et Robert, frère d'Eudes, fut
« fait, sous ce même Charles, prince des Français.
« Mais comme on ne lui rendit pas cette portion de
« la principauté que son frère Eudes possédait avant
« d'être élu roi, Robert se révolta contre le roi Char-
« les, reçut lui-même l'onction royale, régna un an,
« et fut tué à la bataille de Soissons, livrée par l'ar-

« mée de Charles-le-Simple. Après lui cependant,
« son fils Hugues-le-Grand, né de la fille de Héribert,
« comte de Péronne, fut fait aussi prince des Français.
« Cet Héribert s'empara par trahison de la personne
« de Charles-le-Simple, au moment où il revenait
« vainqueur, après la susdite bataille, et Charles
« mourut son prisonnier. Or le susdit Hugues-le-
« Grand ayant épousé la fille d'Othon, roi des Saxons,
« et plus tard empereur des Romains, eut de ce ma-
« riage Hugues-Capet et ses frères. Et ce Hugues,
« lorsque la race de Charlemagne se trouva éteinte,
« reçut l'onction, et devint roi des Français. De son
« vivant, et même la première année de sa royauté,
« Hugues s'adjoignit son fils Robert, roi très-pieux et
« très-versé dans la connaissance des lettres, par les
« soins de Gerbert, moine philosophe, qui devint en-
« suite pape de Rome. » Voilà ce que j'ai voulu ex-
traire du livre des *Gestes des Francs*, pour l'insérer
dans cet écrit, faire connaître à ceux qui l'ignorent la
noblesse des comtes d'Anjou, et leur montrer que la
troisième famille des rois de France (car, à partir du
commencement de cette monarchie, plusieurs familles
lui ont successivement fourni des rois) descend en
effet, comme je l'ai dit, de cette race des comtes
d'Anjou. Il n'y a donc rien d'inconvenant à ce que la
fille du roi des Anglais ait été unie en mariage à un
homme aussi proche parent des rois des Français. Je
reviens maintenant à mon sujet.

CHAPITRE XXVII.

Comment la susdite impératrice, étant tombée malade, donna très-dévotement ses trésors à diverses églises et aux pauvres.

La susdite impératrice, Mathilde, étant une fois tombée malade à Rouen, rendit témoignage de sa sagesse et de sa religion, tant pour les hommes du temps présent que pour ceux des temps à venir. Elle distribua d'une main généreuse, tant aux églises des diverses provinces qu'aux religieux des deux sexes, aux pauvres, aux veuves et aux orphelins, non seulement les immenses trésors de l'Empire, qu'elle avait apportés avec elle d'Italie, mais en outre ceux que la munificence du roi, ou plutôt de son père, lui avait alloués sur les richesses inépuisables des Anglais ; à tel point qu'elle ne voulut pas même garder un matelas en soie sur lequel elle était couchée durant sa maladie, et que, l'ayant fait vendre, elle ordonna d'en remettre le prix aux lépreux. Toutefois elle se montra, dans cette distribution, plus généreuse pour l'église du Bec que pour beaucoup d'autres monastères de la Neustrie, si même on ne doit dire pour tous les autres. Elle donna à cette église diverses choses infiniment précieuses, tant par la matière que par le travail, les plus chères que possédât la ville de Bysance, et qui doivent subsister honorablement jusqu'à la fin des siècles, pour rappeler à jamais l'affection et le zèle de cette auguste impératrice envers cette église, et pour entretenir plus vivement le souvenir de cette illustre dame dans les cœurs de tous ceux qui habitent en ce lieu. Il serait trop long de décrire ou même d'indiquer toutes ces choses par leurs noms. Les hôtes les plus considérables, et qui ont vu souvent les trésors des plus nobles églises, se font un plaisir d'admirer ces objets. Un Grec ou un Arabe passerait en ces lieux, et éprouverait le même sentiment de plaisir. Nous croyons donc, et il est très-permis de croire, que le plus équitable de tous les juges lui rendra au centuple, non seulement dans le siècle futur, mais même dans le siècle présent, ce qu'elle donne avec joie à ses serviteurs avec autant de générosité que de dévotion. Il n'est pas douteux qu'elle a déjà reçu une récompense dans le temps présent, lorsque, sa maladie s'étant apaisée, elle est rentrée dans les voies de la sainteté par la miséricorde de Dieu, et lorsque ses moines, les moines du Bec (qui priant plus ardemment et plus assidûment que tous les autres pour le rétablissement de sa santé, s'étaient eux-mêmes presque entièrement épuisés à force de supplications), ont été également visités du souffle bienfaisant d'une meilleure santé, et se sont parfaitement rétablis.

CHAPITRE XXVIII.

Comment, lorsqu'elle désespérait de sa vie, elle demanda au roi la permission d'être ensevelie au Bec; et de l'affection qu'elle avait pour cette église. — Comment elle recouvra la santé.

Nous ne devons point passer sous silence, et même, pour mieux dire, nous devons tracer en caractères ineffaçables, afin de le transmettre aux siècles à venir, ce fait, qu'avant d'être entrée en convalescence, l'impératrice Mathilde avait demandé à son père de permettre qu'elle fût ensevelie dans le monastère du Bec. Son père l'avait d'abord refusé, disant qu'il ne serait pas digne de sa fille, l'impératrice auguste, qui, une première et une seconde fois, avait marché dans la ville de Romulus, capitale du monde, la tête décorée du diadème impérial par les mains du souverain pontife, d'être inhumée dans un simple monastère, quelles que fussent la célébrité et la réputation religieuses de cette maison, et qu'il convenait mieux qu'elle fût du moins transportée dans la ville de Rouen, métropole de toute la Normandie, et déposée dans l'église principale, où avaient été placés aussi ses ancêtres, Rollon et Guillaume Longue-Épée son fils, qui avaient conquis la Neustrie par la force de leurs armes. Ayant appris cette décision du roi, l'impératrice Mathilde lui envoya de nouveau un messager, pour lui dire que son ame ne serait jamais heureuse si elle n'obtenait que sa volonté fût du moins accomplie en ce point. O femme remplie de force et de sagesse, qui dédaignait la pompe du siècle pour le sépulcre de son corps! Elle savait en effet qu'il est plus salutaire pour les ames des défunts que leurs corps soient ensevelis aux lieux où des prières plus fréquentes et plus pieuses sont offertes pour elles au Seigneur. Vaincu par la sagesse et la piété de son auguste fille, le père, qui était accoutumé à vaincre les autres en vertu et en piété, céda, et lui accorda la permission qu'elle sollicitait pour se faire ensevelir au Bec. Mais Dieu voulut, comme je l'ai déjà dit, qu'elle recouvrât entièrement la santé. Ayant donc, ainsi qu'il était convenable, rapporté toutes ces choses touchant l'impératrice Mathilde, je parlerai en peu de mots des autres enfans du roi Henri, quoiqu'ils fussent nés d'une manière moins honorable; et seulement pour faire connaître les principaux faits qui se rapportent à eux.

CHAPITRE XXIX.

Comment le roi Henri épousa Adelise, après la mort de sa femme Mathilde; et des enfans qu'il eut d'ailleurs, dont le premier-né fut Robert, comte de Glocester, qui obtint l'héritage de Robert, fils d'Aimon, et sa fille.

La seconde Mathilde, reine des Anglais, et mère de l'impératrice, étant morte, comme je l'ai rapporté plus haut, le roi Henri épousa Adelise, fille de Godefroi, comte de Louvain, et cousine d'Eustache, comte de Boulogne; mais il n'eut point d'enfant de ce mariage. Le même roi cependant eut six fils et sept filles, nés, ainsi que je viens de le dire, d'une manière moins honorable. Or son premier né, nommé Robert, fut marié par son père à une très-noble jeune fille, nommée Sibylle, fille de Robert, fils d'Aimon, et petite-fille, par sa mère Mabille, de Roger de Mont-Gomeri, père de Robert de Bellême, et en même temps son père lui concéda le très-vaste héritage qui appartenait à cette jeune fille en vertu de ses droits, tant en Normandie qu'en Angleterre. Robert eut de ce mariage cinq fils, savoir Guillaume son fils premier-né, et ses quatre frères, et en outre une fille. Or l'héritage que Robert obtint en même temps que la main de cette jeune fille, avait pour chef-lieu le bourg que l'on appelle Thorigny, situé sur les confins des comtés de Bayeux et de Coutances, à deux milles environ en deçà de la rivière de la Vire, qui sépare ces deux comtés. Après qu'il eut pris possession de ses droits, Robert, le fils du roi Henri, mit cette place à l'abri de toute tentative ennemie, en faisant construire de hautes tours et des remparts très-solides, en creusant des fossés taillés sur la montagne dans le roc vif, et en l'entourant de tous côtés de grandes piscines où l'on recueillait les eaux. Et quoique le territoire environnant soit peu propre à produire beaucoup de grains, le bourg de Thorigny est cependant très-peuplé, il y a des marchands de toutes sortes d'objets, il est orné de beaucoup d'édifices, tant publics que particuliers, et l'or et l'argent y sont en abondance. Le roi donna en outre à son fils la terre d'Aimon, le porte-mets, oncle paternel de son épouse. De plus, et comme il n'eût pas suffi que le fils du roi possédât de vastes domaines, s'il n'avait en même temps un nom et les honneurs d'une dignité publique, son père lui donna, dans sa bonté, le comté de Glocester. Richard, frère de ce comte Robert, comme fils du même père, périt avec son frère Guillaume dans le naufrage dont j'ai déjà parlé. Les autres trois frères, savoir, Rainaud, Robert et Gilbert, sont encore jeunes et sans établissement. Le quatrième, savoir Guillaume de Tracy, sortit de ce monde peu de temps après la mort de son père. L'une des filles du roi, nommée Mathilde, épousa le comte du Perche, Rotrou, et lui donna une fille. Cette même Mathilde se noya dans la suite avec ses frères, lors du même naufrage. Une autre fille du roi, également appelée Mathilde, fut donnée en mariage à Conan, comte de la Petite-Bretagne, qui eut d'elle un fils nommé Hoel, et deux filles. La troisième fille du roi, Julienne, fut mariée à Eustache de Pacy, dont elle eut deux fils, Guillaume et Roger. La quatrième épousa Guillaume Goel. La cinquième se maria avec le vicomte de Beaumont, dont le château est situé dans le pays du Mans. La sixième a épousé Matthieu, fils de Burchard de Montmorency. La septième, fille d'Elisabeth, sœur de Galeran, comte de Meulan, n'est pas encore mariée.

CHAPITRE XXX.

Geoffroi, archevêque de Rouen, qui depuis long-temps avait succédé à Guillaume, étant mort, Hugues, abbé de Radinges, fut promu à ce siége.

Vers ce même temps, Geoffroi, archevêque de Rouen, étant décédé, Hugues, premier abbé de Radinges, lui succéda. Peu de temps s'était écoulé, lorsque le pape Innocent II vint à Rouen pour visiter le roi Henri, lequel l'accueillit et le traita avec les plus grands honneurs, comme il était convenable à l'égard du seigneur apostolique. Long-temps auparavant, le même roi avait également reçu royalement, dans son château de Gisors (situé sur les limites de son duché), et renvoyé chargé de riches présens le pape Calixte, qui s'était rendu auprès de lui pour traiter des affaires de l'Eglise.

CHAPITRE XXXI.

Des châteaux que le roi Henri bâtit dans son duché de Normandie. — Comment il maintint la paix par sa sagesse, non seulement dans ses États, mais encore dans des contrées très-éloignées.

Or le roi Henri fit construire un grand nombre de châteaux, tant dans son royaume que dans son duché, et répara presque toutes les forteresses bâties par ses prédécesseurs, et même les villes les plus antiques. Voici les noms des châteaux qu'il éleva en Normandie sur les confins de son duché et des provinces voisines :

Driencourt, Neufchâtel, sur les bords de la rivière d'Epte, Verneuil, Nonancourt, Bon-Moulins, Colme-Mont[1], Pontorson et d'autres encore, que je m'abstiens de nommer, pour ne pas m'arrêter plus long-temps.

Par un effet de la sagesse et de la bonté que Dieu lui avait accordées, le roi maintint la paix, non seulement dans ses terres, mais même dans les royaumes éloignés. Il tenait tellement sous le joug les gens du pays de Galles, toujours rebelles contre les Anglais, que, non seulement lui-même, mais aussi tous ses vassaux, faisaient construire des forteresses dans toute l'étendue du pays, en dépit de ses habitans, et que, de son vivant, eux-mêmes n'en possédaient aucune directement, si ce n'est le mont appelé dans la langue des Anglais *Snowdown*, c'est-à-dire, montagne neigeuse, parce qu'en effet il y a constamment de la neige. Il n'y a qu'un seul point sur lequel quelques personnes aient trouvé ce roi répréhensible, et même avec justice, au dire de beaucoup de gens. Comme il tenait en ses mains les châteaux de quelques-uns de ses barons, et même de quelques seigneurs, dont les possessions étaient limitrophes de son duché, afin que ceux-ci ne pussent, dans l'excès de leur confiance, faire quelque tentative pour troubler la paix de son Empire, le roi les faisait quelquefois environner de murailles et garnir de tours, comme s'ils lui eussent appartenu en propre. Beaucoup de gens ne savaient pas quelles étaient ses intentions en agissant ainsi ; et c'est pourquoi on l'en blâmait beaucoup.

---

[1] Le texte porte *Colmiæ-Mons*; peut-être faut-il traduire Colimer, ou mieux encore, Coulibœuf; Coulonge ; ce sont autant de bourgs de Normandie.

CHAPITRE XXXII.

Des églises et des monastères que le roi a bâtis; de ses largesses envers les serviteurs du Christ, et de ses autres œuvres pies.

Or cet illustre roi Henri dont nous rapportons ici les actions, fut très-généreux non seulement pour les puissans de ce monde, mais encore, ce qui est bien plus grand et plus utile, pour les religieux. C'est ce qu'attestent les évêques, les abbés, les moines pauvres, les congrégations de religieuses, non seulement de France et d'Aquitaine, mais aussi de Bourgogne et d'Italie, qui recevaient tous les ans de lui de très-grands secours. Ce roi fit élever en Angleterre, à partir des fondations, l'abbaye de Sainte-Marie de Reading[1] sur le fleuve de la Tamise, et l'ayant enrichie d'ornemens et de propriétés, il y établit des moines de l'ordre de Cluny. Il construisit aussi une autre église à Chichester, en l'honneur de saint Jean, y plaça des chanoines réguliers, et leur fournit en suffisance tout ce dont ils avaient besoin. De même, en Normandie et à Rouen, il fit presque entièrement terminer l'église de Sainte-Marie-du-Pré, commencée depuis long-temps par sa mère; il y fit construire un couvent, institua des offices de moines en nombre suffisant, orna ce lieu d'une enceinte de murailles, et lui donna de précieux ornemens et quelques domaines tant en Normandie qu'en Angleterre, pour l'usage de ceux qui s'y consacreraient au service de Dieu : et même s'il eût vécu plus long-temps, il lui eût

---

[1] Connue en France sous le nom de Sainte-Marie de Radinges.

fait de plus grands dons, selon ce qu'il avait promis. Comme ce lieu appartenait à l'église du Bec, attendu qu'il était le patrimoine du seigneur Herluin, premier abbé et fondateur du monastère de ce nom, le roi y établit des moines du Bec, pour le service de Dieu; car il honora toujours et vénéra merveilleusement les abbés et les moines de cette église, et plus particulièrement encore le seigneur Boson, abbé. Nous nous souvenons nous-mêmes d'en avoir vu la preuve, lorsque ce roi donnait tous les ans à cet homme vénérable de fortes sommes d'argent pour l'assister dans l'entretien de sa congrégation, et pour l'aider à recevoir ses hôtes, que cet abbé accueillait et honorait admirablement bien, pour ne pas dire plus que ne lui permettaient ses forces, et selon l'étendue de sa charité plutôt que selon ses ressources. Et quoique le roi dans sa munificence ne fît pas de telles largesses seulement à cause de cet abbé, mais aussi à cause de la bonne réputation des moines, aux prières desquels il se recommandait sans cesse, directement ou par l'entremise d'un messager, il est cependant certain que le roi honora cet abbé plus que ses prédécesseurs, puisque du temps de son gouvernement il donna très-dévotement à l'abbaye du Bec quelquefois cent livres d'argent, beaucoup plus souvent cent marcs du même métal, tandis qu'auparavant cette même église recevait tout au plus en dons le quart des sommes ci-dessus indiquées. Le roi disait en outre que l'abbé Boson était supérieur à tous les autres hommes de son royaume, et par sa sainteté, et par sa sagesse pour les affaires spirituelles, et pour celles du siècle; et non seulement il le disait, mais il prouvait aussi par ses œuvres qu'il le pensait, surtout durant les deux années qui précédèrent la mort de ce saint homme, et pendant lesquelles, comme il était accablé d'infirmités, le roi ne passait jamais dans le voisinage sans se détourner de son chemin pour venir lui faire une visite, et sans lui accorder avec empressement tout ce que l'abbé lui demandait pour les besoins de son monastère ou d'un autre.

Quelques maisons destinées aux serviteurs de Dieu furent en outre construites par les conseils et les libéralités de cet illustre roi, tant dans son royaume que dans des pays qui en étaient éloignés. Ainsi, sans parler d'églises moins importantes, le roi fit bâtir en grande partie et à ses frais l'église de Cluny, et lui assigna d'immenses possessions en Angleterre pour le salut de son ame. Il en fit autant pour l'église de Saint-Martin-des-Champs. Il fournit aussi quelques secours pour la construction de quelques bâtimens de service pour les moines de Tours, et voulut même leur faire bâtir un dortoir à lui seul et entièrement à ses dépens, pour leur laisser un souvenir. Il fit terminer en outre par les dons de sa munificence un hôpital établi à Chartres pour les lépreux de cette ville, édifice très-vaste et très-beau. Ses largesses inépuisables ouvrirent de plus un chemin à travers les montagnes des Alpes, jusqu'alors impraticables, pour la commodité de ceux qui allaient visiter les temples des Apôtres et les reliques des saints. Dirai-je encore que dans sa dévotion il envoyait tous les ans de nombreux secours, tant en armes qu'en autres objets nécessaires aux chevaliers du Temple de Jérusalem, qui combattent avec ardeur pour la défense de la religion chrétienne contre les Sarrasins? Il donna aussi à l'hôpital de Jérusalem une certaine terre située dans le pays d'Avranches, et dans laquelle ces serviteurs du Christ construisirent un village qu'ils appellent la *Ville-Dieu*, lequel a reçu de grands priviléges de la munificence de ce roi. Je ne dirai point que l'église de la bienheureuse Marie dans la ville d'Evreux, détruite par ce roi, pour ainsi dire par une sorte de pieuse cruauté, et reconstruite tout à neuf, surpasse de beaucoup en beauté presque toutes les églises de la Neustrie. J'ai déjà rapporté que cette ville avait été brûlée par le roi lors de ses querelles avec Amaury, et que l'église épiscopale de ce siége n'avait pu être préservée des ravages de l'incendie; mais dans la suite le roi concéda de si grands revenus à cette même église, que non seulement l'édifice fut reconstruit mieux qu'il n'était auparavant, mais qu'en outre les revenus de l'évêché lui-même se trouvèrent dès lors et à jamais considérablement augmentés.

CHAPITRE XXXIII.

De la mort du roi; et comment son corps fut transporté en Angleterre et enseveli à Reading.

Il serait trop long de rapporter en détail tous les témoignages de la piété de ce roi, et en ce qui concerne le gouvernement des affaires publiques, tous les actes qui firent éclater sa sagesse et sa valeur. L'église et ses pauvres, la cour de justice non seulement de l'Angleterre, mais celles des provinces éloignées, et tous leurs grands sont des témoins vivans qui peuvent l'attester. Quant à nous, n'oubliant point les bienfaits dont nous avons été si généreusement comblé tant par lui que par sa fille Mathilde, l'auguste impératrice, et ne voulant point paraître ingrat (quoique nous n'omettions point de lui rendre témoignage de notre reconnaissance dans nos exercices spirituels, selon la mesure de nos facultés), nous nous sommes appliqué à recueillir, pour les hommes des temps présens et des temps à venir, des souvenirs qui pourront leur être utiles, s'ils ne dédaignent pas de les imiter, en rapportant sur ce roi quelques-unes des actions dont nous avons gardé la mémoire, parmi un grand nombre de faits que nous n'avons omis que parce qu'ils nous sont demeurés inconnus.

Or, après avoir long-temps gouverné son royaume, Henri, roi des Anglais et duc des Normands, mourut en Normandie, à la Ferme-Royale, située à Lions-la-Forêt, que l'on appelle par métonymie Saint-Denis, le quatre des nones de décembre (2 décembre), et l'an 1135 de l'Incarnation de notre Seigneur Jésus-Christ. Il régna trente-cinq ans et quatre mois en Angleterre, et gouverna son duché de Normandie pendant vingt-neuf ans et quatre mois. Son corps fut transporté en Angleterre, et honorablement enseveli dans l'église de Sainte-Marie de Reading, qu'il avait construite entièrement et à ses frais. Puisse le Christ, roi des siècles, lui accordant indulgence pour ses péchés, par les prières de sa mère, lui donner dans sa miséricorde les joies des bienheureux ; le Christ, qui vit avec le Père et le Saint-Esprit, Dieu régnant éternellement, aux siècles des siècles ! Amen.

Epitaphe du roi Henri.

« Combien les richesses donnent peu de forces, combien elles ne sont en elles-mêmes rien de bien important, c'est ce que montre le roi Henri, de son vivant grand ami de la paix ; car il a été plus riche que tous ceux qui ont été appelés comme lui à gouverner les peuples de l'Occident. Mais contre les poisons de la mort, à quoi lui ont pu servir les pierreries, les manteaux, les riches habits, les divers trésors de la terre, les châteaux ? La mort pâle et méchante, qui réserve un même sort aux hommes les plus obscurs, a porté le pied en avant, et est venue frapper à sa porte. Là, tandis que, dans la première nuit de décembre, la cruelle fièvre l'a enlevé au monde, les maux se sont accrus dans ce monde ; car, lorsque le père du peuple, celui qui était le repos et le tuteur du faible, l'homme pieux succombe lui-même, l'impie se livre à sa fureur, opprime, brûle. Que de l'autre côté donc le peuple Anglais pleure, que de ce côté le peuple Normand pleure aussi. Tu es tombé, Henri, qui faisais naguère la paix de ces deux peuples, et qui fais maintenant leur douleur. »

Autre Epitaphe.

« Ayant dompté les scélérats plus merveilleusement qu'on ne le saurait dire, par sa sagesse, par ses richesses, par sa fermeté, par des rigueurs bien mesurées, plein de beauté, infiniment riche, nullement difficile à vivre, vénérable, ici repose Henri roi, naguère la paix et la gloire du monde. »

Autre Épitaphe.

« Vainqueur dans les combats, ardent à recher-
« cher la paix, vengeur des crimes, protecteur du
« royaume, ami de la bonté, un roi connu dans tous
« les lieux de la terre est enfermé en ce petit lieu,
« Henri naguère, alors l'effroi du monde, maintenant
« un peu de cendre. »

CHAPITRE XXXIV.

Des quatre sœurs du susdit roi, entre autres d'Adèle qui avait épousé Etienne, comte de Blois, et des fils qu'elle en eut.

Je crois devoir, à la fin de ce petit ouvrage et par amour pour l'illustre roi Henri, dire quelques mots des filles de Guillaume 1er, roi des Anglais, et sœurs de ce même Henri, dont je viens de raconter quelques actions.

L'aînée de ces filles, nommée Cécile, vierge consacrée à Dieu dans le couvent de la Sainte-Trinité de la ville de Caen, gouverna ce couvent durant plusieurs années, après Mathilde qui en avait été la première abbesse.

La seconde, Constance, fut mariée à Alain Fergant, comte de la petite Bretagne, et fils d'Hoel, qui avait succédé à Conan, et mourut sans laisser d'enfans. D'où il arriva que ce même comte épousa ensuite la fille de Foulques Rechin, comte d'Anjou, de laquelle il eut Conan-le-Jeune, qui lui succéda, comme je l'ai déjà dit. Or Geoffroi Martel, homme d'une grande valeur, et fils aîné du susdit Foulques, comte d'Anjou, ayant été tué par trahison, celui-ci eut pour successeur son autre fils nommé Foulques, né d'une autre femme, nommée Berthe, sœur d'Amaury, comte d'Evreux. Ce dernier Foulques ayant épousé la fille d'Hélie, comte du Mans, et ayant eu ainsi le comté de ce dernier, eut de son mariage deux fils, savoir, Geoffroi Martel, dont nous avons déjà parlé plus haut, et Hélie, et autant de filles, dont l'une épousa Guillaume, fils de Henri, roi des Anglais, et prit l'habit de religieuse à Fontevrault, après la mort de son mari, et l'autre se maria avec Thierry, comte de Flandre. Ce même Foulques ayant perdu sa femme, se rendit à Jérusalem, y épousa la fille du roi Baudouin II, mort récemment, et devint le troisième roi de Jérusalem. Car, après la prise de Jérusalem par les Chrétiens, elle eut d'abord pour chef le duc Godefroi, frère d'Eustache, comte de Boulogne; mais Godefroi, par respect pour notre Rédempteur, qui dans cette même ville avait porté la couronne d'épines pour nos péchés, ne voulut jamais parer sa tête du diadême royal. Après sa mort, Baudouin, son frère, fut donc le premier roi de Jérusalem; un autre Baudouin, son neveu, lui succéda, et celui-ci eut pour successeur, comme nous venons de le dire, Foulques, comte d'Anjou, qui épousa sa fille.

La troisième fille du roi Guillaume fut Adelise, qui avait été fiancée avant les guerres d'Angleterre avec Harold le traître; mais celui-ci ayant été justement puni de mort, elle ne se maria à aucun autre, et mourut vierge, quoique en âge d'être mariée.

La quatrième, nommée Adèle, épousa Etienne, comte de Blois, et lui donna quatre fils, savoir, Guillaume, Thibaut, Henri et Etienne, et une fille. Or Guillaume, leur premier né, fut appelé par son père à l'honneur de gouverner le pays de Surrey. Sa fille fut mariée à Henri, comte d'Eu, fils du comte Guillaume, quoiqu'ils fussent très-proches parens, et ils eurent de ce mariage trois fils et une fille. Thibaut, second fils d'Etienne, homme recommandable en toutes choses, et qui, quoique laïque, portait une très-grande affection à tous les religieux, et les protégeait beaucoup, succéda à son père dans le comté de Blois, et posséda en outre le comté de Troyes, qu'il acheta de Hugues son oncle paternel, et le comté de Chartres. Il épousa la fille d'un certain comte de Bohême, et en eut plusieurs fils et filles. Henri, son frère, fut dès son enfance moine de Cluny, et dans la suite reçut en don de son oncle Henri, roi des Anglais, d'abord l'abbaye de Glaston, ensuite l'évêché de Winchester. Etienne, quatrième fils d'Adèle, fut fait par le même roi Henri comte de Mortain, e épousa par sa protection Mathilde, fille d'Eustache, comte de Boulogne, et nièce de la seconde Mathilde, reine des Anglais, comme fille de sa sœur Marie. Et comme cet Eustache n'avait point de fils, Etienne devint héritier, par sa femme, tant de son comté de Boulogne, que des grandes propriétés que son beau-père possédait en Angleterre. Il eut de sa femme Mathilde plusieurs fils et filles.

Or ce même Etienne fut fait roi des Anglais après la mort du roi Henri, son oncle. Lorsque ce roi mourut en Normandie, Mathilde, sa fille, auparavant impératrice, vivait dans le pays d'Anjou avec son époux Geoffroi, duc de ce même comté, et avec ses fils. Elle s'était retirée de Normandie peu de temps avant la mort de son père, ayant conçu un peu d'humeur contre celui-ci sur ce qu'il ne voulait pas se réconcilier pleinement avec Guillaume Talvas, quoique sa fille l'en suppliât très-instamment. Et ce n'était point pour témoigner quelque mépris à sa fille que le roi agissait ainsi; seulement il craignait d'être moins respecté par Guillaume ou par les autres grands, s'il se montrait trop empressé ou trop facile à lui pardonner ses offenses.

CHAPITRE XXXV.

Comment Roger de Mont-Gomeri était fils d'une descendante de la comtesse Gunnor; et quels furent les ancêtres de ce même Roger.

Or ce Guillaume Talvas était fils de Robert de Bellême, fils d'une fille de Gui, comte de Ponthieu. Ce Robert s'était rendu odieux au roi et à beaucoup d'autres hommes sages par son excessive cruauté. Il fut chargé de fers, et mourut en prison; et le roi Henri s'empara de son très-noble château de Bellême, et le donna à son gendre, Rotrou, comte du Perche. Le pays de Bellême n'appartenait pas au duché de Normandie, mais bien au royaume de France; mais depuis long-temps Philippe, roi des Français, avait donné la seigneurie de ce pays, ou selon d'autres l'avait vendue à son cousin, Guillaume l'Ancien, roi des

Anglais et duc de Normandie. Or Ives de Bellême, l'un des ancêtres de ce Robert, était un homme puissant et sage. Ce fut par ses conseils que Richard 1er, étant encore enfant, retenu sous la garde du roi des Français, s'échappa de captivité, avec l'assistance d'Osmond son écuyer. Cet Ives de Bellême eut pour fils Guillaume de Bellême, lequel donna le jour à un autre Guillaume, surnommé Talvas, et père de Mabille. Le comte Roger, fils de Hugues de Mont-Gomeri, épousa cette Mabille, et reçut d'elle l'héritage de son père, savoir tout ce que celui-ci possédait soit dans le pays de Bellême, soit dans le Sonnois, situé au-delà du fleuve de la Sarthe. Or ce Roger était né d'une descendante de la comtesse Gunnor, et avait lui-même du chef de sa mère d'immenses possessions dans diverses parties de la Normandie. Il eut de Mabille cinq fils et quatre filles. Robert de Bellême, son fils, lui succéda, homme scélérat en tout point, et qui eut de la fille de Gui, comte de Ponthieu, comme je l'ai dit plus haut, un fils, Guillaume Talvas, son successeur. Ce dernier eut deux fils et deux filles de son épouse Alix, qui avait été mariée auparavant au duc de Bourgogne. Son fils aîné, Gui, devint, du vivant de son père, comte de Ponthieu. L'une de ses filles fut mariée à Joel, fils de Gauthier de Mayenne, qui eut de ce mariage plusieurs fils. L'autre fille épousa Guillaume de Warenne, comte de Surrey. Roger de Mont-Gomeri, dont je viens de parler, prit part à la conquête de l'Angleterre, et reçut en don du roi Guillaume les comtés d'Arundel et de Salisbury.

CHAPITRE XXXVI.

*Relation du mariage de la comtesse Gunnor avec Richard I*er*, duc de Normandie.*

Et puisque je viens de faire mention de la comtesse Gunnor, à l'occasion de la mère de Roger de Mont-Gomeri, l'une des descendantes de cette comtesse, j'ai envie de consigner dans cet écrit, pour en perpétuer le souvenir, ce que j'ai appris d'hommes âgés sur la manière dont se fit le mariage de cette comtesse Gunnor avec le comte Richard.
Celui-ci, informé par la renommée de la beauté de la femme d'un sien forestier qui demeurait non loin du bourg d'Arques, dans un domaine appelé Secheville, alla à dessein chasser de ce côté, voulant s'assurer par lui-même de l'exactitude des rapports qu'on lui avait faits. S'étant donc logé dans la maison du forestier, et s'étant épris de la beauté de sa femme, qui se nommait Sainfrie, il commanda à son hôte de la lui amener dans sa chambre, pendant la nuit. Celui-ci, fort triste, rapporta ces paroles à sa femme; mais elle, en femme honnête, consola son mari, et lui dit qu'elle mettrait en sa place sa sœur Gunnor, jeune fille beaucoup plus belle qu'elle-même. Il fut fait ainsi; et le duc ayant été instruit de cette fraude, se réjouit infiniment de n'avoir pas péché avec la femme d'un autre. Robert eut donc de Gunnor trois fils et trois filles, comme je l'ai déjà dit dans le livre de cette histoire qui traite de la vie de ce duc. Mais

lorsque celui-ci voulut faire nommer l'un de ses fils, Robert, à l'archevêché de Rouen, quelques personnes lui répondirent que les lois canoniques s'y opposaient, attendu que sa mère n'avait pas été mariée. Pour ce motif le comte Richard épousa la comtesse Gunnor selon le rite chrétien, et ses fils déjà nés furent couverts du poêle, ainsi que leurs père et mère, lors de la cérémonie des fiançailles. Dans la suite, Robert devint archevêque de Rouen.

CHAPITRE XXXVII.

Comment la comtesse Gunnor donna ses sœurs et ses nièces en mariage aux plus nobles seigneurs de Normandie, et de la postérité que celles-ci laissèrent après elles.

Or cette comtesse Gunnor avait, outre sa sœur Sainfrie, deux autres sœurs, savoir Gueuve et Aveline. La première épousa par les soins de la comtesse, femme d'une grande sagesse, Turulfe de Pont-Audemer, lequel était fils d'un certain homme nommé Torf, qui a donné son nom à plusieurs domaines, que l'on appelle encore aujourd'hui Tourville. Ce Turulfe avait pour frère Turquetil, père d'Anquetil de Harcourt. Il eut de sa femme un fils, Honfroi de Vaux, père de Roger de Beaumont. La troisième sœur de la comtesse Gunnor fut mariée à Osbern de Bolbec, qui eut d'elle Gautier-Giffard 1er, et Godefroi, père de Guillaume d'Arques. Or ce Guillaume fut père de Mathilde, qu'épousa Guillaume de Tancarville le Camérier, et dont il eut un fils nommé Rabel, qui lui succéda. Le susdit Gautier épousa l'une des filles de Girard Flatel[1]. L'autre fille de celui-ci, nommée Basilie, veuve de Raoul de Gacé, se maria avec Hugues de Gournay, dont j'ai déjà parlé, en disant quels furent son héritage et sa postérité. Le même Gautier eut pour fils Gautier-Giffard le second, et plusieurs filles, dont l'une, nommée Rohais, épousa Richard, fils du comte Gilbert, lequel était fils de Godefroi, comte d'Eu, fils naturel de Richard 1er, duc de Normandie. Gilbert avait eu deux fils, le susdit Richard et Baudouin. Baudouin eut trois fils, savoir, Richard, Robert et Guillaume, et autant de filles. Richard, frère de Baudouin, eut de sa femme Rohais quatre fils, Gilbert, Roger, Gautier et Robert, et deux filles. L'une de celles-ci fut mariée à Rodolphe de Tilliers, et eut pour fils Fransvalon, Henri et Robert Giffard. Gilbert eut après la mort de son père les terres que celui-ci possédait en Angleterre, et Roger son frère eut les terres de Normandie. Ce même Gilbert épousa la fille du comte de Clermont, et en eut trois fils, Richard, qui lui succéda, Gilbert et Gautier, et une fille nommée Rohais. Richard épousa la sœur de Ranulfe le jeune, comte de Chester, et en eut trois fils, Gilbert, qui lui succéda, et ses frères. Ce Richard périt d'une mort prématurée, et fut tué par les gens du pays de Galles, qui se révoltèrent contre les Anglais, avec une fureur cruelle, lorsqu'ils apprirent la mort du roi Henri. Roger et Gautier, ses oncles paternels, étant morts sans enfans, Gilbert, fils de Gilbert, conformément à leurs volontés, entra en possession de leurs terres, par droit d'héritage. Ce

---

[1] Ou Fleitel.

même Gilbert épousa la sœur de Galeran, comte de Meulan, nommée Elisabeth, et en eut un fils, son premier né, nommé Richard [1]. Robert, fils de Richard, eut pour successeur son fils aîné, né de l'une des filles de Waldève, comte de Huntingdon. Ce Waldève avait eu trois filles de sa femme, fille de la comtesse d'Albemarle, laquelle était sœur utérine de Guillaume l'Ancien, roi des Anglais. L'aînée des filles de ce comte Waldève fut mariée à Simon de Senlis, qui reçut en même temps le comté de Huntingdon, et qui eut de sa femme un fils, nommé Simon. Le comte Simon étant mort, David, frère de la seconde Mathilde, reine des Anglais, épousa sa veuve, et en eut un fils, nommé Henri. Ses frères, Duncan et Alexandre, roi des Ecossais, ayant été assassinés, Henri s'empara de ce royaume. Une autre fille de Waldève, nommée Judith, fut mariée, comme je l'ai déjà dit, à Raoul du Ternois, et la troisième, ainsi que je viens de le dire, épousa Robert, fils de Richard.

Puisque j'ai parlé des sœurs de la comtesse Gunnor, je veux dire aussi quelques mots, selon ce que j'ai appris d'hommes âgés, des femmes qui furent ses parentes, et du même sang, au second degré. Cette comtesse eut donc, par son frère Herfast, un neveu nommé Osbern de Crepon, qui fut père de Guillaume, comte de Hertford, homme recommandable en tout point. La comtesse Gunnor eut en outre plusieurs nièces, mais il n'y en a que cinq de qui j'aie appris à quels hommes elles furent mariées. L'une d'elles donc fut mariée au père du premier Guillaume de

---

[1] Ce Richard, comte de Pembroke, et surnommé Strong-Bow, fût le premier qui conduisit les Anglais en Irlande.

Warenne, et eut pour fils ce Guillaume qui devint par la suite comte de Surrey, et Roger de Mortimer, son frère. Une autre épousa Roger de Bacqueville, dont l'un des descendans a eu pour fils Guillaume Martel et Gautier de Saint-Martin. La troisième fut mariée à Richard, vicomte de Rouen, père de Lambert de Saint-Sidon. La quatrième, épousa Osmond de Centville, vicomte de Vernon, de qui naquirent le premier Foulques d'Asney, et plusieurs filles, dont l'une fut mère du premier Baudouin de Revers. Enfin la cinquième nièce de la comtesse Gunnor fut mariée à Hugues de Mont-Gomeri, de qui naquit Roger, père de Robert de Bellême.

CHAPITRE XXXVIII.

Comment Etienne, comte de Mortain et neveu du roi Henri, lui succéda dans son royaume.

Après cette nouvelle digression entreprise pour expliquer ces diverses généalogies, je reviens à mon sujet.

Henri, roi des Anglais, étant mort, son neveu Etienne lui succéda dans le courant du même mois. Ce comte vivait alors dans le comté de Boulogne; ayant appris la mort de son oncle, il passa la mer en grande hâte, et obtint la couronne royale, par l'assistance de son frère Henri, évêque de Winchester. A cette époque Mathilde, héritière du roi, était, comme je l'ai déjà dit, dans le pays d'Anjou. Elle s'empara cependant de Domfront, d'Argentan et d'Exmes, châteaux appartenant à son père, et de trois autres châteaux, savoir, ceux de Colme-Mont, Goron et Ambrières, dont elle fit concession à Joel de Mayenne, sous la condition qu'il lui prêterait fidèlement son appui pour conquérir son héritage, et en outre parce que Joel soutenait que les trois derniers châteaux que j'ai nommés faisaient partie de ses domaines.

Or la fille de cette Adèle, fille de Guillaume, roi des Anglais, et de laquelle j'ai déjà fait mention, avait épousé Richard, fils du comte Hugues, lequel était fils de Richard, vicomte du pays d'Avranches. Mais Richard et sa femme étant morts dans le naufrage dont j'ai parlé plusieurs fois, ainsi que Guillaume, fils du roi Henri, Ranulfe, vicomte de Bayeux, et cousin de Richard, reçut le comté de celui-ci. Ce même Ranulfe étant mort eut pour successeur Ranulfe son fils, homme très-vaillant à la guerre. La sœur de ce Ranulfe fut mariée à Richard, fils de Gilbert, qui en eut trois fils. Ce Richard, comme je l'ai dit dans le chapitre précédent, fut assassiné par les gens du pays de Galles. Enfin, le susdit comte Ranulfe se maria à Mathilde, fille de Robert, comte de Glocester, et en eut deux fils, Hugues et Richard.

CHAPITRE XXXIX.

Comment la comtesse Adèle de Blois prit l'habit de religieuse, alla demeurer à Marcigny, du temps du seigneur Pierre, abbé de Cluny, et mourut la seconde année après la mort de Henri, roi des Anglais, son frère.

Or, après la mort d'Etienne comte de Blois, mari d'Adèle, fille de Guillaume roi des Anglais, celle-ci gouverna quelque temps son comté très-dignement, parce que ses fils n'étaient pas encore en état de diriger eux-mêmes leurs affaires. Lorsqu'ils furent devenus grands, la comtesse Adèle prit l'habit de religieuse, à la résidence de Marcigny, du temps du seigneur Pierre, abbé de Cluny, et persévéra honorablement dans le service de Dieu, en ce même lieu, jusqu'à sa mort. Or elle mourut la seconde année après la mort de son frère Henri, roi des Anglais.

CHAPITRE XL.

D'un vent violent qui survint avant la mort du roi Henri ; et d'une foule de grands du royaume d'Angleterre qui moururent l'année même de la mort de ce roi, ou l'année suivante.

L'année même où le roi Henri fut enlevé aux affaires de ce monde, il s'éleva un violent ouragan en Normandie, ainsi que dans beaucoup d'autres contrées, peu de temps avant la mort de ce roi, et la veille de la fête des apôtres Simon et Jude.

Peu de temps après la mort du roi, c'est-à-dire cette même année et l'année suivante, moururent, par la volonté de Dieu, plusieurs des grands du royaume d'Angleterre, savoir, Guillaume, archevêque de Cantorbéry, l'évêque de Rochester, l'évêque d'Exeter, Richard, fils de Gilbert, dont j'ai déjà parlé, Robert, fils de Richard, son oncle paternel, Richard, fils de Baudouin, cousin de ces deux derniers, et enfin Guillaume II de Warenne, comte de Surrey. Celui-ci eut pour successeur Guillaume III, son fils, né d'Elisabeth, fille de Hugues-le-Grand, comte de Vermandois. La comtesse Elisabeth avait été mariée en premier lieu à Robert, comte de Meulan, qui avait eu de ce mariage trois fils et trois filles.

CHAPITRE XLI.

Des fils de Robert, comte de Meulan, et des fils de Henri, son frère, comte de Warwick.

Deux des fils de Robert, savoir, Galeran et Robert, qui étaient jumeaux, lui succédèrent. Galeran, comme le premier né, eut le comté de Meulan et les terres que son père avait possédées en Normandie, et Robert eut le comté de Leicester, en Angleterre. Après la mort de son premier mari, la mère épousa, comme je viens de le dire, Guillaume II de Warenne, comte de Surrey, qui eut d'elle un fils, savoir, Guillaume III, et deux filles. L'aînée de ces deux filles fut mariée à Roger, comte de Warwick. Or ce Roger était fils du comte Henri, frère de Robert comte de Meulan, et

20.

né de Marguerite sœur de Rotrou, comte du Perche. Roger eut de sa femme un fils nommé Henri, plusieurs autres fils et deux filles. Ce même Roger succéda à son père dans le comté de Warwick. L'un de ses frères cadets, nommé Robert de Neubourg, eut les terres que leur père avait possédées en Normandie. Ce Robert fut ami très-dévoué de l'église du Bec, et la combla de bienfaits. Il prit pour femme la sœur de Roger du Ternois, fille de Raoul II, nommée Godechilde, et en eut plusieurs fils, savoir, Henri et ses frères.

CHAPITRE XLII.

De la mort du seigneur Boson, abbé du Bec, et de son successeur.

Vers ce même temps, le seigneur Boson, quatrième abbé du Bec, homme recommandable en toutes choses, mourut, et eut pour successeur Thibaut, prieur du même monastère. Guillaume, duc d'Aquitaine, mourut aussi peu de temps après. Louis, fils du roi des Français, épousa sa fille unique, et eut en même temps son duché, et Louis son père étant mort cette même année, le jour des calendes d'août (1.er août), Louis-le-Jeune lui succéda, et devint roi des Français et duc d'Aquitaine, l'an 1137 de l'Incarnation du Seigneur, année où il y a eu une très-grande sécheresse. Cette même année mourut encore Lothaire, empereur des Romains et des Allemands ; il eut pour successeur Conrad, neveu de Henri IV, lequel avait régné avant Lothaire.

SUPPLÉMENT

A L'HISTOIRE DES NORMANDS.

Après avoir rapporté succinctement et choisi entre beaucoup d'autres quelques-uns des faits de la vie du très-illustre Henri, roi des Anglais, nous croyons devoir ajouter le récit d'un certain miracle, non moins digne d'être raconté pour le plus grand avantage des lecteurs qu'admirable en lui-même. Le fait dont il s'agit nous fera remonter presque au commencement de notre histoire.

Combien était grande l'humilité de Rollon, après qu'il eut embrassé la foi du Christ, c'est ce qui apparut évidemment aux yeux de tous, par une chose que fit ce prince.

Quelque temps après qu'il eut fait la paix avec le roi de France, des hommes de Rouen, venant à lui, se mirent à lui demander de faire revenir de France le corps de saint Ouen, lequel avait été transféré auparavant en France, par suite de la frayeur qu'inspirait Rollon, et avant qu'il eût conquis la Normandie. « Nous sommes tristes, lui dirent-ils, et très-dolens « d'avoir ainsi perdu notre archevêque. » Ayant appris cela, Rollon manda au roi de France « qu'il eût « à lui rendre son prêtre, se tenant pour assuré, s'il « ne faisait ainsi, que lui, Rollon, ne pourrait nulle-

« ment conserver la paix. » Or le roi de France, ne voulant pas le tracasser à ce sujet, lui rendit en effet son prêtre, ainsi qu'il le demandait. Alors Rollon ordonna de ramener le corps de saint Ouen, et de le rendre à l'église d'où on l'avait enlevé. Les moines qui avaient été gardiens du corps tant qu'il était demeuré en France, le rapportèrent jusqu'à une certaine métairie située à une lieue de la ville de Rouen. Lorsqu'ils y furent arrivés, déjà très-fatigués de leur voyage, ils s'y arrêtèrent et y passèrent la nuit, afin de se lever le lendemain matin, et de transporter saint Ouen au lieu de sa destination s'il leur était possible. Le matin donc, lorsqu'ils se furent levés, et voulurent porter le corps à la ville, ils ne le purent en aucune façon. Alors ces moines, tristes et infiniment affligés de ce qui leur arrivait, mandèrent aux citoyens qu'ils ne pouvaient en aucune façon déplacer le corps de saint Ouen du lieu où il avait reposé cette nuit. Cette nouvelle ayant été annoncée au comte, qui se trouvait alors à Rouen, il répondit que cette tribulation leur arrivait bien justement au sujet du corps de saint Ouen, parce que s'ils eussent pensé sagement, et s'ils eussent eu du bon sens, ils auraient dû aller à sa rencontre en procession et en grande dévotion. Après cela le comte ordonna que l'archevêque et tout le peuple de Rouen se rendissent avec lui, en vêtemens de laine et nu-pieds, auprès de saint Ouen, pour implorer sa bonté le plus dévotement possible, et le supplier de ne point regarder à leurs folies ou à leurs omissions, de leur être propice, et de permettre qu'on le transférât, du lieu où il était, au lieu où il avait été archevêque. Alors le duc lui-même, marchant le premier, en vêtemens de laine et nu-pieds, comme il l'avait commandé à tous les autres, se rendit ainsi jusqu'à la métairie où était saint Ouen. Lorsqu'il y fut arrivé, se prosternant aussitôt, ainsi que tout le peuple qui le suivait, devant le cercueil, il dit d'une voix suppliante : « Saint Ouen, bon archevêque et notre patron, permettez que votre corps soit transporté à la ville où vous avez rempli l'office d'évêque, et où vous avez si souvent donné vos saintes bénédictions. Quant à moi, je donne à votre église et à vous toute la terre qui s'étend depuis ce lieu jusques aux murailles de la ville. » Tout à coup le comte et le peuple, baissant les épaules, enlevèrent très-facilement le cercueil dans lequel était déposé le corps du saint, et le transportèrent ainsi dans son église, tout remplis d'une vive joie. C'est depuis ce temps, au dire de quelques personnes, que cette petite ferme a été appelée *Long-Péan*, parce que le comte avait fait un long chemin à pieds nus pour s'y rendre. Si quelqu'un voulait soutenir que ce fait n'est pas la preuve d'une grande humilité, on pourrait dire avec vérité d'un tel homme qu'il ne saurait pas ce que c'est qu'une grande humilité.

Voici un autre fait qui arriva, à ce qu'on dit, à ce même comte, au temps où il fit sa première paix avec le roi de France.

Un certain jour, tandis que ce seigneur était à Rouen, vers le soir, plusieurs hommes se tenaient devant leurs maisons, situées sur les rives de la Seine. Tandis qu'ils étaient là, regardant couler l'eau, ils virent un cavalier marcher sur l'eau, comme il aurait marché sur la terre, et arriver jusqu'à eux. Vivement saisis de stupeur à ce spectacle, lorsque le cavalier fut auprès d'eux, ils allèrent lui demander qui il était, et d'où il venait, et celui-ci leur répondit : « Vous « voyez que je suis un homme. Aujourd'hui de grand « matin, je suis parti de Rennes, en Bretagne. A la « sixième heure, j'ai mangé à Avranches, et ce soir, « comme vous voyez, je suis venu jusqu'ici. Si vous « ne me croyez pas, allez, et vous trouverez dans la « maison où j'ai dîné mon couteau, que j'y ai laissé « par oubli. » Alors les habitans firent savoir au duc, qui, comme je l'ai dit, se trouvait dans la ville, l'arrivée de cet homme, qui avait passé sur l'eau sans se faire aucun mal. Le duc, en apprenant ce fait extraordinaire, manda à l'homme de venir lui parler avant de repartir. Alors celui-ci fit répondre au comte qu'il eût à l'attendre le lendemain jusqu'à la première heure. Mais le lendemain matin, il se leva, poursuivit son chemin, et n'alla point parler au comte. Le comte ayant appris son départ, dit que cet homme était un menteur, et que pour lui il pensait que c'était quelque fantôme qui avait voulu se jouer des habitans. Alors quelques-uns de ceux qui avaient été témoins dirent que, selon ce qu'il leur semblait, cet homme n'était point un menteur, puisqu'il n'avait pas donné rendez-vous pour la première heure du comte, mais pour sa première heure à lui; que sa première heure avait été beaucoup plus tôt que celle du comte, ensorte que ce qu'il avait dit était vrai.

Cette même nuit, tandis que ce même homme était assis devant le foyer de son hôte, et que celui-ci lui faisait beaucoup de questions, et principalement sur le comte lui-même, lui demandant si sa race durerait long-temps, il lui répondit qu'elle vivrait très-longtemps, et que son duché se maintiendrait avec vigueur jusqu'à la septième génération. Et comme l'hôte lui demandait ce qui arriverait après la septième génération, il ne voulut rien répondre, et se mit seulement à tracer des espèces de sillons sur les cendres du foyer avec un petit morceau de bois qu'il tenait à la main. L'hôte alors ayant voulu très-obstinément lui faire dire ce qui arriverait après la septième génération, l'autre, avec le petit morceau de bois qu'il tenait toujours à la main, se mit à effacer les sillons qu'il avait faits sur la cendre. Par où l'on pensa qu'après la septième génération le duché serait détruit, ou bien qu'il aurait à souffrir de grandes querelles et tribulations : choses que nous voyons déjà accomplies en grande partie, nous qui avons survécu à ce roi Henri, lequel a été, comme nous pouvons le montrer, le septième au rang dans cette lignée. Rollon en effet est au premier degré dans cette généalogie; Guillaume Longue-Épée son fils, au second ; Richard, fils de Guillaume, au troisième; Richard, fils de Richard, au quatrième ; Robert, fils de Richard, au cinquième ; Guillaume, fils de Robert, qui posséda non seulement la Normandie, mais aussi l'Angleterre, au sixième; et après lui se trouvent au septième degré ses fils, parmi lesquels Henri est le seul qui ait possédé jusqu'à sa mort la Normandie et l'Angleterre.

Dans le traité de paix qui fut conclu entre les Français et les Normands, du temps de Richard 1er, lorsque Louis, roi de France, qui avait été fait prisonnier, fut rendu par les Normands, les Danois agrandirent la Normandie depuis la rivière dite d'Andelle jusqu'à celle que l'on appelle l'Epte, et même, selon quelques-uns, depuis l'Epte jusqu'à l'Oise. Il fut en outre convenu dans ce traité que le comte de Normandie ne serait tenu à aucun service envers le roi de France pour sa terre de Normandie, et ne lui devrait aucune espèce de service, si le roi de France ne lui donnait un fief en France, pour lequel fief ce comte lui devrait alors service. C'est pourquoi le comte de Normandie se borne pour la Normandie à prêter foi et hommage au roi de France, sur sa vie et son domaine. De même le roi de France lui fait acte de foi, et sur sa vie, et sur son domaine : et il n'y a aucune différence entre eux, si ce n'est que le roi de France ne fait pas hommage au comte de Normandie, comme le comte de Normandie le fait au roi de France. Telles sont les libertés que les Danois conquirent à cette époque pour leurs parens, les comtes de Normandie.

On rapporte que Richard, fils de Richard 1er, était le père de la patrie, et particulièrement des moines. Durant toute sa vie, en effet, la Normandie jouit de l'abondance de tous les biens, et la paix était si profonde dans tout le pays que les laboureurs n'avaient pas même besoin d'enlever leurs charrues des champs, et de les transporter dans leurs maisons. Si quelque chose avait été volé à quelqu'un, le comte ordonnait qu'il se présentât devant lui, et lui faisait rendre intégralement ce qu'il avait perdu. Il arriva donc de son temps quelque chose de semblable à ce qui était arrivé sous son aïeul Rollon. La femme d'un certain laboureur ayant appris les défenses du duc, vola un certain jour le fer et le soc de la charrue, pour voir comment le comte ferait en cette occasion. Le paysan étant retourné le lendemain à sa charrue, et ne trouvant pas ses outils, se rendit devant le comte, et lui rapporta ce qui lui était arrivé. Le duc ordonna de lui compter de l'argent pour qu'il pût réparer le dommage. Il retourna donc à sa maison, et raconta à sa femme ce que le comte avait fait. Elle lui dit alors que c'était bien maintenant, puisqu'il avait l'argent, et elle ce qu'il avait perdu. Apprenant cela, et ne voulant pas se conduire malhonnêtement, le paysan rapporta au duc l'argent qu'il en avait reçu, et lui dit ce que sa femme avait fait. Le comte retint quelque temps le paysan, envoya un messager, et ordonna de crever les yeux à la femme, pour le vol qu'elle avait commis. Le paysan étant ensuite retourné à sa maison, et ayant trouvé sa femme punie d'une peine bien méritée, il lui dit avec indignation : « Désormais ne vole « plus, et apprends à observer les commandemens « du comte. »

Ce comte donna beaucoup de terre et d'ornemens à l'église de Fécamp, que son père, Richard 1er, avait fondée. En outre, il avait coutume presque de tout temps d'y tenir sa cour durant la solennité de Pâques. Quelquefois, dans cette même solennité, lui et sa femme portaient devant l'autel de la Sainte-Trinité un grand vase rempli de tissus, de parfums, de candélabres, de quelques autres ornemens, et recouvert d'un très-beau manteau, et l'offraient ainsi à Dieu en expiation de leurs péchés. Le même jour, après la messe, et avant qu'il se rendît à sa cour, et qu'il se mît à manger avec ses barons, il allait avec ses deux fils, Richard et Robert, au réfectoire des moines, et les deux enfans, prenant les plats sur la fenêtre de la cuisine, les présentaient à leur père, comme les moines avaient coutume de faire; puis il allait lui-même déposer les premiers mets d'abord devant l'abbé, et ensuite devant les moines. Quand il avait fait ainsi, avec grande humilité, il venait se présenter devant l'abbé, et ayant reçu de celui-ci le congé, il s'en allait alors à sa cour, gai et le cœur content. Quelquefois il envoyait de sa propre table à l'abbé une écuelle d'argent remplie de poissons, et lui mandait de la conserver et d'en faire selon sa volonté.

Richard fit ainsi beaucoup de dons non seulement à l'église de Fécamp, mais encore à plusieurs autres. Un certain jour il vint à Jumiège, et y demeura pour y passer la nuit. Le lendemain matin s'étant levé, il alla selon sa coutume au monastère pour prier, et après sa prière, il posa sur l'autel un petit morceau de bois. Lorsqu'il se fut retiré, les secrétaires s'approchèrent de l'autel, croyant trouver ou un marc d'or, ou une once, ou quelque chose de semblable. N'ayant trouvé que ce petit morceau de bois, ils ne furent pas médiocrement étonnés, ne sachant ce que cela voulait dire. Enfin ils allèrent lui demander ce que c'était que cet objet qu'il avait déposé sur l'autel. Alors il leur répondit que c'était Vimoutier, un certain manoir qu'il voulait leur donner pour le salut de son ame.

FRAGMENT D'UNE ÉPITAPHE

DE GUILLAUME,

DUC DE NORMANDIE ET ROI DES ANGLAIS,

TROUVÉE SUR UN VIEUX PARCHEMIN A MOITIÉ DÉCHIRÉ.

Pleurez, hommes, affligez-vous, grands, le roi est réduit en cendres, ce roi né de grands rois, le roi Guillaume très-vaillant à la guerre, roi des Anglais, duc de Normandie, et seigneur du pays du Maine.

Dans tous les pays qu'il a conquis, et où il s'est élevé au dessus de tous, il a dû plus à sa valeur personnelle qu'à ses milliers d'hommes et à ses chevaliers. Combien elles sont grandes la valeur et la sagesse par lesquelles un seul homme gouvernait tant de milliers d'hommes !

Roi Guillaume, noble et puissant, les faits prouvent combien tu es digne de louanges ! Il faut écrire pour apprendre à la postérité quelle valeur te distinguait entre tous les autres. Mais quelle plume ou quelle éloquence pourrait suffire à tant d'éclatans exploits ?

Il a montré dans la barbare Angleterre, au milieu de mille admirables combats, ce qu'il était comme comte du Maine et comme duc de Normandie. Ensuite de duc il s'est fait roi, très-digne de porter le laurier romain.

Race des Anglais, vous avez tourmenté ce prince, qui se plaisait à marcher dans le sentier de la vertu. Vous avez éprouvé par vous-mêmes ce qu'il pouvait faire, lui qui avait coutume de vaincre toujours par les armes. Ç'a été pour vous un grand désastre, mais par l'effet de votre parjure envers votre roi.

Après vous avoir réunis à son empire, il vous a traités selon la justice du royaume. Il a triomphé des puissans de l'Angleterre, de même que des orgueilleux Danois. C'est un grand honneur d'avoir eu un tel seigneur ; c'est une grande douleur qu'il ait atteint le terme de sa vie.

Roi Guillaume, la tombe t'enferme, mais le peuple te pleure dans le monde entier. Tous regrettent tes exploits merveilleux, tes largesses, tes guerres, ta paix ; et plus les temps s'écoulent, plus les cœurs soupirent à cause de toi.

Quiconque allait à travers ton pays ne redoutait point l'insulte de l'ennemi. Tu étais la terreur au milieu de la multitude, la sécurité dans le désert. Maintenant il n'y a pas de sécurité dans la loi, maintenant la force seule sert de défense.

Hélas ! depuis la mort d'un si grand prince, notre grande gloire tend à sa ruine. Déplorons cette chute qui va nous faire perdre notre gloire. La terre, veuve des forces de ce prince, gémit accablée d'une profonde douleur.

Et ce n'est pas sans motif ; car nul ne ressemble à cet homme si puissant et si aimable.

FIN DE GUILLAUME DE JUMIÉGE.

VIE
DE GUILLAUME
LE CONQUÉRANT,

Par GUILLAUME DE POITIERS.

NOTICE
SUR
GUILLAUME DE POITIERS.

Guillaume de Poitiers n'était point originaire de Poitou, comme son nom semble l'indiquer; il naquit vers l'an 1020, à Préaux, près de Pont-Audemer en Normandie, mais il étudia à Poitiers, école alors célèbre, et en reçut le nom qui lui est resté. Sa famille était probablement riche et distinguée, car l'une de ses sœurs fut abbesse du monastère de filles qui existait déjà à Préaux. De retour de Poitiers, Guillaume suivit d'abord la carrière des armes, et se trouva à plusieurs des batailles qu'il a racontées; mais il s'en dégoûta bientôt, et entra dans l'Eglise, seule situation qui convint aux esprits que préoccupait le besoin de l'étude et du savoir. Devenu chapelain du duc Guillaume, depuis roi d'Angleterre, il forma le projet d'écrire son histoire, et probablement commença dès lors à s'en occuper. Il passait, et à bon droit, pour l'un des hommes les plus savans et les plus spirituels de son temps. Aussi Hugues, évêque de Lisieux, et Gilbert Maminot, son successeur, tous deux grands amateurs et protecteurs de la science, prirent-ils beaucoup de soin pour l'attirer et le fixer auprès d'eux; ils y réussirent, et Guillaume quitta son royal patron pour vivre paisiblement, en qualité d'archidiacre, dans le diocèse de Lisieux. On ignore à quelle époque il mourut; seulement il est certain qu'il survécut au roi conquérant dont il a écrit l'histoire; dom Rivet a même affirmé qu'il n'avait commencé son ouvrage qu'après la mort de ce prince [1]; mais son assertion est réfutée par une phrase de l'historien lui-même, qui dit, en parlant d'Eudes ou Odon, évêque de Bayeux, frère du roi Guillaume : « Il « fut toujours et très-constamment fidèle au roi, « dont il était le frère utérin. » Les querelles d'Eudes avec Guillaume, qui le fit jeter en prison, n'avaient donc pas encore éclaté au moment où il écrivait [2].

Guillaume de Poitiers est, à coup sûr, un des plus distingués de nos anciens historiens; il ne manque ni de sagacité pour démêler les causes morales des événemens et le caractère des acteurs, ni de talent pour les peindre. Il connaissait les

[1] *Histoire littéraire de la France*, tom. VIII, pag. 194.
[2] *Recueil des historiens Français*, tom. XI, pag. 79 et 189.

historiens Latins, et s'est évidemment appliqué à les imiter; aussi Orderic Vital et plusieurs de ses contemporains l'ont-ils comparé à Salluste; il en reproduit quelquefois en effet, avec assez de bonheur, la précision et l'énergie; mais il tombe bien plus souvent dans l'affectation et l'obscurité.

Ce n'en est pas moins une grande perte que celle du commencement et de la fin de son ouvrage; les premières et les dernières années de la vie du roi Guillaume manquent absolument dans tous les manuscrits. Celui de la bibliothèque Cottonienne, qui est le plus complet et sur lequel Duchesne a publié son édition, commence en 1035 et s'arrête en 1070.

F. G.

VIE
DE GUILLAUME
LE CONQUÉRANT.

Canut perdit avec la vie [1] le royaume d'Angleterre, qu'il n'avait dû qu'aux armes de son père et aux siennes. Hérald son fils, qui ne l'imita point dans son amour pour la tyrannie, prit possession de cette couronne avec le trône. Edouard et Alfred, qui, pour éviter d'être égorgés, s'étaient autrefois réfugiés en Normandie, auprès de leurs oncles, étaient encore exilés à la cour de leur proche parent, le prince Guillaume. Ils avaient pour mère Emma, fille de Richard 1er, et pour père Edelred, roi d'Angleterre. Quant à la généalogie de ces frères et à l'usurpation de leur héritage par l'invasion des Danois, assez d'autres en ont parlé dans leurs écrits. Aussitôt qu'ils apprirent la mort de Canut, Edouard, parcourant la mer, navigua avec quarante vaisseaux bien munis de troupes, vers Southampton [2], où il attaqua une grande multitude d'Anglais, qui l'attendaient pour le tuer; car les Anglais ne voulaient pas, ou, ce qui est plus croyable, n'osaient pas abandonner Hérald, craignant que les Danois ne vinssent promptement le

[1] En 1035. — [2] En 1036.

secourir ou le venger, et n'oubliant pas surtout que les plus nobles de leur nation avaient été mis à mort par la cruauté des Danois. Edouard les vainquit en un combat avec un grand carnage. Mais considérant le grand nombre des forces ennemies, et le petit nombre de celles qu'il avait amenées, il tourna la proue de ses navires, et revint en Normandie avec un très-grand butin. Il savait qu'il y trouverait un asile sûr, un accueil généreux et bienveillant. Après un espace de temps peu considérable, Alfred partant du port d'Etaples, vint à Cantorbéry, mieux préparé que ne l'avait été son frère contre les forces de l'ennemi. Il réclamait le sceptre paternel. Lorsqu'il eut pénétré dans l'intérieur, le comte Godwin, le recevant avec une ruse criminelle, commit envers lui la plus perfide trahison; car il vint de lui-même au devant de lui, comme pour lui faire honneur, lui promit ses services avec bienveillance, et l'embrassa en lui donnant la main pour témoignage de sa foi: en outre, il se mit familièrement à table avec lui, et lui donna des conseils. Mais au milieu de la nuit suivante, comme, plongé dans le sommeil, Alfred était sans armes et sans force, il lui attacha les mains derrière le dos. Après s'être ainsi rendu maître de lui par des caresses, il l'envoya à Londres au roi Hérald, avec quelques autres du comté, pareillement enchaînés: quant au reste, il en envoya une partie dans les prisons, les séparant cruellement les uns des autres, et fit mourir les autres par une terrible mort, les faisant horriblement éventrer. Hérald, transporté de joie à la vue d'Alfred dans les fers, fit décapiter en sa présence ses excellens guerriers, lui fit crever les yeux, et ordonna qu'on le mît honteusement tout nu, et qu'on le menât vers la mer, les pieds attachés sous un cheval, afin qu'il fût tourmenté, dans l'île d'Ely, par l'exil et la pauvreté. Hérald se réjouissait de voir la vie de son ennemi plus pénible que la mort, et tâchait en même temps de détourner entièrement Edouard de toute entreprise, en l'effrayant par les calamités de son frère. Ainsi périt le plus beau jeune homme, le plus digne d'éloges par sa bonté, fils et neveu de roi. Il ne put survivre long-temps à ce supplice ; car pendant qu'on lui crevait les yeux, la pointe du couteau lui avait entamé la cervelle.

Nous t'adressons donc une courte apostrophe, Godwin, dont le nom, après ta mort, te survit infâme et odieux. Si cela se pouvait, nous voudrions t'effrayer du crime que tu as si méchamment commis. Quelle exécrable furie t'agite? De quel cœur as-tu pu méditer, contre le droit et la justice, un si abominable forfait? Pourquoi, le plus cruel des homicides, commets-tu pour la perte de toi et des tiens la plus infâme trahison? Tu te félicites d'avoir fait ce qu'abhorrent les lois et les coutumes des nations les plus éloignées du christianisme; les outrages et les maux d'Alfred excitent ta joie, ô le plus méchant des hommes, et font couler les larmes des gens de bien. De telles choses sont lugubres à rapporter. Mais le très-glorieux duc Guillaume, dont, soutenu par le secours divin, nous apprendrons les actions aux âges futurs, frappera d'un glaive vengeur la gorge d'Hérald, si semblable à toi par la cruauté et la perfidie. Tu répands par ta trahison le sang innocent des Normands ; mais à son tour le fer des Normands fera couler le sang des tiens.

Nous aurions mieux aimé ensevelir dans un silence perpétuel ce crime inhumain ; mais nous ne croyons pas que les actions même mauvaises, nécessaires à la suite de l'histoire, doivent être écartées de nos écrits, comme nous devons nous en interdire l'imitation.

Hérald mourut peu de temps après. Il eut pour successeur son frère, Hardi-Canut, né d'Emma, mère d'Edouard, et qui revint du Danemarck. Plus semblable à la race maternelle, il ne régna pas avec la même cruauté que son père ou son frère, et ne voulut point la mort d'Edouard, mais son élévation. A cause des fréquentes maladies dont il était attaqué, il eut plus souvent devant les yeux Dieu et la courte durée de la vie humaine. Au reste, pour ne pas trop nous éloigner du sujet que nous nous sommes proposé, nous laisserons à d'autres le soin d'écrire son règne ou sa vie.

La joie la plus éclatante brilla enfin pour tous ceux qui desiraient la paix et la justice long-temps attendues. Notre duc, mûr par l'intelligence de tout ce qui est honnête et par la force du corps plutôt que par l'âge, commença à revêtir les armes de chevalier. Cette nouvelle répandit la terreur par toute la France. La Gaule n'avait pas un autre chevalier ni homme d'armes si renommé que lui. C'était un spectacle à la fois agréable et terrible que de le voir dirigeant la course de son cheval, brillant par son épée, éclatant par son bouclier, et menaçant par son casque et ses javelots. Car de même qu'il excellait en beauté sous les habits de prince ou les vêtemens de la paix, de même il recevait un avantage singulier des habits qu'on revêt contre l'ennemi ; son mâle courage et ses vertus brillaient d'un éclat supérieur. Il commença avec le zèle le plus ardent à protéger les églises de Dieu, à défendre la cause des faibles, à établir des lois équitables, à rendre des jugemens qui ne s'écartaient pas de l'équité ou de la modération, et surtout à empêcher les meurtres, les incendies, les pillages; car, comme nous l'avons dit plus haut, les choses illicites jouissaient alors d'une extrême licence. Enfin, il commença à éloigner de sa familiarité ceux qu'il savait inhabiles ou pervers, à user des conseils des plus sages et des meilleurs, à résister fortement aux ennemis du dehors, et à exiger puissamment des siens l'obéissance qui lui était due.

Ces commencemens rendaient déjà à la Normandie la splendeur et la tranquillité dont elle avait joui autrefois, et promettaient pour la suite un ordre de choses encore meilleur; mais tandis que les bons aidaient avec soumission leur souverain, quelques-uns, pour jouir de la liberté accoutumée, aimaient mieux à leur volonté retenir ce qu'ils possédaient, et enlever les biens des autres. Celui qui leva l'étendard fut Gui, fils de Renaud, comte de Bourgogne, qui possédait les châteaux très-forts de Brionne et de Vernon par le présent du duc, avec qui il avait été depuis son enfance élevé familièrement. Il ambitionnait ou la principauté ou une très-grande portion de la Normandie. C'est pourquoi il associa à son exécrable conspiration Nigel, gouverneur du pays de Coutances, Ranulphe, vicomte de Bayeux, Haimon surnommé Dentat, et d'autres hommes puissans. Ni la parenté, ni la générosité qui l'avait accablé de tant de bienfaits, ni enfin la sincère affection et l'extrême bonté du duc envers lui, ne purent arrêter le dessein de cet homme perfide. Ils firent périr un grand nombre d'innocens, qu'ils essayèrent en vain d'attirer dans leur parti, ou qu'ils prévoyaient devoir être de très-grands obstacles à l'accomplissement de leurs desirs. Mettant de côté toute justice, ils ne s'embarrassaient d'aucun crime, pourvu qu'ils parvinssent à une plus grande puissance. Tel est quelquefois l'aveuglement de l'ambition. Peu à peu donc l'entreprise de cette parjure association prit une telle consistance, que s'étant rassemblés en guerre ouverte, au Val-Dun[1], contre leurs seigneurs, ils répandaient au loin le trouble dans tous les lieux d'alentour. La plus grande partie des Normands suivaient la bannière de l'iniquité; mais Guillaume, chef du parti vengeur, ne s'effraya nullement de tant de glaives. Se précipitant sur ses ennemis, il les épouvanta par le carnage, en sorte qu'il ruina presque ses adversaires de cœur et de bras. Il ne leur restait plus que l'esprit qui les excitait à fuir. Il les poursuivit pendant quelques milles, les châtiant durement. La plupart d'entre eux succombèrent dans des lieux impraticables ou de difficile passage. Dans les plaines, quelques-uns périrent, tombant sous les pieds de ceux qui fuyaient, ou mortellement pressés dans la foule. Un grand nombre de chevaliers avec leurs chevaux furent submergés dans le fleuve de l'Orne. A ce combat assista Henri, roi de France, combattant pour le parti victorieux. Cette guerre d'un seul jour fut certes très-avantageuse et remarquable pour tous les siècles, en ce qu'elle établit un exemple terrible, abattit par le fer

[1] En 1046.

des têtes trop élevées, renversa par la main de la victoire beaucoup de repaires de crimes, et assoupit pour long-temps chez nous les guerres civiles. S'étant honteusement échappé, Gui gagna Brionne, avec un grand nombre de chevaliers. Cette ville, et par la nature du lieu et par des fortifications de l'art, paraissait inexpugnable; car, outre les autres remparts que la nécessité de la guerre a accoutumé à construire, elle a une enceinte de pierre, dont les combattans se servent comme de citadelle, et est entourée de tous côtés par le fleuve de la Rille, qui n'est guéable nulle part. Le vainqueur, ayant promptement poursuivi Gui, pressa étroitement cette ville par le siége, et fit élever des tours sur les rives du fleuve séparé là en deux parties. Ensuite, effrayant les ennemis par des attaques journalières, il leur interdit entièrement les moyens de sortir. Enfin, le Bourguignon, succombant à la disette de vivres, envoya des intercesseurs pour implorer la clémence du duc, qui, touché par la parenté, les supplications et le malheur du vaincu, ne voulut pas exercer une vengeance plus sévère. Ayant reçu de lui le château, il lui permit de demeurer à sa cour. Pour des motifs raisonnables il aima mieux remettre le supplice à ses associés, qui auraient bien mérité la peine capitale. Je vois que, dans un autre temps, il punit par l'exil Nigel, qui l'offensait méchamment. Gui, pour se dérober au chagrin de la honte, retourna de lui-même en Bourgogne. Il souffrait avec peine chez les Normands d'être humilié aux yeux de tous, et odieux à un grand nombre. C'était malgré elle que la Bourgogne le supportait. Si son pouvoir eût répondu à ses efforts, il eût privé de la puissance et de la vie Guillaume son frère, comte de cette province. Pendant dix ans et plus, il se consuma sous les armes, cherchant à répandre dans le combat un sang auquel il tenait de si près. Mais pourquoi me travailler à donner de nouvelles preuves de sa méchanceté ? Les Normands, une fois vaincus, soumirent leurs têtes au pouvoir de leur seigneur, et un grand nombre lui donnèrent des otages. Ensuite par son ordre on détruisit de fond en comble les remparts, construits avec un art nouveau. Les citoyens de Rouen abaissèrent jusqu'à terre l'insolence qu'ils avaient montrée contre le jeune comte. Les églises se réjouirent de ce qu'il leur était permis de célébrer en paix le divin mystère, et le négociant de pouvoir aller en sûreté où il voulait : le cultivateur fut rempli de joie de ce qu'il pouvait tranquillement labourer les terres et semer l'espoir des fruits, et n'était plus obligé de se cacher à la vue des hommes d'armes. Tous les hommes, de quelque classe, de quelque rang qu'ils fussent, élevaient jusqu'aux cieux la gloire du duc, et lui souhaitaient par toute sorte de vœux une longue vie et une heureuse santé.

Ensuite, avec la plus exacte fidélité, il rendit à son tour le même service au roi, qui le pria de lui prêter secours contre quelques gens très-puissans, ses ennemis déclarés. Le roi Henri, irrité des paroles injurieuses de Geoffroi Martel, fit marcher une armée contre lui, assiégea avec une forte troupe et prit son château appelé Moulinières, et situé dans le pays d'Angers. Les Français voyaient ce que l'envie voulait vainement cacher, que l'armée amenée de Normandie était plus considérable que l'armée royale, y compris tout ce qu'avaient amené ou envoyé un grand nombre de comtes. La renommée que le comte normand acquit dans cette expédition, et dont les nôtres rendent témoignage, se répandit dans l'Aquitaine pendant que j'étais en exil à Poitiers. On disait qu'il avait surpassé tous les autres par son génie, son adresse et sa force. Le roi le consultait très-volontiers, et agissait la plupart du temps par son avis, le mettant au dessus de tous pour sa perspicacité à démêler le meilleur conseil. Il ne lui reprochait que sa témérité à s'offrir à de grands et de fréquens dangers; car le duc cherchait partout les combats, et faisait ouvertement des excursions avec dix chevaliers, ou un plus petit nombre encore. Aussi le roi priait les chefs normands de ne pas engager le combat, même le plus léger, devant les postes des villes, craignant de voir périr par cet empressement à montrer son courage celui en qui était placé le secours le plus ferme et l'ornement le plus brillant de son royaume. Au reste, ce que le roi blâmait en lui et dont il tâchait de le dissuader comme d'une ostentation immodérée de courage, nous l'attribuons à l'ardeur bouillante de son âge, ou à son devoir. En examinant ce qui se cache sous de telles causes, on trouve quelquefois des qualités rares et précieuses. Quelquefois il est utile de se garder des nombreux bataillons; d'autres fois cela peut être très-nuisible.

Voici une action de celui que nous excusons, et dont nous avons le plus grand plaisir à nous rappeler exactement l'admirable apprentissage. Voulant comme se dérober à ses familiers, il s'était séparé de l'armée, emmenant avec lui, pour quelque temps, trois cents chevaliers. Il quitte ceux-ci, accompagné seulement de quatre d'entre eux, et court çà et là. Voilà qu'il se présente à sa rencontre quinze chevaliers ennemis, orgueilleusement montés sur leurs chevaux et bien armés; fondant aussitôt sur eux, il les attaque, la lance en arrêt; et ayant soin de frapper le plus audacieux, il lui rompt la cuisse, et le renverse à terre. Il poursuivit les autres jusqu'à quatre milles. Pendant ce temps les trois cents hommes qu'il avait laissés le suivaient et le cherchaient, car ils redoutaient sa témérité. Ils aperçurent soudain le comte Thibaut à la tête de cinq cents chevaliers. La pensée la plus triste se présenta à eux. Ils les prirent pour des ennemis, et crurent qu'ils tenaient leur seigneur prisonnier. S'étant donc animés à l'envi, ils s'avancèrent contre eux dans l'espérance incertaine de l'arracher de leurs mains ; mais dès qu'ils les reconnurent pour une armée alliée, ils poussèrent leurs recherches plus avant, et trouvèrent étendu à terre celui des quinze ennemis que sa cuisse cassée empêchait de remuer. Bientôt après s'étant encore avancés plus loin, leur seigneur vint tout joyeux au devant d'eux, amenant avec lui sept chevaliers qu'il avait pris.

Depuis ce temps Geoffroi Martel avait coutume de dire, comme il le pensait, qu'il n'existait sous le ciel aucun chevalier ou homme d'armes qui égalât le comte des Normands. Les puissans de la Gascogne et de l'Auvergne lui envoyaient ou lui amenaient des chevaux célèbres, et généralement connus par leur nom. De même aussi les rois d'Espagne cherchaient à captiver son amitié par de semblables présens et d'autres. Cette amitié méritait en effet d'être recherchée et cultivée par les plus grands et les plus puissans hommes ; car il y avait en lui de quoi le faire chérir de ses serviteurs, de ses voisins et de ceux dont il était séparé par de longs espaces. En outre, comme il était pour ses amis un honneur et un appui, il s'efforçait et tâchait, toujours autant qu'il pouvait, de faire ensorte que ses amis lui eussent de très-grandes obligations. En l'année 1045 il était dans la fleur de sa jeunesse, ne gouvernant encore qu'une province et pas de royaume.

Si vous connaissiez sa conduite depuis cet âge jusqu'à présent, ou plutôt depuis son enfance, vous affirmeriez avec assurance, comme vous pouvez véritablement le faire, que jamais il ne viola le droit de l'alliance ou de l'amitié. Il demeurait constant dans ses paroles et ses traités, comme pour apprendre par ses actions ce qu'enseignent les philosophes, que la foi est le fondement de la justice. S'il était forcé, par les motifs les plus graves, de renoncer à l'amitié de quelqu'un, il aimait mieux la défaire peu à peu que de la rompre tout d'un coup ; coutume que nous voyons conforme aux préceptes des sages. L'inique roi Henri, entraîné par les instances des hommes les plus pervers, se brouilla avec lui, et conçut contre lui la haine la plus terrible. Comme il attaquait la Normandie par des outrages difficiles à supporter, Guillaume, à qui appartenait la défense de ce pays, s'avança contre lui, témoignant cependant beaucoup d'égards à leur ancienne amitié et à la dignité royale. Ayant toujours cela présent devant les yeux, il évitait, autant que le lui permettait l'extrême nécessité, d'en venir aux mains avec l'armée du roi, et retenait souvent, par ses ordres et par ses prières, les Normands, très-avides de faire subir à la dignité royale la honte d'une défaite. Un jour on connaîtra mieux quelques-unes de ses actions; on saura avec quel courage magnanime il méprisait les épées des Français et de tous ceux que l'édit du roi avait rassemblés contre lui.

Ce fut par sa puissance et par ses conseils qu'à la mort de Hardi-Canut, Edouard s'assit enfin sur le trône paternel, gloire dont il était digne par sa sagesse, l'éminente honnêteté de ses mœurs et l'antiquité de sa race. En effet, les Anglais, en contestation sur le choix, se déterminèrent par les conseils de Guillaume au parti le plus avantageux, et aimèrent mieux consentir aux justes demandes de ses envoyés que d'avoir à éprouver la force des Normands. Ils marquèrent avec empressement à Edouard de revenir avec une suite peu considérable de chevaliers normands, de peur que si le comte des Normands venait avec lui, ils ne fussent soumis par ses puissantes armes, car la renommée leur avait assez fait connaître sa valeur dans les combats. Edouard, dans son affectueuse reconnaissance, réfléchissant avec quelle somptueuse libéralité, quels singuliers honneurs et quelle intime amitié il avait été reçu en Normandie par le prince Guillaume, auquel il était beaucoup plus uni par les bienfaits qu'il en avait reçus que par la parenté, considérant en outre qu'il devait à ses généreux secours la fin de son exil et la couronne, voulut, en homme de bien, le récompenser par le don le meilleur et le plus agréable, et résolut, par une donation en forme, de l'instituer héritier de la couronne qu'il devait à ses secours. Du consentement de ses grands, il envoya donc vers lui, avec Robert, archevêque de Cantorbéry, chef de cette légation, des otages d'une très-puissante famille, à savoir, le fils et le neveu du comte Godwin.

Chez nous déjà tous les troubles intérieurs avaient fait place à la tranquillité ; mais un ennemi voisin ne se tenait pas encore tout-à-fait en repos. Geoffroi-Martel levait contre nous un bras qui lui fit à lui-même une grave blessure. La victoire était difficile à espérer, quand, sous les bannières de cet homme si expérimenté dans l'art de la guerre, étaient rangés les Angevins, les Tourangeaux, les Poitevins, les Bordelais, et une grande quantité de pays et de villes. Il s'était emparé par la force des armes de son seigneur le comte de Poitou, et de la ville de Bordeaux; et le tenant renfermé dans une indigne prison, ne lui avait permis de se retirer qu'après lui avoir arraché une somme très-considérable d'or et d'argent, de très-riches domaines, et le serment de demeurer en paix avec lui. Le comte étant mort quatre jours après s'être racheté, Geoffroi associa à son lit la belle-mère du défunt, femme d'une haute noblesse, se chargea de la tutelle de ses frères, et s'appropria ses trésors, en même temps que tous ses honneurs et ses biens. Son pouvoir, qui se terminait aux frontières du comté d'Anjou, lui semblait borné d'une manière misérable et honteuse. Rougissant de se voir renfermé, son immense cupidité l'entraînait au loin dans les territoires des autres. C'est pourquoi, enrichi par ses acquisitions, il fit beaucoup de choses remarquables,

secondé autant par son astuce que par ses richesses.
Entre autres hauts faits, après avoir abattu le pouvoir du comte Thibaut, il soumit la ville de Tours,
si fameuse par son opulence et son courage. En
effet, comme Thibaut se hâtait de venir au secours
de sa ville chérie, qui lui avait fait savoir qu'elle gémissait sous les coups terribles de Martel, et qu'elle
était à la dernière extrémité, Martel marcha promptement à sa rencontre et le vainquit : l'ayant pris,
il le chargea de chaînes, avec les principaux des
siens, et ne le mit en liberté qu'à des conditions
aussi onéreuses que celles qu'il avait imposées auparavant à Guillaume de Poitou. Ensuite s'étant emparé de la ville de Tours, il se souleva contre le
roi de France, et infesta tout son royaume. Enorgueilli par ses succès à la guerre, il s'empara d'un
château de Normandie, et garda avec grand soin
Alençon. Il avait trouvé les habitans de cette ville
bien disposés en sa faveur. Il regardait comme une
superbe augmentation de renom pour lui une conquête qui diminuait la force du seigneur de la Normandie. Mais Guillaume, capable de défendre et d'étendre même le droit de ses ancêtres, marcha avec
son armée vers le territoire d'Anjou, afin de punir
Geoffroi, en lui enlevant d'abord Domfront, et recouvrant ensuite Alençon. Cependant la trahison d'un
de ses chevaliers faillit faire périr celui qui ne redoutait pas les vastes États de son ennemi. Car comme
on approchait de Domfront, le duc fit une incursion
avec cinquante cavaliers, qui voulaient augmenter la
solde qu'ils avaient reçue. Un des principaux des
Normands le trahissant, indiqua la proie aux châ-

telains, auxquels il apprit dans quel lieu, pour quel but, et avec quelle suite peu nombreuse le duc était allé, disant qu'il était homme à préférer la mort à la fuite. On envoya sur-le-champ trois cents chevaliers, et sept cents hommes de pied qui l'attaquèrent à l'improviste par derrière. Mais lui se retournant avec intrépidité, il renversa à terre celui qu'une plus grande audace avait poussé le premier contre lui. Les autres aussitôt perdant leur impétuosité se réfugièrent vers les remparts. Un chemin plus court, qu'ils connaissaient, facilita leur fuite. Mais le duc ne cessa de poursuivre les fuyards, que lorsque les portes des remparts les lui eurent dérobés. Il retint un d'entre eux prisonnier. Cette circonstance l'ayant excité davantage au siége, il fit dresser quatre tours. La situation de la ville la défendait contre tout assaut, tenté soit de force soit par ruse; car l'aspérité des rochers ne permettait pas même aux gens de pied de les gravir, et ils n'avaient pour arriver que deux chemins étroits et escarpés. Geoffroi avait donné pour secours aux habitans des hommes d'élite. Cependant les Normands livraient des assauts très-fréquens et très-impétueux. Le duc était le premier et le plus terrible à presser les assiégés. Quelquefois chevauchant nuit et jour ou caché dans des lieux retirés, il allait à la découverte pour rencontrer des convois, ou des messages, ou déjouer les embûches tendues à ses fourrageurs. Pour vous faire voir dans quelle sécurité il vivait sur un territoire ennemi, il allait quelquefois à la chasse. Cet pays est hérissé de forêts qui abondent en gibier : souvent il se donnait le plaisir de la chasse au faucon, et plus souvent encore à l'épervier. Ni les difficultés du lieu, ni la rigueur de l'hiver, ni d'autres obstacles ne purent déterminer son inébranlable courage à lever le siége. Les assiégés attendaient le secours de Martel, qu'ils appelaient par leurs messages. Ils ne voulaient point quitter un maître sous lequel il leur était permis de s'enrichir de brigandages; c'étaient aussi ces motifs qui avaient séduit les habitans d'Alençon. Ils n'ignoraient pas quelle haine on portait en Normandie aux voleurs ou aux brigands; l'habitude régulière qu'on y avait de leur faire à tous subir le supplice, et de ne leur point faire la plus petite grâce. Leurs méfaits leur faisaient craindre la justice de cette loi. Geoffroi amena au secours des assiégés un grand nombre de troupes à pied et à cheval. Dès que Guillaume en fut instruit, laissant la poursuite du siége à des chevaliers éprouvés, il s'avança promptement à sa rencontre. Il envoya à la découverte Roger de Mont-Gomeri, et Guillaume, fils d'Osbern, tous deux jeunes et braves, afin qu'ils apprissent les arrogans desseins de l'ennemi en conférant avec lui. Geoffroi leur fit savoir par son trompette que le lendemain au point du jour il irait réveiller les sentinelles de Guillaume à Domfront. Il leur désigna le cheval qu'il aurait dans le combat, quel bouclier et quels habits. Ils lui répondirent qu'il n'avait pas besoin de se fatiguer plus long-temps en continuant la route qu'il avait commencée, car il allait voir arriver sur-le-champ celui contre lequel il marchait. A leur tour ils lui firent connaître le cheval, les armes et les habits de leur seigneur. Ce rapport augmenta beaucoup l'ardeur des Normands. Mais plus ardent que tous le duc pressait encore ceux qui montrent le plus d'empressement. Le pieux jeune homme desirait abattre le tyran ; fait que, parmi les hauts faits, le sénat de Rome et d'Athènes a jugé le plus beau. Mais Geoffroi, frappé d'une terreur subite, chercha, ainsi que toute son armée, son salut dans la fuite avant d'avoir vu l'armée ennemie. Par là un libre chemin s'ouvrit au duc de Normandie pour ravager les domaines, et ternir d'une ignominie éternelle la gloire de son ennemi. Mais il savait qu'il est de la sagesse de se modérer dans la victoire, et que celui qui ne peut se contenir lorsqu'il a le pouvoir de la vengeance n'est pas assez puissant. Il résolut donc de quitter la route où il n'avait rencontré que des succès. Il arriva promptement à Alençon, et termina presque sans combat une expédition si difficile. En effet, cette ville si forte par sa position naturelle, ses remparts et sa garnison, il la prit comme en courant, en sorte qu'il eût pu se glorifier de ces mots : « Je suis venu, j'ai « vu, j'ai vaincu. » La nouvelle de la prise d'Alençon frappa bientôt les habitans de Domfront. Désespérant, après la fuite de ce fameux guerrier Geoffroi Martel, d'être délivré par les armes d'aucun autre, ils se rendirent aussi très-promptement, aussitôt qu'ils virent le prince des Normands de retour pour les assiéger. Des hommes de longue mémoire assurent que ces deux châteaux avaient été, par la permission du comte Richard, construits, l'un près de l'autre, sur les frontières de Normandie, et qu'ils avaient coutume d'obéir à ses ordres, et à ceux des comtes ses successeurs. Le vainqueur s'en retourna ensuite dans sa patrie, qu'il couvrait ainsi de nouveaux honneurs, et il répandit dans les pays lointains l'amour et la terreur de son nom.

Ce prince a fait dans le même temps d'autres choses dignes d'être insérées dans les annales, et que nous passons sous silence ainsi qu'un grand nombre d'actions qu'il accomplit dans d'autres temps, de peur qu'un livre trop étendu ne puisse déplaire à quelques-uns, et parce que nous avons reconnu la chose trop au dessus des forces de l'historien. En outre, nous voulons réserver, pour la narration des faits les plus fameux, notre faible talent. Nous aurions pu imaginer des combats propres à être traités par la plume des poètes, et amplifier les événemens connus en errant partout dans le champ des fictions. Mais nous louerons avec sincérité, sans nous écarter jamais d'un seul pas des limites de la vérité, le duc ou roi qui jamais ne s'attribua faussement la gloire d'aucune belle action.

Les grands de la Normandie commençaient à l'environner d'un incroyable respect; ensorte que de même qu'au commencement, chacun tentait de s'opposer à lui, maintenant chacun cherchait à lui prouver une ferme fidélité, au point qu'ils se réunirent d'un concert unanime pour le nommer leur seigneur, lui et sa postérité, qui n'était encore qu'en espérance. Tout ce qu'on avait fait pour lui ou ce qu'il avait fait lui-même de bien, dans une humble sagesse, il l'attribuait comme il le devait à la grâce divine, agissant, dès le premier âge de la jeunesse, et se conduisant comme l'homme le plus prudent. Les avis étaient partagés sur son mariage, comme il arrive d'ordinaire selon les opinions et le tour d'esprit des hommes, surtout lorsqu'on délibère dans une cour nombreuse sur une chose importante. Les rois des pays lointains auraient volontiers accordé à ce mari leurs chères filles uniques ; mais on aimait mieux, par de graves motifs, avoir pour proches des princes plus rapprochés.

Dans ce temps florissait Baudouin, marquis de Flandre, très-illustre par la noblesse de son antique maison, qui touchait par ses Etats à ceux des Teutons et des Français, et l'emportait sur eux par la puissance. Il descendait des chefs des Morins, qu'on appelle maintenant Flamands, ainsi que des rois de la Gaule et de la Germanie, et tenait aussi à l'illustre famille des princes de Constantinople. Les comtes, les marquis, les ducs et les archevêques, placés dans un haut rang, restaient stupéfaits d'admiration lorsque quelquefois le soin du commandement appelait chez eux cet hôte rare. Ses amis et ses alliés consultaient sa sagesse dans la délibération des plus hautes affaires, et s'attiraient sa bienveillance en le comblant de beaucoup de présens et d'honneurs. Il était chevalier de l'empire romain, et de fait l'honneur et la gloire de ses conseils dans une pressante nécessité. Les rois aussi respectaient et craignaient sa grandeur ; car les nations les plus éloignées savaient bien de quelles guerres fréquentes et terribles il avait accablé l'orgueil des chefs, et enfin mis la paix à des conditions dictées par sa volonté, après s'être fait dédommager par les seigneurs rois en leur enlevant une partie de leurs terres, tandis qu'exempt d'attaques, ou plutôt infatigable, il conservait les siennes en sûreté. La France avec son monarque enfant tomba ensuite sous la tutelle, la dictature et l'administration de cet homme très-sage.

Le marquis, beaucoup plus illustre par ses dignités et ses titres qu'on ne pourrait brièvement le rapporter, nous présenta lui-même à Ponthieu la très-gracieuse dame sa fille, qu'il conduisit avec honneur à son gendre. Sa sage et sainte mère l'avait élevée de manière à faire fructifier en elle tout ce qu'elle tenait de son père. Si quelqu'un s'informe de l'origine de sa mère, qu'il sache que le père de sa mère était Robert, roi de la Gaule, qui, fils et neveu de rois, engendra des rois, et dont la voix du monde louera les vertus religieuses et la sagesse dans le gouvernement de son royaume. La ville de Rouen s'occupa avec joie de recevoir cette épouse.

La notoriété du fait ne permet pas que, pressés par un sujet qui se précipite vers de plus hauts événemens, nous passions sous silence le comte Guillaume d'Arques, qui, au grand chagrin de la patrie, s'éleva orgueilleusement, autant que le lui permirent ses efforts, contre ce qui était bon et juste. Le frein des lois divines et humaines ne put retenir ce Guillaume, lâche et perfide descendant d'une illustre race, que ne put arrêter non plus, ni la ruine de Gui, ni l'admirable vertu et le bonheur du grand vainqueur, l'invincible Guillaume, ni la fameuse renommée qu'il s'était acquise. Ce qui, dans des ames élevées, doit produire des actions louables, savoir, le grand éclat de la naissance, les enfla d'une audace immodérée et causa la ruine de tous deux. Ils savaient tous deux qu'ils appartenaient et pouvaient être comptés par le côté gauche à la race des ducs de Normandie;

le Bourguignon, qu'il était leur neveu par la fille de Richard II; le comte d'Arques, qu'il était frère du troisième, fils du second et neveu du premier. Ledit comte, dès le commencement du gouvernement du jeune duc, se montra parjure envers lui, quoiqu'il lui eût juré fidélité et soumission, et fomenta des guerres, tantôt se révoltant avec témérité et ouvertement, quelquefois employant des ruses secrètes. Le détestable orgueil de cet homme le poussa très-facilement vers l'iniquité. Il fut le chef principal et l'auteur de plusieurs mouvemens de dissension et autres mauvaises actions; il excita, accrut et autorisa presque tous les troubles par ses exemples, ses conseils, sa faveur et son secours. Il fit de nombreux, de grands et de longs efforts pour accroître sa puissance et renverser celle de son seigneur, qu'il osa souvent empêcher d'approcher, non seulement du château d'Arques, mais aussi de la partie de la Normandie voisine de lui, et située en deçà de la Seine. Enfin, au siége de Domfront, que nous avons rapporté plus haut, il s'éloigna furtivement comme déserteur sans en avoir demandé congé, violant ainsi entièrement le devoir de vassal, dont le nom lui avait servi jusqu'alors et auparavant à voiler en quelque sorte son inimitié. A cause donc de ces méfaits et d'autres si nombreux et si grands, le duc prévoyant, comme il en était averti par le fait, que ledit comte formerait encore de plus nombreux et plus grands projets, s'empara tout-à-fait de la forteresse qui lui servait de retraite, et y mit une garde, sans cependant pousser plus loin l'invasion de ses Etats. C'était le comte qui, dans l'origine, avait fondé et construit ce fort avec le plus grand soin sur le sommet de la haute montagne d'Arques. Peu de temps après, les perfides gardes, séduits par des promesses, et fatigués et subjugués par les diverses sollicitations dont on les pressait, remirent le château au pouvoir de son fondateur.

Aussitôt qu'il y fut entré, des furies, plus violentes qu'à l'ordinaire, vinrent l'embraser et pousser à la vengeance, comme si on eût porté atteinte à ses droits. De nombreuses calamités s'élevèrent dans toute l'étendue du pays voisin; on vit fondre les désordres, les rapines, le pillage, source de la dévastation; le château se remplit d'armes, d'hommes, de bagages et de tout ce qui est propre à la guerre; les remparts, solides auparavant, furent encore plus fortifiés; on ne laissa aucun lieu en paix ni en repos; enfin la révolte la plus terrible se préparait. Aussitôt que le duc Guillaume en fut instruit, il quitta promptement le bourg de Coutances, où il en avait reçu la nouvelle certaine. Il s'avança avec tant de vitesse que les chevaux de ceux qui l'accompagnaient, à l'exception de six, expirèrent de lassitude avant d'être arrivés. C'était surtout la nouvelle des maux qu'endurait sa province qui l'excitait à se hâter de s'opposer à ces outrages. Il s'affligeait de voir les biens de l'Eglise, les travaux des laboureurs et le gain des marchands devenir injustement la proie des hommes d'armes. Il croyait s'entendre appeler par les déplorables gémissemens du menu peuple qui ont coutume de s'élever en grand nombre dans le temps des guerres ou des séditions. Dans le chemin, non loin du château même, il vit venir au devant de lui quelques-uns de ses chevaliers qui lui étaient fidèles et agréables. Ils avaient appris, par un bruit soudain, dans la ville de Rouen, les menées du comte d'Arques, et s'étaient le plus promptement possible approchés d'Arques avec trois cents hommes pour tâcher d'empêcher qu'on n'y apportât du froment et autres choses nécessaires contre le siége. Mais dès qu'ils surent que des troupes très-considérables y étaient rassemblées, craignant en même temps que ceux qui étaient venus avec eux ne passassent vers le parti de Guillaume (ce que les avis de leurs amis leur avaient annoncé secrètement), avant le lever du jour suivant, dans leur défiance, ils s'en retournèrent le plus promptement possible. Ils rapportèrent au duc ces choses, et lui conseillèrent d'attendre l'armée, disant qu'on abandonnait son parti encore plus que la renommée ne l'annonçait, que presque tout le voisinage favorisait son ennemi, et qu'il était dangereux de s'avancer plus loin avec si peu de ressources. Mais ces rapports ne purent ébranler sa fermeté par la peur ni par la défiance; les ayant rassurés par cette réponse que les rebelles n'oseraient rien contre lui en sa présence, aussitôt il s'avança avec autant de vitesse que ses éperons purent en donner à son cheval. Son courage le guidait, la justice de sa cause lui promettait le succès. Et voilà qu'il aperçut sur une très-haute montagne le chef de la révolte avec de nombreuses légions. Étant monté avec effort sur cette montagne, il les contraignit tous à fuir lâchement dans leurs remparts; et si on n'y eût mis obstacle en fermant promptement les portes, emporté par la colère et l'ardeur de son courage, il les eût tués presque tous en les poursuivant.

Nous racontons le fait et les circonstances qui s'y

rapportent, mais la postérité les croira difficilement. Voulant ensuite s'emparer des remparts, le duc rassembla promptement son armée, et les assiégea. Il était très-difficile de s'en emparer de vive force, car ils étaient très-bien défendus par la situation. Desirant, selon son excellente coutume, accomplir la chose sans répandre de sang, il renferma ces hommes cruels et rebelles au moyen d'une tour construite auprès de la montagne, et y ayant mis une garnison, il s'appliqua à d'autres affaires qui appelaient son attention. Ainsi il voulait, les épargnant par le fer, les vaincre par la faim.

Le devoir de la vérité m'avertit de transmettre à la mémoire avec quelle pieuse modération il évitait le carnage, à moins que l'impétuosité de la guerre ou quelque autre grave nécessité ne l'y contraignît. Il aimait mieux se venger par l'exil, l'emprisonnement, ou quelque autre châtiment qui n'ôtât pas la vie; tandis que, selon la coutume et les lois, les autres princes frappent du glaive les prisonniers de guerre, ou pendant la paix, les hommes convaincus de crimes capitaux, il songeait sagement en lui-même que l'arbitre souverain, qui, terrible, regarde les actions des puissans d'ici bas, rend à chacun ce qu'il a mérité par sa clémence miséricordieuse ou ses rigueurs immodérées.

Le roi Henri apprenant que l'homme dont il favorisait et conseillait la méchanceté était étroitement enfermé, se hâta de lui porter secours, et amena une troupe considérable de gens d'armes, et en outre un grand nombre de choses dont manquaient les assiégés. Séduits par l'espoir d'une mémorable action, quelques-uns de ceux que le duc avait laissés en garnison dans la tour, allèrent à la découverte, et s'emparèrent du chemin par où devaient passer les Français. Et voilà qu'ils prirent une grande quantité de ceux qui se tenaient le moins sur leurs gardes. Enguerrand, comte de Ponthieu, fameux par sa noblesse et son courage, et un grand nombre de guerriers furent tués. Hugues Bardoul lui-même, homme illustre, fut fait prisonnier. Cependant le roi, étant arrivé où il avait résolu d'aller, attaqua la garnison avec la plus grande impétuosité et une force extrême, afin d'arracher Guillaume d'Arques de sa fâcheuse position, et de venger en même temps l'échec de son pouvoir et le carnage des siens. Mais il s'aperçut que la chose était difficile, car les remparts de la tour et le courage également ferme des chevaliers soutenaient facilement les assauts des ennemis; alors pour ne pas s'exposer à une mort sanglante ou à une honteuse fuite, il se hâta de s'en aller, sans avoir acquis aucune gloire, à moins que par hasard on ne regarde comme glorieux d'avoir diminué par ses trésors la pauvreté de ceux au secours desquels il était venu, et d'avoir augmenté le nombre de leurs chevaliers. Le duc étant ensuite retourné au siége, et étant resté quelque temps à cette expédition comme s'il n'eût fait que se livrer à un joyeux repos, la violence de la faim pressant les assiégés plus cruellement et plus étroitement que les armes, ils se virent presque vaincus. Le roi, appelé de nouveau par des messages nombreux et de lamentables supplications, refusa de venir, pensant qu'il s'exposerait à une chute plus terrible, et craignant des dangers plus cruels et plus ignominieux. Guillaume d'Arques voit enfin avec angoisse que la cupidité d'enlever les États de son seigneur est une mauvaise conseillère, qu'il est injuste et presque toujours pernicieux de violer son serment ou sa foi, que le nom de la paix est doux et séduisant, et que la paix elle-même est agréable et salutaire. Il condamne alors, outre toute son audacieuse entreprise, ses desseins insensés et son action pernicieuse. Il s'afflige d'être resserré dans un lieu si étroit. Les supplians obtiennent d'être reçus à capituler, en concluant un traité qui, ne leur laissant que la vie, ne leur offrait rien d'honorable ni d'utile. Voilà un triste spectacle, une déplorable honte. Les chevaliers français, auparavant fameux, se hâtent, au-delà de ce que peuvent leurs forces affaiblies, de s'échapper avec les Normands, la tête baissée non moins de honte que d'épuisement, une partie suspendus sur des chevaux affamés qui faisaient à peine sonner la corne de leurs pieds, et pouvaient à peine faire élever de la poussière ; d'autres, ornés de bottines et d'éperons, s'avançant dans un ordre inaccoutumé, et plusieurs d'entre eux languissans et courbés sur leurs chevaux, tandis que d'autres, chancelant, se soutiennent à peine. Il fallait voir aussi le déplorable état des troupes qui sortaient, et dont l'aspect était dégoûtant et varié. Ayant pitié des infortunes du comte, comme auparavant de celles de Gui, dans sa louable clémence, le duc ne voulut point accabler d'une plus grande infortune son ennemi exilé et pauvre ; il lui accorda avec le pardon, en son pays, quelques possessions étendues et de nombreux revenus, regardant comme plus juste de reconnaître qu'il était son oncle, que de le poursuivre comme son ennemi.

Pendant le temps même du siège, quelques-uns des plus puissans parmi les Normands abandonnèrent le parti du duc pour passer vers le roi. Il était présumable que déjà auparavant ils avaient été les secrets fauteurs de la conspiration des rebelles. Ils n'avaient pas encore dégorgé toute la méchanceté dont ils avaient été gonflés autrefois contre le duc dans son enfance. Dans leur association se trouvaient Guimond, gouverneur d'une place forte appelée Moulins, qu'il remit entre les mains du roi, qui y mit une garnison royale, Gui, frère de Guillaume, comte de Poitou, et de l'impératrice des Romaines, et avec lui d'illustres hommes de guerre. Mais ceux-ci, et tous ceux qui, dans d'autres endroits, furent abandonnés par les Français, ayant appris la reddition du repaire d'Arques, se dérobèrent aux nôtres par la fuite. Les Normands, qui auraient dû être punis selon la loi contre les transfuges, se réconcilièrent avec leur seigneur, qui ne leur infligea qu'une peine légère, ou les exempta de toute punition. Ils reconnurent qu'aucun moyen, aucun artifice, ne pouvait réussir contre lui.

Ensuite la France commença à s'enflammer d'une haine plus violente, et à s'agiter par de nouveaux troubles. Tous les grands et le roi, d'ennemis qu'ils étaient, devinrent ennemis acharnés du prince normand. Dans leurs esprits inquiets et malveillans s'irritait la cruelle blessure que leur avait faite récemment la mort du comte Enguerrand, et de ceux qui périrent dans le même combat. Ils étaient enflammés de fureur au souvenir de ce qui était arrivé à Geoffroi, comte d'Anjou, chassé depuis long-temps, comme nous l'avons rapporté, par le bouclier de Guillaume, et à la mémoire des autres échecs innombrables et des honteuses défaites que leur avait fait éprouver le courage des Normands. Nous expliquerons sincèrement les causes de cette inimitié. Le roi supportait avec une très-grande peine, et regardait comme l'outrage le plus digne de vengeance, que le duc eût pour ami et pour allié l'empereur des Romains, dont aucun autre sur la terre ne surpassait la renommée de puissance et de dignité, et qu'il commandât à un grand nombre de puissantes provinces, dont les seigneurs ou gouverneurs étaient soumis à son service. Il s'indignait de ce qu'il n'avait pas le comte Guillaume pour ami ou pour chevalier, mais pour ennemi ; de ce que la Normandie, qui depuis longues années dépendait des rois de France, était presque érigée en royaume, et de ce que des comtes, ses prédécesseurs, quels que fussent leurs emplois, aucun ne s'était jamais élevé à ce point. Mécontens pour les mêmes motifs, Thibaut, le comte du Poitou, Geoffroi, et le reste des grands, outre quelques sujets de courroux particulier, trouvaient insupportable d'avoir à suivre les bannières du roi partout où elles les conduisaient. Ensuite, quelques-uns de ceux qui approchaient plus du roi convoitaient la Normandie, ou une partie de la Normandie, et comme des torches ardentes, ils embrâsaient le roi et les grands.

C'est pourquoi, après une délibération commune, et qui nous présageait malheur, un édit du roi ayant ordonné la guerre, on leva contre la Normandie des troupes innombrables. On eût vu se hâter, hérissées de fer, la Bourgogne, l'Auvergne et la Gascogne, et tous les guerriers d'un si grand royaume accourant des quatre points cardinaux, et la France et la Bretagne d'autant plus animées contre nous qu'elles nous étaient plus voisines. On peut affirmer que Jules-César ou quelqu'autre plus habile dans la guerre, s'il en exista jamais, fût-il chef d'une armée romaine rassemblée de mille nations, et commandât-il à mille provinces, du temps le plus florissant de Rome, eût pu s'effrayer du terrible aspect de cette armée. Notre pays conçut donc quelque effroi ; les églises craignirent de voir troubler le repos de la sainte religion, et piller ses revenus par la fureur des hommes d'armes, quoiqu'elles se confiassent pour leur défense dans le secours de la prière. Le peuple des villes et des campagnes, et tous ceux qui étaient faibles et sans défense tremblaient d'inquiétude et de frayeur : ils craignaient pour eux, pour leurs femmes, leurs enfans et leurs biens, s'exagérant, selon la coutume de la peur, les forces d'un ennemi si puissant. Mais quand ils se rappelaient quel était leur défenseur, comment, encore dans la jeunesse, ou plutôt dans l'enfance, il avait arraché la patrie à de déplorables calamités par sa grande sagesse et son courage encore plus grand, l'espoir adoucissait leur crainte, et la confiance venait consoler leur affliction. Admirable par sa fermeté, le duc Guillaume ne se sentit frapper d'aucune frayeur, et courut s'opposer avec un grand courage au-devant du roi, qui, à la tête d'une force terrible, s'avançait peu à peu du pays d'Evreux sur Rouen. Dès qu'il connut les dispositions de l'ennemi, le duc dirigea vers les rives opposées de la Seine une partie de ses troupes ; car on avait adopté une manœuvre dont on espérait beaucoup d'avantage, savoir, que tous les chevaliers des pays compris entre la Seine et la Garonne, et dont les habitans portent le nom de Celti-Gaulois, nous attaqueraient d'un côté sous la conduite du roi lui-même, tandis que ceux des pays compris entre la Seine et le Rhin, qu'on nomme Gaule-Belgique, nous attaqueraient sous le commandement d'Eudes, frère du roi, et de Renaud, un de ses plus familiers. Le roi était aussi accompagné des gens de l'Aquitaine, troisième portion de la Gaule, fort renommée dans le monde par son étendue et la multitude de ses habitans. Il n'était pas étonnant que la témérité et l'orgueil des Français, si bien soutenus, eussent quelque espoir, ou d'accabler notre duc par cette masse de forces, ou de le contraindre à s'échapper par une honteuse fuite, ou de prendre et tuer nos chevaliers, de renverser les villes, d'incendier les villages, de frapper du glaive, et de se livrer au pillage, enfin de faire de tout notre pays un affreux désert.

Mais il en arriva tout autrement; car Eudes et Renaud en étant venus aux mains, dès qu'ils virent leur armée moissonnée par les coups les plus terribles et les plus cruels, ils abandonnèrent le commandement et le secours de leur épée, et s'empressèrent de pourvoir à leur fuite par la vitesse de leurs chevaux. Leurs têtes, qui ne méritaient pas un sort plus doux, étaient pressées par la pointe de l'épée de Robert, grand par sa noble origine aussi bien que par son courage, de Hugues de Gournay, de Hugues de Montfort, de Gautier Giffard, de Guillaume Crispin et d'autres encore des plus valeureux de notre parti. Gui, comte de Ponthieu, trop avide de venger son frère Enguerrand, fut fait prisonnier, ainsi que plusieurs che-

valiers distingués par leur naissance et leur fortune.
Un grand nombre furent tués, le reste se sauva par
la fuite avec ses bannières. Ayant promptement appris
ce succès, notre défenseur, le duc Guillaume, envoya pendant le silence de la nuit, avec de sûres instructions, quelqu'un qui, se tenant près du camp du
roi, sur le haut d'un arbre, lui annonça en détail
cette funeste victoire. Le roi, surpris à cette nouvelle
inattendue, fit sans retard éveiller les siens avant le
jour, et leur donna le signal de la fuite, pensant qu'il
était de la plus haute nécessité de s'éloigner très-
promptement des frontières de la Normandie. Ensuite beaucoup d'hostilités eurent lieu de part et
d'autre, comme il arrive ordinairement dans la guerre
entre des ennemis si puissans. Enfin les Français, désirant avec la plus grande ardeur la fin de ces dissensions si funestes pour eux, firent la paix à cette condition, que les prisonniers faits à Mortemar seraient
rendus au roi, avec le consentement et par le don
duquel, pour ainsi dire, le duc resterait en possession,
par un droit perpétuel, de ce qu'il avait enlevé et
pourrait enlever à Geoffroi, comte d'Anjou. Aussitôt,
dans cette assemblée même, le duc avertit par un ordre ses principaux chevaliers d'être prêts à se trouver
promptement sur les frontières du comté d'Anjou
pour construire Ambrières. Il indiqua par des députés
à Martel le jour qu'il leur marquait pour cette entreprise. O esprit valeureux, intrépide et noble de cet
homme! ô vertu admirable et difficile à louer dignement! Le duc n'ambitionne pas la conquête de la
terre de quelque homme faible, mais celle du tyran le
plus féroce, et, comme nous l'avons dit plus haut, le

plus brave à la guerre, de l'homme que les comtes et les ducs les plus puissans craignaient comme la foudre terrible, et aux forces et aux artifices duquel ses voisins pouvaient à peine échapper. Et, pour que l'admiration soit plus grande, le duc n'attaque pas cet ennemi lorsqu'il est sans précaution et sans défense, mais quarante jours auparavant il lui annonce où, quand, et pourquoi il doit venir. Frappé par la terreur de ce bruit, Geoffroi de Mayenne alla promptement trouver Geoffroi son seigneur, et se plaignit avec tristesse et lamentation que les Normands avaient construit Ambrières pour attaquer à leur gré la terre de leur ennemi, la détruire et la ravager. Le tyran Martel, orgueilleux de cœur, lui répliqua, selon sa coutume de concevoir et de dire présomptueusement de grandes choses : « Secoue ma domination comme celle « d'un seigneur vil et infâme si tu me vois laisser pa- « tiemment accomplir ce que tu crains. » Au jour marqué, le duc des Normands entra sur le territoire du Maine, et pendant qu'il bâtissait le château dont il avait menacé Geoffroi, la renommée, qui annonce le faux comme le vrai, l'instruisit que Geoffroi Martel allait bientôt arriver. Alors ayant terminé les travaux, le duc attendit avec une grande intrépidité et une grande ardeur l'arrivée de l'ennemi. Voyant qu'il tardait plus qu'il n'avait cru, et que le peuple et les grands se plaignaient déjà du manque de vivres, de peur de trouver ensuite ses hommes d'armes moins prêts à obéir à ses ordres, il résolut de les renvoyer, après avoir fourni le château d'hommes et de vivres; il leur ordonna toutefois de revenir aussitôt qu'ils recevraient un message de lui. Le bruit du départ de notre armée s'étant bientôt répandu, Martel, soutenu par le secours de Guillaume, comte de Poitiers, son seigneur, d'Eudes, comte de Bretagne, et de troupes rassemblées de tous les côtés, marcha vers Ambrières. Après en avoir observé la situation et les fortifications, il se prépara à en faire le siége. Ses hommes s'apprêtent à renverser les remparts, et les gens du château leur résistent vaillamment. Ils s'enflamment, deviennent audacieux, attaquent de plus près et plus vivement : de part et d'autre on combat avec une grande impétuosité. Ceux d'en haut frappent avec les traits, les pierres, les pieux, les lances. La plupart des assiégeans sont tués, les autres sont repoussés. Leurs audacieux efforts ainsi déjoués, ils entreprirent autre chose; ils essayèrent de renverser les murs au moyen du bélier, mais les assiégés frappèrent la poutre et la rompirent.

Pendant ce temps, Guillaume, le fondateur du château, ayant appris la fâcheuse position des siens, sans se permettre le moindre délai, assemble son armée, et se hâte de venir à leur secours avec la plus grande promptitude. Dès que les trois comtes ennemis ci-dessus nommés furent instruits de son approche, eux et leur formidable armée se retirèrent avec une vitesse étonnante, pour ne pas dire qu'ils s'enfuirent en tremblant. Le vainqueur ayant attaqué sur-le-champ Geoffroi de Mayenne, qui, par la plainte dont nous avons parlé, avait enflammé la fureur de son seigneur, en peu de temps il le réduisit si bas, qu'au fond de la Normandie, Geoffroi vint se soumettre à lui, et lui jura la fidélité qu'un vassal doit à son seigneur.

La paix fut rompue de nouveau avec la France, et le roi cherchant à venger sa honte plutôt que les torts qu'on lui avait faits, recommença son expédition, et attaqua la Normandie après avoir rassemblé une armée considérable, à la vérité, mais moins formidable qu'auparavant. La plus grande partie des siens, pleurant leurs pertes et la honteuse fuite des leurs, ou saisis de crainte, étaient moins disposés à revenir nous attaquer, quoiqu'ils désirassent bien ardemment se venger de nous. Martel, comte d'Anjou, que n'avaient pas encore abattu tant de funestes revers, ne manqua pas de s'y trouver, amenant autant de troupes qu'il en put rassembler. A peine la terre de Normandie entièrement détruite et ravagée aurait-elle pu rassasier la haine et la rage de cet ennemi. Ils tinrent leur mouvement aussi secret qu'ils le purent, de peur que dans la route même, notre défenseur qu'ils avaient déjà éprouvé ne vînt au devant d'eux et ne les repoussât. Ils parvinrent par divers chemins à travers le comté d'Exmes jusqu'à la Dive, ravageant tout sur leur passage, avec la cruauté de la guerre. Là, il ne leur plut pas de s'en retourner, et ils ne voulurent pas s'arrêter. Si on les eût laissé s'avancer au delà avec la même facilité que celle qu'ils avaient rencontrée jusque-là, et ensuite se retirer en France sans dommage, ils auraient acquis une illustre renommée, pour avoir ravagé par le fer et le feu, sans que personne s'y opposât ou les poursuivît, la terre de Guillaume de Normandie jusqu'au rivage de la mer; mais cet espoir les trompa, comme celui qu'ils avaient conçu autrefois; car tandis qu'ils étaient arrêtés à un gué de la Dive, survint dans un moment favorable, avec une petite troupe de guerriers, le duc rempli d'ardeur. Déjà une partie de l'armée avait passé le fleuve avec le roi ; mais voilà que le très-vaillant vengeur tomba sur le reste, et tailla en pièces les dévastateurs, regardant comme un crime, lorsqu'il s'agissait des intérêts de sa patrie déchirée, d'épargner l'ennemi qui la ravageait, lorsqu'il le trouvait sur son territoire. Surpris en deçà du fleuve, ils furent presque tous tués par le fer aux yeux du roi, excepté ceux qui, poussés par la frayeur, aimèrent mieux se précipiter dans les eaux. Le flux de la mer remplissant le lit de la Dive d'une masse d'eau que le duc ne pouvait franchir, s'opposait à ce que la juste sévérité de son glaive les poursuivît sur l'autre rive. Le roi plaignant le sort des siens et saisi de crainte, sortit le plus promptement qu'il put de la Normandie avec le tyran d'Anjou ; et cet homme courageux et fameux à la guerre vit, d'un esprit consterné, qu'attaquer davantage la Normandie passerait pour de la démence.

Peu de temps après, il entra dans la voie de toute chair, sans s'être jamais illustré par aucun triomphe remporté sur Guillaume, comte de Normandie, et sans avoir joui contre lui des plaisirs de la vengeance. Il eut pour successeur son fils Philippe, encore enfant. Selon le désir et le consentement de toute la France, une paix solide et une amitié pure furent conclues entre lui et notre prince.

Vers le même temps mourut Geoffroi Martel, selon les vœux de beaucoup de gens qu'il avait opprimés ou qui le craignaient. C'est ainsi que la nature met des bornes inévitables au pouvoir terrestre et à l'orgueil humain. Ce malheureux homme se repentit trop tard de son excessive puissance, de sa funeste tyrannie et de sa pernicieuse cupidité. Ses derniers momens lui apprirent une vérité à laquelle il avait auparavant négligé de penser, qu'on doit nécessairement perdre un jour ce qu'on possède en ce monde, même justement. Il laissa pour héritier le fils de sa sœur, qui, semblable à lui par le nom, en fut fort différent par sa vertu, et qui commença à craindre le roi du ciel, et à faire le bien pour s'acquérir les honneurs éternels.

Nous savons que la bouche des hommes est plus disposée à louer la méchanceté que la bonté, la plupart du temps par haine, quelquefois par une autre dépravation, car on a coutume, par une inique perversité, d'interpréter les plus belles actions dans un sens contraire. C'est pourquoi il est certain qu'il arrive quelquefois que les belles actions des rois, des ducs ou de quelque grand, si on ne les transmet pas dans toute leur vérité à la postérité, sont condamnées par le jugement des gens de bien; en sorte que de mauvaises actions qu'on ne devrait jamais imiter, comme l'invasion ou quelque autre aussi injuste, deviennent séduisantes par l'exemple. Nous estimons donc important de dire avec la plus exacte vérité que si Guillaume, dont nous racontons la gloire, ce qui, nous le souhaitons, ne déplaira nullement, mais sera agréable à tous, tant présens que futurs, s'empara, par la force de ses armes, de la principauté du Mans, ainsi que du royaume d'Angleterre, c'est qu'il dut s'en emparer selon les lois de la justice.

La domination des comtes d'Anjou était depuis

long-temps pénible et presque insupportable aux comtes du Mans. Pour passer sous silence beaucoup d'autres choses, tout récemment à notre mémoire, Foulques, comte d'Anjou, avait attiré à Saintes, par la promesse de lui remettre sa ville, Herbert, comte du Mans. Là, l'ayant fait venir, au milieu de leur entrevue, il le fit souscrire, par la prison et les tourmens, aux conditions que desirait sa cupidité.

Dans le temps de Hugues, Geoffroi Martel incendia souvent la ville du Mans, souvent il la livra pour butin à ses avides chevaliers, souvent il arracha les vignes de ses environs, et quelquefois, après avoir chassé son maître légitime, la rangea sous sa seule domination. Hugues légua à Herbert son fils son héritage avec les mêmes inimitiés. Craignant d'être entièrement dépouillé par la tyrannie de Geoffroi, Herbert alla trouver en suppliant Guillaume, duc de Normandie, pour se mettre sous sa protection, se donna à lui de ses propres mains, reçut tout de lui comme un chevalier de son seigneur, et l'institua son seul héritier s'il n'en engendrait pas d'autre. De plus, pour s'allier de plus près, lui et sa postérité, à un si grand homme, il demanda au duc sa fille, qui lui fut fiancée. Mais vers le temps où celle-ci atteignit l'âge nubile, lui-même mourut de maladie, et à son lit de mort il conjura et pria les siens de ne point chercher d'autre seigneur que celui qu'il laissait pour son successeur, leur disant « que s'ils lui obéissaient « de leur propre volonté, leur condition serait lé- « gère à supporter ; mais que peut-être serait-elle « pesante s'ils étaient par lui subjugués; qu'ils con- « naissaient très-bien sa puissance, sa sagesse, sa

« force, sa gloire et son antique origine; que sous
« son gouvernement ils n'auraient rien à craindre
« pour leurs frontières. »

Mais des traîtres reçurent Gautier, comte de
Mantes, qui avait pris en mariage la sœur de Hugues,
et qui vint attaquer le Mans. Indigné de cette opposition, Guillaume, que des droits multipliés appelaient à la succession d'Herbert, prit les armes
pour conquérir ce qu'on lui enlevait ainsi. Autrefois le Mans avait été soumis aux ducs de Normandie. Il aurait pu, d'autant qu'il abondait en moyens
et en forces, incendier sur-le-champ ou détruire la
ville toute entière, et égorger les audacieux auteurs
de cette iniquité; mais il aima mieux, selon sa clémence accoutumée, épargner le sang des hommes
quoique coupables, et laisser sur pied cette ville,
très-forte capitale et rempart des pays qu'il avait en
sa possession.

Voici quel moyen il adopta pour s'en emparer :
ce fut de les frapper de crainte par des incursions fréquentes et longues sur leur territoire et
leurs demeures, de ravager les vignes, les champs,
les maisons de campagne, de cerner les endroits
fortifiés, de mettre des garnisons partout où elles
étaient nécessaires, et enfin, de les désoler continuellement par une foule de calamités. Il est plus
facile de deviner que de rapporter l'inquiétude et la
terreur des Manceaux, lorsqu'ils le virent agir ainsi,
et combien ils desirèrent éloigner de leur tête ce
fardeau accablant. Ayant souvent appelé à leur secours Geoffroi, que leur gouverneur Gautier avait
établi son seigneur et son défenseur, ils menacèrent

quelquefois de livrer bataille au duc, mais ne l'osèrent jamais. Enfin les châteaux de tout le comté pris et soumis, ils rendirent leur ville au vainqueur ; et suppliants, ils reçurent avec de grands honneurs celui qu'ils avaient arrêté par une longue rébellion. Grands, moyens, petits, rivalisent de zèle pour apaiser celui qu'ils ont offensé. Ils accourent au devant de lui, le proclament leur seigneur, et s'inclinent devant sa dignité ; ils prennent des visages rians, font entendre des voix joyeuses et des applaudissemens de félicitation. Les ordres religieux de toutes les églises qui étaient dans la ville, approuvant l'enthousiasme des laïques, vont à sa rencontre. Les églises et les temples brillent avec éclat, ornés comme en un jour de fête. Les parfums embaument les airs qui retentissent des cantiques sacrés. Le vainqueur trouva qu'il lui suffisait pour leur châtiment qu'ils eussent été domptés par son pouvoir, et que les remparts de leur ville fussent désormais occupés par ses gardes. Gautier consentit volontairement à la cession de cette ville, de peur qu'en défendant les pays envahis, il ne perdît son héritage. La victoire remportée par le Normand lui faisait craindre quelque chose de pis pour Mantes et Chaumont, situés dans le voisinage.

Sage vainqueur et tendre père, Guillaume voulut pourvoir de son mieux et pour toujours aux intérêts de sa race. C'est pourquoi il résolut de marier son fils à la sœur d'Herbert, qui fut amenée du pays des Teutons à ses dépens et à grands frais, afin que par elle, lui, et ceux qu'il engendrerait, possédassent, en qualité de beau-frère et neveux, l'héritage d'Herbert, par un droit qui ne pût leur être ni arraché ni contesté. Comme son fils n'était pas encore en âge d'être marié, il fit garder la jeune fille déjà presque nubile dans un lieu sûr avec de grands honneurs, et la confia aux soins d'hommes et de matrones nobles et sages. Cette vertueuse vierge, nommée Marguerite, était, par sa remarquable beauté, plus gracieuse que la plus belle perle. Mais peu de temps avant le jour où elle devait être unie à son époux mortel, elle fut enlevée aux hommes par le fils de la Vierge, l'époux des vierges, le roi du ciel, dont le saint amour avait embrâsé la pieuse jeune fille. Brûlant pour lui de desirs, elle s'appliquait aux oraisons, à l'abstinence, à la miséricorde, à l'humilité, enfin à toute sorte de bonnes œuvres, souhaitant ardemment d'ignorer à jamais tout autre mariage que celui du Seigneur. Elle fut ensevelie dans le cloître de Fécamp qui, avec les autres églises, s'affligea, autant que le permettait la religion, de voir enlevée par une si prompte mort celle à qui tous desiraient sincèrement une longue vie. Son ame, veillant prudemment et attendant avec son flambeau allumé l'arrivée du Christ, avait toujours fréquenté les églises avec respect. Le cilice aussi dont elle s'était servie secrètement pour dompter la chair ayant été trouvé après sa mort, fit voir qu'elle dirigeait son ame vers l'Eternel.

La prise de la ville du Mans montra clairement combien l'esprit léger de Geoffroi de Mayenne était loin de s'unir d'inclination au duc Guillaume; car pour ne pas être témoin de sa glorieuse félicité, il abandonna la ville auparavant, chassé autant par une douleur haineuse que par une inconstante perfidie. Cet audacieux impudent ne voulut point se rappeler comment jadis dompté par le duc, il avait imploré sa clémence ; son insolente iniquité ne craignit pas de jurer et de violer sa promesse. Il croyait en harcelant cette valeur invincible, illustrée par des triomphes multipliés, s'acquérir une renommée aussi durable que l'eussent jamais obtenue ses ancêtres, quelque puissans qu'ils fussent. Fréquemment sommé d'obéir par des députés, il n'abaissa point son esprit obstiné. La fuite, l'astuce, des remparts solides accroissaient beaucoup sa témérité. Celui qu'il rejetait pour seigneur résolut dans sa sagesse de lui enlever sa retraite chérie, le château de Mayenne ; regardant comme suffisant et plus digne de lui de lui infliger cette punition, que de le poursuivre dans sa fuite, et en le faisant prisonnier d'ajouter une légère victoire à toutes celles dont il pouvait déjà se glorifier. Aucune force, aucun moyen, aucun artifice humain, ne pouvait suffire à attaquer ce château par un de ses flancs baigné par un fleuve rapide et bordé d'écueils ; car le château était bâti sur les bords de la Mayenne, sur une montagne escarpée ; des remparts de pierres et un abord aussi très-difficile défendaient l'autre côté. Cependant on se prépara à en faire le siége ; et notre armée s'étant approchée éprouva combien le lieu était inaccessible par sa nature. Tous s'étonnaient que le duc entreprît avec une si grande témérité la chose la plus difficile. Presque tous pensaient qu'il était inutile de fatiguer tant de troupes de chevaliers et d'hommes de pied ; un grand nombre murmuraient ; nulle espérance ne les soutenait, si ce n'est celle que dans un an ou plus la famine pourrait forcer les assiégés à se rendre. En effet, on ne pouvait ni n'espérait rien faire avec les épées, les lances et les traits, ni davantage avec le bélier, la baliste ou les autres machines de guerre; car ce lieu était tout-à-fait défavorable aux machines. Mais le magnanime duc Guillaume presse son entreprise, ordonne, exhorte, rassure les moins intrépides, et leur promet un heureux succès. Leur doute ne dura pas longtemps. Voilà que par une adroite invention on lance dans le château des flammes qui l'embrâsent. Dans le plus court espace de temps elles s'étendent à leur ordinaire, ravageant tout ce qu'elles rencontrent avec plus de fureur que le fer. Les gardes et les défenseurs, étonnés par une défaite soudaine, abandonnent les portes et les remparts, et courent d'abord en tremblant porter du secours à leurs maisons et à leurs effets enflammés. Ensuite ils s'empressent de se rendre dans les asiles où ils peuvent pourvoir à leur propre salut, craignant encore plus les épées des vainqueurs que l'incendie. Les Normands accourent avec la plus grande célérité, joyeux d'esprit; et poussant à la fois un cri d'allégresse, ils se précipitent à l'envi, et s'emparent de vive force des remparts. Ils trouvent un butin considérable, des chevaux de noble race, des armes de guerre et des meubles de tout genre. Le prince, très-modéré et très-généreux, voulut que ces choses et le reste du butin, en grande partie composé de choses précieuses, demeurassent aux chevaliers plutôt que de lui revenir. Les habitans du château qui s'étaient réfugiés dans la citadelle se rendirent le jour suivant, ne se confiant en aucun rempart contre le génie et la force de Guillaume. Celui-ci, après avoir fait rétablir ce qui avait été consumé par les flammes, et fait porter de prévoyans secours, comme pour remporter sur la nature un triomphe inaccoutumé, s'en retourna chez lui au milieu des transports de joie de son armée. Les voisins de Geoffroi ne s'attristèrent pas de ce qu'il avait subi cet échec, et assurèrent qu'il était glorieux au comte Guillaume d'avoir seul vengé un grand nombre de gens d'un parjure et d'un brigand.

Presque dans le même temps Édouard, roi d'Angleterre, par une garantie plus forte qu'auparavant, assura son héritage à Guillaume, qu'il avait déjà établi son successeur, et qu'il chérissait comme un frère ou un fils. Il voulut prévenir l'inévitable puissance de la mort dont cet homme, qui par une vie sainte aspirait au royaume céleste, pensait que l'heure approchait. Il lui envoya, pour lui confirmer sa foi par le serment, Hérald[1], le plus élevé par ses dignités et sa puissance de tous ceux qui étaient soumis à sa domination, et dont le frère et le cousin avaient été auparavant donnés en otage comme garantie de cette même succession. Ce fut avec la plus grande sagesse qu'il le choisit, afin que ses richesses et son autorité contraignissent les Anglais à se soumettre dans le cas où, selon leur perfidie et leur inconstance ordinaire, ils voudraient s'opposer à ce qu'il avait décidé. Comme Hérald s'empressait de venir pour cette affaire, après avoir échappé aux dangers de la traversée, il aborda au rivage du Ponthieu, où il tomba entre les mains du comte Gui. Ayant été fait prisonnier avec les gens de sa suite, on le mit en prison, ce que cet homme regarda comme un malheur plus grand qu'un naufrage. L'avarice ingénieuse a inventé

[1] Harold.

chez quelques nations des Gaules une coutume exécrable, barbare et contraire à toute justice chrétienne. On tend des piéges aux puissans et aux riches, on les renferme dans des prisons, et on les accable d'outrages et de tourmens. Après les avoir ainsi par différentes calamités presque réduits à la mort, on les fait sortir du cachot très-souvent pour les vendre à un grand. Le duc Guillaume ayant appris ce qui était arrivé à Hérald, envoya promptement des députés, et le tira de sa prison par prières autant que par menaces. Etant allé au devant de lui, il le reçut avec honneur. Il rendit de dignes actions de grâces, remit des terres considérables, beaucoup de biens, et de plus de très-forts dons en argent à Gui, qui avait bien mérité de lui, et qui, sans y être forcé ni par récompense ni par violence, lui avait amené lui-même et présenté au château d'Eu un prisonnier qu'il aurait pu à son gré tourmenter, tuer ou vendre. Il fit entrer Hérald avec les plus grands honneurs dans Rouen, ville capitale de sa principauté, où les plaisirs multipliés d'une obligeante hospitalité recréèrent très-agréablement ces hôtes de toutes les fatigues de la route. Le duc se réjouissait de posséder un hôte si illustre, envoyé par le plus chéri de ses proches et de ses amis, et en qui il espérait trouver un très-fidèle médiateur entre lui et les Anglais, parmi lesquels Hérald était le second après le roi. Une assemblée ayant été réunie à Bonneville, Hérald jura fidélité au duc selon la coutume chrétienne; et, ainsi que l'ont rapporté des hommes très-dignes de foi et illustres par de nombreuses dignités, qui en furent alors témoins, il fit entrer de lui-même dans le nombre des articles du serment, qu'aussi long-temps que vivrait encore le roi Edouard, il serait à sa cour le délégué du duc Guillaume; qu'il s'efforcerait autant qu'il pourrait, par ses conseils et ses secours, de lui faire confirmer, après la mort d'Edouard, la possession du trône d'Angleterre; que, jusqu'à ce temps, il remettrait à la garde des chevaliers du duc le château de Douvres, fortifié par ses soins et à ses frais; que de même il remettrait au duc d'autres châteaux et d'autres parties de l'Angleterre, dès qu'il l'ordonnerait; et qu'il fournirait aux gardes d'abondantes provisions. Le duc, après l'avoir reçu pour son vassal, lui remit, sur sa demande et avant le serment, toutes les terres à lui appartenantes. On n'espérait pas voir se prolonger long-temps la vie d'Edouard alors malade.

Ensuite, sachant Hérald brave, et avide d'une nouvelle renommée ainsi que les gens de sa suite, le duc les munit d'armes et de chevaux de grand prix, et les mena avec lui à la guerre de Bretagne. Il traita ce député et cet hôte comme un compagnon d'armes, afin, par cet honneur, de se le rendre plus fidèle et plus dévoué. La Bretagne s'était témérairement levée toute en armes contre la Normandie. Le chef de cette audacieuse rébellion était Conan, fils d'Alain. Devenu adulte, il fut l'homme le plus féroce; délivré d'une tutelle à laquelle il avait été long-temps soumis, après avoir pris son oncle, Eudes, et l'avoir fait charger de fers et emprisonner, il commença à gouverner avec une grande cruauté la province que lui avait transmise son père. Ensuite, renouvelant la révolte de son père, il voulut être l'ennemi et non le vassal de la Normandie. Celui qu'un antique droit établissait son

seigneur, Guillaume, duc de Normandie, lui opposa
sur les frontières un château appelé Saint-Jacques,
pour empêcher d'avides pillards de causer des dommages, par leurs excursions et leurs brigandages, aux
églises sans défense ou au bas peuple de son pays. Le
roi de France, Charles, avait acheté la paix et l'amitié
de Rollon, premier duc de Normandie, et père de
ceux qui lui succédèrent, en lui donnant en mariage
sa fille Gisèle, et lui livrant la Bretagne pour lui être
perpétuellement soumise. Ce traité avait été imploré
par les Français, dont l'épée ne pouvait résister plus
long-temps à la hache des Danois. Ce fait est attesté
par les annales de l'histoire. Depuis, les comtes de
Bretagne ne purent jamais soustraire tout-à-fait leur
tête au joug de la domination des Normands, quoiqu'ils eussent souvent déployé tous leurs efforts
pour y parvenir. Alain et Conan s'élevèrent contre
les ducs de Normandie, avec un esprit d'autant plus
orgueilleux qu'ils leur étaient alliés de plus près par
la parenté. L'insolence de Conan s'était déjà accrue
au point qu'il ne craignait pas d'annoncer quel jour
il viendrait attaquer les frontières de la Normandie.
Cet homme, d'un caractère violent et dans l'ardeur
de l'âge, obtint la plus grande confiance de la part
de son pays, qui s'étendait au loin et au large et était
incroyablement peuplé d'hommes de guerre ; car,
dans cette contrée, un chevalier en engendrait cinquante en épousant, à la manière des Barbares, dix
femmes ou davantage ; ce que l'on rapporte des anciens
Maures, qui ignoraient la loi divine et les coutumes
de la pudeur. De plus cette nombreuse population
s'applique beaucoup aux armes et au maniement

des chevaux, et néglige entièrement la culture des champs et la civilisation; ils se nourrissent de très-abondans laitages et fort peu de pain. De vastes territoires, qui ne portèrent presque jamais de moissons, sont pour leurs troupeaux de gras pâturages. Lorsqu'ils n'ont pas de guerre étrangère, ils se nourrissent de rapines et de ravages domestiques, et s'exercent au brigandage. Ils vont au devant des combats avec une joyeuse ardeur, et combattent avec fureur. Accoutumés à repousser, ils cèdent difficilement. Ils exaltent et célèbrent par des réjouissances leurs victoires et la gloire qu'ils se sont acquise dans les combats. Ils prennent plaisir et gloire à enlever la dépouille des morts. Peu troublé de cette férocité, le duc Guillaume, le jour qu'il se souvint lui avoir été annoncé pour l'arrivée de Conan, s'avança lui-même à sa rencontre dans l'intérieur de son pays. Conan, comme s'il eût craint d'être frappé d'un coup de foudre qui le menaçait de près, s'enfuit avec la plus grande promptitude dans des lieux de défense, abandonnant le siége de Dol, château situé sur son territoire, et qui, s'opposant à un rebelle, demeurait fidèle à la cause légitime. Rual, gouverneur de ce château, essaya d'arrêter Conan, le rappela avec dérision, et le pria de demeurer deux jours, disant que ce délai lui suffirait pour se rendre son vassal. Mais cet homme, misérablement épouvanté, écouta plutôt sa frayeur, et continua de fuir. Le chef terrible qui l'avait chassé aurait poursuivi le fuyard s'il n'avait vu un danger évident à conduire une nombreuse armée à travers de vastes contrées stériles et inconnues. S'il restait quelque chose à ce pauvre pays de ce qui avait été recueilli l'année précédente ; les habitans l'avaient caché avec leurs troupeaux dans des lieux sûrs. Les blés étaient encore verts ou en épis. De peur donc que, par une sacrilége rapine, on ne pillât les biens des églises, si on en trouvait quelques-uns, le duc ramena son armée épuisée par la disette des vivres qu'on lui distribuait tous les mois, présumant dans sa grande ame que Conan le supplierait bientôt pour obtenir sa grâce et le pardon de son crime. Mais, comme il sortait des frontières de la Bretagne, on lui annonça tout à coup que Geoffroi d'Anjou s'était joint à Conan avec des troupes considérables, et que le jour suivant ils viendraient tous deux lui livrer bataille. C'est pourquoi il se montra d'autant plus avide de combattre qu'il voyait plus de gloire à triompher, dans une seule bataille, de deux ennemis tous deux cruels. Il pensa aussi aux nombreux avantages de cette victoire.

Rual, sur le territoire duquel il campait, se plaignit à lui, lui disant qu'il serait reconnaissant d'avoir été par lui sauvé des mains de son ennemi, si le mal qu'il lui faisait ne surpassait le bien qu'il lui avait fait. Si en effet le duc demeurait pour attendre Conan, le pays, peu fécond et fort épuisé, serait entièrement ravagé ; et il revenait au même pour les laboureurs de voir consommer par l'armée des Normands ou par celle des Bretons le fruit des travaux d'une année. Si l'expulsion de Conan avait servi à sa renommée, elle n'avait rien fait à la conservation de leurs biens. Le duc répondit à Rual qu'il devait considérer qu'un départ trop précipité ferait naître de lui une opinion peu honorable ; et promit de lui payer en or un très-ample dédommagement des pertes qu'il lui causerait. Aussitôt le duc défendit à ses chevaliers de rien prendre des moissons et des troupeaux de Rual. On obéit à cet ordre avec une telle réserve qu'une seule gerbe de froment aurait suffi abondamment pour payer tout le dommage. Ce fut inutilement que le duc attendit le combat, car son ennemi s'enfuit encore plus loin. De retour chez lui, après que son cher hôte Hérald eut demeuré quelque temps auprès de lui, il le congédia comblé de présens : ce qu'il devait faire à juste titre, en considération à la fois de celui qui l'avait envoyé et de celui dont il venait augmenter les dignités. Bien plus, le jeune frère d'Hérald, autre otage, fut rendu à cause de lui, et s'en retourna avec lui. Nous te parlerons donc en peu de mots, Hérald. De quel cœur as-tu osé ensuite enlever à Guillaume son héritage et lui faire la guerre, lorsque de ta bouche et de ta main tu t'étais soumis à lui, toi et ta nation, par un serment sacré? Tu aurais dû réprimer la révolte, et c'est toi qui l'as pernicieusement excitée. Bien pernicieux furent les vents favorables qui enflèrent tes voiles à ton retour ! Ce fut par une funeste bonté que la mer te porta, toi le plus corrompu des hommes, et te laissa aborder au rivage. Il fut malheureux le port tranquille qui te reçut lorsque tu venais exciter dans ta patrie le plus déplorable orage.

Parmi tant d'occupations mondaines, tant de guerres que d'affaires intérieures, cet excellent prince montra pour les choses divines un zèle rare, que nous ne pourrions rapporter assez en détail, ni d'une manière proportionnée à sa grandeur. Il avait appris, en effet, que non seulement la puissance des royaumes du monde finit bientôt par crouler, mais que la figure même de ce monde passe. Il savait qu'il n'existe qu'un royaume immuable, soumis au pouvoir éternel d'un maître ineffable, gouvernant toutes choses par lui créées, avec une providence éternelle comme lui, et pouvant écraser en un moment les tyrans trop adonnés aux voluptés terrestres ; d'un maître qui accorde à la persévérance de ses serviteurs des diadèmes et des palmes brillantes d'un éclat inestimable et perpétuel, dans cette glorieuse cité, patrie de la souveraine vérité et du souverain bien. Il savait que son père, le fameux duc Robert, après avoir brillé dans son pays par de mémorables mérites, déposant les marques de sa dignité, avait entrepris un pélerinage rempli de périls, dans le desir de voir et contempler ce maître dans la Sion céleste; que les Richard, ses ancêtres, grands en puissance, illustres en renommée, portant humblement la croix sur leur front, avaient chéri Dieu dans leur cœur et l'avaient honoré dans leurs actions. Il pensait en homme sage au malheur et à la honte qu'il y avait, après avoir été dépouillé des vains honneurs du monde, d'être condamné à un exil de ténèbres, où une flamme inextinguible doit brûler sans consumer, où les gémissemens de la douleur ne trouveront aucune compassion, où on pleurera ses péchés sans en obtenir le pardon; il se représentait au contraire la félicité et l'honneur réservés à ceux qui, après avoir gouverné sur terre, élevés à une glorieuse immortalité, seraient mis au rang des anges, où ils goûteraient des délices infinies, contempleraient Dieu face à face, et se réjouiraient dans sa gloire éternelle.

Cet homme donc, digne de son pieux père et de ses pieux ancêtres, pendant ses expéditions de guerre, avait toujours présente devant les yeux de son esprit la crainte de l'éternelle majesté. Il défendait son peuple, adorateur du Christ, en réprimant les guerres extérieures par la force des armes, en arrêtant les séditions, les rapines et les pillages, afin que plus on jouirait de la paix, moins les lieux saints fussent exposés à l'insulte. On ne pourrait dire avec vérité qu'il ait jamais entrepris de guerre sans une juste cause. C'est ainsi que les rois chrétiens des nations Romaines et Grecques défendent leurs domaines, repoussent les offenses, et prétendent justement à la palme. Qui pourrait dire qu'il est d'un bon prince de souffrir les séditions ou les brigandages ? Par les lois et les châtimens du duc, les brigands, les homicides, les malfaiteurs, furent expulsés de la Normandie. On y observait très-religieusement le serment de la paix de Dieu, appelée trêve, que viole souvent l'iniquité effrénée des autres nations. Le duc daignait lui-même entendre la cause de la veuve, du malheureux, du pupille, agissait miséricordieusement, et prononçait avec la plus grande équité. Comme sa justice réprimait l'inique cupidité, aucun homme puissant, eût-il été de ses familiers, n'osait changer les limites du champ d'un voisin plus faible que lui, ou usurper sur lui aucune propriété. Par lui les droits et les biens des villages, des châteaux et des villes étaient en sûreté. On le louait en tous lieux par de joyeux applaudissemens et de douces chansons. Il avait coutume d'écouter avidement les paroles de la sainte Ecriture, et d'y goûter une douceur infinie ; il savait, en même temps qu'il se corrigeait et s'instruisait, se délecter en ce banquet spirituel. Il recevait et honorait avec un respect convenable la salutaire hostie, le sang du Seigneur, croyant avec une foi sincère ce que lui avait enseigné la vraie doctrine, que le pain et le vin placés sur l'autel et consacrés par les paroles et la main du prêtre et par le saint canon, sont la vraie chair et le vrai sang du Rédempteur. Aussi l'on sait avec quel zèle il a poursuivi et s'est efforcé d'exterminer de ses Etats les pervers qui pensaient autrement. Depuis sa plus tendre enfance il observait avec dévotion les saintes solennités, et les célébrait très-souvent avec la foule de l'assemblée religieuse du clergé ou des moines. Ce jeune homme fut pour les vieillards un grand et illustre exemple en fréquentant chaque jour avec assiduité les saints mystères : de même sa soigneuse prévoyance enseigna à ses enfans la piété chrétienne. Ils sont à plaindre ceux qui, brillant au faîte de la puissance terrestre, se précipitent d'eux-mêmes vers la perte de leur ame, et dont l'avare méchanceté s'opposant aux généreuses volontés des grands, permet avec peine ou empêche absolument de construire des basiliques dans leurs Etats, ou défend de faire des donations à celles qui sont bâties ; et qui ne craignent pas de les dépouiller en accumulant par le sacrilége leurs richesses particulières. Notre peuple au contraire chante les louanges du Seigneur, dans plusieurs églises fondées par la bienveillante protection de son prince Guillaume ou enrichies par ses faciles largesses. Il ne refusait jamais d'autoriser ceux qui voulaient leur faire des dons ; jamais il n'offensa les saints par aucune injure, et n'enleva jamais rien de ce qui leur était consacré. De son temps, la Normandie rivalisait avec l'heureuse Égypte par ses assemblées de moines réguliers, dont le duc était le principal protecteur, le patron fidèle, et le maître attentif. Tous obtenaient de lui affection, honneur, égard, mais bien plus cependant ceux que recommandait une plus haute estime de leur zèle religieux. O vigilance honorable, digne d'être imitée et continuée dans tous les siècles! Gouvernant en personne les abbés et les pontifes, il leur donnait d'habiles avertissemens, au sujet de la discipline laïque et ecclésiastique, les exhortait constamment, et les punissait sévèrement. Toutes les fois que, par son ordre ou son avis, les évêques, le métropolitain et ses suffragans s'assemblaient pour traiter de l'état de la religion, du clergé, des moines et des laïques, il ne voulait jamais manquer d'être l'arbitre de ces synodes, afin d'augmenter, par sa présence, le zèle des fidèles et la prudence des sages, et pour n'avoir pas besoin d'apprendre, par le témoignage d'un autre, de quelle manière avait été fait ce qu'il desirait qu'on fît avec raison, ordre et dévotion. Ayant par hasard entendu parler d'un crime abominable, qu'un évêque ou un archidiacre avait puni plus doucement qu'il n'eût dû faire, il fit emprisonner celui qui s'était rendu coupable envers la majesté divine, et punit à son tour le juge trop mou. Il avait, avec le clerc et le moine, dont il savait que la conduite était conforme à sa profession, d'affectueux entretiens, et soumettait sa volonté à leurs prières. Au contraire, il ne jugeait pas digne d'être regardé avec un œil ami celui qui se déshonorait par une conduite irrégulière.

Il eut querelle pour un certain Lanfranc qu'il honorait d'une intime amitié, et qui méritait plus que personne le respect pour sa singulière habileté dans les lettres mondaines et sacrées, et sa rare exactitude à observer les règles de la vie monastique. Guillaume le respectait comme un père, le vénérait comme un précepteur, et le chérissait comme un frère ou un fils. Il lui faisait part de toutes les résolutions de son esprit, et lui confia le soin de surveiller les ordres ecclésiastiques par toute la Normandie. Le soin vigilant d'un tel homme, qui possédait l'autorité de la science au même degré que les droits de la sainteté, n'était pas une petite assurance pour la très-vertueuse sollicitude de ce prince. Pour l'établir abbé du monastère de Caen, il lui fallut user, pour ainsi dire, d'une pieuse contrainte; car Lanfranc s'y refusait non moins par amour pour l'humilité que par crainte d'un rang trop élevé. Ensuite il enrichit ce monastère de domaines, d'argent, d'or et de divers ornemens; il le fit construire à grands frais, d'une grandeur et d'une beauté admirable, et digne du bienheureux martyr Etienne, par les reliques duquel il devait être honoré et auquel il devait être consacré. Personne ne mettra jamais un plus grand prix aux prières que les moines adressent aux cieux. Il demandait et achetait souvent les prières des serviteurs du Christ, surtout lorsqu'il était menacé d'une guerre ou de quelque autre danger.

Au moment où je rappelle ces choses, vient s'offrir à ma pensée le doux souvenir de Théodose Auguste, que les oracles et les réponses du moine Jean, qui habitait la haute Thébaïde, excitaient à marcher au combat contre les tyrans. Parmi tous les moines, celui-ci préférait Jean, dont l'obéissance avait obtenu le don de prophétie ; et Guillaume avait choisi Lanfranc, dans les paroles et les actions duquel se sentait le parfum de l'esprit de Dieu.

Beaucoup d'hommes de bien, retenus par l'affection du sang, épargnent les crimes de leurs parens, et ne veulent point les faire descendre de leur haut rang, quand ils se montrent indignes de gouverner. Comme aveuglés par l'affection, ils voient leurs fautes avec la plus grande clémence, tandis que celles des autres les trouvent attentifs et sévères. Mais on doit méditer souvent et admirer comment Guillaume, dont nous rappelons ici l'intègre vertu, connaissant qu'il ne faut aucunement préférer le dommage des choses divines à celui de ses parens, fit, avec sagesse et justice, prévaloir la cause de Dieu contre l'archevêque Mauger, son oncle. Mauger, fils de Richard II, abusait de sa dignité comme d'un droit de naissance. Cependant il ne fut jamais revêtu du pallium, insigne principal et mystique de la dignité des archevêques ; car le pontife de Rome, qui a coutume de le leur envoyer, le lui refusa, comme n'en étant pas digne. Ce n'est point que Mauger ne sût lire de l'œil de la science dans les saintes Écritures ; mais il ne sut point gouverner sa vie et celle de ses subordonnés d'après les règles qu'elles imposent. Il appauvrit par ses spoliations l'église qu'avait enrichie et ornée la piété de plusieurs ; il ne se montra point époux ni père, mais le maître le plus dur, le brigand le plus avide. Il se plaisait à avoir des tables bien fournies, avec une abondance et une richesse extrêmes ;

il aimait à acheter les louanges par des largesses, et était prodigue sous l'apparence de la libéralité. Souvent repris et puni en particulier et en public par la sage amitié de son seigneur jeune et laïque, il aimait mieux continuer dans les voies de la perversité. Il ne mit fin à ses prodigalités que lorsque le siége métropolitain fut presque entièrement dépouillé d'ornemens et de trésors. Ses largesses étaient souvent suivies de rapines : d'autres crimes encore exhalaient autour de lui une fâcheuse odeur de honte. Mais nous pensons qu'il est contraire à la raison de s'arrêter à publier tant de vices, malséants à rappeler et inutiles à connaître. De plus, Mauger offensa par une grave insulte l'Eglise universelle, dont il n'honora pas l'unique primat et le souverain pontife sur la terre, avec la soumission qu'il lui devait ; car ayant été souvent appelé au concile de Rome par un ordre de l'apostole, il refusa de s'y rendre. Rouen et toute la Normandie se plaignaient d'un archevêque qui, lorsqu'il aurait dû surpasser en vertu les plus éminens, s'exposait aux censures et accusations des hommes du dernier rang, et dont le mépris universel prononçait la dégradation.

Le prince voyant qu'il n'y avait plus, dans une affaire d'une si grande importance, à user d'avertissement, pour ne pas attirer contre lui, par une plus longue patience, le courroux du juge céleste, fit déposer publiquement et canoniquement son oncle, dans un saint synode, du consentement unanime du vicaire de l'apostole et de tous les évêques de la Normandie. Il éleva au siége vacant Maurile, qu'il fit venir d'Italie, où il avait brillé éminemment au dessus des autres abbés, et le plus digne de ce rang par le mérite de sa naissance, de sa personne, de ses vertus et de ses connaissances.

Quelques années après, il mit à la tête du monastère de Saint-Wandrégisile, Gerbert, l'égal de Maurile, et son fidèle compagnon dans l'exercice de l'autorité monacale, déjà comme placé au rang des bienheureux par le sentiment et le renom d'une parfaite sainteté. Guillaume voulait rétablir, par un abbé animé de l'esprit saint, cet ordre qui tombait en décadence. Tous deux entièrement dans la fleur de l'âge, méditant sur la divinité et la béatitude qu'elle dispense, avec une pénétration d'esprit bien autre et bien plus perçante que celle de Platon, ils avaient échappé par leur profession aux stériles embarras des choses temporelles, et méprisaient, dans l'ardeur de leur application aux choses de Dieu, et les exercices autrefois chéris de la philosophie mondaine, et le doux sourire de la terre natale, les richesses et la noblesse d'une illustre parenté, et l'espoir des grandeurs. Libres par leur victoire, ils s'exerçaient, tantôt sous le joug des monastères, tantôt dans une lutte solitaire, à des travaux émules de ceux des Macchabées, et aspiraient, pour obtenir un repos et une liberté éternelles, à subir ici bas toutes sortes de misères et d'abaissemens.

Le même prince enrichit un grand nombre d'églises, et s'appliqua à régler sagement l'ordination des évêques et des abbés, surtout de ceux des villes de Lisieux, Bayeux et Avranches; il créa, comme éminemment dignes, Hugues évêque de Lisieux, Eudes, son propre frère, évêque de Bayeux, et Jean évêque d'Avranches. Ce furent leurs vertus et non la grandeur de leur naissance, par laquelle il leur était allié, qui décidèrent Guillaume dans ce choix. Jean, fils du comte Raoul, et versé dans les lettres, depuis long-temps déjà qu'il était dans l'ordre laïque, s'était acquis, par sa vie religieuse, l'admiration du clergé et même des chefs du clergé; il ne desira point l'honneur du rang sacerdotal, mais les évêques souhaitèrent de le consacrer leur collègue. Les voix unanimes des gens de bien avaient rangé Eudes, dès son enfance, au nombre des bons. La renommée la plus célèbre a porté son nom jusque chez les nations lointaines; mais elle est encore au dessous de ce que méritent l'habileté et la bonté extrêmes d'un homme si généreux et si humble.

Nous ne craindrons pas de nous étendre un peu plus sur le compte de Hugues, que nous avons connu un peu plus familièrement, ne doutant pas que d'autres ne puissent tirer avantage de cette connaissance. Petit-fils de Richard 1er par son fils Guillaume, comte d'Eu, et non moins bon que généreux, jeune encore, il fut élevé par le prince à la dignité pontificale, et la maturité de son esprit surpassa bientôt la sagesse des vieillards. On ne le vit jamais fier de son antique noblesse, ni enorgueilli par son haut rang ou son âge florissant; jamais il ne se livra aux débauches de la volupté; il soutenait avec une soigneuse sollicitude le difficile emploi qui lui était confié, et dont le fardeau demandait tant de prudence. Il veillait attentivement à la direction de sa propre conduite, et s'appliquait avec un soin perpétuel à la nourriture de son troupeau, manifestant ainsi avec quelle pénétration il voyait qu'il avait reçu un saint ministère, le gouvernement de l'Eglise, et non une domination ou une dignité. Il enrichit sa sainte épouse de terres, de trésors, et la décora d'ornemens précieux. Il l'embellit d'édifices, et l'orna de telle sorte que le spectateur eût douté si on avait fait de nouvelles constructions, ou si l'on avait réparé les anciennes. Mais en sa personne il lui apporta une dot plus précieuse et plus brillante que l'or, l'ambre, les pierreries et les diamans. Cet évêque est respecté et chéri au plus haut degré par les monastères, les synodes et les curies, comme sage autant qu'éloquent, juste autant que prudent. Jamais, soit en jugeant, soit en exprimant son opinion dans les conseils, il n'accorda rien à l'argent ou à la faveur. Lorsque l'archevêque Mauger fut déposé, Hugues fut la voix sonore de la justice, et demeura constamment dans le parti de Dieu, pour lequel il condamna le fils de son oncle. Il se montrait tour à tour, par une alternative bien ménagée, affable et sévère, miséricordieux persécuteur et pieux ennemi, non des hommes mais des vices. Il pourvoyait, avec la plus grande fidélité, aux besoins de ceux qui étaient soumis à ses soins, et on pourrait avec raison le comparer aux pères attentifs, qui ne songent pas tant aux desirs qu'aux vrais intérêts de leurs jeunes enfans. Il accordait avec bienveillance sa faveur et son secours aux champions du Roi des cieux, quel que fût leur rang, honorant ce Roi lui-même par son respect et son amour pour ses guerriers. C'est ainsi qu'il vivait humain et abstinent, au point qu'il faisait sans cesse offrande de son repas à maint homme, qui souvent ne devait pas le lui rendre, et de son jeûne à Dieu. Joyeux de caractère, et prenant plaisir à la société, il croyait pouvoir, sans péché, accepter une table abondante et délicate, aimant à satisfaire le besoin de la nature, et non à banqueter. Il se repaissait surtout des délices que desirent les ames qui ont faim de l'éternité, délices sur lesquelles le céleste Paraclet répand les plus suaves douceurs, les veilles et les oraisons, la pieuse célébration des offices divins, l'étude familière de la bibliothèque sacrée, et enfin un amour infatigable de toute œuvre sainte. Hugues, le meilleur pasteur du troupeau du Seigneur, se nourrissait et se délectait donc surtout de ces choses. Exempt de toute cupidité, il faisait également louer sa constance dans l'adversité, et sa modestie dans le bonheur. Il avait en telle abomination les langues qui aiment à blesser la réputation des autres, qu'il ne voulait jamais prêter l'oreille à leur méchanceté. Il éleva sa grandeur par le pouvoir d'une admirable humilité, et avait placé sa continence sous la sûre garde de ses autres vertus et de toutes ses pieuses œuvres. Il portait sur ses habits le rational, ornement mystique et spirituel qui couvrait la poitrine d'Aaron, et qui lui rappelait continuellement la sainteté du patriarche, dont on y voyait les noms inscrits. Mais, entraîné par le plaisir de raconter une vie si vertueuse, ne prolongeons pas hors de mesure cette digression, et revenons aux actions du prince Guillaume.

Deux frères, rois d'Espagne, instruits de sa grandeur, lui demandèrent avec la plus grande instance sa fille en mariage, afin d'illustrer par cette alliance leur royaume et leur postérité. Il s'éleva à ce sujet entre eux une querelle pleine de haine, non à cause de sa naissance, mais parce que, tout-à-fait digne d'un tel père, elle était ornée de tant de vertus, et si zélée pour l'amour du Christ, que cette jeune fille vivant hors du cloître aurait pu servir d'exemple aux reines et aux nonnes. Guillaume était admiré, loué et respecté au-dessus des autres rois, par le puissant empereur des Romains, le très-glorieux Henri, fils de l'empereur Conrad, lequel avait avec lui, dans sa jeunesse, conclu amitié et alliance comme avec le souverain le plus illustre; car, encore enfant, Guillaume jouissait déjà chez les autres nations du plus fameux renom. Mais j'ai à parler de la grandeur de son âge mûr. La noble et vaste Constantinople, qui commandait à tant de rois, le desirait pour voisin et pour allié, afin de n'avoir plus à craindre, sous sa protection, la redoutable puissance de Babylone. Déjà aucun voisin n'osait plus rien contre la Normandie. Ainsi les orages de la guerre étrangère avaient cessé de gronder, comme ceux de la guerre civile. Les évêques et les comtes de la France, de la Bourgogne, et des pays encore plus éloignés, fréquentaient la cour du seigneur des Normands, les uns pour recevoir des conseils, les autres des bénéfices, la plupart pour être seulement honorés de sa faveur. C'est avec raison qu'on appelait sa bonté un port et un asile secourable pour un grand nombre de gens. Combien de fois les étrangers, à la vue de la tranquillité avec laquelle des chevaliers allaient et venaient sans armes, et de la sûreté qu'offraient tous les chemins à tout voyageur, ne desirèrent-ils pas pour leurs pays une telle félicité! C'étaient les vertus de Guillaume qui avaient procuré à son pays cette paix et cette gloire. Aussi fut-ce bien justement que son pays, incertain de l'issue d'une maladie qui l'avait attaqué, offrit au Ciel des larmes et des prières capables d'obtenir qu'un mort fût rappelé à la vie. Tous suppliaient Dieu de retarder la mort de celui dont la perte prématurée faisait craindre de nouveau les troubles dont ils avaient été tourmentés auparavant. Il n'aurait pas laissé alors de successeur en âge de gouverner. On croit, et c'est avec la plus grande raison, que le juge céleste des pieuses prières rendit la santé à son vertueux serviteur, et le fit jouir de la tranquillité la plus parfaite, en renversant tous ses ennemis, afin que, digne de parvenir au plus haut rang, il pût bientôt, tranquille sur l'état de sa principauté, s'emparer plus facilement du royaume qu'on avait usurpé sur lui.

En effet, tout à coup se répandit la nouvelle certaine que le pays d'Angleterre venait de perdre le roi Édouard, et qu'Hérald était orné de sa couronne. Ce cruel Anglais n'attendit pas que le peuple décidât sur l'élection; mais le jour même où fut enseveli cet excellent roi, quand toute la nation était dans les pleurs, ce traître s'empara du trône royal, aux applaudissemens de quelques iniques partisans. Il obtint un sacre profane de Stigand, que le juste zèle et les anathêmes du pape avaient privé du saint ministère. Le duc Guillaume, ayant tenu conseil avec les siens, résolut de venger son injure par les armes, et de ressaisir par la guerre l'héritage qu'on lui enlevait, quoique beaucoup de grands l'en dissuadassent par de spécieuses raisons, comme de chose trop difficile et bien au-dessus des forces de la Normandie. La Normandie avait alors dans ses assemblées, outre les évêques et les abbés, les hommes de l'ordre laïque les plus éminens, dont quelques-uns étaient la lumière et l'ornement le plus brillant du conseil : Robert, comte de Mortain ; Robert, comte d'Eu, père de Hugues, évêque de Lisieux, dont nous avons écrit la vie ; Richard, comte d'Evreux, fils de l'archevêque Robert, Roger de Beaumont, Roger de Mont-Gomeri, Guillaume fils d'Osbern ; et le vicomte Hugues. De tels hommes pouvaient, par leur sagesse et leur habileté, conserver leur patrie exempte de dangers ; et si la république de Rome était encore maintenant aussi puissante qu'autrefois, soutenue par eux, elle n'aurait pas à regretter deux cents sénateurs. Nous voyons néanmoins que, dans toutes les délibérations, tous cédaient toujours à la sagesse du prince, comme si l'Esprit divin lui eût indiqué ce qu'il devait faire ou éviter. Dieu donne la sagesse à ceux qui se conduisent avec piété, a dit un homme habile dans la connaissance des choses divines. Guillaume depuis son enfance agissait pieusement. Tous obéirent au duc, à moins qu'une absolue nécessité ne les en empêchât. Il serait trop long de rapporter en détail par quelles sages dispositions de sa part les vaisseaux furent construits et munis d'armes, d'hommes, de vivres et de tout ce qui est nécessaire à la guerre, et de quel zèle tous les Normands furent animés pour tous ces apprêts. Guillaume ne pourvut pas avec moins de sagesse au gouvernement et à la sûreté de la Normandie, pendant son absence. Il vint à son secours un nombre considérable de chevaliers étrangers, attirés en partie par la générosité très-connue du duc, et surtout par l'assurance qu'ils avaient de la justice de sa cause. Ayant interdit toute espèce de pillage, il nourrit à ses propres frais cinquante mille chevaliers pendant un mois, que des vents contraires les retinrent à l'embouchure de la Dive, tant fut grande sa modération et sa prudence. Il fournissait abondamment aux dépenses des chevaliers et des étrangers, mais ne permettait pas de rien enlever à qui que ce fût. Le bétail ou les troupeaux des habitans du pays paissaient dans les champs avec autant de sûreté que si c'eût été dans des lieux sacrés. Les moissons attendaient intactes la faux du laboureur, sans avoir été ni foulées par la superbe insouciance des chevaliers, ni ravagées par le fourrageur. L'homme faible ou sans armes allait à son gré, chantant sur son cheval, et il apercevait ces troupes guerrières, et n'avait point de peur.

Dans le même temps siégeait sur la chaire de saint Pierre de Rome le pape Alexandre, le plus digne d'être obéi et consulté par l'Eglise universelle; car il donnait des réponses justes et utiles. Evêque de Lucques, il n'avait desiré nullement un rang plus élevé; mais les vœux ardens d'un grand nombre de personnes, dont l'autorité était alors éminente chez les Romains, et l'assentiment d'un grand concile, l'élevèrent au rang où il devait être le chef et le maître des évêques de la terre, et qu'il méritait par sa sainteté et son érudition, qui le firent briller dans la suite de l'orient au couchant. Le soleil ne suit pas les limites de sa course d'une manière plus immuable qu'Alexandre ne dirigeait sa vie selon les droites voies de la vérité; autant qu'il le put, il châtia en ce monde l'iniquité, sans jamais céder sur rien. Le duc ayant sollicité la protection de cet apostole, et lui ayant fait part de l'expédition dont il faisait les apprêts, il reçut de sa bonté la bannière et l'approbation de saint Pierre, afin d'attaquer son ennemi avec plus de confiance et d'assurance.

Il s'était récemment uni d'amitié avec Henri, empereur des Romains, fils de l'empereur Henri, et neveu de l'empereur Conrad, et par un édit duquel l'Allemagne devait, à sa demande, marcher à son secours contre quelque ennemi que ce fût. Suénon, roi des Danois, lui promit aussi, par des députations, de lui être fidèle; mais il se montra ami et allié de ses ennemis, comme on le verra dans la suite en lisant le récit des pertes qu'éprouva ce roi.

Cependant Hérald, tout prêt à livrer combat, soit sur mer soit sur terre, couvrit le rivage de lances, et d'une innombrable armée, et fit cauteleusement passer des espions sur le continent. L'un d'eux ayant été pris et s'efforçant, selon l'ordre qu'il en avait reçu, de couvrir d'un prétexte le motif de sa venue, le duc manifesta par ces paroles la grandeur de son esprit : « Hérald, dit-il, n'a pas besoin de perdre son or et son
« argent à acheter la fidélité et l'adresse de toi et de
« plusieurs autres, pour que vous veniez avec fourberie nous observer: un indice plus certain qu'il
« ne le voudrait, et plus sûr qu'il ne le pense, l'in-
« struira de mes desseins et de mes apprêts; c'est ma
« présence. Rapportez-lui ce message qu'il n'éprou-
« vera aucun dommage de notre part, et qu'il termi-
« nera tranquillement le reste de sa vie, s'il ne me
« voit, dans l'espace d'un an, dans le lieu où il es-

« père trouver le plus de sûreté pour sa personne. »
Les grands de la Normandie furent saisis de surprise
à une promesse si hardie, et un grand nombre ne cachèrent pas leur défiance. Ils exagéraient dans des discours dictés par la timidité les forces d'Hérald, et ra-
baissant les leurs, ils disaient qu'il possédait en abondance des trésors qui lui servaient à gagner à son parti
les ducs et de puissans rois, même une flotte nombreuse, et des hommes très-expérimentés dans l'art de
la navigation, et très-fréquemment éprouvés par des
dangers et des combats maritimes; enfin que son pays
l'emportait de beaucoup sur le leur par le nombre des
troupes aussi bien que par les richesses. Qui pourrait
espérer, disaient-ils, que les vaisseaux seront termi-
nés pour l'époque fixée, ou, s'ils le sont, que dans
l'espace d'un an on trouvera assez de rameurs? Qui ne
craindra que cette nouvelle expédition ne change en
toute sorte de misères l'état si florissant du pays? Qui
pouvait affirmer que les forces de l'empereur romain
ne succomberaient pas sous de telles difficultés?

Mais le duc releva leur confiance par ces mots :
« Nous connaissons, dit-il, la sagesse d'Hérald; il
« veut nous épouvanter, mais il accroît nos espérances.
« En effet, il dépensera ses biens, et dissipera son or
« inutilement et sans affermir son pouvoir. Il n'est
« pas doué d'une assez grande force d'esprit pour
« oser promettre la moindre des choses de ce qui
« m'appartient, tandis que j'ai le droit de promettre
« et d'accorder également et ce qui est à moi et ce
« qu'on dit lui appartenir. Sans aucun doute il sera
« vainqueur celui qui peut donner et ses propres
« biens et ceux que possède son ennemi. La flotte

« ne nous embarrassera pas, et nous aurons bientôt
« le plaisir de la voir en état. Qu'ils aient de l'expé-
« rience, je le veux; nous en acquerrons avec plus
« de bonheur. C'est le courage des guerriers plutôt
« que leur nombre qui détermine le sort des combats.
« D'ailleurs, Hérald combattra pour la défense de ce
« qu'il a usurpé, et nous, nous demandons ce que nous
« avons reçu en don, ce que nous avons acquis par
« nos bienfaits. Cette confiance supérieure de notre
« part, repoussant tous les dangers, nous procurera
« le plus joyeux triomphe, l'honneur le plus éclatant
« et la plus glorieuse renommée. »

En effet, cet homme sage et catholique était assuré que la toute-puissance de Dieu, qui ne veut rien d'injuste, ne permettrait pas la ruine de la cause légitime, surtout lorsqu'il considérait qu'il ne s'était pas tant appliqué à étendre sa puissance et sa gloire qu'à purifier la foi chrétienne en ce pays. Déjà toute la flotte soigneusement préparée avait été poussée par le souffle du vent de l'embouchure de la Dive et des ports voisins, où elle avait long-temps attendu un vent favorable pour la traversée, vers le port de Saint-Valéry. Ce prince, que ne pouvaient abattre ni le retard causé par les vents contraires, ni les terribles naufrages, ni la fuite timide d'un grand nombre d'hommes qui lui avaient promis fidélité, plein d'une louable confiance, s'abandonna à la protection céleste en lui adressant des vœux, des dons et des prières. Combattant l'adversité par la prudence, il cacha autant qu'il put la mort de ceux qui avaient péri dans les flots, en les faisant ensevelir secrètement, et soulagea l'indigence en augmentant chaque jour les vivres. C'est ainsi que, par différentes exhortations, il rappela ceux qui étaient épouvantés, et ranima les moins hardis. S'armant de saintes supplications pour obtenir que des vents contraires fissent place aux vents favorables, il fit porter hors de la basilique le corps du confesseur Valéry, très-aimé de Dieu. Tous ceux qui devaient l'accompagner assistèrent à cet acte pieux d'humilité chrétienne.

Enfin souffla le vent si long-temps attendu. Tous rendirent grâce au Ciel de la voix et des mains; et tous en tumulte s'excitant les uns les autres, on quitte la terre avec la plus grande rapidité, et on commence avec la plus vive ardeur le périlleux voyage. Il règne parmi eux un tel mouvement, que l'un appelle un homme d'armes, l'autre son compagnon, et que la plupart, ne se souvenant ni de leurs vassaux, ni de leurs compagnons, ni des choses qui leur sont nécessaires, ne pensent qu'à ne pas être laissés à terre et à se hâter de partir. L'ardent empressement du duc réprimande et presse de monter sur les vaisseaux ceux qu'il voit apporter le moindre retard. Mais de peur qu'atteignant avant le jour le rivage vers lequel ils voguent, ils ne courent le risque d'aborder à un port ennemi ou peu connu, il ordonne par la voix du héraut que lorsque tous les vaisseaux auront gagné la haute mer, ils s'arrêtent un peu dans la nuit, et jettent l'ancre non loin de lui, jusqu'à ce qu'ils aperçoivent une lampe au haut de son mât, et qu'aussitôt alors le son de la trompette donne le signal du départ. L'antique Grèce rapporte qu'Agamemnon, fils d'Atrée, alla avec mille vaisseaux venger l'outrage du lit fraternel; nous pouvons assurer aussi que Guillaume alla conquérir le diadème royal avec une flotte nombreuse. Elle raconte encore, parmi ses fables, que Xerxès joignit par un pont de vaisseaux les villes de Sestos et d'Abydos que séparait la mer ; nous publions, et c'est avec vérité, que Guillaume réunit sous le gouvernail de son pouvoir l'étendue du territoire de la Normandie et de l'Angleterre. Nous croyons qu'on peut égaler et même préférer pour la puissance, à Xerxès qui fut vaincu, et dont la flotte fut détruite par le courage d'un petit nombre d'ennemis, Guillaume que ne vainquit jamais personne, qui orna son pays de glorieux trophées, et l'enrichit d'illustres triomphes.

Dans la nuit, après s'être reposés, les vaisseaux levèrent l'ancre. Celui qui portait le duc, voguant avec plus d'ardeur vers la victoire, eut bientôt, par son extrême agilité, laissé derrière lui les autres, obéissant par la promptitude de sa course à la volonté de son chef. Le matin un rameur, ayant reçu ordre de regarder du haut du mât s'il apercevait des navires venir à la suite, annonça qu'il ne s'offrait à sa vue rien autre chose que la mer et les cieux. Aussitôt le duc fit jeter l'ancre, et de peur que ceux qui l'accompagnaient ne se laissassent troubler par la crainte et la tristesse, plein de courage, il prit, avec une mémorable gaîté, et comme dans une salle de sa maison, un repas abondant où ne manquait point le vin parfumé, assurant qu'on verrait bientôt arriver tous les autres, conduits par la main de Dieu, sous la protection de qui il s'était mis. Le chantre de Mantoue, qui mérita le titre de prince des poètes par son éloge du Troyen Enée, le père et la gloire de l'ancienne Rome, n'aurait pas trouvé indigne de lui de rapporter l'habileté et la tranquillité qui présidèrent à ce repas. Le rameur ayant regardé une seconde fois, s'écria qu'il voyait venir quatre vaisseaux, et à la troisième fois il en parut un si grand nombre que la quantité innombrable de mâts, serrés les uns près des autres, leur donnait l'apparence d'une forêt. Nous laissons à deviner à chacun en quelle joie se changea l'espérance du duc, et combien il glorifia du fond du cœur la miséricorde divine. Poussé par un vent favorable, il entra librement avec sa flotte, et sans avoir à combattre aucun obstacle, dans le port de Pévensey. Hérald s'était retiré dans le pays d'York pour faire la guerre à son frère Tostig et à Hérald, roi de Norwège. Il ne faut pas s'étonner que son frère, animé par ses injustices, et jaloux de reconquérir ses biens envahis, eût amené contre Hérald des troupes étrangères. Bien différent pour les mœurs de ce frère souillé de luxure, de cet homicide cruel, orgueilleux de ses richesses, fruits du pillage, et ennemi de la justice et du bien; comme Tostig ne l'égalait pas par les armes, il le combattait par ses vœux et ses conseils. Une femme, d'une mâle sagesse, connaissant et pratiquant tout ce qu'il y a d'honnête, voulut voir les Anglais gouvernés par Guillaume, homme prudent, juste et courageux, que le choix du roi Édouard, son mari, avait établi pour son successeur comme s'il eût été son fils.

Les Normands, ayant avec joie abordé au rivage, s'emparèrent d'abord des fortifications de Pévensey, et ensuite de celle d'Hastings, pour en faire un lieu de refuge et de défense pour leurs vaisseaux. Marius et le grand Pompée, qui tous deux se distinguèrent et méritèrent le triomphe par leur courage et leur habileté, l'un pour avoir amené à Rome Jugurtha enchaîné, et l'autre pour avoir forcé Mithridate à s'empoisonner, lorsqu'ils étaient dans un pays ennemi à la tête de toutes leurs forces, craignaient lâchement de s'exposer aux dangers en se séparant du gros de l'armée avec une seule légion. Leur coutume, et c'est celle des généraux, était d'envoyer des espions, et non d'aller eux-mêmes à la découverte, conduits en ceci par le désir de conserver leur vie plutôt que soigneux d'assurer à l'armée la continuation de leurs soins. Guillaume, accompagné seulement de vingt-cinq chevaliers, alla lui-même, plein de courage, reconnaître les lieux et les habitans, et revenant à pied, à cause de la difficulté des chemins, tout en en riant lui-même, et quoique le lecteur en puisse rire aussi, il mérita de sérieuses louanges, en portant sur son épaule, attachée avec la sienne, la cuirasse d'un de ceux qui l'accompagnaient, Guillaume, fils d'Osbern, renommé cependant pour sa force et son courage; le duc le soulagea du poids de ce fer.

Un riche habitant de ce pays, Normand de nation, Robert, fils de la noble dame Guimare, envoya à Hastings, au duc, son seigneur et son parent, un message conçu en ces termes : « Le roi Hérald ayant livré ba-
« taille à son propre frère et au roi de Norwège, qui
« passait pour le plus fort guerrier qu'il y eût sous
« le ciel, les a tués tous deux dans un combat, et a
« détruit leurs nombreuses armées. Animé par ce
« succès, il revient promptement vers toi, à la tête
« d'une armée innombrable et pleine de force, con-
« tre laquelle les tiens ne vaudront pas plus qu'autant
« de vils chiens. Tu passes pour un homme sage, et

« jusqu'ici tu as tout fait avec prudence, soit pen-
« dant la paix, soit pendant la guerre. Maintenant
« travaille à aviser et pourvoir à ta sûreté ; prends
« garde que ta témérité ne te précipite dans un dan-
« ger d'où tu ne puisses sortir. Je te le conseille,
« reste dans tes retranchemens, et abstiens-toi d'en
« venir aux mains à présent. »

Le duc répondit à l'envoyé : « Rapporte à ton maî-
« tre, pour le message par lequel il veut que je sois
« sur mes gardes, ces paroles et ma reconnaissance,
« quoiqu'il eût été convenable de m'en avertir sans
« injure. Je ne voudrais point me mettre à l'abri
« dans une retraite fortifiée, je combattrai Hérald
« le plus promptement possible ; et je n'hésiterai
« point, si la volonté divine ne s'y oppose pas, n'eus-
« sé-je avec moi que dix mille hommes tels que les
« soixante mille que j'ai amenés, à aller l'écraser, lui
« et les siens, avec la force des miens. »

Un certain jour, comme le duc visitait les postes
de garde de la flotte, et se promenait près des navires, on lui annonça la présence d'un moine envoyé
par Hérald. Aussitôt il se rendit auprès de lui, et lui
tint ingénieusement ce discours. « Je tiens de très-
« près à Guillaume, comte de Normandie, et c'est
« moi qui lui sers ses repas. Ce n'est que par moi
« que tu pourras avoir la faculté de lui parler. Ra-
« conte-moi le message que tu apportes ; je le lui ferai
« facilement connaître, car personne ne lui est plus
« cher que moi. Ensuite, par mes soins, tu iras aisé-
« ment l'entretenir à ta volonté. » Le moine lui ayant
révélé le message, le duc le fit aussitôt recevoir dans
une maison, et traiter avec une soigneuse humanité,

Pendant ce temps, il délibéra en lui-même et avec les siens sur la réponse qu'il devait faire au message.

Le lendemain, assis au milieu de ses grands, il fit appeler le moine, et lui dit : « C'est moi qui suis Guil-
« laume, prince des Normands, par la grâce de Dieu.
« Répète maintenant en présence de ceux-ci ce que
« tu m'as rapporté hier. » Le messager parla ainsi :
« Voici ce que le roi Hérald vous fait savoir. Vous
« êtes entré sur son territoire ; il ne sait dans quelle
« confiance et par quelle témérité. Il se souvient
« bien que le roi Edouard vous établit d'abord hé-
« ritier du royaume d'Angleterre, et que lui-même
« en Normandie vous a porté l'assurance de cette
« succession. Mais il sait aussi que, selon le droit qu'il
« en avait, le même roi, son seigneur, lui fit, à ses
« derniers instans, le don du royaume ; et depuis le
« temps où le bienheureux Augustin vint dans ce
« pays, ce fut une coutume générale de cette nation
« de regarder comme valables les donations faites aux
« derniers momens. C'est pourquoi il vous demande
« à juste titre que vous vous en retourniez de ce pays
« avec les vôtres. Autrement il rompra l'amitié et tous
« les traités qu'il a lui-même conclus avec vous en
« Normandie, et il vous laisse entièrement le choix. »
Après avoir entendu le message d'Hérald, le duc demanda au moine s'il voulait conduire en sûreté son envoyé auprès de ce prince. Le moine lui promit qu'il prendrait autant de soin de la sûreté de son député que de la sienne propre. Aussitôt le duc chargea un moine de Fécamp de rapporter promptement ces paroles à Hérald. « Ce n'est point avec témérité et injus-
« tice, mais délibérément et conduit par la justice,

« que je suis passé dans ce pays, dont mon seigneur
« et mon parent, le roi Edouard, à cause des hon-
« neurs éclatans et des nombreux bienfaits dont moi
« et mes grands nous l'avons comblé, ainsi que son
« frère et ses gens, m'a constitué héritier, comme
« l'avoue Hérald lui-même. Il me croyait aussi, de
« tous ceux qui lui étaient alliés par la naissance, le
« meilleur et le plus capable, ou de le secourir tant
« qu'il vivrait, ou de gouverner son royaume après sa
« mort; et ce choix ne fut point fait sans le consen-
« tement de ses grands, mais par le conseil de l'ar-
« chevêque Stigand, du comte Godwin, du comte
« Lefrie, et du comte Sigard, qui prêtèrent serment
« de la main de me recevoir pour seigneur après la
« mort d'Edouard; jurant qu'ils ne chercheraient nul-
« lement pendant sa vie à s'emparer de ce pays pour
« m'en ôter la possession. Il me donna pour otages le
« fils et le neveu de Godwin. Enfin il envoya vers Hé-
« rald lui-même en Normandie, afin que, présent, il fît
« devant moi le serment qu'en mon absence avaient
« fait en ma faveur son père et les autres hommes ci-
« dessus nommés. Comme Hérald se rendait vers
« moi, il encourut les périls de la captivité, à laquelle
« l'arrachèrent ma sagesse et ma puissance. Il me fit
« hommage pour son propre compte, et ses mains
« dans les miennes m'assurèrent aussi le royaume
« d'Angleterre. Je suis prêt à plaider ma cause en ju-
« gement contre lui, selon les lois de Normandie,
« ou plutôt celles d'Angleterre, comme il lui plaira.
« Si les Normands ou les Anglais prononcent, se-
« lon l'équité et la vérité, que la possession de ce
« royaume lui appartient légitimement, qu'il le pos-

« sède en paix ; mais s'ils conviennent que, par le
« devoir de justice, il doit m'être rendu, qu'il me le
« laisse. S'il refuse cette proposition, je ne crois pas
« juste que mes hommes et les siens périssent dans
« un combat, eux qui ne sont aucunement coupables
« de notre querelle. Voici donc que je suis prêt à
« soutenir, au risque de ma tête contre la sienne, que
« le royaume d'Angleterre m'appartient de droit plu-
« tôt qu'à lui. »

Nous avons voulu bien faire connaître à tous ce discours, qui contient les propres paroles du duc et non
notre ouvrage, car nous voulons que l'estime publique lui assure une éternelle louange. On en pourra
aisément conclure qu'il se montra véritablement sage,
juste, pieux et courageux. Le pouvoir de ses raisonnemens, qui, comme on le voit clairement en y réfléchissant, n'auraient pu être affaiblis par Tullius, le
plus illustre auteur de l'éloquence romaine, anéantit
les argumens d'Hérald. Enfin le duc était prêt à se
conformer au jugement que prescrirait le droit des
nations. Il ne voulait point que les Anglais ses ennemis périssent à cause de sa querelle, et offrait de
la terminer au péril de sa propre tête dans un combat singulier. Dès que le moine eut rapporté ce message à Hérald, qui s'avançait, il pâlit de stupeur,
et comme muet, garda long-temps le silence. L'envoyé lui ayant plusieurs fois demandé une réponse,
il lui dit la première fois : « Nous marchons sur-le-
« champ ; » et la seconde fois : « Nous marchons au
« combat. » L'envoyé le pressait de lui donner une
autre réponse, lui répétant que le duc de Normandie
voulait un combat singulier, et non la destruction des

deux armées ; car cet homme courageux et bon aimait mieux renoncer à une chose juste et agréable, pour empêcher la ruine d'un grand nombre d'hommes, et espérait abattre la tête d'Hérald, soutenu par une moins grande vigueur, et qui n'avait point l'appui de la justice. Alors Hérald, levant son visage vers le ciel, dit : « Que le Seigneur prononce aujourd'hui, « entre Guillaume et moi, à qui appartient le droit. » Aveuglé par le desir de régner, et la frayeur lui faisant oublier l'injustice qu'il avait commise, il court à sa ruine, au jugement de sa propre conscience.

Cependant des chevaliers très-éprouvés, envoyés à la découverte par le duc, revinrent promptement annoncer l'arrivée de l'ennemi. Le roi furieux se hâtait d'autant plus qu'il avait appris que les Normands avaient dévasté les environs de leur camp. Il voulait tâcher de les surprendre au dépourvu, en fondant sur eux pendant la nuit ou à l'improviste. Pour qu'ils ne pussent fuir dans aucune retraite, il avait envoyé une flotte armée sur mer, pour dresser des embûches aux soixante vaisseaux. Le duc aussitôt ordonna à tous ceux qui se trouvaient dans le camp de prendre les armes (car ce jour-là la plus grande partie de ses compagnons étaient allés fourrager); lui-même, assistant avec la plus grande dévotion au mystère de la messe, fortifia son corps et son ame de la communion du corps et du sang du Seigneur. Il suspendit humblement à son cou des reliques, de la protection desquelles Hérald s'était privé en violant la foi qu'il avait jurée sur elles. Le duc avait avec lui deux évêques, qui l'avaient accompagné de Normandie, Eudes, évêque de Bayeux, et Geoffroi Constantin, un nombreux clergé, et plusieurs moines. Cette assemblée se disposa à combattre par ses prières. Tout autre que le duc eût été épouvanté en voyant sa cuirasse se retourner à gauche pendant qu'il la mettait; mais il en rit comme d'un hasard, et ne s'en effraya pas comme d'un funeste pronostic.

Nous ne doutons pas de la beauté de la courte exhortation par laquelle il augmenta le courage et l'intrépidité de ses guerriers, quoiqu'on ne nous l'ait pas rapportée dans toute sa majesté. Il rappela aux Normands que, sous sa conduite, ils étaient toujours sortis vainqueurs de périls grands et nombreux. Il leur rappela à tous leur patrie, leurs nobles exploits et leur illustre renom. « C'est maintenant, leur dit-il,
« que vos bras doivent prouver de quelle force vous
« êtes doués, quel courage vous anime. Il ne s'agit
« plus seulement de vivre en maîtres, mais d'échapper
« vivans d'un péril imminent. Si vous combattez
« comme des hommes, vous obtiendrez la victoire, de
« l'honneur et des richesses. Autrement, vous serez
« égorgés promptement, ou captifs vous servirez
« de jouet aux plus cruels ennemis. De plus, vous
« serez couverts d'une ignominie éternelle. Aucun
« chemin ne s'ouvre à la retraite; d'un côté, des armes
« et un pays ennemi et inconnu ferment le passage;
« de l'autre, la mer et des armes encore s'opposent à
« la fuite. Il ne convient pas à des hommes de se
« laisser effrayer par le grand nombre. Les Anglais
« ont souvent succombé sous le fer ennemi; souvent
« vaincus, ils sont tombés sous le joug étranger, et
« jamais ils ne se sont illustrés par de glorieux faits
« d'armes. Le courage d'un petit nombre de guerriers

« peut facilement abattre un grand nombre d'hommes
« inhabiles dans les combats, surtout lorsque la cause
« de la justice est protégée par le secours du Ciel.
« Osez seulement, que rien ne puisse vous faire re-
« culer, et bientôt le triomphe réjouira vos cœurs. »

Il s'avança dans un ordre avantageux, faisant porter en avant la bannière que lui avait envoyée l'apostole ; il plaça en tête des gens de pied armés de flèches et d'arbalètes, et au second rang d'autres gens de pied, dont il était plus sûr, et qui portaient des cuirasses : le dernier rang fut composé des bataillons de chevaliers, au milieu desquels il se plaça avec son inébranlable force, pour donner de là ses ordres de tous côtés, de la voix et du geste. Si quelque ancien eût décrit l'armée d'Hérald, il aurait dit qu'à son passage les fleuves se desséchaient, les forêts se réduisaient en plaines. En effet, de tous les pays des troupes innombrables s'étaient jointes aux Anglais. Une partie étaient animés par leur attachement pour Hérald, et tous par leur amour pour la patrie, qu'ils voulaient, quoique injustement, défendre contre des étrangers. Le pays des Danois, qui leur était allié, leur avait envoyé de nombreux secours. Cependant, n'osant combattre Guillaume sur un terrain égal, ils se postèrent sur un lieu plus élevé, sur une montagne voisine de la forêt par laquelle ils étaient venus. Alors les chevaux ne pouvant plus servir à rien, tous les gens de pied se tinrent fortement serrés. Le duc et les siens, nullement effrayés par la difficulté du lieu, montèrent peu à peu la colline escarpée. Le terrible son des clairons fit entendre le signal du combat, et de toutes parts l'ardente audace des

Normands entama la bataille. Ainsi, dans la discussion d'un procès où il s'agit d'un vol, celui qui poursuit le crime parle le premier. Les gens de pied des Normands, s'approchant donc, provoquèrent les Anglais, et leur envoyèrent des traits et avec eux les blessures et la mort. Ceux-ci leur résistent vaillamment, chacun selon son pouvoir. Ils leur lancent des épieus et des traits de diverses sortes, des haches terribles et des pierres appliquées à des morceaux de bois. Vous auriez cru voir aussitôt les nôtres écrasés, comme sous un poids mortel. Les chevaliers viennent après, et de derniers qu'ils étaient passent au premier rang. Honteux de combattre de loin, le courage de ces guerriers les anime à se servir de l'épée. Les cris perçans que poussent les Normands et les barbares est étouffé par le bruit des armes et les gémissemens des mourans. On combat ainsi des deux côtés pendant quelque temps avec la plus grande force ; mais les Anglais sont favorisés par l'avantage d'un lieu élevé, qu'ils occupent serrés, sans être obligés de se débander pour y arriver, par leur grand nombre et la masse inébranlable qu'ils présentent, et de plus par leurs armes, qui trouvaient facilement chemin à travers les boucliers et les autres armes défensives. Ils soutiennent donc et repoussent avec la plus grande vigueur ceux qui osent les attaquer l'épée à la main. Ils blessent aussi ceux qui leur lancent des traits de loin. Voilà qu'effrayés par cette férocité, les gens de pied et les chevaliers bretons tournent le dos, ainsi que tous les auxiliaires qui étaient à l'aile gauche ; presque toute l'armée du duc recule : ceci soit dit sans offenser les

Normands, la nation la plus invincible. L'armée de l'empereur romain, où combattaient les soldats des rois habitués à vaincre sur terre et sur mer, a fui plus d'une fois, à la nouvelle vraie ou fausse du trépas de son chef. Les Normands crurent que leur duc et seigneur avait succombé. Ils ne se retirèrent donc point par une fuite honteuse, mais tristes, car leur chef était pour eux un grand appui.

Le prince, voyant qu'une grande partie de l'armée ennemie s'était jetée à la poursuite des siens en déroute, se précipita au-devant des fuyards, et les arrêta en les frappant ou les menaçant de sa lance. La tête nue et ayant ôté son casque, il leur cria : « Voyez-moi tous. Je vis et je vaincrai, Dieu aidant. « Quelle démence vous pousse à la fuite ? Quel che- « min s'ouvrira à votre retraite ? Vous vous laissez « repousser et tuer par ceux que vous pouvez égor- « ger comme des troupeaux. Vous abandonnez la « victoire et une gloire éternelle, pour courir à votre « perte, et à une perpétuelle infamie. Si vous fuyez, « aucun de vous n'échappera à la mort. » Ces paroles ranimèrent leur courage. Il s'avança lui-même à leur tête, frappant de sa foudroyante épée, et défit la nation ennemie, qui méritait la mort par sa rébellion contre lui, son roi. Les Normands, enflammés d'ardeur, enveloppèrent plusieurs mille hommes qui les avaient poursuivis, et les taillèrent en pièces en un moment, en sorte que pas un n'échappa. Vivement encouragés par ce succès, ils attaquèrent la masse de l'armée, qui, pour avoir éprouvé une grande perte, n'en paraissait pas diminuée. Les Anglais combattaient avec courage et de toutes leurs forces, tâchant surtout de ne point ouvrir de passage à ceux qui voulaient fondre sur eux pour les entamer. L'énorme épaisseur de leurs rangs empêchait presque les morts de tomber : cependant le fer des plus intrépides guerriers s'ouvrit bientôt un chemin dans différens endroits. Ils furent suivis des Manceaux, des Français, des Bretons, des Aquitains, et des Normands, qui l'emportaient par leur courage.

Un Normand, jeune guerrier, Robert, fils de Roger de Beaumont, neveu et héritier, par sa sœur Adeline, de Hugues comte de Meulan, se trouvant ce jour-là, pour la première fois, à une bataille, fit des exploits dignes d'être éternisés par la louange. A la tête d'une légion qu'il commandait à l'aile droite, il fondit sur les ennemis avec une impétueuse audace et les renversa. Il n'est pas en notre pouvoir, et l'objet que nous nous sommes proposé ne nous permet pas de raconter, comme elles le méritent, les actions de courage de chacun en particulier. Celui qui excellerait par sa facilité à décrire, et qui aurait été témoin de ce combat par ses propres yeux, trouverait beaucoup de difficulté à entrer dans tous les détails. Nous nous hâtons d'arriver au moment où terminant l'éloge du comte Guillaume, nous raconterons la gloire du roi Guillaume.

Les Normands et les auxiliaires, réfléchissant qu'ils ne pourraient vaincre, sans essuyer de très-grandes pertes, une armée peu étendue et qui résistait en masse, tournèrent le dos, feignant adroitement de fuir. Ils se rappelaient comment, peu auparavant, leur fuite avait été l'occasion de leur victoire. Les barbares, avec l'espoir du succès, éprouvèrent une vive joie : s'excitant à l'envi, ils poussent des cris d'allégresse, accablent les nôtres d'injures, et les menacent de fondre tout aussitôt sur eux. Quelques mille d'entre eux osèrent, comme auparavant, courir, comme s'ils eussent volé, à la poursuite de ceux qu'ils croyaient en fuite. Tout à coup les Normands, tournant leurs chevaux, les cernèrent et les enveloppèrent de toutes parts, et les taillèrent en pièces sans en épargner aucun. S'étant deux fois servis de cette ruse avec le même succès, ils attaquèrent le reste avec une plus grande impétuosité. Cette armée était encore effrayante et très-difficile à envelopper. Il s'engage un combat d'un nouveau genre ; l'un des partis attaque par des courses et divers mouvemens, l'autre comme fixé sur la terre ne fait que supporter les coups. Les Anglais faiblissent, et comme avouant leur crime par leur défaite, en subissent le châtiment. Les Normands lancent des traits, frappent et percent. Le mouvement des morts qui tombent paraît plus vif que celui des vivans. Ceux qui sont blessés légèrement ne peuvent s'échapper à cause du grand nombre de leurs compagnons, et meurent étouffés dans la foule. Ainsi concourut la fortune au triomphe de Guillaume.

A ce combat se trouvèrent Eustache, comte de Boulogne ; Guillaume, fils de Richard, comte d'Evreux ; Geoffroi, fils de Rotrou, comte de Mortain ; Guillaume, fils d'Osbern ; Aimeri, gouverneur de Thouars ; Gautier Giffard, Hugues de Montfort, Raoul de Toëni, Hugues de Grandménil, Guillaume de Warenne, et un grand nombre d'autres guerriers, les plus fameux par leur courage à la guerre, et dont les noms devraient être rangés dans les annales de l'histoire parmi ceux des plus valeureux. Guillaume, leur chef, les surpassait tellement en force comme en sagesse, qu'on pourrait, à juste titre, le préférer ou le comparer aux anciens généraux de la Grèce et de Rome, tant vantés dans les livres. Il conduisit supérieurement cette bataille, arrêtant les siens dans leur fuite, ranimant leur vaillance, et partageant leurs dangers ; il les appela pour qu'ils le suivissent, plus souvent qu'il ne leur ordonna d'aller en avant ; d'où l'on doit comprendre clairement que sa valeur les devançait toujours dans la route en même temps qu'elle leur donnait le courage. A la vue seule de cet admirable et terrible chevalier, une grande partie des ennemis perdirent le cœur sans avoir reçu de blessures. Trois chevaux tombèrent percés sous lui, trois fois il sauta hardiment à terre, et ne laissa pas long-temps sans vengeance la mort de son coursier. C'est alors qu'on put voir son agilité et sa force de corps et d'ame. Son glaive rapide traverse avec fureur les écus, les casques et les cuirasses ; il frappe plusieurs guerriers de son bouclier. Ses chevaliers, le voyant ainsi combattre à pied, sont saisis d'admiration, et la plupart, accablés de blessures, reprennent courage. Quelques-uns, perdant leurs forces avec leur sang, appuyés sur leur bouclier, combattent encore vaillamment ; et plusieurs ne pouvant faire davantage, animent de la voix et du geste leurs compagnons à suivre hardiment le duc, et à ne pas laisser échapper la victoire d'entre leurs mains. Guillaume en secourut et sauva lui-même un grand nombre.

Guillaume n'aurait pas craint de se battre en combat singulier avec Hérald, que les poètes comparent à Hector ou à Turnus, pas plus qu'Achille ne craignit de se battre avec Hector, ou Enée avec Turnus. Tydée eut recours à un rocher contre cinquante hommes qui lui dressaient des embûches; Guillaume, son égal, et non d'une race inférieure, seul en affronta mille. Les auteurs de la Thébaïde ou de l'Enéide, qui selon les règles de la poésie exagèrent encore dans leurs livres les grandes actions qu'ils chantent, feraient sur les exploits de cet homme un plus digne ouvrage, dans lequel les éloges seraient véridiques et justement grands. Certes, si leurs vers répondaient à la dignité du sujet, dans la beauté de leur style, ils l'éleveraient au rang des dieux. Mais notre modeste prose, dont le but est d'exposer humblement aux yeux des rois sa piété pour le culte du vrai Dieu, qui seul est Dieu depuis l'éternité jusqu'à la fin des siècles et au delà, doit terminer le vrai et court récit de ce combat, dans lequel le duc vainquit avec autant de force que de justice.

Le jour étant déjà sur son déclin, les Anglais virent bien qu'ils ne pouvaient tenir plus long-temps contre les Normands. Ils savaient qu'ils avaient perdu un grand nombre de leurs troupes, que le roi, deux de ses frères, et plusieurs grands du royaume avaient péri, que tous ceux qui restaient étaient presque épuisés, et qu'ils n'avaient aucun secours à attendre. Ils virent les Normands, dont le nombre n'était pas fort diminué, les presser avec plus de violence qu'au commencement, comme s'ils eussent pris en combattant de nouvelles forces. Effrayés aussi par l'implacable valeur du duc qui n'épargnait rien de ce qui lui résistait, et de ce courage qui ne savait se reposer qu'après la victoire, ils s'enfuirent le plus vite qu'ils purent, les uns à cheval, quelques-uns à pied, une partie par les chemins, presque tous par des lieux impraticables; quelques-uns, baignés dans leur sang, essayèrent en vain de se relever, d'autres se relevèrent, mais furent incapables de fuir. Le desir ardent de se sauver donna à quelques-uns la force d'y parvenir. Un grand nombre expirèrent dans le fond des forêts, et ceux qui les poursuivaient en trouvèrent plusieurs étendus sur les chemins. Les Normands, quoique sans aucune connaissance du pays, les poursuivaient avec ardeur, et, frappant les rebelles dans le dos, mettaient la dernière main à cette heureuse victoire. Plusieurs d'entre eux, renversés à terre, reçurent la mort sous les pieds des chevaux.

Cependant le courage revint aux fuyards, qui avaient trouvé pour renouveler le combat le lieu le plus favorable : c'était une vallée escarpée et remplie de fossés. Cette nation, qui descendait des antiques Saxons, les hommes les plus féroces, fut toujours naturellement disposée aux combats; et ils n'avaient pu reculer que sous le poids d'une très-grande valeur. Ils avaient récemment vaincu avec une grande facilité le roi de Norwège, soutenu par une vaillante et nombreuse armée.

Le duc, qui conduisait les étendards vainqueurs, voyant ces cohortes rassemblées en un moment, ne se détourna pas de son chemin, et tint ferme, quoiqu'il s'imaginât que c'était un nouveau secours qui arrivait à ses ennemis; et plus terrible armé seulement d'un débris de sa lance que ceux qui dardent de longs javelots, il rappela d'une voix mâle le comte Eustache, qui prenait la fuite avec cinquante chevaliers, et voulait donner le signal de la retraite. Celui-ci revenant se pencha familièrement à l'oreille du duc, et le pressa de s'en retourner, lui prédisant une mort prochaine s'il allait plus loin. Pendant qu'il lui parlait, Eustache fut frappé entre les épaules d'un coup dont la violence fut aussitôt prouvée par le sang qui lui sortit du nez et de la bouche, et il s'échappa à demi-mort avec l'aide de ses compagnons. Le duc, au dessus de toute crainte et de toute lâcheté, attaqua et renversa ses ennemis. Dans ce combat périrent quelques-uns des plus nobles Normands à qui la difficulté du lieu ne permit pas de déployer toute leur valeur. La victoire ainsi remportée, le duc retourna vers le champ de bataille, où témoin du carnage il ne put le voir sans pitié, quoique les victimes fussent des impies, et qu'il soit beau, glorieux et avantageux de tuer un tyran. La terre était couverte au loin de la fleur de la noblesse et de la jeunesse anglaise souillée de sang. Les deux frères du roi furent trouvés auprès de lui. Lui-même, dépouillé de toute marque d'honneur, fut reconnu, non à sa figure mais à quelques signes, et porté dans le camp du duc, qui confia sa sépulture à Guillaume surnommé Mallet, et non à sa mère, qui offrait pour le corps de son cher fils un égal poids d'or. Le duc savait, en effet, qu'il ne convenait pas de recevoir de l'or par un tel commerce. Il jugea indigne d'être enseveli selon le vœu de sa mère celui dont l'excessive cupidité était cause qu'une quantité innombrable de gens gisaient sans sépulture. On dit par raillerie qu'il fallait enterrer Hérald en un lieu où il pût garder la mer et le rivage dont en sa fureur il avait voulu fermer l'accès.

Quant à nous, Hérald, nous ne t'insultons pas, mais avec le pieux vainqueur qui pleura ta ruine, nous avons pitié de toi, et nous pleurons sur ton sort. Un juste succès t'a abattu; tu as été, comme tu le méritais, étendu dans ton sang ; tu as pour tombeau le rivage, et tu seras en abomination aux générations futures et des Anglais et des Normands. Ainsi ont coutume de crouler ceux qui croient à un souverain pouvoir, à un souverain bonheur dans le monde. Pour être souverainement heureux ils s'emparent de la puissance, et s'efforcent de retenir par la guerre ce qu'ils ont usurpé. Tu t'es souillé du sang de ton frère, dans la crainte que sa grandeur ne diminuât ta puissance. Ensuite tu t'es précipité en furieux vers une autre guerre fatale à ta patrie, que tu sacrifiais à la conservation de la dignité royale. Tu as donc été entraîné dans la ruine par toi-même préparée. Voilà, tu ne brilles plus de la couronne que tu avais traîtreusement usurpée; tu ne sièges plus sur le trône où tu étais monté avec orgueil. La fin que tu as subie montre s'il est vrai que tu fus élevé au trône par Edouard dans les derniers momens de sa vie. Une comète, la terreur des rois, brillant après le commencement de ta grandeur, fut le présage de ta perte.

Mais laissons ces funestes présages, et parlons du bonheur que prédit la même étoile. Agamemnon, roi des Grecs, aidé du secours d'un grand nombre de chefs et de rois, parvint avec peine, par la ruse, à détruire, la dixième année du siége, la seule ville de Priam. Les poètes cependant attestent les talens et la bravoure de ses guerriers. De même Rome, arrivée à sa plus haute puissance et voulant commander au monde entier, mit plusieurs années à subjuguer des villes. Le duc Guillaume, avec les troupes de la Normandie et sans de nombreux secours étrangers, soumit en un seul jour, de la troisième heure au soir, toutes les villes de l'Angleterre. Si elles avaient été défendues par les remparts de Troie, le bras et l'habileté d'un tel homme les eussent bientôt renversées. Le vainqueur eût pu sur-le-champ marcher vers le trône royal, se poser la couronne sur la tête, accorder comme butin à ses chevaliers les richesses du pays, égorger les puissans, ou les envoyer en exil. Il aima mieux agir avec modération, et commander avec clémence; car tout jeune encore il s'était accoutumé à donner à ses triomphes l'ornement de la modération.

Il eût été juste que les loups et les vautours dévorassent les chairs de ces Anglais, qui, par une telle injustice, s'étaient précipités dans la mort, et que les champs demeurassent ensevelis sous leurs os sans sépulture ; mais un tel supplice lui parut trop cruel. Il accorda à ceux qui voulaient les relever pour les enterrer la liberté de le faire. Ayant fait ensevelir les siens, et ayant laissé une garde à Hastings avec un brave commandant, il s'approcha de Romney, et punit à son gré la perte de ses gens qui, égarés de ce côté, avaient été attaqués et défaits par ce peuple féroce avec beaucoup de dommages de part et d'autre.

De là il marcha vers Douvres, où il avait appris

qu'une innombrable quantité de peuple s'était réunie. Ce lieu paraissait inexpugnable ; mais les Anglais, frappés de terreur à son approche, n'eurent plus de confiance ni dans les fortifications de l'art ou de la nature, ni dans le nombre de leurs troupes. Ce château est situé sur un rocher voisin de la mer, et qui, naturellement escarpé de toutes parts et taillé à pic encore par les travaux des hommes, s'élève comme un mur perpendiculaire à la hauteur d'une portée de flèche. Ce côté est baigné par les flots de la mer. Comme les habitans se préparaient à se rendre humblement, des hommes d'armes de notre armée, poussés par le desir du butin, mirent le feu au château. La flamme volant avec la légèreté qui lui est propre, eut bientôt envahi presque tout. Le duc ne voulut point voir souffrir de dommages à ceux qui avaient commencé à traiter avec lui pour se rendre ; il donna une somme pour faire rétablir les édifices, et dédommagea des autres pertes. Il eût ordonné de punir sévèrement les auteurs de cet incendie, si la bassesse de leur condition et leur grand nombre ne les eussent dérobés à ses yeux. Le château lui ayant été remis, il y fit ajouter pendant huit jours les fortifications qui manquaient. L'usage de l'eau et des viandes fraîches donnèrent aux chevaliers une dysenterie dont plusieurs moururent, et dont beaucoup furent extrêmement affaiblis et coururent grand risque de perdre la vie ; mais ces malheurs n'abattirent pas le courage du duc. Il laissa aussi dans ce château une garnison, avec ceux qui étaient malades de la dysenterie, et marcha pour dompter les ennemis qu'il avait vaincus. Les habitans de Cantorbéry vinrent d'eux-mêmes au devant de lui non loin de Douvres, lui jurèrent fidélité, et lui donnèrent des otages. La puissante métropole trembla de frayeur, et de peur que sa résistance ne fût suivie d'une ruine entière, elle se hâta de se soumettre pour obtenir sa conservation. Le jour suivant, étant arrivé à la Tour rompue, le duc y campa, et dans ce lieu une très-grave indisposition de son corps frappa d'une égale maladie l'ame de ses compagnons. Occupé du bien public, et dans la crainte que l'armée ne manquât des choses nécessaires, il ne voulut point s'arrêter à se soigner, quoique le retour de cet excellent duc à la santé fût l'avantage comme le très-grand desir de tous.

Cependant Stigand, archevêque de Cantorbéry, qui, élevé par ses richesses et sa dignité, avait aussi par ses conseils beaucoup de puissance auprès des Anglais, uni aux fils d'Algard et d'autres grands, menaçait de livrer bataille à Guillaume. Ils avaient établi roi Edgar Adelin, jeune enfant, de la noble race du roi Edouard, car leur principal desir était de n'avoir point pour souverain un étranger. Mais celui qui devait être leur maître, s'approchant hardiment, s'arrêta non loin de Londres, dans un endroit où il apprit qu'ils s'assemblaient le plus souvent. Cette ville est arrosée par le fleuve de la Tamise, qui en forme un port de mer, où arrivent les richesses des pays étrangers. Ses seuls citoyens suffisent pour fournir une nombreuse et fameuse milice. En ce moment des troupes d'hommes de guerre arrivaient en foule, et, quoique d'une très-grande étendue, à peine les pouvait-elle contenir. Cinq cents chevaliers normands envoyés en avant forcèrent courageusement à tourner le dos et à se réfugier dans les murs des troupes qui avaient fait une sortie contre eux. Ce nombreux carnage fut suivi d'un incendie; car ils brûlèrent tous les édifices qu'ils trouvèrent en deçà du fleuve, afin de frapper à la fois d'une double calamité l'orgueilleuse férocité de leurs ennemis. Le duc s'étant ensuite avancé sans opposition, et ayant passé la Tamise, à un gué et sur un pont en même temps, arriva à Wallingford.

Le pontife métropolitain, Stigand, s'étant rendu vers lui, se remit entre ses mains, lui jura fidélité, et déposa Adelin, qu'il avait élu sans réflexion. Ayant poursuivi sa route, aussitôt que le duc fut en vue de Londres, les grands de la ville allèrent au devant de lui, se remirent en son pouvoir, eux et toute la ville, comme l'avaient fait auparavant les habitans de Cantorbéry, et lui amenèrent des otages en aussi grand nombre et de telle qualité qu'il voulut. Ensuite les évêques et les autres grands le prièrent d'accepter la couronne, disant qu'ils étaient habitués à obéir à un roi, et qu'ils voulaient avoir un roi pour maître. Le duc consultant ceux des Normands de sa suite dont il avait éprouvé la sagesse aussi bien que la fidélité, leur découvrit les principales raisons qui le dissuadaient de céder aux prières des Anglais. Les affaires étaient encore dans le trouble, quelques gens se soulevaient, et il desirait la tranquillité du royaume plutôt que la couronne. D'ailleurs si Dieu lui accordait cet honneur, il voulait que sa femme fût couronnée avec lui; et enfin il ne faut jamais se trop hâter lorsqu'on veut arriver jusqu'au faîte. Il n'était certainement pas dominé du desir de régner; il connaissait la sainteté des engagemens du mariage, et les chérissait saintement. Ses familiers lui conseillèrent au contraire d'accepter la couronne, sachant que c'était le vœu unanime de toute l'armée, quoique cependant ils trouvassent ses raisons très-louables, et reconnussent qu'elles découlaient d'une profonde sagesse.

A ce conseil était présent Aimeri d'Aquitaine, seigneur de Thouars, aussi fameux par son éloquence que par sa bravoure. Admirant et célébrant par ses louanges la modestie du duc, qui consultait les chevaliers pour savoir s'ils voulaient que leur seigneur devînt roi : « Jamais, dit-il, ou du moins rarement, des « chevaliers n'ont été appelés à pareille discussion. « Il ne faut pas différer par la longueur de notre dé- « libération ce dont nous desirons le plus prompt ac- « complissement. » Les hommes les plus sages et les meilleurs n'auraient point ainsi souhaité de voir le duc élevé à cette monarchie s'ils n'eussent connu sa très-grande aptitude à la gouverner, quoique cependant ils voulussent aussi par sa puissance augmenter leurs biens et leurs dignités. Le duc, après de nouvelles réflexions à ce sujet, céda à tant de vœux, à tant de conseils, dans l'espérance surtout que, dès qu'il aurait commencé à régner, les rebelles oseraient moins contre lui, ou seraient plus facilement domptés. Il envoya donc à Londres des gens pour construire une forteresse dans la ville, et faire la plupart des préparatifs qui convenaient à la magnificence royale, voulant pendant ce temps demeurer dans les environs. Il fut si loin de trouver aucun ennemi qu'il eût pu, s'il l'eût voulu, se livrer en sûreté à la chasse à l'oiseau.

Le jour fixé pour le couronnement, l'archevêque

d'York, homme zélé pour la justice, d'un esprit mûri par l'âge, sage, bon, éloquent, adressa aux Anglais un discours convenable, dans lequel il leur demanda s'ils consentaient à ce que Guillaume fût couronné leur seigneur. Tous, sans la moindre hésitation, et comme si par miracle ils se fussent trouvé tous une même pensée et une même voix, ils l'assurèrent de leur joyeux consentement. Les Normands n'eurent pas de peine à s'accorder au desir des Anglais ; l'évêque de Coutances leur avait parlé, et avait pris leur avis. Cependant ceux qui avaient été postés en armes et à cheval autour des monastères pour porter du secours en cas de besoin, ignorant que le tumulte provenait des acclamations de consentement, l'attribuèrent à une cause funeste, et mirent imprudemment le feu à la cité. Guillaume ainsi élu, fut consacré par ledit archevêque d'York, également chéri pour sa sainte vie et son inviolable réputation, qui lui mit sur la tête la couronne royale, et le plaça sur le trône, du consentement et en présence d'un grand nombre d'évêques et d'abbés, dans la basilique de Saint-Pierre l'Apôtre, joyeuse de posséder le tombeau du roi Edouard, le jour de la sainte solennité de la Nativité du Seigneur, l'an de l'Incarnation du Seigneur 1066. Guillaume refusa d'être couronné par Stigand, archevêque de Cantorbéry, parce qu'il avait appris que le juste zèle de l'apostole l'avait frappé d'anathême. Les insignes des rois ne convenaient pas moins bien à sa personne que ses qualités au gouvernement. Ses enfans et ses neveux commanderont, par une légitime succession, à la terre d'Angleterre, qu'il posséda lui-même par un legs héréditaire, appuyé des sermens des Anglais, et par le droit de la guerre. Il fut donc ainsi couronné par le consentement des Anglais, ou plutôt par le desir des grands de cette nation. Que si on demande des titres de parenté, on doit savoir la proche consanguinité qui existait entre le roi Edouard et le fils du duc Robert, dont la tante paternelle, sœur de Richard II, fille de Richard Ier, Emma, fut mère d'Edouard.

Après la célébration du couronnement, le très-digne roi (car maintenant, dans notre récit, nous lui donnerons volontiers le nom de roi à la place de celui de duc); le roi, dis-je, ne commença pas à faire le bien avec moins de zèle, comme il arrive ordinairement après un surcroît d'honneurs, mais il fut enflammé pour les grandes et honorables actions d'une nouvelle et admirable ardeur. Il s'appliquait avec une grande attention aux affaires séculières comme aux affaires divines; cependant son cœur avait plus de penchant pour le service du Roi de tous les rois, car il attribuait ses succès à celui malgré la volonté duquel il savait qu'aucun mortel ne peut jouir long-temps du pouvoir ou de la vie, et duquel il attendait une gloire immortelle après la fin de sa gloire temporelle. Il paya donc largement, comme un tribut à cet Empereur, ce que le roi Hérald avait renfermé dans son trésor. Les marchands s'habituèrent à rendre encore plus opulente cette terre, riche par sa fertilité, en y transportant leurs riches marchandises. On avait amassé des trésors précieux, soit pour le nombre, l'espèce ou le travail; mais ils étaient réservés au vain plaisir de l'avarice, ou destinés à être honteusement engloutis par le luxe des Anglais. Le roi en distribua magnifiquement une partie à ceux qui l'avaient servi dans cette guerre, et le plus grand nombre, et les plus précieux, aux pauvres et aux monastères de diverses provinces. Le zèle de sa munificence fut soutenu par un énorme tribut que de toutes parts toutes les villes et tous les hommes riches offrirent à leur nouveau seigneur. Il fit remettre entre les mains du pape Alexandre, pour l'église de Saint-Pierre de Rome, des sommes en or et en argent en quantité incroyable, et des ornemens qui auraient paru précieux même à Bysance. Il lui envoya aussi la fameuse bannière d'Hérald, toute d'un tissu d'or très-pur, et portant l'image d'un homme armé, afin de payer du don de cette dépouille la faveur de l'apostole, et d'annoncer pompeusement un nouveau triomphe sur le tyrannique ennemi de Rome.

Nous allons rapporter sommairement combien d'assemblées de serviteurs du Christ, transportés de joie, chantaient des hymnes de grâces pour le vainqueur, après l'avoir auparavant soutenu par les armes de l'oraison. Mille églises de France, d'Aquitaine, de Bourgogne, d'Auvergne et d'autres pays, célébreront à jamais la mémoire du roi Guillaume. La grandeur du bienfait, qui subsistera toujours, ne laissera pas périr la mémoire du bienfaiteur. Les unes reçurent de grandes croix d'or ornées de pierres précieuses ; la plupart, des sommes ou des vases de ce métal ; quelques-unes, des palliums ou autres choses précieuses. Le moindre des présens dont il gratifia un monastère ornerait avec éclat une basilique métropolitaine. Je voudrais que les ducs et les rois connussent, pour leur exemple et pour leur modèle, de telles choses, et un grand nombre d'autres rapportées dans cet ouvrage. Les dons les plus agréables furent envoyés à la Normandie par son doux enfant, qui, par une pieuse affection filiale, se hâta de les lui faire parvenir au moment où les temps et la mer sévissaient contre elle avec le plus de rigueur : on était à l'entrée de janvier. Mais elle reçut avec mille fois plus de joie la nouvelle de l'événement dont l'attente l'occupait si vivement ; elle n'aurait pas reçu avec tant de plaisir les présens les plus beaux ou les plus doux de l'Arabie. Jamais plus joyeux jour ne brilla pour elle que celui où elle apprit avec certitude que son prince, l'auteur du repos qu'elle goûtait, était devenu roi. Les villes, les châteaux, les villages, les monastères se félicitaient beaucoup de la victoire, et surtout de la couronne qu'il avait obtenue. Un jour d'une sérénité extraordinaire semblait s'être levé tout à coup pour toute la province. Quoique les Normands se regardassent comme privés de leur père commun, puisque sa présence leur manquerait, ils aimaient mieux cependant qu'il en fût ainsi afin qu'il jouît d'une plus haute puissance, et qu'il fût plus en état de les défendre ou de les couvrir de gloire; car la Normandie faisait autant de vœux pour son élévation qu'il en faisait pour l'honneur ou les intérêts de la Normandie. Enfin on ne savait s'il aimait mieux sa patrie qu'il n'en était aimé, comme autrefois un pareil doute s'éleva au sujet de César-Auguste et du peuple romain.

Et toi aussi, terre d'Angleterre, tu le chérirais, tu l'estimerais au dessus de tous ; et, pleine de joie, tu te prosternerais à ses pieds, si ta folie et ton injustice ne t'empêchaient de juger avec plus de raison au pouvoir de quel homme tu es soumise. Laisse là tes préventions, apprends à mieux connaître sa grandeur, et tous les maîtres que tu as eus te paraîtront bien petits en comparaison. L'éclat de son honneur t'ornera des couleurs les plus brillantes. Le très-vaillant roi Pyrrhus apprit par son député que presque tous les habitans de Rome étaient semblables à lui. Cette ville, mère des rois du monde, souveraine et maîtresse de la terre, se réjouirait d'avoir donné le jour à celui qui va régner sur toi, d'être défendue par son bras, gouvernée par sa sagesse, et d'obéir à son empire. Les chevaliers de ce Normand possèdent la Pouille, ont soumis la Sicile, font la guerre à Constantinople, et font trembler les Babyloniens. Canut le Danois a, par une excessive cruauté, égorgé les plus nobles de tes fils, vieux et jeunes, afin de te soumettre à lui et à ses enfans. Celui-ci regrette la mort d'Hérald; bien plus, il a voulu augmenter la puissance de Godwin son père, et, selon sa promesse, lui donner en mariage sa fille, digne de partager le lit d'un empereur. Mais si là-dessus tu n'es pas d'accord avec moi, du moins tu ne peux nier qu'il n'ait soustrait ton cou au joug orgueilleux et cruel d'Hérald. Il a tué cet exécrable tyran, qui t'aurait accablée sous une honteuse et misérable servitude : ce service est regardé chez toutes les nations comme digne de reconnaissance et de gloire. Les salutaires bienfaits dont sa domination te va combler, déposeront plus tard contre ta haine. Le roi Guillaume vivra, oui, il vivra long-temps dans les écrits d'un style peu brillant qu'il nous a plu de composer, afin de révéler clairement à beaucoup de gens ses magnifiques actions. D'ailleurs on voit les plus fameux orateurs, ceux qui sont doués d'une grande éloquence, employer un style simple lorsqu'ils écrivent l'histoire.

Après son couronnement, le roi, avec sagesse, justice et clémence, régla à Londres beaucoup de choses, soit pour l'utilité ou l'honneur de cette ville, soit pour l'avantage de toute la nation et pour le bien des églises du pays. Jamais personne ne sollicita de lui en vain un jugement conforme à l'équité. Presque toujours l'iniquité des rois voile leur avarice du prétexte de venger les crimes, et inflige à l'innocent le supplice pour s'emparer de ses biens; mais lui, jamais il ne condamna personne qu'il n'eût été inique de ne pas le faire, car son esprit était inaccessible à l'avarice comme aux autres passions. Il savait qu'il est de la majesté royale et qu'il convient à un pouvoir illustre de ne rien accepter de contraire à la justice. Avec l'autorité qui lui convenait, il ordonna aussi à ses grands l'équité que leur conseillait son amitié, leur disant qu'il fallait continuellement avoir devant les yeux l'éternel souverain dont la protection les avait fait triompher; qu'il ne fallait pas trop opprimer les vaincus, semblables aux vainqueurs pour la foi chrétienne, de peur que les injustices ne contraignissent à la révolte ceux qu'ils avaient justement soumis; qu'en outre il fallait craindre de déshonorer, par de honteuses actions contre des étrangers, le pays de sa naissance ou de son éducation. Il réprima par de très-sages ordonnances les chevaliers de moyenne noblesse et les simples hommes d'armes. Les femmes étaient à l'abri de la violence à laquelle s'emportent souvent contre elles ceux qui les aiment; et même, pour empêcher l'infamie, ces sortes de délits étaient défendus quand même le consentement de femmes impudiques y aurait donné lieu. Il ne permit pas aux chevaliers de boire beaucoup dans les tavernes, parce que l'ivresse enfante ordinairement la dispute, et la dispute le meurtre. Il interdit la sédition, le meurtre et toute espèce de rapine, réprimant les armes par les lois comme les peuples par les armes. Il établit des juges redoutables au commun des chevaliers, et décréta des peines sévères contre les délinquans. Les Normands n'étaient pas plus libres que les Anglais ou les Aquitains de se permettre certaines actions. On propose pour exemple Scipion et d'autres fameux généraux, dont les écrits instruisent sur la discipline militaire ; il est facile de trouver dans l'armée du roi Guillaume d'aussi louables, et même de plus glorieux exemples. Mais hâtons-nous de parler d'autre chose, pour ne pas différer long-temps le récit du retour de ce prince attendu avec empressement par la Normandie. Il régla d'une manière peu onéreuse les tributs et tous les revenus qui devaient être versés dans le fisc royal ; il ne laissa dans ses Etats aucun refuge aux brigandages, à la violence et aux crimes. Il ordonna que les ports et tous les chemins fussent ouverts aux marchands, et qu'il ne leur fût fait aucune injure. Il n'avait pas approuvé l'élévation de Stigand, qu'il savait n'être pas canonique ; mais il jugea plus convenable d'attendre l'avis de l'apostole, que de se hâter de le déposer. D'autres motifs l'engageaient à souffrir et à traiter avec honneur, pour un temps, un homme de si grande autorité parmi les Anglais.

Il méditait d'établir sur le siége métropolitain un homme de sainte vie, de haute renommée, et d'une puissante éloquence dans la parole divine, qui sût prescrire aux évêques suffragans des règles convenables, gouverner le troupeau du Seigneur, et dont le zèle s'appliquât avec vigilance au bien de tous. Il voulait mettre le même ordre dans les autres églises. Tels furent en toutes choses les vertueux commencemens de son règne.

Etant sorti de Londres, il demeura quelques jours à Bercingan[1], ville voisine, jusqu'à ce qu'il eût achevé d'opposer quelques barrières à l'inconstance des nombreux et barbares habitans du pays. Il vit d'abord qu'il était nécessaire de réprimer les habitans de Londres. A Bercingan, Edwin et Morcar, fils du très-fameux Algard, et les premiers de presque tous les Anglais, par leur naissance et leur pouvoir, vinrent lui faire hommage, le prièrent de leur pardonner s'ils lui avaient été contraires en quelque chose, et se remirent, eux et tous leurs biens, à sa clémence. Beaucoup de nobles et gens puissans par leurs richesses en firent autant. Parmi eux était le comte Coxon, que son courage et sa bravoure extraordinaires, comme nous l'avons appris, rendirent agréable au roi et à tout bon Normand. Le roi reçut volontiers leurs sermens, comme ils le demandaient, leur accorda généreusement sa faveur, leur rendit tous leurs biens et les traita avec de grands honneurs. De là il marcha plus avant, et se rendit dans les différentes parties du royaume, faisant partout des réglemens avantageux pour lui et les habitans du pays. Partout où il s'avançait chacun déposait les armes. Aucun chemin ne lui fut fermé; de tous côtés accoururent vers lui des gens qui vinrent

[1] Barking.

lui faire soumission ou traiter avec lui. Il avait pour tous des regards clémens, mais plus clémens encore pour le commun peuple. Souvent son visage trahissait l'émotion de son ame, et bien des fois il prononça des ordres de miséricorde à la vue des pauvres et des supplians, ou des mères avec leurs enfans, l'implorant de la voix et du geste.

Il enrichit de terres considérables, et traita comme un de ses plus chers amis Adelin, qu'après la défaite d'Hérald les Anglais s'étaient efforcés d'établir sur le trône, parce qu'il était de la race du roi Edouard ; et il prit soin que son jeune âge ne s'affligeât pas trop de ne point posséder le rang auquel il avait été élu. Un grand nombre d'Anglais reçurent de sa libéralité des dons tels qu'ils n'en avaient pas reçu de leurs parens ni de leurs premiers seigneurs. Il confia la garde des châteaux à de vaillans hommes qu'il avait amenés de France, à la fidélité et au courage desquels il se fiait, et y mit avec eux une multitude d'hommes de pied et de cavaliers. Il leur distribua de riches bénéfices, afin qu'ils supportassent avec plus de patience les fatigues et les dangers. Cependant on ne donna rien à aucun Français, qui eût été injustement enlevé à quelque Anglais.

Cantorbéry est une noble et forte ville. Ses habitans et ses voisins sont riches, perfides et audacieux. Eloignée de quatorze mille pas de la mer qui sépare l'Angleterre du Danemarck, elle est à portée de recevoir des Danois de prompts secours. Le roi fit construire une forteresse dans l'intérieur de cette ville, et y laissa Guillaume, fils d'Osbern, le premier de son armée, pour commander à sa place par intérim, dans toute la partie occidentale du royaume. Il l'avait reconnu, entre tous les Normands, fidèle envers lui comme un père, soit en paix, soit en guerre, également fameux par son courage et par sa sagesse dans ce qui regardait la paix comme la guerre, et animé d'une grande et pieuse affection envers le souverain du ciel. Il savait que, chéri des Normands, cet homme était la très-grande terreur des Anglais. Depuis son enfance il l'avait aimé entre ses autres familiers, et l'avait élevé à des honneurs en Normandie.

Il confia à son frère Eudes le château de Douvres, avec le pays méridional adjacent, qu'on nomme le pays de Kent, et qui, situé plus près de la France, est pour cela habité par des hommes moins barbares; car ils avaient coutume de commercer avec les Belges. On assure même, d'après le témoignage de l'histoire ancienne, que cette région maritime a été autrefois possédée par les Français, à qui furent ces plaines fertiles, lorsqu'ils y passèrent pour piller et faire la guerre. Ledit Eudes, évêque de Bayeux, était connu pour être très-habile à gouverner les affaires ecclésiastiques et séculières. Sa bonté et sa sagesse sont d'abord attestées par l'église de Bayeux, qu'il a gouvernée et enrichie supérieurement avec beaucoup de zèle; il était jeune par son âge, mais préférable aux vieillards pour la maturité de son esprit; ensuite il fut utile et honorable pour la Normandie. Son habileté et son éloquence brillaient également dans les synodes, où on traitait du culte du Christ, et dans les discussions sur les affaires du siècle. L'opinion publique s'accorde à dire que jamais la France n'en eut de pareil pour la libéralité; son amour pour la justice ne méritait pas moins de louanges. Jamais il ne porta ni ne voulut porter les armes, et cependant il était redoutable aux gens de guerre ; car autant qu'il le pouvait sans offenser la religion, lorsque la nécessité l'exigeait, il aidait les combattans par de très-utiles conseils. Il fut uniquement et constamment fidèle au roi, dont il était frère utérin, et qu'il affectionnait avec une telle amitié qu'il ne voulait pas même s'en séparer à la guerre. Il avait reçu de lui et en attendait de grands honneurs. Les Normands et les Anglais lui obéissaient de bon cœur comme à un maître qui leur était très-agréable. Les Anglais n'étaient pas tellement barbares qu'ils ne comprissent que cet évêque, ce gouverneur, méritait d'être craint, respecté et chéri.

Le roi, après ces dispositions pour le soin du royaume, se rendit à Pevensey, lieu que nous trouvons digne d'être nommé, parce que c'est à son port qu'il était abordé pour la première fois au rivage d'Angleterre. Des vaisseaux tout équipés et très-convenablement ornés de voiles blanches, à la manière des anciens, se tenaient prêts à le passer. Ils allaient ramener le plus glorieux triomphateur, et apporter la joie la plus desirée. En cet endroit se rendirent de nombreux chevaliers anglais, parmi lesquels il avait résolu d'emmener avec lui ceux dont il craignait l'infidélité et la puissance, l'archevêque Stigand, Adelin, parent du roi Edouard, les trois comtes, Edwin, Morcar et Guallèwe, et beaucoup d'autres d'une haute noblesse, afin qu'après son départ ils n'excitassent aucun trouble, et que la nation, privée de ses chefs, fût moins en état de se soulever. Enfin, il pensait qu'il devait, par précaution, les retenir entre tous les autres comme otages, parce que leur autorité et leur salut était d'une très-grande importance auprès de leurs voisins et compatriotes. Ils furent ainsi contraints d'obéir avec la plus grande soumission à ses ordres; car, bien qu'ordinairement il demandât ce qu'il desirait, cette fois ils l'entendirent l'exiger. D'ailleurs, ils n'étaient pas traînés comme des prisonniers, mais ils accompagnaient de très-près le roi leur seigneur, ce qui était pour eux un honneur et une faveur éclatante. Son humanité leur avait fait voir qu'on devait espérer de lui tout le bien, et ne craindre de sa part rien de cruel ni d'injuste. Dans ce même port, d'une main généreuse, il distribua des dons aux chevaliers qui retournaient dans leur pays avec lui, et qui dans une si grande expédition l'avaient si fidèlement servi, afin que tous pussent se réjouir d'avoir recueilli avec lui de riches fruits de la victoire. Les vaisseaux ayant levé l'ancre, au milieu de la joie de tous les esprits, un vent et une mer favorables les portèrent vers la terre natale. Cette traversée rendit la mer pendant long-temps paisible, et tous les pirates furent dispersés au loin. On admire avec raison le succès des entreprises, mais leur rapidité les rend encore plus merveilleuses. C'était vers les calendes d'octobre, le jour où l'Eglise célèbre la mémoire de l'archange Michel, qu'incertain du succès de son expédition, Guillaume était parti pour une terre ennemie; ce fut au mois de mars qu'il revint dans le sein de sa patrie. Ce fait exprime mieux ses exploits que ne le pourraient faire nos écrits.

Jules César, qui, avec mille vaisseaux passa deux

fois dans la Bretagne (l'Angleterre se nommait ainsi autrefois), n'y fit pas de si grandes choses la première fois; et quoique, selon la coutume de son pays, il eût fortifié des châteaux, il n'osa pas s'avancer loin du rivage, ni y demeurer long-temps. Il y passa à la fin de l'été, et en revint peu de temps avant l'équinoxe. Ses légions furent saisies d'une grande frayeur, une partie de leurs vaisseaux ayant été brisés par les flots de la mer, et les autres, faute d'agrès, étant devenus inutiles pour la navigation. Quelques villes aimant mieux vivre en repos que de soutenir les attaques du peuple romain, que la renommée rendait redoutable par tout le monde, donnèrent à César des otages. Cependant toutes ces villes, à l'exception de deux, manquèrent à lui envoyer sur le continent les otages qu'il avait demandés, quoiqu'elles sussent qu'il hivernait dans la Belgique avec une armée innombrable. La seconde fois il se transporta dans la Bretagne avec environ cent mille hommes de pied et cavaliers romains, accompagné de beaucoup des principaux des villes de la Gaule avec leur suite. Que fit-il donc cette fois de comparable, pour la gloire, aux actions de celui dont nous écrivons la vie? Les cavaliers et les conducteurs de chariots des Bretons lui ayant livré bataille avec la plus grande intrépidité dans une plaine, lui firent éprouver une grande défaite. Les Anglais, effrayés par Guillaume, se cachaient dans les montagnes. Les Bretons attaquèrent souvent César: Guillaume en un seul jour écrasa tellement les Anglais qu'ensuite ils n'osèrent plus combattre avec lui. Comme ledit César conduisait son armée dans le pays de Cassivellon, qui lui faisait la guerre, arrivé au fleuve de la Tamise, il trouva les ennemis rangés en bataille sur l'autre rive du fleuve, pour lui en disputer le passage. Les soldats romains n'ayant que la tête hors de l'eau passèrent les gués avec beaucoup de peine. Le duc des Normands étant arrivé dans le même pays, les habitans des cités et des villes allèrent au devant de lui pour implorer sa clémence. S'il lui eût plu de l'ordonner, ils eussent sans délai dressé un pont sur le fleuve pour ses chevaliers. César répandit, pour ravager les champs par le fer et le pillage, ses cavaliers, que Cassivellon empêcha de s'étendre au loin en envoyant contre eux des hommes habiles à combattre du haut des chars. Guillaume, ordonnant la paix aux habitans, les conserva pour lui, ainsi que le pays qu'il aurait pu détruire promptement. César défendit, contre les attaques de Cassivellon, Mandtubratius et sa ville, dont il lui rendit le commandement. Guillaume délivra à jamais toute la nation de la tyrannie d'Hérald, et s'empara lui-même du trône, en sorte qu'il gouverna seul des régions soumises autrefois à un grand nombre de rois. Les Romains, parmi les grands de la Bretagne, ne prirent que Cingetorix. Les Normands, s'ils l'eussent voulu, eussent jeté dans les fers mille des plus illustres de cette nation. Autant dans ce pays les Romains ont fait de conquêtes dans l'été, autant en ont fait les Normands en hiver ; et l'on sait que cette saison est moins favorable à la guerre que l'été.

C'était assez pour la gloire ou les intérêts de César de livrer bataille aux Bretons comme aux Gaulois par ses ordres seulement ; rarement il combattit de sa personne ; car c'était là une coutume commune aux généraux de l'antiquité, comme l'attestent les *Commentaires* écrits par lui-même. Mais le roi Guillaume aurait cru n'agir ni honorablement ni utilement, en ne remplissant, dans ce combat où il défit les Anglais, que l'office de commandant et non le devoir de tout chevalier; et c'était ainsi qu'il avait coutume de se conduire dans tous les combats. Dans chaque bataille où il se trouvait il était ordinairement le premier, ou un des premiers, à combattre de son épée. Si vous examinez avec attention les actions du Romain et celles de notre prince, vous conviendrez avec raison que le premier avait trop de témérité et trop de confiance en la fortune, tandis que le second était un homme plein de prudence qui dut ses succès à sa sagesse supérieure plutôt qu'au hasard. Enfin César, après avoir soumis quelques villes, reçu des otages de Cassivellon, et imposé à la Bretagne l'obligation de payer chaque année un léger tribut au peuple romain, ramena à grand'peine son armée en Belgique en deux traversées; car ses vaisseaux avaient besoin d'être radoubés, et il lui en restait moins qu'il n'en avait amené, des tempêtes en ayant diminué le nombre. Guillaume n'éprouva pas de tels embarras; les habitans à ses ordres lui eussent équipé des navires en aussi grand nombre et de la forme qu'il aurait voulu, ils les eussent même décorés de métaux précieux, ornés de voiles de pourpre, et munis d'habiles rameurs et de pilotes choisis. Combien son retour fut glorieux! il n'emmenait pas comme les Romains de vulgaires prisonniers; il avait à sa suite et à ses ordres le primat des évêques de toute la Bretagne, de puissans abbés de plusieurs monastères d'outre-mer, et des fils d'Anglais dignes du nom de roi par leur noblesse et leurs richesses. Il remporta d'Angleterre non un léger tribut, et quelque butin, mais de l'or et de l'argent en si grande abondance, qu'on aurait de la peine à en recueillir autant dans les trois Gaules; et il l'avait reçu à très-bon droit, et se proposait de le dépenser honorablement, selon que l'exigerait l'occasion. Ce pays l'emporte de beaucoup sur la terre de France par l'abondance des métaux précieux; car de même qu'il devait être dit grenier de Cérès à cause de l'abondance de ses grains, de même, par l'abondance de son or, il pouvait passer pour le trésor de l'Arabie.

Mais laissons là ce récit sur Jules César qu'on trouvera peut-être déplacé. C'était un excellent général, instruit par la connaissance de la discipline militaire des Grecs; qui, depuis sa jeunesse, commanda avec gloire les armées romaines, et par son courage obtint le consulat de la ville. Il termina avec succès et célérité beaucoup de guerres avec beaucoup de nations belliqueuses, et enfin soumit, par les armes, à sa domination Rome, maîtresse de l'Afrique, de l'Europe, de l'Asie.

Jamais l'Italie n'accueillit avec plus de joie Titus, fils de Vespasien, qui mérita d'être appelé l'amour du monde, tant il aima ardemment la justice, que n'en montra la Normandie à l'arrivée du roi Guillaume son prince. C'était pendant le temps de l'hiver consacré à la rigoureuse pénitence du carême; cependant on passa ces jours comme les jours d'une grande fête. Le soleil brillait avec cette sérénité qui n'appartient d'ordinaire qu'aux jours plus longs de l'été. Les habitans des moindres lieux, des endroits les plus éloignés, accouraient en foule dans les villes ou autres lieux où ils pouvaient voir le roi. Lorsque Guillaume entra dans Rouen, la métropole de ses Etats, il trouva les vieillards, les enfans, les matrones et tous les citoyens s'avançant pour le voir; ils saluaient son retour avec des acclamations, en sorte que toute la ville retentissant d'applaudissemens ressemblait à Rome lorsqu'autrefois elle fit éclater ses transports de joie au retour du grand Pompée. Les monastères et le clergé disputaient à qui montrerait le plus de zèle à l'arrivée de leur très-cher défenseur; on n'omettait rien de ce qu'on a coutume de faire en de telles solennités; et même on ajouta tout ce qu'on put inventer de nouveau. Combien il récompensa sur-le-champ cette piété par d'innombrables dons, gratifiant les autels et les serviteurs du Christ de manteaux d'or et autres magnifiques présens! Nulle part nous ne voyons qu'aucun roi ni aucun empereur eût jamais mis dans ses offrandes une plus grande largesse. Ses dons allèrent visiter les églises qu'il ne put honorer de sa présence. Il apporta à la basilique de Caen, fondée, comme nous l'avons dit plus haut, en l'honneur de saint Etienne, premier martyr, et construite d'une manière et avec des dépenses admirables, divers dons précieux par la matière et le travail, et dont la gloire doit subsister jusqu'à la fin des siècles. Il serait trop long de décrire et même de nommer chacun de ces présens. Leur vue est un délice pour les plus nobles voyageurs qui ont souvent vu les trésors de riches églises. Un Grec et un Arabe, s'ils les visitaient, seraient ravis du même plaisir. Les femmes de l'Angleterre sont très-habiles aux travaux d'aiguille et aux tissus d'or, et les hommes se distinguent dans tous les arts. C'est pour cela que ceux des Allemands qui sont très-habiles dans ces arts ont coutume d'aller habiter parmi eux. Ils ont des marchands qui vont par mer dans des régions lointaines, et en rapportent des ouvrages savamment travaillés.

Il y a des grands qui font aux saints des largesses qu'ils ont acquises injustement, et la plupart augmentent par ces dons leur gloire dans ce monde, et leurs fautes devant Dieu; ils dépouillent des églises pour en enrichir d'autres de ces rapines. Mais le roi Guillaume n'acquit jamais que par sa bonté une légitime renommée, et ne donna jamais que ce qui lui appartenait réellement. Il dirigeait son esprit vers l'espérance d'une récompense infinie, et non vers une gloire méprisable. Les nombreuses églises d'outre-mer lui firent volontiers, pour transporter en France, quelques présens qu'il racheta par beaucoup d'autres dons. Il trouva, dans l'état qu'il desirait, son pays chéri de lui autant que son royaume, surtout parce qu'il connaissait ses habitans comme honnêtes, fidèles à leurs princes terrestres, et très-zélés pour le culte du Christ.

Notre maîtresse Mathilde, déjà appelée du nom de reine, quoiqu'elle ne fût point encore couronnée, s'était très-bien conduite dans le gouvernement de la Normandie. Sa sagesse avait été aidée par des hommes de très-utile conseil, parmi lesquels tenait le premier rang Roger de Beaumont, fils du très-vaillant homme Honfroy, plus propre par son expérience et par son âge aux affaires domestiques. Les fonctions guerrières étaient confiées à son jeune fils, sur le courage duquel nous avons dit quelques mots, dans le combat livré contre Hérald; mais nous pensons aussi que, si les voisins n'osèrent faire aucune incursion dans la Normandie, lorsqu'ils la savaient presque vide de chevaliers, on doit l'attribuer à la crainte du retour du roi.

Il célébra la Pâque du Seigneur dans le monastère de la Sainte-Trinité de Fécamp, fêtant avec un grand respect la résurrection du Rédempteur, au milieu d'une foule de vénérables évêques et abbés. Humblement placé dans les chœurs des ordres religieux, il força la foule des chevaliers et du peuple d'interrompre ses jeux, et de se rendre aux divins offices. A sa cour se trouvait le puissant comte Raoul, beau-père du roi des Français, et un grand nombre de nobles de France. Ils regardaient avec curiosité, ainsi que les Normands, les chevaliers enfans des contrées occidentales: les plus beaux jeunes gens de la Gaule chevelue auraient envié leur beauté, qui ne le cédait pas à celle des jeunes filles. A la vue des vêtemens couverts et chamarrés d'or du roi et de ses compagnons, tout ce qu'ils avaient vu auparavant leur parut vil. Ils admiraient aussi les vases d'argent ou d'or, sur le nombre et l'éclat desquels on pourrait rapporter des choses vraiment incroyables. Dans un grand repas donné aux Français, on ne but que dans des vases de cette sorte, ou dans des cornes de bœuf ornées aux deux extrémités des mêmes métaux. Enfin ils remarquèrent beaucoup de choses de cette sorte, convenables à la magnificence royale, et dont à leur retour chez eux ils firent le récit à cause de la rareté de ces objets. En outre, ils trouvèrent l'honnêteté du roi beaucoup plus remarquable et plus mémorable que tout cela. Guillaume passa tout cet été, tout l'automne et une partie de l'hiver en deçà de la mer, accordant tout ce temps à son affection pour la patrie, qui n'eut pas à se plaindre que ses richesses eussent souffert de son absence, ni de l'expédition de l'année précédente; car telle était la modération et la sagesse de Guillaume qu'il fournissait abondamment aux dépenses des chevaliers et des étrangers; mais il ne permettait à personne de rien enlever. Dans les provinces, les bêtes et troupeaux paissaient en sûreté, soit dans les champs, soit dans les étables; les moissons intactes attendaient la faux du laboureur; elles n'avaient pas été foulées aux pieds par l'orgueilleuse prodigalité des chevaliers, ni coupées par les fourrageurs. L'homme faible ou sans armes, monté sur son cheval, allait chantant où il lui plaisait, sans trembler à la vue des bataillons des chevaliers.

Pendant ce temps Eudes, évêque de Bayeux, et Guillaume, fils d'Osbern, administraient l'un et l'autre d'une manière digne d'éloges les parties du royaume confiées à leur gouvernement, agissant tantôt ensemble, tantôt séparément. Lorsque la nécessité l'exigeait, l'un portait à l'autre un prompt secours. Leur sage vigilance fut soutenue par l'accord amical et sincère qui régna entre leurs volontés. Ils s'aimaient mutuellement, et chérissaient également le roi; ils étaient animés d'un semblable zèle pour maintenir en paix le peuple Chrétien, et déféraient volontiers à leurs mutuels avis. Selon la recommandation du roi, ils agissaient avec beaucoup de justice, afin de corriger par là et d'adoucir des hommes barbares et ennemis. De même, chacun des commandans d'un rang inférieur gouvernait avec vigilance la forteresse où il avait été placé. Mais les Anglais ne pouvaient être contraints, ni par les bienfaits, ni par la crainte, à préférer un paisible repos aux changemens et aux troubles. Ils n'osaient prendre ouvertement les armes, mais ils tramaient d'exécrables conspirations, et s'efforçaient de nuire par la ruse. Ils envoyèrent des députés vers les Danois ou d'autres peuples dont ils espéraient quelque secours. Quelques-uns s'exilèrent d'eux-mêmes, afin d'échapper par la fuite au pouvoir des Normands, ou de revenir contre eux appuyés de secours étrangers.

Dans ce temps, Eustache, comte de Boulogne, se montrait ennemi du roi ; il avait, avant cette guerre, remis son fils en Normandie comme otage de sa foi. Les habitans de la province de Kent lui conseillèrent d'attaquer le château de Douvres, lui promettant leur secours, et disant que, s'il s'emparait de ce château très-fortifié et de son port, sa puissance s'étendrait plus loin, et qu'ainsi celle des Normands irait en diminuant ; car comme ils haïssaient les Normands, ils furent bientôt d'accord avec Eustache, leur ennemi acharné. D'ailleurs ils connaissaient par expérience son habileté et ses succès à la guerre. Ils aimaient mieux, s'ils devaient ne pas obéir à un compatriote, être soumis à un homme connu d'eux et leur voisin. Il arriva que les circonstances leur firent espérer le succès qu'ils desiraient. Les premiers gardiens de ladite forteresse, l'évêque de Bayeux et Hugues de Montfort, étaient allés au delà de la Tamise, et avaient emmené avec eux la plus partie des chevaliers. Eustache, en ayant été instruit par les Anglais, passa vers eux avec les siens pendant le calme de la nuit, afin de surprendre la garnison qui ne se tenait pas sur ses gardes. Il amena une flotte munie de chevaliers d'élite, qui, à l'exception d'un petit nombre, avaient quitté leurs chevaux. Tout le voisinage était en armes, et le nombre des troupes aurait été augmenté de ceux qui habitaient plus avant, si les hommes d'Eustache se fussent arrêtés au siége pendant deux jours. Mais ils trouvèrent la garnison moins tranquille et plus en état de se défendre qu'ils ne l'espéraient. Ils échappèrent par la rapidité de leurs chevaux, la connaissance des sentiers, et au moyen d'un navire tout prêt à les recevoir. Un très-noble jeune homme, neveu d'Eustache, et qui faisait ses premières armes, fut fait prisonnier. Les Anglais s'échappèrent d'autant plus facilement par plusieurs sentiers détournés, qu'il n'était pas facile pour les gens du château, vu leur petit nombre, de les poursuivre de différens côtés. Ce fut avec justice que ce déshonneur et cet échec arrivèrent à Eustache. Si je lui exposais les motifs qui auraient dû l'empêcher de se révolter, je le convaincrais qu'il a bien mérité de perdre la faveur du roi, et les bienfaits dont il avait été comblé. Ce fut à juste titre que les Anglais et les Français s'accordèrent à le déclarer grandement coupable; mais je sens qu'il faut épargner un homme illustre, un comte fameux qui, maintenant réconcilié avec le roi, est honoré comme un de ses plus familiers.

Vers le même temps, le comte Coxon, aimé des Normands, comme nous l'avons dit, succomba par une mort qu'il ne méritait pas, et qui doit être transmise à la mémoire. Pour que sa gloire vive éternellement, et que son innocence soit pour la postérité un exemple, je juge à propos de rapporter ici cette mort. Anglais élevé par sa naissance et son pouvoir, Coxon fut plus grand par l'honnêteté et la sagesse singulières de son esprit. Il favorisait beaucoup le roi et son parti; mais ses hommes ne partageaient pas ses sentimens; c'étaient les plus exécrables fauteurs et complices des factions. Essayant de le détourner de son devoir, ils l'avertissaient souvent, comme par zèle pour son honneur, de défendre la liberté que lui avaient transmise ses ancêtres, et le priaient et suppliaient, au nom de la chose publique, d'abandonner le parti des étrangers, et de suivre les projets des meilleurs hommes de sa nation et de sa famille. Pendant long-temps ils lui donnèrent ces conseils, et d'autres de cette sorte, employant pour le décider diverses ruses; mais ne pouvant ébranler son esprit, fermement attaché au bien, ils excitèrent contre lui la haine de sa province, afin de le forcer à abandonner le parti du roi. Leur méchanceté croissant de jour en jour, comme Coxon aimait mieux souffrir la haine et tous les outrages du peuple que de violer sa foi, ils le firent périr par des embûches. Ainsi cet excellent homme témoigna par sa mort que la domination de son seigneur devait être respectée.

Quelques évêques étaient pleins de zèle pour le service du roi, surtout Edelred, primat d'York......[1]

[1] Ici s'arrête le manuscrit.

FIN DE LA VIE DE GUILLAUME-LE-CONQUÉRANT.

TABLE DES MATIÈRES

CONTENUES

DANS CE VOLUME.

Notice sur Guillaume de Jumiège. . . . . j

GUILLAUME DE JUMIÈGE.

Lettre à Guillaume, roi orthodoxe des Anglais, sur les faits et gestes des ducs des Normands. 1
Histoire des Normands, par Guillaume de Jumiège. . 5

LIVRE PREMIER.

COMMENT HASTINGS OPPRIMA LA NEUSTRIE AVANT L'ARRIVÉE DE ROLLON.

Chapitre premier. Comment la vigueur des Francs s'affaiblit après avoir long-temps brillé avec éclat, en sorte qu'ils se trouvèrent moins en état de résister aux barbares Païens. ibid.
Chap. ii. Des trois parties du monde, de celle dans laquelle est située la Dacie, et de la position de ce pays. . . . 7
Chap. iii. De l'origine des Goths, et des lieux où ils habitèrent d'abord. 9
Chap. iv. Que les Danois sont descendans des Goths. — Pourquoi ils sont appelés Danois ou *North-Manns*, et comment cette race s'est autant multipliée. . . . 10
Chap. v. Comment Bier, fils de Lothroc, roi de Dacie, fut chassé de sa patrie, selon la coutume, avec Hastings son gouverneur. 11
Chap. vi. Comment ils arrivèrent dans le royaume des Francs, et dévastèrent d'abord le pays du Vermandois. . 13

Chap. vii. De la dévastation de la Neustrie, qui s'étend en ligne transversale de la ville d'Orléans jusqu'à Lutèce, cité des Parisiens. 14

Chap. viii. Comment furent détruites les villes de Paris, Beauvais, Poitiers, et d'autres villes voisines, à partir du rivage de l'Océan, en se dirigeant vers l'Orient, et jusqu'à la ville de Clermont en Auvergne. 16

Chap. ix. Comment, après que la France eut gémi trente ans environ sous l'oppression des Païens, Hastings se rendant par mer à Rome pour la soumettre à la domination de Bier, fut jeté par une tempête auprès de Luna, ville d'Italie. 17

Chap. x. Comment Hastings, croyant que la ville de Luna était Rome, et ne pouvant la prendre de vive force, la prit par artifice et la détruisit. 18

Chap. xi. Comment les Païens, ayant découvert que cette ville n'était pas Rome, se divisèrent. — Bier voulant retourner en Danemarck, mourut dans la Frise. — Hastings ayant fait la paix avec le roi Charles, reçut de lui la ville de Chartres, à titre de solde, et y habita. 20

LIVRE SECOND.

DES FAITS ET GESTES DE ROLLON, PREMIER DUC DE NORMANDIE.

Chapitre premier. De la noblesse et valeur du père de Rollon, et comment les jeunes gens de la Dacie, qui avaient été désignés par ordre du roi pour en être expulsés, se rendirent auprès de Rollon et de Gurim son frère pour implorer leur secours contre le roi. 21

Chap. ii. Comment Rollon s'étant révolté contre le roi pendant cinq ans, le roi lui demande et obtient la paix frauduleusement. 24

Chap. iii. Comment le roi attaqua dans la nuit les villes de Rollon. — De la mort de Gurim son frère, et de l'arrivée de Rollon dans l'île de Scanza avec six navires. . . . 25

Chap. iv. De l'invitation faite à Rollon en songe pour qu'il eût à se rendre en Angleterre, et de sa victoire sur les Anglais. 27

Chap. v. D'un songe de Rollon, et de l'explication de ce songe par un certain chrétien. 29

Chap. vi. D'Alstem, roi très-chrétien des Anglais, avec lequel Rollon conclut un traité d'amitié inviolable.. . . 31

Chap. vii. De la tempête que Rollon eut à essuyer en se rendant de l'Angleterre vers le royaume de France, et comment il aborda sur les côtes du pays des Walgres. . 34

Chap. viii. Comment Rollon vainquit les Walgres, qui voulurent lui résister, ainsi que Rainier, duc du Hainaut, et Radbod, prince de Frise. — De douze navires chargés de vivres et d'autant de vaisseaux remplis de chevaliers, que le roi des Anglais Alstem envoya à Rollon tandis qu'il était en ce pays. 37

Chap. ix. Comment, l'an du Verbe incarné 876, Rollon arriva à Jumiége et de là à Rouen; et comment l'archevêque Francon lui demanda et en obtint la paix. . . . 41

Chap. x. Comment Rollon et les siens étant arrivés le long de la Seine, à Arques, que l'on appelle aussi Hasdans, y construisirent des retranchemens, combattirent contre les Francs, et en ayant tué beaucoup, mirent en fuite Renaud, leur duc; après quoi ils détruisirent le château de Meulan. 42

Chap. xi. Par quelle perfidie le comte Thibaut acheta à Hastings la ville de Chartres, et comment Hastings lui-même ayant tout vendu, partit en pélerin et disparut. . 45

Chap. xii. Nouvelle guerre de Renaud, prince de France, avec Rollon, et mort de Renaud. — Du siége de la ville de Paris pendant un an, et de la destruction de la ville de Bayeux, dans laquelle Rollon prit une certaine jeune fille nommée Popa, dont il eut Guillaume et Gerloc, sœur de celui-ci. — Comment l'armée de Rollon massacra les citoyens de la ville d'Evreux, tandis que lui-même assiégeait Paris avec quelques-uns des siens. 46

Chap. xiii. De Elstan, roi des Anglais, qui envoya des députés à Rollon lui demander du secours contre des rebelles, et reçut de lui ce secours. — Comment Rollon, revenant d'Angleterre, après avoir vaincu les Anglais, selon le vœu de leur roi, enrichi de très-grands dons et conduisant des auxiliaires, détacha les comtes de son armée et les envoya promptement, et par eau, les uns sur le fleuve de la Seine, les autres sur la Loire, les autres sur la Gironde, pour faire dévaster les provinces intermédiaires. . 47

CHAP. XIV. Comment Charles, ayant appris le retour de Rollon, lui demanda et obtint une paix de trois mois, et comment, ce délai expiré, Rollon envoya les siens jusqu'en Bourgogne, pour enlever du butin de tous côtés. . . 48

CHAP. XV. Comment, tandis que Rollon assiégeait la ville de Chartres, Richard, duc de Bourgogne, s'élança sur lui avec son armée et l'armée des Francs; et comme Rollon résistait vigoureusement, Anselme, l'évêque, sortit à l'improviste de la ville avec des hommes armés, portant la tunique de la sainte Mère de Dieu, et attaqua Rollon sur ses derrières. Rollon céda alors non aux Bourguignons, mais à la puissance divine. 49

CHAP. XVI. Comment une certaine portion de l'armée de Rollon monta sur une certaine montagne, et comment Ebble, comte du Poitou, se cacha dans la maison d'un foulon pour éviter les Normands. 50

CHAP. XVII. Comment Rollon étant enflammé de fureur et continuant de plus en plus à opprimer et à dévaster la France, le roi Charles lui donna sa fille et tout le territoire maritime, depuis la rivière d'Epte jusqu'aux confins de la Bretagne, et même la Bretagne entière, pour qu'il y trouvât de quoi vivre, attendu que le territoire ci-dessus désigné était ravagé et abandonné, sous la condition qu'il se ferait chrétien. — Comment le roi, Robert, duc de France, les autres grands et les évêques jurèrent que ce pays serait possédé à perpétuité par Rollon et par ses héritiers; et comment Rollon ne voulant pas baiser le pied du roi, ordonna à un de ses chevaliers de le baiser. . . 51

CHAP. XVIII. Comment, l'an du Verbe incarné 912, Rollon et son armée reçurent le baptême, et Rollon donna une

portion du territoire aux églises les plus vénérables avant
d'en faire la distribution entre les grands, et comme quoi
il donna Brenneval à Saint-Denis l'Aréopagite. . . . 54

Chap. xix. Comment Rollon distribua le pays à ses hommes, releva les églises détruites et les murailles des cités,
et vainquit les Bretons révoltés contre lui. 55

Chap. xx. De la loi qu'il publia pour que nul n'eût à prêter assistance à un voleur. — Histoire d'un paysan et de
sa femme, qu'il ordonna de pendre à une potence, à
cause d'une serpe et d'un soc de charrue qui avaient été
volés. 56

Chap. xxi. De deux chevaliers du roi Charles, que le duc
fit punir. 58

Chap. xxii. Comment le duc, après que sa femme fut morte
sans lui laisser d'enfans, s'unit de nouveau avec Popa,
qu'il avait eue pour femme avant son baptême, et mourut
après avoir fait prêter serment de fidélité à son fils Guillaume par les Normands et les Bretons. 59

LIVRE TROISIÈME.

DU SECOND DUC DE NORMANDIE, GUILLAUME, FILS DE ROLLON.

Chapitre premier. Des bonnes qualités du duc Guillaume
et de la jalousie des Francs contre lui, parce qu'il reculait
tout autour de lui les limites de son duché. — Comment
il vainquit les comtes bretons Alain et Béranger, révoltés
contre lui. 61

Chap. ii. Comment quelques Normands, sous la conduite
d'un certain traître nommé Rioulfe, voulurent entreprendre d'expulser le duc du pays, et étant venus assiéger les faubourgs de la ville de Rouen, furent vaincus
par le duc, qui n'avait avec lui qu'une petite troupe de
chevaliers, dans le lieu que l'on appelle encore aujour-
d'hui le Pré du combat; et comment le duc revenant
vainqueur après cette affaire, apprit que Sprota, très-noble

jeune fille, lui avait donné un fils, né à Fécamp, qu'il ordonna de baptiser sous le nom de Richard. 62

Chap. iii. Comment beaucoup de comtes et de ducs des contrées étrangères, attirés vers le duc par la renommée de sa bonté et de ses vertus, visitèrent sa cour, et entre autres Hugues-le-Grand, duc des Francs, Guillaume, comte de Poitou, et Héribert du Vermandois. — Comment Guillaume demanda au duc, et en obtint sa sœur Gerloc en mariage; et comment Héribert, sur les instances de Hugues-le-Grand, donna sa fille en mariage au duc. 64

Chap. iv. Comment, sur la demande d'Elstan, roi des Anglais, le duc rétablit Louis sur le trône de ses pères, et le décora du diadême royal après qu'il eut reçu l'onction de l'huile sainte, soutenu qu'il était par Hugues-le-Grand, par les évêques et par les autres grands seigneurs Francs. — Comment au bout de cinq ans les Francs conspirèrent de nouveau contre leur roi, et tentèrent de l'expulser de son royaume. 65

Chap. v. Comment Louis, forcé par la nécessité, voulut conclure un traité d'amitié avec Henri, roi d'outre-Rhin, et que celui-ci ne voulut y consentir qu'avec l'intervention de Guillaume, marquis des Normands. — Par où Louis, ayant supplié instamment le duc, obtint par lui le secours et l'alliance qu'il recherchait auprès du roi Henri. 66

Chap. vi. Comment à son retour de la conférence des rois, et sur la demande de Louis, le duc Guillaume présenta sur les fonts de baptême, à Laon, le fils du roi, qui reçut le nom de Lothaire. 67

Chap. vii. En quelle occasion le duc Guillaume releva l'abbaye de Jumiège, que les Païens avaient détruite. . . 68

Chap. viii. De douze moines et de leur abbé Martin, qui furent pris dans le couvent de Saint-Cyprien, et que la comtesse de Poitou, sœur du duc, lui envoya sur sa demande pour être établis dans le lieu susdit. — Comment le duc voulant se faire moine en ce même lieu, en reçut

TABLE DES MATIÈRES.

défense de l'abbé lui-même ; et comment il fit jurer fidélité à son fils Richard par les Normands et les Bretons. 70

Chap. ix. Comment Hérold, roi des Danois, chassé de son royaume par son fils Suénon, et arrivant en Normandie avec soixante vaisseaux, fut accueilli par le duc Guillaume avec les honneurs convenables ; et comment ce duc lui concéda le comté de Coutances pour y demeurer. . . 72

Chap. x. Comment le duc Guillaume, touché des malheurs du comte Herluin, investit, assiégea et prit le château de Montreuil, qu'Arnoul de Flandre lui avait enlevé, et le rendit à Herluin. 73

Chap. xi. Comment Arnoul, attristé de la perte de ce château, adressa frauduleusement au duc Guillaume des paroles de paix pour l'inviter à se rendre à Pecquigny, afin d'y négocier avec lui un traité d'amitié. 74

Chap. xii. Comment quatre traîtres, savoir ; Henri, Balzon, Robert et Rioulfe, assassinèrent le duc par les ordres d'Arnoul, dans une certaine île du fleuve de la Somme. — De la clef d'argent qui fut trouvée dans sa ceinture, et avec laquelle il gardait enfermés dans un petit coffre un capuchon et une étamine de moine. — Comment son corps fut transporté à Rouen. 75

LIVRE QUATRIÈME.

DE RICHARD 1er, FILS DU DUC GUILLAUME.

Chapitre premier. Comment Richard, encore enfant, succéda à son père Guillaume. 78

Chap. ii. Comment Louis, roi des Francs, étant venu à Rouen, et emmenant frauduleusement le jeune Richard en France et avec lui, soumit le duché de Normandie à sa juridiction, en se disant tuteur de l'enfant. 79

Chap. iii. Comment Louis, aveuglé par les présens d'Arnoul, menaça le jeune Richard, duc de Normandie, de lui brûler les jarrets. 80

TABLE DES MATIÈRES.

Chap. IV. Par quelle adresse Osmond, intendant du jeune Richard, le délivra de son étroite prison, et l'ayant enlevé de Laon, le conduisit à Senlis auprès du comte Bernard, son oncle. 82

Chap. V. Comment Bernard le Danois déjoua par sa sagesse les conseils que Hugues-le-Grand avait donnés au roi contre les Normands. 84

Chap. VI. Comment Louis, se rendant à Rouen, y fut reçu par Bernard le Danois et par les autres citoyens; et comment sur son ordre Hugues-le-Grand renonça à dévaster la Normandie. 85

Chap. VII. Comment par l'habileté de Bernard le Danois, et par le secours d'Hérold, roi des Danois, Louis, roi des Francs, fut fait prisonnier et retenu dans la ville de Rouen en une dure captivité. 88

Chap. VIII. Comment la reine Gerberge demanda à son père Henri, roi d'au delà du Rhin, du secours contre les Normands, et n'en obtint pas; c'est pourquoi elle donna comme otages son fils et deux évêques, en échange du roi Louis, son époux. 90

Chap. IX. Comment les Normands ramenèrent de France leur seigneur Richard, et rendirent les otages. — Retour du roi Hérold en Danemarck. 91

Chap. X. Comment Hugues-le-Grand fiança sa fille Emma avec le duc Richard, en sorte que le roi Louis, et Arnoul, comte de Flandre, effrayés, demandèrent au roi Othon son secours contre Hugues-le-Grand et le duc Richard; et comment Othon, après avoir dévasté le territoire de Hugues-le-Grand, entreprit d'assiéger Rouen. 92

Chap. XI. Comment l'empereur Othon, le roi Louis et Arnoul de Flandre, abandonnèrent honteusement le siège de Rouen, et prirent la fuite. — Mort du roi Louis, qui eut pour successeur Lothaire, son fils. 94

Chap. XII. Comment Hugues-le-Grand, sur le point de mourir, plaça son fils Hugues sous la protection du duc Richard; et comment ce même duc prit pour femme Emma, fille de Hugues, après la mort de celui-ci. . . 96

CHAP. XIII. Quels conseils Thibaut, comte de Chartres, donna à la reine Gerberge contre le duc Richard ; et comment ces artifices furent révélés au duc par deux chevaliers de Thibaut même. 96

CHAP. XIV. Comment le roi Lothaire ayant réuni les ennemis du duc Richard, savoir, Baudouin, comte de Flandre, Geoffroi d'Anjou et Thibaut de Chartres, voulut encore le tromper, mais ne le put. 98

CHAP. XV. Comment le roi Lothaire s'empara de la ville d'Évreux et la livra à Thibaut. — Comment le duc Richard dévasta le comté de Chartres et de Châteaudun. — Comment Thibaut étant arrivé avec une armée à la ferme d'Ermentrude, en fut chassé par le duc, et prit honteusement la fuite, après avoir reçu un grand échec. . . 100

CHAP. XVI. Comment le duc Richard demanda à Hérold, roi des Danois, des secours contre les Francs, et en reçut bientôt. 101

CHAP. XVII. Comment, forcés par la nécessité, le roi Lothaire et Thibaut rendirent intégralement au duc Richard tout ce qu'ils lui avaient enlevé. — Conversion des Païens sur les exhortations du duc. 103

CHAP. XVIII. Comment, sa femme Emma étant morte sans laisser d'enfans, le duc épousa Gunnor, dont il eut plusieurs enfans. 104

CHAP. XIX. Comment le duc Richard construisit à Fécamp, en l'honneur de la Sainte-Trinité, une église, qu'il décora de divers ornemens, et restaura les abbayes du Mont-Saint-Michel et de Saint-Ouen. — Comment, après la mort du roi Lothaire, Hugues-Capet s'éleva à la royauté, et étant mort peu de temps après, eut pour successeur Robert son fils. 106

CHAP. XX. Comment le duc Richard, se trouvant à toute extrémité, donna aux Normands son fils Richard pour duc, et mourut ensuite à Fécamp. 108

TABLE DES MATIÈRES.

LIVRE CINQUIÈME.

DU DUC RICHARD II, FILS DE RICHARD 1er.

Chapitre premier. De l'honorable conduite de Richard II, tant pour les affaires du siècle que pour les affaires divines. 110

Chap. II. Avec quelle sagesse il réprima la conspiration générale tramée par les paysans contre la paix de la patrie. 111

Chap. III. De la rébellion de Guillaume, frère naturel du duc, à qui celui-ci avait donné le comté d'Hiesme. — Comment ce même Guillaume fut pris, se réconcilia ensuite avec son frère, reçut du duc le don du comté d'Eu et une femme nommée Lezscenina, et en eut trois fils. . . 112

Chap. IV. Comment Edelred, roi d'Angleterre, qui avait épousé Emma, sœur du duc, envoya une armée pour conquérir la Normandie; et comment Nigel de Coutances vainquit et détruisit entièrement cette armée. . . . 114

Chap. V. Comment Geoffroi, comte des Bretons, demanda et obtint pour femme la sœur du duc Richard, nommée Hadvise, dont il eut deux fils, Alain et Eudes. . . . 116

Chap. VI. De la cruauté d'Edelred, roi des Anglais, envers les Danois qui demeuraient paisiblement chez lui, en Angleterre; et de la fuite de quelques jeunes gens de la même nation qui s'échappèrent pour aller annoncer à Suénon, roi de Danemarck, la mort de ses proches. 117

Chap. VII. Comment le roi Suénon, ayant rassemblé une grande armée, débarqua dans le comté d'Yorck, et laissant là son armée, partit pour aller demander la paix à Richard, duc de Normandie, et arriva à Rouen avec quelques vaisseaux. — Du traité conclu entre les Normands et les Danois. — Comment les habitans d'Yorck, de Cantorbéry et de Londres se rendirent au roi Suénon; et comment le roi Edelred s'enfuit avec sa femme et ses enfans auprès de Richard, duc de Normandie. . . . 119

Chap. VIII. De la mort du roi Suénon à Londres; et comment Canut son fils, lui ayant succédé, conduisit une nouvelle armée contre les Anglais. — Du retour d'Edelred en Angleterre, et de la victoire des Danois à Sandwich. . 121

Chap. ix. Comment Edelred, roi des Anglais, étant mort, Canut, roi des Danois, épousa sa veuve Emma, et en eut un fils, Hardi-Canut, qui dans la suite lui succéda. . . 122

Chap. x. Des dissensions qui s'élevèrent entre le duc Richard et Eudes, comte de Chartres, au sujet du château de Dreux. — Comment le duc construisit le château de Tilliers sur la rivière d'Avre; et comment les Normands vainquirent Eudes, et deux comtes qui s'étaient joints à lui. 123

Chap. xi. Comment deux rois païens vinrent d'au delà des mers pour secourir le duc Richard contre les Francs. . 125

Chap. xii. Comment Robert, roi des Francs, redoutant les rois susdits, rétablit la paix entre le duc Richard et Eudes. 127

Chap. xiii. Comment le duc Richard prit pour femme Judith, sœur de Geoffroi, comte des Bretons, et des enfans qu'il en eut. 128

Cap. xiv. Comment Robert, roi des Francs, aidé du duc Richard, rendit à Bouchard le château de Melun. . . 129

Chap. xv. Comment avec le secours du duc Richard, le roi des Francs, Robert, prit possession, malgré les Bourguignons, du duché de Bourgogne, que le duc Henri lui avait laissé en mourant. 130

Chap. xvi. Comment Renaud, comte des Bourguignons, d'outre-Saône, épousa la fille du duc Richard, Adelise. 131

Chap. xvii. Comment le duc Richard, se trouvant à toute extrémité, remit son duché à Richard, son fils aîné. . 133

LIVRE SIXIÈME.

DE RICHARD III ET DE ROBERT SON FRÈRE, TOUS DEUX FILS DE RICHARD II.

Chapitre premier. Comment Richard iii, quoiqu'il n'ait pas long-temps gouverné le duché, se montra cependant imitateur des vertus de son père. 135

CHAP. II. Des dissensions qui s'élevèrent entre Richard et Robert son frère, et de la mort de Richard après le rétablissement de la paix entre eux. 136

CHAP. III. Comment Robert succéda à son frère Richard. — De son caractère et des dissensions qui naquirent entre lui et l'archevêque Robert. 137

CHAP. IV. Comment le même duc Robert assiégea Guillaume de Belesme dans le château d'Alençon, et le força à se rendre. 138

CHAP. V. Comment Hugues, évêque de Bayeux, et fils du comte Raoul, voulut s'emparer du château d'Ivry, et ne put y réussir. 140

CHAP. VI. Comment Baudouin, comte de Flandre, demanda pour son fils Baudouin la fille de Robert, roi des Francs, et l'obtint, pour son malheur, si Robert, duc de Normandie, ne lui eût prêté secours. — Mort de Robert, roi des Francs, qui eut pour successeur Henri son fils. . . . 141

CHAP. VII. Comment le même duc prêta son assistance à Henri, roi des Francs, contre Constance sa mère. . . 143

CHAP. VIII. Comment le duc Robert, ayant marché contre Alain, comte des Bretons, fonda le château de Carroc, sur les rives de la rivière du Coesnon. 145

CHAP. IX. De l'abbaye du Bec, de son premier abbé et fondateur, le vénérable Herluin, et de son successeur Anselme. 146

CHAP. X. De la flotte que le duc Robert se disposa à envoyer en Angleterre, au secours de ses cousins Edouard et Alfred, fils du roi Edelred. 160

CHAP. XI. Comment le duc envoya une partie de sa flotte pour dévaster la Bretagne, et comment la paix fut rétablie ensuite entre lui et Alain, comte de Bretagne. . . 161

CHAP. XII. Comment Canut, roi des Anglais, offrit par des députés, à Edouard et à Alfred, la moitié du royaume d'Angleterre, par suite de la crainte que lui inspirait Robert, duc de Normandie. — Et comment le duc, partant ensuite pour Jérusalem, mit à la tête du duché de Normandie son fils Guillaume, âgé de cinq ans. . . . 163

Chap. xiii. Comment le même duc, revenant de Jérusalem, mourut dans la ville de Nicée, dans le sein du Christ. . 165

LIVRE SEPTIÈME.

DU DUC GUILLAUME, QUI SOUMIT L'ANGLETERRE PAR SES ARMES.

Chapitre premier. Des traverses que le jeune Guillaume eut à essuyer dès le commencement de son administration, par la perversité de quelques hommes. 166
Chap. ii. De la guerre qui s'éleva entre Toustain de Montfort et Gauchelin de Ferrières; et de la mort d'Osbern, fils d'Herfast. 167
Chap. iii. Comment Roger de Beaumont, fils de Honfroi de Vaux, envoyé par les ordres de celui-ci, vainquit Roger du Ternois. 169
Chap. iv. Comment ce même Roger de Beaumont fonda l'abbaye de Préaux, et épousa Adeline, fille de Galeran, comte de Meulan. 170
Chap. v. Comment Henri, roi des Francs, livra aux flammes le château de Tilliers, que les Normands lui avaient cédé pour obtenir la paix ainsi que le bourg d'Argentan. . . . 172
Chap. vi. Comment Toustain Guz voulut et ne put retenir le château de Falaise, et le défendre contre le duc Guillaume. — De Richard, fils de Toustain. 173
Chap. vii. Comment Robert l'archevêque eut pour successeur Mauger, fils de Richard ii, et de sa seconde femme Popa. — De Guillaume d'Arques. 175
Chap. viii. Comment Canut, roi des Anglais, étant mort, eut pour successeur son fils Hérold. — Ce que fit Edouard encore exilé. 177
Chap. ix. Comment Alfred, frère d'Edouard, fut trahi par le comte Godwin; et comment Hardi-Canut, fils d'Emma, mère d'Edouard, succéda à Hérold son frère, et eut pour successeur Edouard, qui épousa Edith, fille de Godwin. ibid.

TABLE DES MATIÈRES.

Chap. x. Des cruautés de Guillaume Talvas. — De Guillaume, fils de Giroie, qui se fit moine au Bec. . . . 179

Chap. xi. Comment le duc Richard avait donné les deux châteaux de Montreuil et d'Echaufour à Giroie, qui avait épousé Gisèle, fille de Toustain de Montfort. . . . 181

Chap. xii. D'Arnoul, fils de Guillaume Talvas, et d'Olivier son frère, moine du Bec. 182

Chap. xiii. Comment, après la mort d'Arnoul, Ives, son oncle paternel, évêque de Seès, entra en possession de ses terres par droit d'héritage. 183

Chap. xiv. Comment les fils de Guillaume Soreng, Richard, Robert et Avesgot, moururent d'une juste mort. . . 185

Chap. xv. Du concile que le pape Léon tint à Rheims, et de la réprimande qu'il adressa à Ives, évêque de Seès, à cause de l'incendie de l'église de Saint-Gervais. . . . 187

Chap. xvi. Comment Guillaume Talvas, frère de l'évêque Ives, donna à Roger de Mont-Gommeri sa fille Mabille et ses terres. 188

Chap. xvii. Comment, après la mort de Hugues, évêque de Bayeux, le duc Guillaume mit en sa place Eudes, son frère utérin. — Bataille du Val-des-Dunes. 189

Chap. xviii. Comment le duc Guillaume reprit les châteaux d'Alençon et de Domfront, dont Geoffroi, comte d'Anjou, s'était emparé. 192

Chap. xix. Comment, ayant expulsé Guillaume Guerlenc du comté de Mortain, le duc mit en sa place Robert, son frère utérin. 194

Chap. xx. De la rébellion de Guillaume Busac, comte d'Eu; et comment celui-ci étant exilé reçut en don le comté de Soissons de Henri, roi des Francs. 196

Chap. xxi. Le duc Guillaume épouse Mathilde, fille de Baudouin de Flandre, et nièce du roi Henri. 197

Chap. xxii. Des monastères qui furent fondés en Normandie du temps du duc Guillaume. 198

Chap. xxiii. De la reconstruction du couvent de Saint-Evroul, à Ouche, par Guillaume Giroie, et Robert et Hugues de Grandménil, ses neveux. 201

TABLE DES MATIÈRES.

Chap. xxiv. Comment Mauger l'archevêque remit son archevêché au duc, lequel mit en sa place le moine Maurile. . . . 207

Chap. xxv. Comment le duc Guillaume construisit le château de Breteuil, et le confia à Guillaume, fils d'Osbern. — Quelle était la femme de celui-ci. 209

Chap. xxvi. Pour quel motif deux couvens furent fondés à Caen. 211

Chap. xxvii. Comment le duc Guillaume assiégea et prit la ville du Mans, et le château de Mayenne. . . . 213

Chap. xxviii. Comment Henri, roi des Français, perdit une armée au gué de la Dive, se réconcilia ensuite avec le duc, et lui rendit le château de Tilliers. 214

Chap. xxix. Comment, sur les délations de quelques hommes, le duc Guillaume chassa de Normandie quelques-uns de ses barons. 215

Chap. xxx. En quel temps les Normands commencèrent à aller dans la Pouille, et quels furent les princes Normands qui soumirent ce pays à leur autorité. . . . 217

Chap. xxxi. Comment Harold engagea sa foi au duc Guillaume, et se parjura ensuite, après la mort du roi Edouard. 220

Chap. xxxii. Comment le duc Guillaume envoya en Angleterre le comte Toustain, qui redoutant Harold se réfugia auprès du roi de Norwège. 221

Chap. xxxiii. De la mort de Conan, comte des Bretons. . 222

Chap. xxxiv. Du nombre de navires que le duc Guillaume conduisit en Angleterre. 224

Chap. xxxv. Comment le roi Harold dédaigna les conseils de sa mère et de son frère, qui voulaient le détourner de combattre avec les Normands. 225

Chap. xxxvi. Comment le duc des Normands, Guillaume, vainquit les Anglais révoltés contre lui. 226

Chap. xxxvii. Comment les gens de Londres se rendirent au duc; et comment, le jour de la naissance du Seigneur, le duc fut fait roi des Anglais, à Londres. — De l'abbaye de la Bataille. 228

Chap. xxxviii. Du retour du duc en Normandie, et de la mort de l'archevêque Maurille, qui eut Jean pour successeur. 229

Chap. xxxix. Comment Eustache, comte de Boulogne, fut repoussé du château de Douvres, qu'il avait assiégé tandis que le roi Guillaume était en Normandie.. 233

Chap. xl. Comment des brigands d'Angleterre, préparant une rébellion, construisirent le château de Durham, et furent détruits. 234

Chap. xli. Comment Brian, fils d'Eudes, comte de la petite Bretagne, vainquit les deux fils du roi Harold et l'armée du roi d'Irlande. 236

Chap. xlii. Comment le roi Guillaume, parcourant l'Angleterre, fit construire beaucoup de châteaux pour la défense du royaume. 237

Chap. xliii. De la mort de Robert Guiscard, duc de Pouille; de sa valeur et de ses descendans; et comment Roger son neveu devint roi. 238

Chap. xliv. De la mort de Guillaume, roi des Anglais et duc des Normands, et comment il fut enseveli à Caen. 240

LIVRE HUITIÈME.

DE HENRI Ier, ROI DES ANGLAIS ET DUC DES NORMANDS.

Chapitre premier. Préface à l'Histoire des faits et gestes du roi Henri', dans laquelle il est montré, en peu de mots, meilleur que ses frères. 242

Chap. ii. Comment, après la mort du roi Guillaume, Guillaume, frère de Henri, passa en Angleterre, et y fut fait roi, et Robert acquit le duché de Normandie; et comment ce même Robert donna et retira ensuite à Henri le comté de Coutances. 244

Chap. iii. De l'accord qui fut conclu entre Guillaume, roi des Anglais, et Robert, duc de Normandie, son frère; et comment ils assiégèrent leur frère Henri dans le mont Saint-Michel. 246

TABLE DES MATIÈRES.

Chap. iv. Comment le roi Guillaume étant retourné en Angleterre, Henri se remit en possession du comté de Coutances. 248

Chap. v. Comment les gens du Maine, voyant le duc Robert retenu en Normandie par toutes sortes de difficultés, prirent pour comte Hélie, fils de Jean de La Flèche. . . 249

Chap. vi. Comment Anselme, abbé du Bec, ayant été promu à l'archevêché de Cantorbéry, Guillaume, moine du même lieu, lui succéda. 250

Chap. vii. Comment Robert, duc de Normandie, ayant engagé son duché à Guillaume, roi des Anglais, son frère, partit pour Jérusalem. 251

Chap. viii. De la valeur que Guillaume déploya pour les intérêts de son royaume; et comment il persécuta l'église de Dieu et ses serviteurs. 252

Chap. ix. De la mort du roi Guillaume dans la Forêt-Neuve. — Comment Richard, son frère, était mort auparavant en ce même lieu; et de ce qui causa leur mort, selon l'opinion du peuple. 255

Chap. x. Comment Henri, son frère, lui succéda, et prit pour femme Mathilde, fille du roi d'Ecosse. 256

Chap. xi. Que le roi eut de la reine Mathilde un fils nommé Guillaume, et une fille qui dans la suite des temps fut mariée à Henri, empereur des Romains. 257

Chap. xii. Comment le duc Robert, de retour de Jérusalem, passa en Angleterre pour enlever à son frère son royaume; et comment ils se réconcilièrent. 258

Chap. xiii. Comment, ce marché ayant été rompu, Henri fit Robert prisonnier à la bataille de Tinchebray, et de ce moment jusqu'à sa mort gouverna sagement le royaume d'Angleterre et le duché de Normandie. 260

Chap. xiv. De Sibylle, épouse du duc Robert, et de Guillaume son fils; et comment celui-ci devint comte de Flandre. 262

Chap. xv. De Guillaume, comte de Hertford, et de ses successeurs. 264

Chap. xvi. De la mort de Guillaume, comte de Flandre. 268

TABLE DES MATIÈRES.

Chap. XVII. Mort de Philippe, roi des Français, qui eut pour successeur Louis, son fils. — De l'origine des comtes d'Evreux et de leur postérité. 269

Chap. XVIII. Des querelles survenues entre le roi Henri et Amaury, comte de la ville d'Evreux. 270

Chap. XIX. De la guerre entre Louis, roi des Français, et Henri, roi des Anglais. 271

Chap. XX. Comment le roi Henri retourna en Angleterre après avoir fait la paix avec le roi Louis; et de la mort de Guillaume son fils. . . . . *ibid.*

Chap. XXI. De la querelle survenue entre ce même roi et Galeran, comte de Meulan; et comment elle fut terminée. *ibid.*

Chap. XXII. Avec quelle habileté le même roi gouverna paisiblement tous ses domaines. 272

Chap. XXIII. Ce que fit le roi, par amour pour la justice, contre les changeurs pervers, dans presque toute l'Angleterre. 274

Chap. XXIV. De la mort de Guillaume, abbé du Bec, et des bonnes qualités du vénérable Boson, son successeur. . 275

Chap. XXV. Comment, après la mort de l'empereur Henri, sa veuve Mathilde l'impératrice étant revenue en Angleterre, le roi Henri, son père, la donna en mariage à Geoffroi, duc d'Anjou, qui eut d'elle trois fils, Henri, Geoffroi et Guillaume. 277

Chap. XXVI. Comment les rois des Français descendent de la famille des comtes d'Anjou. 278

Chap. XXVII. Comment la susdite impératrice, étant tombée malade, donna très-dévotement ses trésors à diverses églises et aux pauvres. 281

Chap. XXVIII. Comment, lorsqu'elle désespérait de sa vie, elle demanda au roi la permission d'être ensevelie au Bec; et de l'affection qu'elle avait pour cette église. — Comment elle recouvra la santé. 283

Chap. XXIX. Comment le roi Henri épousa Adelise, après la mort de sa femme Mathilde; et des enfans qu'il eut d'ailleurs, dont le premier-né fut Robert, comte de Glocester, qui obtint l'héritage de Robert, fils d'Aimon, et sa fille. 284

TABLE DES MATIÈRES.

Chap. xxx. Geoffroi, archevêque de Rouen, qui depuis long-temps avait succédé à Guillaume, étant mort, Hugues, abbé de Radinges, fut promu à ce siége. . . . 287

Chap. xxxi. Des châteaux que le roi Henri bâtit dans son duché de Normandie. — Comment il maintint la paix par sa sagesse, non seulement dans ses Etats, mais encore dans des contrées très-éloignées. . . . . *ibid.*

Chap. xxxii. Des églises et des monastères que le roi a bâtis; de ses largesses envers les serviteurs du Christ, et de ses autres œuvres pies. 289

Chap. xxxiii. De la mort du roi; et comment son corps fut transporté en Angleterre et enseveli à Reading. . . . 292

Chap. xxxiv. Des quatre sœurs du susdit roi, entre autres d'Adèle qui avait épousé Etienne, comte de Blois, et des fils qu'elle en eut. 295

Chap. xxxv. Comment Roger de Mont-Gomeri était fils d'une descendante de la comtesse Gunnor; et quels furent les ancêtres de ce même Roger. 298

Chap. xxxvi. Relation du mariage de la comtesse Gunnor avec Richard 1er, duc de Normandie. 300

Chap. xxxvii. Comment la comtesse Gunnor donna ses sœurs et ses nièces en mariage aux plus nobles seigneurs de Normandie, et de la postérité que celles-ci laissèrent après elles. 301

Chap. xxxviii. Comment Etienne, comte de Mortain et neveu du roi Henri, lui succéda dans son royaume. . . 304

Chap. xxxix. Comment la comtesse Adèle de Blois prit l'habit de religieuse, alla demeurer à Marcigny, du temps du seigneur Pierre, abbé de Cluny, et mourut la seconde année après la mort de Henri, roi des Anglais, son frère. 306

Chap. lx. D'un vent violent qui survint avant la mort du roi Henri; et d'une foule de grands du royaume d'Angleterre qui moururent l'année même de la mort de ce roi, ou l'année suivante. . . . . *ibid.*

Chap. xli. Des fils de Robert, comte de Meulan, et des fils de Henri, son frère, comte de Warwick. . . . 307

TABLE DES MATIÈRES.

Chap. XLII. De la mort du seigneur Boson, abbé du Bec, et de son successeur. 308
Supplément à l'Histoire des Normands. 309
Fragment d'une épitaphe de Guillaume. 317

GUILLAUME DE POITIERS.

Notice sur Guillaume de Poitiers. 321
Vie de Guillaume-le-Conquérant. 325

FIN DE LA TABLE.

www.ingramcontent.com/pod-product-compliance
Lightning Source LLC
Chambersburg PA
CBHW070201240426
43671CB00007B/508